ENCUENTROS 2

EDICIÓN 3000   MÉTODO DE ESPAÑOL

Handreichungen für den Unterricht mit Kopiervorlagen

Encuentros 2 Edición 3000

Lehrwerk für Spanisch als dritte Fremdsprache
Handreichungen für den Unterricht

Im Auftrag des Verlages erarbeitet von: Nadine Hassan
und der Redaktion Fremdsprachen in der Schule: Yvonne Miller

Projektleitung: Heike Malinowski

Gesamtgestaltung und technische Umsetzung: graphitecture book, Rosenheim
Umschlaggestaltung: werkstatt für gebrauchsgrafik, Berlin
Illustration: Rafael Broseta
Umschlagfoto: © Matthias Höppener-Fidus

Bildquellen: © 123RF, KV DVD 6 (2) – © andalucia imagen, KV DVD 6 (6) – © Cornelsen/Delgado, KV DVD 6 (5), KV DVD 6 (7) – © Cornelsen/Lucentum Digital, KV DVD 1, KV DVD 2, KV DVD 4, KV DVD 5, KV DVD 8 – © Fotolia.com, KV DVD 6 (3) – © Picture Alliance/Impact Photo/Henley, KV DVD 6 (4) – © Staatliches Fremdenverkehrsamt Spanien, KV DVD 6 (8) – © wikimedia commons/GNU Lizenz für freie Dokumentation, KV DVD 6 (1).

Begleitmaterialien zu Encuentros 2 Edición 3000:	
für Schüler/innen	**für Lehrer/innen**
ISBN 978-3-06-520334-0 Schülerbuch	ISBN 978-3-06-023319-9 Schülerbuch – Lehrerfassung
ISBN 978-3-06-520337-1 Cuaderno de ejercicios inkl. CD	ISBN 978-3-06-520340-1 Cuaderno de ejercicios – Lehrerfassung inkl. CD
ISBN 978-3-06-520361-6 Cuaderno de ejercicios inkl. CD-Extra	ISBN 978-3-06-520346-3 Folien für den Unterricht
ISBN 978-3-06-520367-8 Vokabeltaschenbuch	ISBN 978-3-06-520349-4 Audio-CDs
ISBN 978-3-06-520352-4 Grammatikheft	ISBN 978-3-06-520364-7 Video-DVD
	ISBN 978-3-06-520355-5 Vorschläge zur Leistungsmessung CD-Extra
	ISBN 978-3-06-520358-6 Caja útil – CD-Extra

www.cornelsen.de

Die Links zu externen Webseiten Dritter, die in diesem Lehrwerk angegeben sind, wurden vor Drucklegung sorgfältig auf ihre Aktualität geprüft. Der Verlag übernimmt keine Gewähr für die Aktualität und den Inhalt dieser Seiten oder solcher, die mit ihnen verlinkt sind.

1. Auflage, 2. Druck 2013

© 2012 Cornelsen Verlag, Berlin
© 2013 Cornelsen Schulverlage GmbH, Berlin

Das Werk und seine Teile sind urheberrechtlich geschützt.
Jede Nutzung in anderen als den gesetzlich zugelassenen Fällen bedarf
der vorherigen schriftlichen Einwilligung des Verlages.
Hinweis zu den §§ 46, 52a UrhG: Weder das Werk noch seine Teile dürfen ohne eine solche Einwilligung eingescannt und in ein Netzwerk eingestellt oder sonst öffentlich zugänglich gemacht werden.
Dies gilt auch für Intranets von Schulen und sonstigen Bildungseinrichtungen.
Die Kopiervorlagen dürfen für den eigenen Unterrichtsgebrauch in der jeweils benötigten Anzahl vervielfältigt werden.

Druck: DBM Druckhaus Berlin-Mitte GmbH

ISBN 978-3-06-520343-2

 Inhalt gedruckt auf säurefreiem Papier aus nachhaltiger Forstwirtschaft.

INHALT

- **VORWORT** 5
- **¡HOLA!** 12
- **1 MALLORCA – ANTES Y HOY** 17
  - ¡Acércate! 20
  - 1A Antes todo era diferente 23
  - 1B Encuentros de verano 30
  - Repaso 1 38
  - ¡Anímate! 1 40
- **2 ENTRE JÓVENES** 42
  - ¡Acércate! 44
  - 2A Para mí no es sólo un objeto 48
  - 2B Y tú, ¿pasas? 55
  - Repaso 2 64
  - ¡Anímate! 2 65
- **3 ¡SIENTE MÉXICO!** 66
  - ¡Acércate! 69
  - 3A Diario de viaje 72
  - 3B Un día más… 81
  - Repaso 3 88
  - ¡Anímate! 3 89
- **BALANCE 1** 90
- **4 UN PASEO POR MADRID** 93
  - ¡Acércate! 96
  - 4A ¡Me he quedado a cuadros! 101
  - 4B Guía de Madrid 109
  - Repaso 4 115
  - ¡Anímate! 4 118
- **5 ¡COMUNÍCATE!** 120
  - ¡Acércate! 123
  - 5A Las aulas del futuro 126
  - 5B ¡No te lo pierdas! 133
  - Repaso 5 141
  - ¡Anímate! 5 143

6 EUROPA Y ESPAÑA **144**

¡Acércate! 147
6A Un actor europeo 150
6B Encontrar su vocación 157
Repaso 6 163
¡Anímate! 6 165

BALANCE 2 . . . . **166**

EL EXAMEN DE DELE **168**

EL PLACER DE LEER **169**

Cambio de amigos 169
Querido Ronaldinho 172
El mal de Gutenberg 174
La leyenda de los gatos 177
Don Quijote 179
Otras formas de comunicación 182
Poemas 185

ANHANG **188**

Methodenpool 188
Transkript der Hörtexte im Cuaderno de ejercicios 194
Lösungen der offenen Aufgaben im Cuaderno de ejercicios 202
Evaluierungsbögen zur individuellen Förderung 205
Kopiervorlagen für das Schülerbuch 211
Lösungen der Kopiervorlagen für das Schülerbuch 234
Kopiervorlagen für die DVD 237
Lösungen der Kopiervorlagen für die DVD 245
Transkript der DVD-Sequenzen 249

VORWORT

LEHRWERK UND ZIELGRUPPE

Encuentros Edición 3000 ist als Lehrwerksreihe für Spanisch als 3. Fremdsprache an allgemeinbildenden Schulen konzipiert. Die Lehrwerksreihe zeichnet sich durch ihre **Transparenz**, ihre **Kompetenz- und Anwendungsorientierung**, ihre **Flexibilität** und ihre zahlreichen **Evaluierungsangebote** aus.

TRANSPARENZ

Der Lernziel-Sticker am Anfang jedes Lektionsteils macht transparent, welche **Lernziele** in der *Unidad* verfolgt werden.

Die Rubrikenbezeichnungen innerhalb der Lektionsteile lassen auf den ersten Blick deutlich erkennen, welche **Kompetenzen** (Hablar, Escribir, Escuchar, Comprender el texto, Comprensión audiovisual, Mediación), **sprachlichen Mittel** (Descubrir, Practicar, Vocabulario) sowie **Lernstrategien** (Aprender mejor, Búsqueda de información) oder **landeskundlichen Schwerpunkte** (México en directo, España en directo) trainiert und ausgebaut werden.

Des Weiteren sorgen die **Symbole** in der Randspalte für eindeutige Verweise auf **Teile des Schülerbuches** (z. B. Methodentraining), **der Lehrwerksreihe** (z. B. Cuaderno, Grammatikheft, Audio-CD oder DVD) sowie auf **besondere Aufgaben** (DELE, Differenzierungsaufgabe, Sprachmittlungsaufgabe, Schreibaufgabe, fakultative Übung, Lernaufgabe Punto final, Partner-/Gruppenarbeit).

KOMPETENZ- UND ANWENDUNGSORIENTIERUNG

Die **Kompetenz- und Anwendungsorientierung** in Encuentros Edición 3000 spiegelt sich in der durchdachten Verkettung zwischen folgenden Aspekten wider:
- den kommunikativen **Lernzielen** vor jedem Lektionsteil,
- den **Übungssequenzen** zu allen Kompetenzen in jeder *Unidad*, die zu den angekündigten Lernzielen führen,
- den **Ya lo sé**-Aufgaben am Ende jedes Lektionsteils zur Anwendung und Überprüfung der Teillernziele,
- der Projektaufgabe bzw. kompetenzorientierten Lernaufgabe, dem **Punto final**, die alle Lernziele der *Unidad* zusammenführt, anwenden und überprüfen lässt,
- der Verknüpfung zwischen den kommunikativen Lernzielen und den dafür notwendigen Strukturen im **Resumen**,
- den anwendungsorientierten **Partneraufgaben** mit Rollenverteilung im Schülerbuch sowie **Tandembögen** im Cuaderno und
- den nach kommunikativen Lernzielen geordneten Redemitteln in den **Para comunicarse**-Kästen (Vokabelanhang).

In Encuentros Edición 3000 erfüllt der grammatische Stoff eine dienende Funktion und ist den kommunikativen Lernzielen untergeordnet.

FLEXIBILITÄT

Encuentros Edición 3000 begegnet den unterschiedlichen Voraussetzungen der Schüler/innen nicht nur auf der methodischen Ebene: Das Schülerbuch bietet in jeder *Unidad* **Differenzierungsaufgaben**, welche auf verschiedenen Komplexitätsstufen zum gleichen Ergebnis führen. Diese Aufgaben sind durch Symbole für leistungsstärkere Schüler/innen bzw. für Lernende, die am Anfang mehr Hilfe benötigen, gekennzeichnet. Das jeweilige Gegenstück findet sich im Anhang des Buches. Auch das Cuaderno bietet komplexere und einfachere Übungen an.

Das fakultative Material / Die fakultativen Übungen sind ein weiteres Werkzeug zur Flexibilisierung des Unterrichts. Sie sind zum Erreichen der Lernziele nicht zwingend notwendig. Abhängig von der Stundenzahl, den Inhalten des Lehrplans und den Bedürfnissen der Lerngruppe kann man entscheiden, ob man die fakultativen Angebote mehr oder weniger ausführlich und differenzierend bearbeiten oder überspringen möchte.

Die **Repaso**-Seiten (nach jeder *Unidad*) bieten Möglichkeiten zur Vertiefung und Wiederholung. Während die Übungen zum Lektionstext jeweils nur den neu eingeführten Stoff umwälzen und festigen, findet sich hier ein „Übungspool", der sich auf die gesamte *Unidad* bezieht und in dem auch Wiederholungsübungen zu vorangegangenen Lektionen (¿Te acuerdas?) vorhanden sind.

Auf den **Anímate**-Seiten finden sich vor allem ergänzende landeskundliche Materialien und vielfältige Textsorten (Lieder, Rezepte, Sach- bzw. Informationstexte, Comics, Leserbriefe), die je nach Zeit und Interesse im Unterricht behandelt werden können. Diese Materialien enthalten u. U. unbekannten Wortschatz. Da die Beherrschung dieses Wortschatzes nicht für den weiteren Lehrgang vorausgesetzt wird, werden die unbekannten Wörter in einer Fußnote auf der jeweiligen Seite erläutert und finden weder Eingang in das chronologische noch in das alphabetische Wörterverzeichnis.

Die **Balance**-Seiten (nach den *Unidades* 3 und 6) bieten der Lehrkraft die Möglichkeit, nach der Hälfte und am Ende des Buches eine an Kompetenzen orientierte Lernfortschritts- bzw. Lernstandsüberprüfung durchzuführen.

Zudem ermöglicht **El examen DELE** eine gezielte Vorbereitung auf die Prüfung zum spanischen Sprachdiplom.

EVALUIERUNG

Encuentros Edición 3000 liefert Leistungsbewertungsangebote sowohl für Lehrkräfte als auch für Schüler/innen, die entweder als Diagnoseinstrument eingesetzt werden können (Feedback über Lernfortschritte/Lernstand während des Lernprozesses und über vorzunehmende Interventionsmaßnahmen) oder zur abschließenden Überprüfung des Lernstands.

für Lehrer/innen	Balance 1+2 (im Schülerbuch)	kompetenzorientierte Überprüfung des Lernfortschritts/Lernstands (Mitte und Ende des Schülerbuches)
	Vorschläge zur Leistungsmessung (Begleitmaterial)	Vorschläge zur kompetenzorientierten Leistungsmessung zu jeder *Unidad*
für Schüler/innen	Autoevaluación (Evaluierungsbögen mit Lösungen zur individuellen Förderung in den Handreichungen)	– individuellen Lernstand bzgl. der Lernziele jeder *Unidad* selbstständig diagnostizieren – mit einem auf die eigenen Bedürfnisse zugeschnittenen Förderprogramm arbeiten und – den Erfolg der Förderung selbstständig überprüfen
	Teste deine Grammatikkenntnisse (TdG) (Übungen im Schülerbuch mit Lösungen)	individuellen Lernstand bzgl. sprachlicher Mittel selbstständig überprüfen
	Das kann ich jetzt! (im Schülerbuch)	individuellen Lernstand der festgelegten Lernziele selbstständig überprüfen
	Autocontrol (im Cuaderno mit Lösungen und Förderprogramm)	individuellen Lernstand bzgl. der sprachlichen Mittel selbstständig überprüfen

Tándem (im Cuaderno)	individuellen Lernstand der festgelegten Lernziele selbstständig / zu zweit überprüfen
Mi portafolio de Español (im Cuaderno)	– individuelle Selbsteinschätzung und Dokumentation des Lernprozesses – Möglichkeiten zum eigenständigen Üben

DIE BEGLEITMATERIALIEN

SCHÜLERBUCH – LEHRERFASSUNG

In der Lehrerfassung des Schülerbuches sind die **neuen Vokabeln und sprachlichen Mittel farbig markiert**. Darüber hinaus bietet die Lehrerfassung **Verweise auf die methodischen Schwerpunkte jeder** *Unidad* sowie auf die Zusatzmaterialien (**Folien, Kopiervorlagen, Kopiervorlagen für die DVD, Grammatikheft**) an Stellen, an denen sie verwendet werden können.

CUADERNO DE EJERCICIOS – LEHRERFASSUNG INKL. CD

Das vierfarbige Heft enthält eine Audio-CD mit allen Hörverstehensübungen des Cuaderno. Der Übungsapparat ist abwechslungsreich gestaltet: **Differenzierungsaufgaben**, Aufgaben zur **Weiterentwicklung der Kompetenzen** (Hablar, Escribir, Escuchar, Comprender el texto, Mediación), der **sprachlichen Mittel** (Descubrir, Practicar, Vocabulario), der **Lernstrategien** (Aprender mejor) und **der landeskundlichen Schwerpunkte** (México en directo, España en directo, Venezuela en directo) sowie **DELE-Übungsformate** und **Partneraufgaben mit Rollenkarten** und **Tandembögen** sind im Cuaderno zu finden. „**Mi portafolio de Español**" in der Mitte des Cuaderno ermöglicht den Lernenden, ihre Lernfortschritte selbst einzuschätzen, zu dokumentieren und darüber zu reflektieren. Jede *Unidad* endet zudem mit **Autocontrol**-Seiten zur Selbstevaluation mit Lösungen und Verweisen auf Nachschlagestellen bzw. Übungen zur Wiederholung.
Neben der Lehrerfassung des Cuaderno mit den Lösungen bzw. Lösungsvorschlägen zu den Übungen liegen auch zwei Varianten für Schüler/innen vor: inkl. CD (Audio-CD) sowie inkl. CD-Extra (CD-ROM) mit Audio-Dateien und zusätzlichen Übungsangeboten zu den sprachlichen Mitteln.

VOKABELTASCHENBUCH

Im Vokabeltaschenbuch finden sich die nach *Unidades* geordneten **dreispaltigen chronologischen Vokabellisten** des Schülerbuches mit Abbildungen. Die Kästchen enthalten **Wortfelder** und **Hinweise auf den unterschiedlichen Gebrauch / auf die unterschiedlichen Bedeutungen** eines Wortes.
Die **Para comunicarse**-Kästen am Ende jeder *Unidad* listen Redemittel auf, die nach den kommunikativen Lernzielen der jeweiligen Lektion geordnet sind.

GRAMMATIKHEFT

Das Grammatikheft enthält den gesamten Grammatikstoff des zweiten Bandes des Schülerbuches. Am Ende des Heftes gibt es bei **Aprender mejor la gramática** Tipps zum besseren und effektiveren Grammatiklernen. Zusätzlich finden sich Kästen mit **Lerntipps** (zur besseren Einprägung), mit **Hinweisen: Denk daran!** (mit Merksprüchen oder Regeln) und **Wiederholungsfragen: Weißt du's?** (zur Anknüpfung an bereits Bekanntem mit Lösungen). Zwei Evaluationskapitel ermöglichen den Schülern und Schülerinnen die eigenständige Überprüfung ihres Lernstands. Der Anhang enthält außerdem ein Kapitel zu **Aussprache und Betonung**, eine **Übersicht der Verbkonjugationen** sowie einen **Index mit grammatischen Begriffen**.

FOLIEN FÜR DEN UNTERRICHT

Der Foliensatz zu Band 2 bildet eine sinnvolle und abwechslungsreiche Ergänzung für die Arbeit mit Encuentros Edición 3000 im Unterricht. Die Folien bieten vor allem **kommunikative und anwendungsorientierte Anlässe** und können sowohl zur kontextbezogenen Einführung und Wiederholung als auch zur Festigung und zum Transfer der jeweiligen Inhalte verwendet werden. Die Handreichungen zur Unterrichtsgestaltung erleichtern einen zielorientierten Einsatz der Folien. Sie enthalten **Lernziel(e)**, **Hinweise auf unbekannten Wortschatz**, **Vorschläge für die Durchführung mit Alternativen bzw. Differenzierungsmöglichkeiten** und **Lösungen**.

AUDIO-CDS

Auf den beiden CDs finden sich alle **Texte der** *Unidades*, die mit dem entsprechenden Hörsymbol gekennzeichnet sind. Ebenso sind alle **Hörverstehenstexte** des Schülerbuches auf den CDs enthalten. Die Schüler/innen erleben authentische Sprechsituationen und begegnen unterschiedlichen **Aussprachevarietäten** von Muttersprachlern aus Spanien und aus dem lateinamerikanischen Raum.

VIDEO-DVD

Die Video-DVD bietet eine gute Möglichkeit, neben dem Hörverstehen auch das **Hör-Sehverstehen** zu schulen. Die DVD enthält fünf didaktisierte **Sequenzen** sowie vier authentische Videos bzw. Ausschnitte, die thematisch und sprachlich auf das Schülerbuch abgestimmt sind. Diese Sequenzen sind einzeln anwendbar. Anhand der didaktisierten Sequenzen werden typische Alltags- und Gesprächssituationen (z. B. über Erlebnisse und Situationen in der Vergangenheit berichten, Erwartungen und Wünsche ausdrücken, über den Alltag sprechen, Wege beschreiben usw.) veranschaulicht. Zudem werden durch die DVD auch **landeskundliche Informationen** anschaulich vermittelt.
Zu jeder *escena* gibt es **Übungen**, die sich nach dem Sehen im Unterricht durchführen lassen. Sie steuern das erste Hör-Sehverstehen, vertiefen die Wortschatzarbeit oder trainieren das dialogische Sprechen. Die Videos können wahlweise mit **Untertiteln** abgespielt werden.

VORSCHLÄGE ZUR LEISTUNGSMESSUNG CD-EXTRA

Auf dieser CD-ROM sind **Vorschläge zur kompetenzorientierten Leistungsmessung** zu jeder *Unidad* zu finden, die genau auf Encuentros 2 Edición 3000 abgestimmt sind. Es werden editierbare Aufgaben als Word®-Dateien zu den Kompetenzen Hör- und Leseverstehen, schriftlicher Ausdruck, Sprachmittlung, zu Wortschatz und Grammatik sowie Vorschläge für mündliche Prüfungen angeboten.

HANDREICHUNGEN FÜR DEN UNTERRICHT

Die vorliegenden Handreichungen für den Unterricht bieten den Lehrenden eine detaillierte Besprechung der Texte und Aufgaben des Schülerbuches und des Cuaderno mit Lösungen bzw. Lösungsvorschlägen pro *Unidad* sowie zahlreiches Material im Anhang:

Vor jeder Unidad	kurze Beschreibung des Inhalts in der *Unidad*	
	allgemeine Übersicht	Gliederung der *Unidad*, Lernziele, methodische Schwerpunkte, Grammatik, Zusatzmaterialien: Folien, Kopiervorlagen (Schülerbuch und DVD), landeskundliche Zusatzinformationen
	kompetenz- und lernzielorientierte Übungsübersicht jeder *Unidad*	Leseverstehen, Hörverstehen, Schreiben, Sprechen, Sprachmittlung, sprachliche Mittel, Methodentraining, Landeskunde
In jeder Unidad	kurze Beschreibung des Inhalts des jeweiligen Lektionsteils	
	Übersicht neuer sprachlicher Mittel	neue Grammatik und neuer Wortschatz (unbekannt, fakultativ und transparent)
	Randspalte	Verweise auf – Zusatzmaterialien (Folien, Kopiervorlagen, Kopiervorlagen für die DVD), – Medien (Audio-CD), – Aufgaben (fakultative Aufgaben, Differenzierungsaufgaben)
	Vorschlag für die Texterarbeitung	Vorschlag zur Einführung des Lektionstextes und der neuen Redemittel / des neuen Wortschatzes
	Vorschläge zum Unterrichtsverlauf und zur Durchführung der Übungen mit entsprechenden Lösungen und Hörtexten	– mit Hinweisen (was Lehrer/innen berücksichtigen können) – mit Alternativen (Variante oder Weiterführung der Übung) – mit Tipps (Ideen, die sich auf andere Übungen übertragen lassen) – mit möglichen Tafelbildern
Im Anhang	– Methodenpool – Transkript der Hörtexte im Cuaderno de ejercicios – Lösungen der offenen Aufgaben im Cuaderno de Ejercicios – Evaluierungsbögen zur individuellen Förderung* – Kopiervorlagen für das Schülerbuch mit Lösungen – Kopiervorlagen für die DVD mit Lösungen – Transkript der DVD-Sequenzen	

***Evaluierungsbögen zur individuellen Förderung:**
Die Kopien der Evaluierungsbögen werden vor dem Einsatz im Unterricht in der Mitte geknickt oder aber durchgeschnitten. Die Bögen sind in Form einer Tabelle mit vier Spalten angelegt:

1. Diagnose

In **Spalte 1** wird das Pensum einer *Unidad* nach **kommunikativen Lernzielen** aufgeschlüsselt. In **Spalte 2** sind kurze **Kontrollübungen**, die sich diesen Lernzielen zuordnen lassen und die die Schüler/innen (im Normalfall schriftlich) bearbeiten. Danach klappen sie die zweite Hälfte des Bogens wieder nach vorne (bzw. erhalten den zuvor abgeschnittenen Teil) und überprüfen anhand der **Lösungen** in **Spalte 3**, ob sie die Kontrollübungen mit Erfolg bearbeitet haben.

2. Förderprogramm

In der **Spalte 4** sind nur Übungen aufgeführt, bei denen die Schüler/innen ihren Lernerfolg selbstständig kontrollieren können, also **Übungen mit Lösungen**: Autocontrol, Tándem (Cuaderno), Teste deine Grammatikkenntnisse (Schülerbuch); zudem sind **zum Nachschlagen Verweise** auf die entsprechenden Teile des Grammatikhefts oder des Schülerbuches angegeben. Außerdem sind hier Freizeilen verzeichnet, auf denen Lehrer/innen vor dem Kopieren des Bogens weitere Verweise auf (selbst erstellte) Übungen eintragen können. Wichtig wäre in diesem Fall, dass während der Förderphase die Lösungen dazu (z. B. Lehrerfassung des *Cuaderno*) ausgelegt werden.

Dieses Vorgehen erlaubt es jedem Lernenden, die eigenen **Wissenslücken** zu **diagnostizieren** und sodann gezielt ein **Förderprogramm** für die Bereiche **zusammenzustellen**, in denen er/sie in der Diagnosephase Fehler gemacht hat. Das Lerntempo und die Anzahl der Übungen, die für den Lernerfolg für nötig erachtet werden, bestimmen die Schüler/innen selbst.

3. Überprüfung des Lernerfolgs

Abschließend können die Schüler/innen durch erneute Bearbeitung der Kontrollübungen der Spalte 2 **selbstständig den eigenen Lernerfolg überprüfen**.

VERWENDETE SYMBOLE

🎧 3	Verweis auf Audio-CD/Tracknummer
//○	Differenzierungsaufgabe (leicht)
//●	Differenzierungsaufgabe (schwer)
fakultativ	fakultative Übung
📄 2	Verweis auf Kopiervorlage/Nummer
ⓒ KV DVD1, 2	Verweis auf Kopiervorlage für die DVD/Nummer
F 1	Verweis auf Folie/Nummer
S. 8/1	Verweis auf das Schülerbuch / Cuaderno: Seite/Übung

VERWENDETE ABKÜRZUNGEN

C	Cuaderno
CD	Compact Disc
EA	Einzelarbeit
F	Folie
FS	Fremdsprache
GA	Gruppenarbeit
HA	Hausaufgabe
HRU	Handreichungen für den Unterricht
HV	Hörverstehen
KV	Kopiervorlage für das SB
KV DVD	Kopiervorlage für die DVD
L	Lehrer/in bzw. Lehrer/innen
LV	Leseverstehen
MS	Mitschüler/in bzw. Mitschüler/innen
PA	Partnerarbeit
S	Schüler/in bzw. Schüler/innen
SB	Schülerbuch
U	Unidad

NÜTZLICHE ADRESSEN

Botschaft von Spanien in Berlin
Consejería de Educación (Bildungsabteilung)
Lichtensteinallee 1
10787 Berlin
Tel.: 030/8871590
Fax: 030/88715913
www.educacion.gob.es/exterior/al/es/home/index.shtml
E-Mail: consejeria.de@educacion.es

Ibero-Amerikanisches Institut (IAI) Berlin
Potsdamer Straße 37
10785 Berlin
Tel.: 030/266451500
www.iai.spk-berlin.d
E-Mail: iai@iai.spk-berlin.de

Instituto Cervantes Berlin
Rosenstraße 18–19
10178 Berlin
Tel.: 030/257618-0
Fax: 030/25761819
www.cervantes.de
E-Mail: berlin@cervantes.de

Instituto Cervantes Frankfurt
Staufenstraße 1
60323 Frankfurt
Tel.: 069/7137497-0
Fax: 069/7137497-15
http://frankfurt.cervantes.es/de/start.shtm
E-Mail: frankfurt@cervantes.es

Instituto Cervantes München
Alfons-Goppel-Straße 7
80539 München
Tel.: 089/290718-0
Fax: 089/293217
http://munich.cervantes.es/de/default.shtm
E-Mail: info@cervantes-muenchen.de

Instituto Cervantes Bremen
Schwachhauser Ring 124
28209 Bremen
Tel.: 0421/3403923
Fax: 0421/3499964
www.bremen.cervantes.es
E-Mail: cenbre@cervantes.es

Spanisches Fremdenverkehrsamt Frankfurt
Myliusstr. 14
60323 Frankfurt am Main
Tel.: 069/725033-38
Fax: 069/725313
www.tourspain.es
E-Mail: frankfurt@tourspain.es

Oficina de Turismo de Mallorca
Plaça de la Reina 2
07012 Palma
Tel.: (+34) 971173990
Fax: (+34) 971173994
www.infomallorca.net
E-Mail: oit@conselldemallorca.net

Oficina de Turismo de México
Secretaría de Turismo
Av. Presidente Masaryk 172
Col. Bosques de Chapultepec
Del. Miguel Hidalgo
C.P. 11580, México D.F.
Tel.: (+52) 5530026300
www.sectur.gob.mx/wb2/sectur/sect_1_home_sectur

Oficina de Turismo de Madrid
Turismo Madrid
Plaza de la Independencia 6
28001 Madrid
Tel.: (+34) 912767200
www.madrid.org

¡HOLA! S. 8–11

Anhand verschiedener Übungen wiederholen S Inhalte aus Band 1 und finden so wieder einen Einstieg in die spanische Sprache.

ÜBERSICHT

Lernziele (Wiederholung)	eine Person nach ihrer Familie, Herkunft, Vorlieben usw. befragen über einen vergangenen Urlaub berichten
Folien	F19 (Band 1): *Cartas y postales*
Kopiervorlagen	KV1a: *Una entrevista sobre las vacaciones* KV1b: *Saludos desde…*

ÜBUNGEN IM SCHÜLERBUCH (SB) UND IM CUADERNO (C)

Leseverstehen	detailliert	Einen Text über das Handyverhalten verstehen (SB, S. 11/5)
Hörverstehen	selektiv und detailliert	Informationen zu einer Person (SB, S. 10/3)
Schreiben	frei	Eine Postkarte aus dem Urlaub schreiben (SB, S. 11/6b)
Sprechen	frei	Eine Person befragen und vorstellen (SB, S. 10/4)
Sprachliche Mittel	Wortschatz	Allgemeine Wortschatzwiederholung (SB, S. 10/2) Ferien (SB, S. 11/6a)
	Wortschatz, Grammatik und Landeskunde	Spiel zur Wiederholung des Lernstoffes aus Band 1 (SB, S. 8/1)
	Verben	Wiederholung: die Verben *ser, estar, hay* (C, S. 3/1) Wiederholung: der Imperativ mit Objektpronomen (C, S. 4/4) Wiederholung: die Struktur von *gustar* (C, S. 4/5) Wiederholung: Verben mit Vokalwechsel (C, S. 4/6)
	Possessivbegleiter	Wiederholung: Possessivbegleiter in der 2. Pers. Pl. (C, S. 3/2)
	Objektpronomen	Wiederholung: direkte und indirekte Objektpronomen (C, S. 3/3)

S. 8–11 ¡HOLA!

Lösungen, Hörtexte und Vorschläge für den Unterricht

¡A JUGAR!

S. 8/1 Anhand eines Spiels wiederholen S in 3er-Gruppen die wichtigsten Inhalte und Redemittel aus *Encuentros Édición 3000*, Band 1. Zwei S spielen, der/die dritte S kontrolliert seine/ihre MS mit Hilfe der Lösungen. (▶ Lösungen, S. 151)
Anschließend denken S sich in der Gruppe weitere zehn Fragen für A und B aus und notieren auch die Lösungen. Sie tauschen dann die neuen Fragen mit einer anderen Gruppe aus.

Lösung individuell

Alternative L könnte sich von jeder Gruppe die Fragen per E-Mail senden lassen und dann die besten Fragen auswählen und auf Folie ziehen, um dann noch einmal ein Spiel gemeinsam im Plenum durchzuführen (mit zwei Großgruppen A und B).

> **Tipp: Individualisierte Fehleranalyse**
> L kann anhand von zugesandten Fragen, Texten usw. Fehlerschwerpunkte der S analysieren und sie zu den jeweiligen Problembereichen wiederholende Übungen machen lassen.

¿TE ACUERDAS?

Cuaderno, S. 3–4 Je nachdem, welche Fehlerschwerpunkte die einzelnen S haben, bearbeiten sie die Wiederholungsübungen im Cuaderno, z. B. als HA. Hier können sie ihre Kenntnisse zu folgenden grammatischen Themen, die den S erfahrungsgemäß häufig Probleme bereiten, auffrischen:
- die Verben *ser*, *estar*, *hay* (C, S. 3/1)
- die Possessivbegleiter der 2. Person Plural (C, S. 3/2)
- Objektpronomen (C, S. 3/3)
- der Imperativ mit Objektpronomen (C, S. 3/4)
- die Struktur von *gustar* (C, S. 4/5)
- Verben mit Vokalwechsel (C, S. 4/6)

VOCABULARIO

S. 10/2 S arbeiten zu zweit. Sie versuchen, aus den vorgegebenen Wörtern möglichst viele neue Wörter zu bilden. Sie haben jeweils eine Minute Zeit. Die beiden S können entweder abwechselnd spielen und der/die jeweils andere stoppt die Zeit. Oder sie machen einen internen Wettbewerb, bei dem sie die Zeit stoppen, und schauen dann, wer nach einer Minute die meisten Wörter gefunden hat. Auch L kann nach jeweils einer Minute ein Zeichen geben, damit S zum nächsten Wort übergehen. Dieser erste Teil der Übung lässt sich auch in PA bearbeiten, d. h. die S versuchen zu zweit möglichst viele neue Wörter in einer Minute zu bilden.
Danach schreiben S mit den gefundenen Wörtern eine Geschichte. Sie tauschen diese dann mit dem/der Partner/in aus und lesen und korrigieren die Geschichte des/der MS.

Lösungsvorschlag
Despertarse: esperar, estar, tarde
Vacaciones: vaso, vasco, casa
Sobresaliente: salir, sal, tener, sobre, leer, rato, bien
Encuentros: tres, suerte, entre
Matemáticas: más, casi, mesa, mes
Cumpleaños: año, sol, pelo, peña

¡Hola!

Alternative Nach dem ersten Teil der Übung fragt L im Plenum, wer die meisten Wörter gefunden hat. Diese werden an der Tafel gesammelt. Die gesamte Klasse schreibt nun mit diesen Wörtern eine Geschichte. Wer als erste/r alle Wörter sinnvoll verwendet hat, bekommt einen Preis. So verhindert man, dass diejenigen S, die weniger Wörter gebildet haben, nun auch kürzere Geschichten schreiben.
Eine weitere Möglichkeit wäre, die Geschichte als HA schreiben zu lassen, damit die S weniger Zeitdruck haben und kreativer sein können. Anstelle eines Preises könnte dann in der nächsten Stunde die beste Geschichte gekürt werden.

ESCUCHAR

S. 10/3a S hören die Interviews mit den zwei Jugendlichen Carolina und Hugo und notieren sich im ersten Schritt die geforderten Informationen in der Tabelle auf der KV1a. S sollten den Track mindestens zweimal hören. Die Kontrolle erfolgt dann gemeinsam im Plenum. S trainieren dadurch ihr selektives Hörverstehen und wiederholen das *indefinido* sowie die allgemeinen Angaben zu einer Person.

Hörtext *Entrevistador: ¡Hola! ¿Os puedo hacer una pequeña entrevista? Trabajo para la revista del instituto y en el número actual queremos presentar lugares donde los alumnos de nuestro instituto pasaron sus vacaciones. ¿Tenéis un minuto para contarnos un poco de vuestras vacaciones?*
Carolina: Bueno, no tengo mucho tiempo porque en diez minutos empieza mi curso de alemán.
Hugo: Yo tampoco…
Entrevistador: Bueno, no va a durar mucho tiempo… ¿Os puedo preguntar cómo os llamáis, qué edad tenéis y si sois de Salamanca?
Carolina: Yo me llamo Carolina y tengo 15 años. Soy de Colombia, de Bogotá, pero desde hace cinco años vivo con mi familia en Salamanca, en la calle Zamora.
Hugo: Y yo me llamo Hugo y tengo 14 años. Yo sí soy salmantino. Desde los tres años vivo en la Gran Vía.
Entrevistador: Bueno, acabáis de volver al instituto después de casi tres meses de vacaciones. ¿Qué hicisteis? ¿Adónde fuisteis?
Hugo: Yo fui con mi madre y mi hermana mayor a los Pirineos. Allí pasamos cuatro semanas en casa de mis abuelos con toda la familia – con todos mis tíos y mis primos, somos 16 en total. No hizo muy buen tiempo, pero me divertí mucho con mis primos… Bueno, y el resto de las vacaciones estuve en casa, allí me aburrí un poco…
Carolina: Yo, en julio, me fui a Madrid con mis dos hermanos mayores. Nos quedamos en casa de una tía que vive allí. ¡Me gusta mucho esa ciudad! Puedes pasear todo el día y siempre ves algo nuevo. Lo malo es que hizo demasiado calor: 40 grados, ¡imagínate! … Bueno, y en agosto fuimos todos a Colombia para ver a nuestra familia: a mis abuelos, a mis tíos y a mis primos. ¡Fue superchévere!

Lösung

el nombre	la edad	¿Cuántos hermanos tienen?	¿Dónde viven?	¿Dónde pasaron las vacaciones?	¿Qué les gustó?
Carolina	15	dos hermanos mayores	Salamanca, Calle Zamora	Madrid (casa de una tía), Colombia	pasear por Madrid, ver a su familia en Colombia
Hugo	14	una hermana mayor	Salamanca, Gran Vía	Pirineos (casa de los abuelos), en casa	se divirtió con sus primos

¡Hola!

S. 10/3b Zum Abschluss hören S das Interview noch einmal und notieren auf der KV1a, was sie über die
🎧 2   geforderten Informationen hinaus noch verstehen.
📄 1a   Anschließend kann man Carolina und Hugo und ihre Ferien noch einmal mündlich von S vorstellen lassen.

Lösungsvorschlag
Carolina:
es de Colombia, de Bogotá,
vive en Salamanca desde hace cinco años,
en Madrid hizo demasiado calor

Hugo:
tiene una familia muy grande: son 16 en total,
en casa se aburrió

HABLAR

S. 10/4a S führen ein Interview mit jeweils zwei MS zu den vorgegebenen Themen und aktivieren dadurch ihre Wortschatzkenntnisse bzgl. derselben. Bevor S das Interview durchführen, bekommen sie zuerst Zeit, um sich die Fragen zu den verschiedenen Themen zu notieren.

Hinweis In leistungsschwächeren Lerngruppen bietet es sich an, die Fragen vor der Befragung im Plenum zu sammeln, damit jede/r S sprachlich korrekte Fragen stellt.

Lösungsvorschlag
–¿Cuándo es tu cumpleaños?
–¿Puedes describir a tu familia? / ¿Tienes hermanos? ¿Cómo se llaman? ¿Cuántos años tienen?
–¿Cómo se llaman tus amigos? ¿Qué haces con tus amigos?
–¿Cuáles son tus asignaturas favoritas?
–¿Qué te gusta hacer en tu tiempo libre?
–¿Cuál es tu deporte favorito? / ¿Qué deporte practicas?
–¿Cuál es tu música favorita?

S. 10/4b S stellen eine/n MS vor, den/die sie befragt haben. Sie nennen dabei nicht den Namen. Die anderen MS sollen erraten, um welche Person es sich handelt.

Lösung individuell

LEER Y ENTENDER

S. 11/5 S lesen und bearbeiten den Test und lesen und verstehen anschließend die Auswertung, indem sie sich unbekannte Wörter aus dem Kontext oder mit Hilfe anderer Sprachen erschließen. Im Anschluss könnten S sich noch kurz zum Ergebnis äußern (*¿Te gusta tu resultado? ¿Estás de acuerdo con tu resultado? ¿Por qué (no)?*).

Lösung individuell

ESCRIBIR

S. 11/6a Ein/e S beginnt, die anderen S folgen der Reihe nach. S sagen jeweils Wörter, die sie mit *las vacaciones* assoziieren. L sammelt die genannten Begriffe in einem Wortnetz auf einer Folie. Diese kann später für S kopiert werden. Dadurch wird die folgende Übung lexikalisch vorentlastet. Um das Ganze etwas spielerischer durchzuführen, könnte L alle S aufstehen lassen. Es geht der Reihe nach. Wer kein Wort mehr weiß, setzt sich. Wer als Letzte/r stehen bleibt, hat gewonnen.

¡Hola!

Mögliches Folienbild und Lösungsvorschlag

S. 11/6b
F 19, Bd. 1
1b

S schreiben eine Postkarte an eine/n Freund/in, in der sie über den letzten Urlaub berichten. Dazu wird KV1b von L auf etwas dickeres Papier kopiert und die Blanko-Postkarte von den S ausgeschnitten. Sie beschriften die Rückseite (mitsamt dem Adressfeld) und als HA gestalten sie die Vorderseite, indem sie sie entsprechend dem Textinhalt bemalen, mit Fotos bekleben/bedrucken o. ä. In der nächsten Stunde werden die Postkarten im Klassenraum ausgestellt und es kann die schönste gewählt werden. Dadurch wiederholen S die Redemittel zum Verfassen von Briefen und Postkarten, wenden den Wortschatz zum Themenfeld Ferien und ihr landeskundliches Wissen bzgl. der Adressangabe in Spanien an und wiederholen das *indefinido*.

Hinweis In schwächeren Gruppen kann vor Bearbeitung der Übung noch einmal F19 aus Band 1 (*Cartas y postales*) im Plenum besprochen werden. In gemischten Gruppen kann stattdessen auf den Methoden-Teil (SB, S. 166) verwiesen werden: Unsichere S können zum Verfassen des Textes und zur Beschriftung des Adressfeldes den Beispielbrief als Muster heranziehen.

Lösung individuell

1 MALLORCA – ANTES Y HOY S. 12–29

In dieser *Unidad* wird die Insel Mallorca vorgestellt. Neben aktuellen Informationen erhalten S auch einen Eindruck, wie das Leben auf Mallorca früher war.

ÜBERSICHT

Gliederung	¡Acércate! Text A: Antes todo era diferente Text B: Encuentros de verano Resumen Repaso 1 (fak.) ¡Anímate! 1 (fak.) Lectura: Cambio de amigos (s. S. 169)
Lernziele	Über Besonderheiten einer Region sprechen Erzählen, wie etwas früher war Dinge miteinander vergleichen Über Erlebnisse und Situationen in der Vergangenheit berichten Besondere Eigenschaften ausdrücken
Methodentraining	Aprender mejor: über Erlebnisse in der Vergangenheit berichten Methodischer Schwerpunkt: Monologisches Sprechen / Dialogisches Sprechen
Grammatik	Das *pretérito imperfecto* Der Komparativ der Adjektive und Adverbien Die Begleiter *aquel* und *tanto/-a* Die Konjunktion *sin embargo* Die kontrastive Verwendung von *pretérito imperfecto* und *pretérito indefinido* Der Superlativ der Adjektive
Folien	F1: *Comparaciones* F2: *Encuentros de verano*
Kopiervorlagen	KV2: *Mallorca en cifras* KV3a: *¿Quién lo sabe?* KV3b: *Las vacaciones de Luna* KV4: *Mis vacaciones perfectas* KV DVD1: *Escena 1: Hoy no me puedo levantar*
Landeskunde	**Die Balearen** Die *Islas Baleares* (kat. *Illes Balears*) bilden eine *Comunidad Autónoma* (vergleichbar mit einem deutschen Bundesland) Spaniens. Die Balearen umfassen vier große Inseln: die bekannteste und größte ist Mallorca, auf der auch die Hauptstadt Palma liegt; außerdem zählen Ibiza, Menorca und Formentera dazu. Zudem gehören auch 146 unbewohnte Inseln sowie der Nationalpark Cabrera zu den Balearen. Auf den Balearen wohnen ca. 1,1 Mio. Menschen, darunter auch viele Deutsche. Amtssprachen sind Spanisch und Katalanisch.

Die Sprachen Spaniens

Im größten Teil Spaniens ist Spanisch (*castellano* oder *español*) alleinige Amtssprache. Es gibt jedoch fünf autonome Gemeinschaften, in denen es neben dem Spanischen noch eine weitere offizielle Sprache gibt. Dazu gehören das Baskische (*euskera,* span. *el vasco*) mit ca. 700 000 Sprechern, das Galicische (*galego,* span. *el gallego*) mit ca. 3 Millionen Sprechern und das Katalanische (*català,* span. *el catalán*) mit ca. 10 Millionen Sprechern. Diese Sprachen sind dem Spanischen in den jeweiligen Regionen als Amtssprachen gleichgestellt und werden auch in den Schulen gelehrt:
– Galicisch in Galicien
– Baskisch im Baskenland und Teilen von Navarra
– Katalanisch in Katalonien, der Comunidad Valenciana und auf den Balearen

Der tatsächliche Sprachgebrauch geht allerdings über die Regions- und Landesgrenzen hinaus. So wird beispielsweise Katalanisch (bzw. Dialekte des Katalanischen) auch in der Region Murcia sowie auf Sardinien und Baskisch ebenfalls in Südfrankreich gesprochen.

Katalanisch und Galicisch sind ebenso wie das Spanische romanische Sprachen, wobei das Galicische eine große Ähnlichkeit mit dem Portugiesischen aufweist. Der Ursprung des Baskischen dagegen ist unklar. Bis heute kann man es keiner Sprachgruppe zuordnen.

Während der Franco-Diktatur (1939–1975) war das Spanische alleinige Amtssprache und die Verwendung der Regionalsprachen war unter Strafandrohung verboten. Heute ist die Mehrsprachigkeit in Spanien verfassungsmäßig geschützt.

ÜBUNGEN IM SCHÜLERBUCH (SB) UND IM CUADERNO (C)

Leseverstehen	global	Text B (SB, S. 19/1)
	selektiv	Text A (SB, S. 16/1)
	detailliert	¡Acércate! (SB, S. 14/2)
		Text A (C, S. 6/1)
	selektiv und detailliert	Text B (SB, S. 20/2)
		Text B (C, S. 10/1a)
Hörverstehen	selektiv	Reiseleiter (SB, S. 14/3a)
		Ferien (SB, S. 18/7b)
		Geschichten in der Vergangenheit (SB, S. 21/5)
		Neue Redemittel (C, S. 6/2b)
	detailliert	Die Zahlen (C, S. 5/2b)
		Multiple Choice (C, S. 6/2a)
		El Parque S'Albufera (C, S. 13/10)
	selektiv und detailliert	Übung zum Hör-Sehverstehen (SB, S. 23/11)

Schreiben	gelenkt	Anwendung der neuen Redemittel (SB, S. 16/2)
	frei	Schreiben einer Postkarte/E-Mail (SB, S. 23/10) Anwendung der neuen Redemittel (SB, S. 27/7) fak. Erstellung eines Comics zum Thema Ferien (C, S. 15/2)
Sprechen	gelenkt	Informationen zu Menorca vorstellen (SB, S. 14/3b) fak. Dialog unter Anwendung der neuen Redemittel (SB, S. 22/9) Partneraufgabe (SB, S. 27/8) fak.
	frei	Anwendung der neuen Redemittel (SB, S. 22/8) Komplexe Anwendungsaufgabe (SB, S. 23 / Punto final 1)
Sprachmittlung		Sprachmittlungsaufgabe (SB, S. 18/9; C, S. 14/11)
Sprachliche Mittel	Wortschatz	Ein Land vorstellen (SB, S. 14/4) Ferien (SB, S. 17/6) Freizeit (SB, S. 26/3) fak. Zahlen ab 1000 (C, S. 5/2a)
	Redemittel	Über ein Land / eine Region sprechen (SB, S.14/5) Quizkarten erstellen (C, S. 5/3) Ein Quiz erstellen (SB, S. 14/6) Über die Kindheit erzählen (SB, S. 18/10; C, S. 9/8) Über Erlebnisse in der Vergangenheit berichten (SB, S. 23/12a) Etwas vergleichen und die eigene Vorliebe begründen (SB, S. 23/12b) fak.
	Verben	Induktive Übung zur Bildung des *pretérito imperfecto* (SB, S. 16/3) Das *pretérito imperfecto* (SB, S. 17/4; SB, S. 18/8; SB, S. 26/4 fak.; C, S. 7/3; C, S. 7/4; C, S. 8/5; C, S. 8/7) Signalwörter für *imperfecto* und *indefinido* (C, S. 10/1b; C, S. 10/2) Die kontrastive Verwendung von *pretérito imperfecto* und *pretérito indefinido* (SB, S. 20/3; SB, S. 21/4b; SB, S. 21/6; SB, S. 27/5 fak.; C, S. 12/7; C, S. 12/8) Das *pretérito indefinido* (SB, S. 26/1 fak.; SB, S. 26/2 fak.; C, S. 10/3; C, S. 10/4)
	Fragepronomen	Einsetzübung (C, S. 5/1)
	Adjektive und Adverbien	Der Komparativ (SB, S. 17/5; C, S. 8/6) Der Superlativ (SB, S. 27/6 fak.; C, S. 13/9)
	Begleiter	Die Demonstrativbegleiter *este/ese* (C, S. 11/5) bzw. *este/ese/aquel* (C, S. 11/6) Der Begleiter *tanto/-a* (C, S. 14/12)
	Autocontrol	Übungen zur Selbstkontrolle (C, S. 16–17)

Methoden-training	Vorentlastung von Texten	Vorwissen abrufen (SB, S. 12/1)
	Vorentlastung des Hörverstehens	Hypothesen bilden (SB, S. 18/7a)
	Mit Merkhilfen arbeiten	Zeichnungen/Symbole nutzen, um Grammatik zu erarbeiten (SB, S. 21/4a)
	Bilder beschreiben	Comic-Bilder beschreiben (C, S. 15/1)
	Texte über ihre Gestaltung erschließen	Authentische Materialien entschlüsseln (SB, S. 22/7a)
Landeskunde	Regionalsprachen in Spanien	Authentische Texte den einzelnen Regionalsprachen zuordnen (SB, S. 22/7b)
		Kurze Informationstexte über die Regionalsprachen erarbeiten (SB, S. 29/1a)
		Kurze Beiträge in den Regionalsprachen hören (SB, S. 29/1b)
		Über Mehrsprachigkeit reflektieren (SB, S. 29/2)

S. 12–14 ¡ACÉRCATE!

S erfahren Interessantes über die Baleareninsel Mallorca.

Redemittel	Über Besonderheiten einer Region sprechen
Wortschatz	más de + número, la Comunidad Autónoma, el puerto, el pico, la Sierra de Tramontana (fak.), hacer senderismo, la mitad, aproximadamente, el extranjero / la extranjera, el molino de viento (fak.), formar parte de, el paisaje, el pájaro, la especie (animal), Alcudia (fak.), el coche, el/la ciclista, entrenar, el/la profesional, el rey / la reina **transparent:** Mallorca, la isla (más grande), las (Islas) Baleares, el mar, el Mar Mediterráneo, la costa, el noroeste, perfecto/-a, ¿Sabías que…?, el mallorquín / la mallorquina, Palma, el alemán / la alemana, la zona, estar protegido/-a, la zona protegida, el parque natural, el Parque de S'Albufera (fak.), más + sust. + que, el paraíso, el palacio, el Palacio de Marivent (fak.)

Lösungen, Hörtexte und Vorschläge für den Unterricht

VORSCHLAG FÜR DIE TEXTERARBEITUNG

ACTIVIDAD DE PRELECTURA

S. 12/1 **1. Vorentlastung des Lektionstextes / Semantisierung**

L fragt S, was sie schon über Mallorca wissen. Dabei sollten S in einer ersten Phase wirklich versuchen, auf Spanisch zu antworten, um so schon bekanntes Vokabular zu reaktivieren (z. B. *turistas, playa, hace sol, las vacaciones* etc.). L hält die Ideen der S an der Tafel in Form eines Vokabelnetzes fest. In einer zweiten Phase kann L in die Muttersprache wechseln, da zu erwarten ist, dass S mehr Assoziationen zu dem Thema haben als sie versprachlichen können. L kann dabei schon neues Vokabular semantisieren und das Vokabelnetz vervollständigen.

🎧 2 **2. Wiederholung der Zahlen**
Gibt es im Bereich der Zahlen Wiederholungsbedarf, kann L sie vor oder nach der Bearbeitung des Lektionstextes wiederholen. Dafür bieten sich die Übungen 2a und 2b im Cuaderno (C, S. 5) an, mittels derer das rezeptive Zahlenverständnis geübt wird (▶ Los números, S. 182). Diese Übungen können auch zur Vorentlastung der Arbeit mit KV2 dienen.

🎧 3 **3. Hörverstehen**
📄 2 Das rezeptive Zahlenverständnis wird geübt: S hören den Lektionstext bei geschlossenen Büchern und bearbeiten die KV2, indem sie den Lückentext ergänzen. Dadurch erfahren S interessante Informationen und Zahlen bzgl. Mallorca. Die Kontrolle kann im Plenum erfolgen.

🎧 3 **4. Leseverstehen/Semantisierung**
S hören nun den Text noch einmal bei geöffneten Büchern und lesen ihn anschließend oder begleitend. Noch unbekanntes Vokabular wird von S auf Spanisch erfragt. Große Verständnisschwierigkeiten sind aufgrund der hohen Anzahl von transparenten Vokabeln nicht zu erwarten. Nicht transparente Wörter, wie z. B. *pico*, *hacer senderismo*, *molinos de viento* lassen sich mit Hilfe der Fotos im SB oder durch Gestik gut semantisieren.

5. Sicherung des Textverständnisses
Vor der Bearbeitung der Übung 2 (SB, S. 14) sollte L – vor allem bei schwächeren Gruppen – zunächst im Plenum alle bekannten Fragepronomen sammeln lassen, damit dies kein Hindernis für die Bearbeitung der Übung darstellt. Es bietet sich auch an, die Übung im Cuaderno (C, S. 5/1), bei der es auch um die Fragepronomen geht, der Übung im SB vorzuschalten (ggf. als HA). S denken sich anschließend zehn Fragen zu Mallorca (textbezogen) aus und notieren sich auch immer die richtige Lösung, wodurch sie die landeskundlichen Informationen des Textes umwälzen. Anschließend arbeiten sie in PA und stellen sich die Fragen gegenseitig. Zum Abschluss kann man eine Plenumsphase mit Meldekette (s. Methodenpool, S. 191) einschalten. Derjenige, der die Frage richtig beantwortet, stellt selbst eine Frage und darf sich dann setzen.

COMPRENDER EL TEXTO

Cuaderno, S. 5/1 Siehe Vorschlag für die Texterarbeitung, Punkt 5.

Cuaderno, S. 5/2a Siehe Vorschlag für die Texterarbeitung, Punkt 2.

Cuaderno, S. 5/2b Siehe Vorschlag für die Texterarbeitung, Punkt 2.
🎧 2

S. 14/2 Siehe Vorschlag für die Texterarbeitung, Punkt 5.

Lösungsvorschlag
1. –¿Cuántos turistas visitan Mallorca cada año? –Más de doce millones.
2. –¿Cuáles son las lenguas oficiales de Mallorca? –Las lenguas oficiales son el español y el catalán.
3. –¿Dónde pasan sus vacaciones los reyes de España? –En el Palacio de Marivent, cerca de Palma.
4. –¿Cómo se llama el pico más alto de la isla? –Es el Puig Mayor.
5. –¿Cuántos molinos de viento hay en Mallorca? –3300.
6. –¿Qué deporte puedes practicar en Mallorca? –El ciclismo.
7. –¿Cuántos puertos hay en Mallorca? –43.
8. –¿En qué mar está situada Mallorca? –En el Mar Mediterráneo.
9. –¿Cuántas especies de pájaros hay? –Más de 200.
10. –¿Cómo se llama la capital de Mallorca? –Palma.

1

ESCUCHAR

S. 14/3a S vervollständigen die Tabelle mit Informationen aus dem Hörtext. Sie erwerben dadurch landeskundliches Wissen bzgl. einer weiteren Balearen-Insel, Menorca, und festigen ihr Hörverstehen bzgl. großer Zahlen.

Hinweis Vorher sollten die Zahlen ab 100 noch einmal wiederholt bzw. geübt werden, falls dies nicht schon bei der Texterarbeitung geschehen ist, z. B. mittels der Übungen 2a und 2b im Cuaderno (C, S. 5). (▶ Los números, S. 182)

Hörtext und Lösung
Guía: *Bienvenidos a Menorca, a una de las islas principales de las Baleares. Su nombre proviene de Minorica y se debe a que es más pequeña que la isla Mallorca, es decir, es menor. Menorca posee casi <u>120 kilómetros de costa</u> y…*
Señora 1: *¿Cuántos kilómetros de costa tiene?*
Guía: *¡120, señora! Bueno, la isla recibe unos <u>650 000 turistas</u> al año, pero tiene sólo <u>93 000 habitantes</u>. Los turistas vienen de…*
Señor a su mujer: *¿Cuántos habitantes tiene?*
Señora 2: *93 000. Y recibe 650 000 turistas por año. Increíble, ¿no?*
Guía: *<u>12 000 de los habitantes son extranjeros</u> y entre ellos hay casi <u>700 alemanes</u>…*
Señora 1: *¿Sólo unos cientos de alemanes? ¡En Mallorca hay muchísimos más!*
Guía: *¡No! SETECIENTOS, señora. Claro, en Mallorca hay muchísimos más, es más grande y…*

S. 14/3b
fakultativ
S wälzen die landeskundlichen Informationen um und wenden die Zahlen selbst an, indem sie die Rolle des Reiseführers übernehmen und Menorca unter Verwendung der vorgegebenen Redemittel vorstellen.

Lösungsvorschlag *Menorca tiene casi 120 kilómetros de costa. Menorca recibe unos 650 000 turistas por año y tiene más o menos 93 000 habitantes, entre ellos 12 000 extranjeros. En Menorca hay aproximadamente 700 alemanes.*

Alternative S suchen als HA im Internet oder in Reiseführern eigenständig Informationen über Menorca, die sie interessant finden und präsentieren sie in der nächsten Stunde. Dadurch üben sie eigenständig zu arbeiten und erwerben landeskundliches Wissen vor dem Hintergrund der eigenen Interessen.

VOCABULARIO

S. 14/4a S wälzen durch diese Einsetzübung den neu erworbenen Wortschatz und ihr Wissen zur Landeskunde um. Sie vervollständigen die Sätze und vergleichen ihre Lösungen dann mit einem/einer MS. Wenn sie nicht weiter wissen, können sie auf das *Pequeño Diccionario* zurückgreifen. Die leichtere Version der Aufgabe auf S. 142 bietet zusätzlich einen Kasten mit möglichen Antworten. Die Kontrolle erfolgt mittels der folgenden Übung (SB, S. 14/4b).

S. 14/4b S kontrollieren sich selbst, indem sie den Text über CD hören. Zum Abschluss fragt L die S, ob es noch irgendwelche Sätze gibt, die sie nicht vervollständigen konnten. Er/sie kontrolliert aber nicht die ganze Übung.

> **Tipp: Selbstständige Überprüfung**
> Die Fähigkeit des eigenständigen Lernens der S soll gefördert werden. Dazu gehört auch, dass die S die Gelegenheit bekommen, ihre sprachlichen Leistungen selbstständig zu überprüfen. Aus diesem Grund sollte L darauf achten, nicht bei allen Übungen jede Lösung zu kontrollieren, sondern den S mehr Eigenverantwortung bei der Kontrolle zu geben, z. B. auch durch gegenseitiges Korrigieren.

Hörtext und Lösung

1. España está situada en <u>el oeste de Europa</u>.
2. Tiene unos 46,5 millones de <u>habitantes</u>.
3. La capital es <u>Madrid</u>. Está situada <u>en el centro de España</u>.
4. España limita con <u>Portugal al oeste, con Francia al norte, con Marruecos al sur y con Andorra al este</u>.
5. La lengua oficial es <u>el español</u>.
6. Otras lenguas oficiales son, p. ej. <u>el vasco y el catalán</u>.
7. Dos ciudades españolas en África son <u>Ceuta y Melilla</u>.
8. España es un productor importante de <u>naranjas y tomates</u>.
9. España tiene <u>17</u> Comunidades Autónomas.
10. Las dos ciudades más grandes son <u>Madrid y Barcelona</u>.
11. Un río largo en el sur de España es <u>el Guadalquivir</u>.
12. El pico más alto es <u>el pico del Teide</u>. Tiene una altura de <u>3718 metros</u>. Está en <u>Tenerife</u>.
13. <u>Los Pirineos</u> son una sierra muy importante que limita con Francia.

YA LO SÉ

S. 14/5 S wenden die neuen Redemittel frei an: Sie bereiten einen kurzen mündlichen Vortrag über ihr Herkunftsland vor (wahlweise können sie sich auch ein Land aussuchen) und schulen dabei das monologische Sprechen. Als Gerüst – v. a. für unsichere S – können S sich an den Informationen aus Übung 4 orientieren und auch auf diese Redemittel zurückgreifen. Weitere Hilfestellungen und Redemittel finden S bei Bedarf im Methodenteil (SB, S. 164) und auf S. 197.

Lösung individuell

Cuaderno, S. 5/3 S erstellen zwei Quizkarten mit Fragen über Mallorca und Spanien im Stil von „Wer wird Millionär?" und vergegenwärtigen sich dadurch die landeskundlichen Inhalte der Lektion. Diese Übung eignet sich als HA. In der folgenden Stunde wird mit allen Karten im Plenum gespielt.

S. 14/6 Zum Abschluss bereiten S in EA oder PA ein Quiz über Mallorca vor, und wälzen so das in der
3a Lektion erworbene landeskundliche Wissen um. Dafür können sie die Quizkarten auf der KV3a nutzen. Zur Vorbereitung dieser Aufgabe sollten S als HA die Übung 3 im Cuaderno (C, S. 5/3) bearbeiten, bei der sie Quizkarten zu Mallorca/Spanien erstellen sollen.

Lösung individuell

Alternative Bei der Übung im Cuaderno, S. 5/3 erstellen S die Quizkarten nicht zum Thema Mallorca,
3a sondern über Spanien allgemein (als HA). Anschließend werden im Rahmen von Übung 6 (SB, S. 14) in Kleingruppen weitere Quizkarten, diesmal über Mallorca, erarbeitet (KV3a). Zum Abschluss wird dann im Plenum mit allen Quizkarten gespielt. Dabei spielen die Kleingruppen gegeneinander, indem sie ihre jeweiligen Quizfragen an die anderen Gruppen richten. Die Gruppe, die zuerst die richtige Antwort nennt, bekommt einen Punkt.

S. 15–18 1A ANTES TODO ERA DIFERENTE

Der Jugendliche Adrián unterhält sich mit seinem Großvater Alberto darüber, wie das Leben auf Mallorca früher war.

Grammatik	Das *pretérito imperfecto* Der Komparativ

Wortschatz	*el nieto / la nieta, Sóller, (ser) joven, la carretera, menos de + número, tan + adj. + como, lento/-a, aquel/aquella, en aquellos años, el árbol, al fondo, don/doña + nombre, usted/es, el estanco, el naranjo (fak.), ya, menos + adj. + que, Franco, (estar) prohibido, sin embargo, sencillo/-a, afuera, irse por ahí, el perro / la perra, divertirse* **transparent:** *pasar, medio/-a + sust., el tren, funcionar, la iglesia, el mercado, la frutería, los años cincuenta, la época, la policía, hoy en día, observar, el animal, imaginarse*

Lösungen, Hörtexte und Vorschläge für den Unterricht

VORSCHLAG FÜR DIE TEXTERARBEITUNG

1. Einführung des Komparativs

F 1 F legt die Folie 1 auf und kündigt das Lernziel an (*Hoy vamos a comparar cosas y personas.*), um für S Transparenz zu schaffen. L macht einen Vergleich als Beispiel (z. B. *Para mí, Rafael Nadal es más guapo que Alejandro Sanz. Pero seguro que Alejandro Sanz sabe cantar mejor.*) und fordert dann S auf, weitere Vergleiche anzustellen, indem er/sie sie beispielsweise zunächst fragt, ob sie der gleichen Meinung sind. Bei schwächeren Lerngruppen kann er zur Visualisierung auch einige kurze Sätze an die Tafel schreiben, um das Schema (+ → *más... que* / − → *menos... que* / = → *tan... como*) zu verdeutlichen. Kommt es zu Äußerungen wie **más bueno/malo/viejo*, kann L dies zum Anlass nehmen, die unregelmäßigen Komparativformen *mejor*, *peor* und *mayor* einzuführen. Anschließend denkt sich jede/r S einen Vergleich aus, ohne jedoch die Dinge zu benennen, und die MS raten, worum es sich handelt (z. B. *–Es más grande que Argentina y México juntos. / –Brasil.*). Zur weiteren Übung des Komparativs bietet sich die Übung 6 im Cuaderno an (C, S. 8), bei der S Travemünde und Palma vergleichen sollen. (▶Resumen, S. 24/3)

Hinweis Damit S nicht immer nur dieselben Adjektive für den Vergleich der Personen und Dinge auf der Folie verwenden, können zunächst gemeinsam im Plenum einige Adjektive gesammelt werden. Ebenso sollte L an dieser Stelle noch einmal auf die Angleichung der Adjektive hinweisen.

2. Vorentlastung des Lektionstextes

L führt in die Erzählsituation des Textes ein: *El abuelo Alberto cuenta a su nieto Adrián sobre la vida en Mallorca en el pasado. Compara la vida de antes con la vida de hoy en día.* L fragt S, was ihrer Meinung nach auf Mallorca früher anders gewesen sein könnte, z. B. bezüglich Lebensstandard, Aktivitäten von Kindern und Jugendlichen, Tourismus, Mehrsprachigkeit etc. Dabei verwendet L das *imperfecto*, verzichtet aber zunächst auf eine Systematisierung. Z. B.:
–*Hoy en día, Mallorca es una isla moderna. ¿Cómo creéis que era cuando Alberto era joven? ¿Cómo era la vida en la isla: más difícil, más fácil, más alegre o menos alegre?*
–*Qué creéis: ¿Qué hacían los niños y jóvenes en aquella época? ¿Iban a la escuela como hoy en día? ¿Tenían mucho tiempo libre?*
–*¿Creéis que había muchos turistas? ¿Por qué (no)?*
–*¿Qué lengua hablaba la gente? ¿Creéis que hablaban español y catalán, como hoy en día, o sólo hablaban una lengua? ¿Cuál?*
Die Ansichten der S werden im Plenum zusammengetragen und von L stichpunktartig an der Tafel oder auf einer Folie festgehalten. Ob sie mit ihren Einschätzungen richtig lagen, werden sie bei der Lektüre des Textes feststellen (s. Punkt 4).
Hierdurch wird der Lektionstext inhaltlich sowie grammatikalisch (implizit) vorentlastet.

🎧 6–7 **3. Hör-/Leseverstehen / Sicherung der Aussprache**

S hören den Text bei geöffneten Büchern. Sie lesen den Text anschließend noch einmal still und unbekanntes Vokabular wird im Plenum semantisiert. Falls S nach neuen Verbformen fragen, benennt L das *imperfecto*, ohne detailliert darauf einzugehen. Im Anschluss üben S in Partnerarbeit die Aussprache, indem sie den Text dialogisch lesen.

🎧 6–7 **4. Sicherung des Textverständnisses**

Zunächst werden die Erwartungen der S (s. Punkt 2) mit den Informationen aus dem Lektionstext verglichen und besprochen. Als HA bietet es sich an, dass S den Text noch einmal genau lesen und die Textverstehensübung im Cuaderno bearbeiten (C, S. 6/1), bei der sie vorgegebene falsche Sätze zum Textinhalt im Präsens berichtigen sollen. Zu Beginn der nächsten Stunde wird der Text noch einmal gehört und die Übung im Plenum kontrolliert. Anschließend können S die Übung 1a (SB, S. 16) zum selektiven Textverstehen in PA mündlich bearbeiten, indem sie vorgegebene Satzfragmente miteinander verbinden. Die anschließende Kontrolle im Plenum kann man mit 1b kombinieren. Ein/e S liest einen Satz vor, ein/e andere/r muss entscheiden, ob es sich um eine Aussage zur Gegenwart (*Hoy en día*) oder zur Vergangenheit (*Antes*) handelt. Dabei geht es zunächst einmal nur um den Textinhalt und den Kontrast Heute – Früher, ohne dass S die Formen des *imperfecto* aktiv beherrschen müssen.

COMPRENDER EL TEXTO

S. 16/1 Siehe Vorschlag für die Texterarbeitung, Punkt 4.

Lösung
1. *Las playas de Malloca están llenas de turistas. (Hoy en día)*
2. *Los niños siempre jugaban afuera. (Antes)*
3. *Casi no había turistas en Mallorca. (Antes)*
4. *Estaba prohibido hablar catalán. (Antes)*
5. *Los mallorquines pueden ir en coche de Palma a Sóller en menos de media hora. (Hoy en día)*
6. *Siempre había mucha gente en el mercado de Sóller. (Antes y hoy en día)*
7. *La gente tenía que tener cuidado con la policía. (Antes)*
8. *La mayoría de la gente tiene tele e Internet. (Hoy en día)*
9. *La gente no tenía coche e iba en tren. (Antes)*

Cuaderno, S. 6/1 Siehe Vorschlag für die Texterarbeitung, Punkt 4.

ESCRIBIR

S. 16/2 Im Lektionstext geht es vor allem um Alberto. Jetzt versetzen S sich in die Lage von Adrián und erzählen dem Großvater, was sie in ihrer Freizeit machen (bzw. was Adrián macht). Zur besseren Umwälzung und Festigung des Vokabulars fertigen S diesen Text schriftlich an (am besten als HA).

Lösungsvorschlag *Pues, ¿mi vida en Salamanca? Es muy divertida, pero a veces también puede ser aburrida. Los fines de semana me gustan mucho. Paso mi tiempo libre con mis amigos. A veces jugamos al fútbol o al voleibol. Siempre nos divertimos mucho: charlamos y escuchamos música. Cuando tengo dinero también voy al cine. La semana es menos interesante. Voy al instituto todos los días y después de las clases tengo que hacer un montón de deberes. ¡Qué horror! En el recreo charlamos sobre las chicas y los profes. Y una vez por semana voy a la piscina para nadar.*

DESCUBRIR

S. 16/3 Das grammatische Großphänomen dieser Teillektion ist die Vergangenheitszeit *pretérito imperfecto*, welche formal keine großen Schwierigkeiten darstellt. Problematisch wird erst der Kontrast zu der anderen bereits bekannten Vergangenheitsform, dem *pretérito indefinido*, im folgenden Lektionsteil. Durch diese Übung erarbeiten S sich induktiv die Regel zur Bildung des *imperfecto*: S suchen zunächst aus dem Lektionstext alle neuen Verbformen heraus und systematisieren sie dann, indem sie in einer Tabelle die Formen den verschiedenen Konjugationsklassen zuordnen. Anschließend formulieren sie eine Bildungsregel und erkennen die unregelmäßigen Formen. U. U. kann L die Formen ergänzen, die nicht im Text vorkommen, möglicherweise kommen S aber auch selbst darauf. In leistungsstärkeren Lerngruppen kann man darauf verzichten, alle Formen aus dem Text heraussuchen zu lassen, da S wahrscheinlich schnell eine Regel erkennen. L sollte in jedem Fall für jede Verbklasse ein Beispiel durchkonjugieren (lassen) und dabei besonders auf den Akzent in der 1. Person Plural hinweisen. (▶ Resumen, S. 24/1)

Lösung a) Formen im Text: era (él) → ser – vivía (yo) → vivir – teníamos (nosotros) → tener – íbamos (nosotros) → ir – era (yo) → ser – veníamos (nosotros) → venir – había → haber – estaba (ella) → estar – tenía (ella) → tener – comía (ella) → comer – eras (tú) → ser – tenías (tú) → tener – jugabas (tú) → jugar – hacías (tú) → hacer – eran (ellos) → ser – estábamos (nosotros) → estar – podíamos (nosotros) → poder – hacíamos (nosotros) → hacer – veíamos (nosotros) → ver – gustaba → gustar – tenía (yo) → tener – se llamaba (él) → llamarse – venía (él) → venir – nos divertíamos (nosotros) → divertirse – iba (yo) → ir – pasábamos (nosotros) → pasar

	-ar	-er	-ir
[yo]		tenía	vivía
[tú]	jugabas	tenías / hacías	
[él/ella]	estaba / se llamaba	tenía / comía	venía
[nosotros/-as]	estábamos / pasábamos	teníamos / podíamos / hacíamos / veíamos	veníamos / nos divertíamos
[vosotros/-as]			
[ellos/-as]			

	ser	ir	hay
[yo]	era	iba	
[tú]	eras	ibas	
[él/ella]	era	iba	había
[nosotros/-as]	éramos	íbamos	
[vosotros/-as]	erais	ibais	
[ellos/-as]	eran	iban	

b) Bildung des *pretérito imperfecto*:

		-ar		-er/-ir
[yo]	Verbstamm + (z. B. *jug-*)	-aba	Verbstamm + (z. B. *ten-*) (z. B. *ven-*)	-ía
[tú]		-abas		-ías
[él/ella]		-aba		-ía
[nosotros/-as]		-ábamos		-íamos
[vosotros/-as]		-abais		-íais
[ellos/-as]		-aban		-ían

Unregelmäßige Formen: *ser, ir, ver*

PRACTICAR

S. 17/4 S üben die Formen des *imperfecto*, vor allem die 3. Pers. Sg. und Pl. Sie verbinden die Versatzstücke zu einem logischen Satz und bilden dabei die Verbformen in der neuen Vergangenheitszeit. Da diese Übung relativ einfach ist, kann sie mündlich im Plenum durchgeführt werden.

Lösungsvorschlag *En los años cincuenta / en aquellos años…*
–*Alberto vivía en Sóller / ayudaba mucho en casa / siempre jugaba afuera / tenía un perro que se llamaba Pipo / a veces iba con sus amigos a la montaña / iba mucho en bici / en verano se pasaba el día en la playa / iba en tren a la capital.*
–*a Alberto le gustaba mucho ir a observar animales.*
–*su familia estaba todos los sábados en el mercado de Sóller / comía en el patio de su casa / no tenía tele / no veía la tele.*
–*sus amigos ayudaban mucho en casa / siempre jugaban afuera / iban mucho en bici / en verano se pasaban el día en la playa / iban en tren a la capital.*

Cuaderno, S. 7/3 S festigen die Formen des *imperfecto*, indem sie mit einem/einer MS ein Interview über seine/ihre Kindheit führen und die fehlenden Formen sowie die entsprechenden Antworten in den Lückentext eintragen.

Cuaderno, S. 7/4 S festigen die Formen des *imperfecto* schriftlich, indem sie einen Lückentext mit den entsprechenden Formen vorgegebener Verben ergänzen. Anschließend kontrollieren sie sich selbst mit Hilfe des Hörtextes. Diese Übung bietet sich auch als HA an.

Cuaderno, S. 8/5 S machen in PA das Tandem (s. Methodenpool, S. 189–190) auf S. 93, wobei ein/e S das *imperfecto* verwendet und der/die andere das Präsens.

Cuaderno, S. 9/8 Die S berichten über ihr früheres Kinderzimmer. Sie können es zeichnen oder es anhand eines Fotos beschreiben. Sie verwenden dabei die Formen des *imperfecto* mit einigen vorgegebenen Signalwörtern.

S. 17/5 Mündliche Übung zum Komparativ: S bereiten die Übung zunächst in EA vor, indem sie sich zu den vorgegebenen Aktivitäten Gedanken machen und sie unter Verwendung der angegebenen Adjektive vergleichen (▶ Resumen, S. 24/3). Anschließend befragen S ihre MS und vergleichen die Antworten. Vor allem unsichere S können sich dabei am sprachlichen Muster des Beispiels orientieren. L sollte die Zeit der Gruppenphase beschränken (z. B. fünf Minuten) und jede/r S sollte am Ende eine/n MS finden, mit dem/der er/sie die meisten Gemeinsamkeiten hat. Zur Sicherung können S dann die Ergebnisse in PA mündlich präsentieren (z. B. *Para nosotros/-as ver la tele es más aburrido que hacer deporte*).

Lösung individuell

Cuaderno, S. 8/6 Siehe Vorschlag für die Texterarbeitung, Punkt 1.

Cuaderno, S. 8/7 S üben das *imperfecto* und den Komparativ schriftlich, indem sie Situationen der Vergangenheit mit der Gegenwart vergleichen. Diese Übung kann also erst nach der Einführung beider Phänomene bearbeitet werden. (▶ Resumen, S. 24/3)

VOCABULARIO

S. 17/6 S reaktivieren ihren Wortschatz auf kreative Weise, indem sie zu den Oberbegriffen *vacaciones* und *turista* Vokabeln finden, die wie im Beispiel einerseits thematisch und andererseits orthographisch in die Begriffe einzuordnen sind. S können hier in Kleingruppen arbeiten und ihr Ergebnis auf einem DIN-A3-Blatt präsentieren. Anschließend werden die gelungensten Beispiele mit Hilfe von Klebepunkten (s. Methodenpool, S. 192) ausgewählt und im Klassenzimmer aufgehängt. An dieser Stelle bietet sich auch die Arbeit mit KV4 an, womit S ihren Wortschatz zum Thema Ferien/Reisen erweitern.

Lösung individuell

ESCUCHAR

S. 18/7a Zur Vorbereitung und Entlastung der folgenden Hörübung stellen S Hypothesen darüber auf, was Luna über den Urlaub als Kind in Andalusien erzählen könnte. Dabei verwenden sie das *pretérito imperfecto*.

Lösungsvorschlag *Pienso que Luna iba a la playa todos los días / nadaba en el mar / jugaba con otros niños en la playa / pasaba sus vacaciones con su familia / visitaba a sus abuelos / comía mucho helado / …*

S. 18/7b S hören den Text zweimal und füllen die Tabelle auf der KV3b aus. Da ziemlich viele Aktivitäten in der Erzählung von Luna vorkommen, kann L v. a. den unsicheren S sagen, dass sie nicht jede Aktivität verstehen müssen, aber mindestens fünf. Bei der Sicherung werden dann bestimmt (fast) alle Aktivitäten genannt. Anschließend tragen S mündlich in einem zusammenhängendem Vortrag vor, wie Luna ihre Ferien verbracht hat. Dafür bekommen sie noch einmal eine kurze Vorbereitungszeit, in der sie dies mit einem Partner / einer Partnerin üben können.

Hörtext Luna: *Cuando era pequeña, mi familia y yo siempre pasábamos las vacaciones en un pequeño pueblo cerca de Málaga. Vivíamos en una casa cerca de un pueblo. Desde allí podíamos ver el mar. El pueblo era muy tranquilo. Nos levantábamos siempre bastante tarde y después del desayuno, íbamos un rato a la playa, tomábamos el sol y jugábamos en el mar. Por las tardes, a veces hacíamos senderismo, pero siempre cenábamos en casa. Allí no había tele ni nada, por eso por las noches jugábamos a las cartas o leíamos. A veces mi padre tocaba la guitarra y toda la familia cantaba. A nuestros padres les gustaba pasar las vacaciones así, pero para nosotros, a veces, era un poco aburrido.*

Lösung

¿dónde?	¿con quién?	¿qué hacía(n)?
–en un pequeño pueblo cerca de Málaga –en una casa cerca de un pueblo muy tranquilo	con su familia	–se levantaban tarde –después del desayuno iban a la playa –tomaban sol –jugaban en el mar –hacían senderismo –siempre cenaban en casa –por la noche jugaban a las cartas o leían –cantaban

Cuaderno, S. 6/2a Übung zum detaillierten Hörverstehen: S hören einen Text über Adriáns Leben als Kind auf Mallorca und markieren die richtige/n Lösung/en.

Cuaderno, S. 6/2b Übung zum selektiven Hörverstehen: S hören den Text ein weiteres Mal und konzentrieren sich dieses Mal auf den Teil, in dem die Gründe für den Umzug nach Salamanca genannt werden.

HABLAR

S. 18/8 S üben mit dieser Übung das monologische Sprechen, was der methodische Schwerpunkt der Unidad 1 ist. Deswegen sollte L diese Übung im Unterricht durchführen lassen und unbedingt darauf achten, dass S sich nicht den gesamten Text aufschreiben und dann ablesen. Um den S

den Prozess ein wenig zu erleichtern, könnte man ihn in verschiedenen Schritten durchführen lassen:
1. S lesen im roten Kasten, wie die aktuelle Situation auf Mallorca ist und überlegen sich (auch unter Berücksichtigung des Lektionstextes), was früher anders gewesen sein könnte. L hält dies stichwortartig auf einer Folie fest. Kommen S auf nur wenige Ideen, kann auf die Anregungen bei der leichteren Differenzierungsaufgabe auf S. 142 verwiesen werden.
2. S arbeiten in EA und überlegen sich, wie sie die Informationen zu einem zusammenhängenden Text verbinden können. Dazu können sie im Methodenanhang (SB, S. 162) noch einmal nach Konnektoren und weiteren Redemitteln zum Erzählen suchen.
3. Jede/r S erhält eine Karteikarte, auf die er/sie sich Stichworte schreiben kann, die ihm/ihr beim Vortragen Sicherheit geben können.
4. S üben den Vortrag in PA.
5. Ein/e S trägt im Plenum vor. Beim ersten Vortrag kann L den S noch eine kleine Hilfe geben, indem er/sie einige Konnektoren an die Tafel schreibt und die Folie von Schritt 1 aufgelegt lässt.
6. Weitere S tragen vor und die Hilfen (Konnektoren, Folie) werden nach und nach reduziert.

Lösungsvorschlag *Antes, la vida en la isla era más difícil, pero me gustaba más que ahora. La gente tenía más tiempo. Hoy es un horror. La gente siempre tiene que hacer algo. Mi familia y yo casi nunca salíamos del pueblo. Sin embargo, no nos aburríamos. Por la noche, por ejemplo, visitábamos a los vecinos y charlábamos. Conocíamos a todos en el pueblo. Éramos como una gran familia. Hoy en día todo es anónimo. Eso no me gusta. Además, antes sólo había pocos turistas, así que la isla era mucho más tranquila que hoy. Pero claro, también había problemas: por ejemplo, no había instituto en el pueblo así que la mayoría de mis amigos no iba a la escuela. Y mucha gente no tenía trabajo. Yo siempre soñaba con vivir en Palma porque quería estudiar. Todo eso es más fácil hoy en día.*

MEDIACIÓN

S. 18/9a S überlegen sich, wie sie die Informationen, die ihre Eltern suchen, in einem Touristenbüro erfragen würden und wenden dabei den neuen Wortschatz an. Dabei sollte L noch einmal explizit darauf hinweisen, dass es hier nicht um eine Wort-für-Wort-Übersetzung geht und dass es durchaus verschiedene Möglichkeiten gibt. Am besten erhalten S zur Bearbeitung dieser Aufgabe nur eine begrenzte Zeit, damit sie nicht in Versuchung geraten, zuviel im Wörterverzeichnis nachzuschlagen, sondern stattdessen auf Methoden der Wortumschreibung zurückzugreifen. Anschließend sammelt L einige Möglichkeiten an der Tafel.

Lösungsvorschlag *–¿Dónde podemos aprender algo sobre las plantas de Mallorca?*
–Si estamos en Sóller, ¿es posible, desde ahí, hacer senderismo e ir al Puig de Massanella? ¿Cuánto tiempo necesitamos?
–¿Hay un bus a Palma de Mallorca? ¿Cuánto cuesta el ticket?

S. 18/9b S hören nun ein Beispiel über CD, bei dem ein deutsches Mädchen genau die gleichen Informationen erfragt. Sie vergleichen mit ihren Fragen und stellen fest, dass es verschiedene Varianten der Formulierung gibt.

Hörtext *Chica: ¿Dónde hay un lugar para aprender algo sobre las flores y árboles de Mallorca?*
Empleada: Podríais ir al Jardín botánico. Allí podéis ver casi todas las plantas que hay en Mallorca y hay visitas guiadas en alemán. La entrada cuesta cinco euros. El jardín está cerrado los lunes.
Chica: Queremos hacer senderismo e ir al Puig de Massanella. ¿Cuántas horas nos hacen falta para ir y volver?
Empleada: Muy bien. El Puig tiene una altura de 1365 metros y es un poco difícil: hay muchas rocas y hay que escalar un poco. Tardaréis más o menos 6 horas para subir y bajar. Mira, te doy este mapa, es gratis. Es un mapa de senderismo de esta región. En él podéis buscar caminatas más fáciles.

1

Chica: ¿Para ir a Palma podemos coger el bus? ¿Cuánto cuesta un ticket?
Empleada: ¿El bus? Es posible, ¡pero es mucho mejor ir en el tren de Sóller! Sale todos los días de Sóller, por ejemplo a las 9:10 o las 11:55. El viaje dura una hora y ¡es muy bonito! Pasa por la Sierra de Tramontana y el Valle de Sóller, ¡tiene unas vistas espectaculares! Mira, la estación de ferrocarril está enfrente de la oficina de turismo. El ticket por persona cuesta 14 euros.

S. 18/9c Nun hören S den Dialog noch einmal, konzentrieren sich aber auf die Antworten der Angestellten. Sie machen sich Notizen (auf Deutsch oder Spanisch) und beantworten die Fragen ihrer Eltern anschließend auf Deutsch. Dadurch trainieren sie neben der Sprachmittlungskompetenz das selektive Hörverstehen im Rahmen einer lebensnahen Kommunikationssituation.

Lösungsvorschlag
— Es gibt einen Botanischen Garten, in dem man fast alle Pflanzen aus Mallorca sehen kann. Es gibt auch Führungen auf Deutsch. Der Eintritt kostet fünf Euro. Montags ist der Garten geschlossen.
— Sie sagt, dass der Puig ziemlich hoch ist, über 1300 m und es ziemlich schwierig ist, dort hinaufzuklettern, da es viele Felsen gibt. Das würde ungefähr sechs Stunden dauern. Sie gibt mir aber eine Wanderkarte der Region. Da können wir schauen, ob wir etwas Leichteres finden.
— Es gibt einen Bus, aber es ist besser, wenn wir den Zug von Sóller aus nehmen. Er fährt jeden Tag, z. B. um 9:10 oder 11:55. Das dauert ungefähr eine Stunde und soll sehr schön sein, weil der Zug durch die Sierra de Tramontana und das Tal von Sóller fährt. Die Station ist direkt hier gegenüber. Ein Ticket kostet 14 Euro pro Person.

YA LO SÉ

S. 18/10 Diese Aufgabe dient der Vorbereitung des Punto final 1, bei dem die S noch einmal auf die Ergebnisse dieser Aufgabe zurückgreifen können und sollen. Deswegen sollte diese Aufgabe auf jeden Fall und am besten als HA angefertigt werden. S sollen sich Stichworte darüber machen, was sie als Kind (nicht) gemocht oder (nicht) gerne gemacht haben und für die nächste Stunde einen kurzen mündlichen Vortrag unter Verwendung der Konnektoren (im Methodenanhang, SB, S. 162) einüben. Möglich wäre auch eine schrittweise Durchführung im Unterricht, wie für Übung 8 (SB, S. 18) beschrieben. Falls S mehr Input brauchen, können sie sich bei der leichteren Variante der Differenzierungsaufgabe auf S. 142 Anregungen holen.

Lösung individuell

S. 19–23 1B ENCUENTROS DE VERANO

Clara erzählt von einem Urlaub auf Mallorca als 15-Jährige. Gemeinsam mit ihrer Cousine Luna lernte sie eine Gruppe von deutschen Jugendlichen kennen, mit denen die beiden spanischen Mädchen dann ihre Ferien verbrachten. Luna verliebte sich in der Zeit in den deutschen Jungen Florian.

Grammatik	Der Unterschied zwischen *pretérito imperfecto* und *pretérito indefinido* Der Superlativ
Wortschatz	*la impaciencia, el/la mismo/-a + sust., así que, pasarlo bomba, pasear por + sust., reírse, el/la único/-a + sust., acercarse, además de, desde hace, guapo/-a, (ser) inseparable, el campo, enamorarse de, la pareja, la despedida, llorar, (super-)guay, tanto/-a + sust.* **transparent:** *ir de camping, la siesta, la telenovela, como loco/-a, proponer, el acento, aquel día, prometer*

Lösungen, Hörtexte und Vorschläge für den Unterricht

VORSCHLAG FÜR DIE TEXTERARBEITUNG

ACTIVIDAD DE PRELECTURA

1. Wiederholung der Formen des *indefinido*

Da es in dieser Teillektion um die Kontrastierung der beiden Vergangenheitszeiten *imperfecto* und *indefinido* geht, sollte vor der Texterarbeitung noch einmal das *indefinido* wiederholt werden. Die Einführung dieser Zeit liegt schon einige Lektionen zurück und erfahrungsgemäß sind die Formen des *indefinido* für die S eher schwierig zu behalten, v. a. die unregelmäßigen Verben. Da die Kontrastierung der beiden Zeiten eng an den Textinhalt gekoppelt ist, sollte die Wiederholung vorher abgehandelt werden.

Im Cuaderno (S. 10/3+4) und im Repaso 1 (SB, S. 26/1+2) finden sich Übungen zur Wiederholung. Es bietet sich an, die Wiederholungsübungen im Cuaderno (S. 10/3+4) als vorbereitende HA aufzugeben und nach der Kontrolle und ggf. einer kurzen Formenabfrage im Plenum die Übung 1 aus dem Repaso (SB, S. 26) bearbeiten zu lassen. Übung 2 des Repaso (SB, S. 26) sollte wegen der Ähnlichkeit zu der Übung im Cuaderno bei Wiederholungsbedarf an einer späteren Stelle eingesetzt werden, z. B. vor einer Klassenarbeit.

S. 19/1 2. Leseverstehen: Teil 1

S trainieren ihr globales Leseverstehen, indem sie den Lektionstext in zwei Minuten überfliegen. Dabei sollte L vorher noch einmal darauf hinweisen, dass es nicht um eine detaillierte Lektüre des Textes geht, die in zwei Minuten nicht zu schaffen wäre. So bewahrt L die S vor Frustration. L stoppt die Zeit und nach zwei Minuten sollen S die Bücher schließen und sagen, was sie verstanden haben. Dies kann ganz ungeordnet sein. L ordnet die Informationen im Anschluss.

Lösungsvorschlag
- Clara war in den Ferien bei ihren Großeltern auf Mallorca.
- Erst war es langweilig, dann ist ihre Cousine Luna gekommen.
- Sie waren am Strand und haben ein paar Deutsche kennengelernt.
- Die Deutschen waren 16 Jahre alt.
- Sie haben zusammen die Ferien verbracht.
- Luna und Florian haben sich ineinander verliebt.

🎧 10–11 3. Leseverstehen/Hörverstehen

S hören nun den gesamten Text bei geöffneten Büchern. Je nachdem, was S in der *Actividad de prelectura* herausgefunden haben, sollen sie nun nach genaueren Informationen suchen (z. B. Wie waren für Clara die Ferien mit den Großeltern, bis Luna kam? Was machen Luna und Clara? Was erfährt man über die Deutschen? Was unternehmen die spanischen Mädchen mit den deutschen Jugendlichen? usw.). Diese Phase sollte offen gestaltet werden und sich wirklich danach richten, was S in dem Schritt davor verstanden haben. Je nach Stärke der Lerngruppe könnte man überlegen, ob man die Fragen arbeitsteilig verteilt. L fasst anschließend die Ergebnisse auf Spanisch zusammen und kann dabei neue Vokabeln einführen oder erläutern. In leistungsstarken Gruppen bilden stattdessen S Kleingruppen, von denen jede mit Hilfe der Informationen aus dem Plenum einen Abschnitt des Textes auf Spanisch zusammenfasst. Ziel ist es, dass am Ende dieser Phase der Textinhalt global verstanden ist.

F 2 4. Leseverstehen: Teil 2

Mit Hilfe der Übung 2a auf S. 20 trainieren S ihr detailliertes Leseverstehen, indem sie Informationen aus dem Text heraussuchen, den Bildern zuordnen und diese in die richtige Reihenfolge bringen. Dies machen S zunächst in PA. Anschließend wird die Lösung im Plenum zusammengetragen, indem L die auseinander geschnittenen Bilder der Folie 2 auflegt und S auffordert, sie in die richtige Reihenfolge zu bringen. Zu jedem Bild nennen S entsprechende Informationen aus dem Text und L schreibt sie stichpunktartig darunter. Der Unterschied zwischen den Vergangenheitszeiten muss an dieser Stelle noch nicht thematisiert werden.

Als HA können S dann die Übung 2b auf S. 20 bearbeiten. Sie lesen die E-Mail- und SMS-Ausschnitte unter dem Lektionstext und ordnen sie den verschiedenen Personen zu. Dabei sollen sie ihre Auswahl begründen. Falls der Superlativ im Unterricht noch nicht thematisiert worden ist, können S an dieser Stelle im Resumen oder im Grammatikheft nachschlagen (▶Resumen, S. 25/4). Anschließend wird das Verständnis gesichert, indem L fragt, wie man z. B. *las chicas más simpáticas* oder *el chico más tímido* auf Deutsch sagen würde. Sollten S die Bedeutung nicht erschließen können, verdeutlicht L die Struktur anhand weiterer Beispiele. Dadurch werden die später folgenden Übungen zum Superlativ vorentlastet.

5. Einführung in die semantische Unterscheidung der Vergangenheitszeiten

S werden sicherlich schon bemerkt haben, dass in dem Lektionstext beide schon bekannten Vergangenheitszeiten vorkommen. Da den S die semantische Unterscheidung des *indefinido* und des *imperfecto* in der Regel sehr schwer fällt, sind sie meistens froh, wenn man ihnen Signalwörter an die Hand gibt, welche ihnen die Unterscheidung erleichtern. Dafür bearbeiten sie im Cuaderno die Übung 1 auf S. 10. Zunächst einmal verbinden sie die Signalwörter mit den Sätzen, wobei sie sich zunächst v. a. inhaltlich orientieren. Da die Sätze in sehr ähnlicher Formulierung auch im Lektionstext vorkommen, können S daran überprüfen, ob sie die Fragmente richtig verbunden haben und es ggf. korrigieren. Anschließend unterstreichen sie die Zeitmarker für das *imperfecto* einmal, die für das *indefinido* zweimal. So haben sie schon die ersten Auslöser herausgefunden. L sollte hier schon den Unterschied zwischen den Zeitmarkern thematisieren. Durch ihre Erfahrung aus anderen FS werden S wahrscheinlich schnell erkennen, dass sich wiederholende Handlungen im *imperfecto* und einmalige im *indefinido* stehen.

Die Übung 2 (Cuaderno, S. 10) ist dann schon etwas anspruchsvoller. S müssen sich zwischen drei Auslösern für den richtigen entscheiden und festigen dadurch die Zuordnung bestimmter Signalwörter zu *indefinido* bzw. *imperfecto*. Auch hier finden sich die Sätze in ähnlicher Form im Lektionstext, sodass S ihre Lösungen daran überprüfen können. Dies bietet sich als HA an.

COMPRENDER EL TEXTO

S. 20/2 Siehe Vorschlag für die Texterarbeitung, Punkt 4.
F 2

Lösungsvorschlag a) 1. Bild 5: *Cuando Clara tenía 15 años fue con sus abuelos a Mallorca. La idea de pasar dos meses allí con ellos no le gustaba. Se aburría: veían telenovelas todos los días, pero no pasaba nada.*
2. Bild 4: *Después de dos semanas llegó su prima Luna. Luna tenía 15 años como Clara y las dos se llevaban muy bien.*
3. Bild 6: *Un día fueron a la playa para conocer gente, pero eran muy tímidas. Paseaban por ahí y de repente vieron a unos jóvenes que jugaban en el mar.*
4. Bild 2: *Una de ellos, Leonie, les propuso jugar con ellos. Clara y Luna se acercaron.*
5. Bild 1: *Por la noche siempre jugaban a la petanca y ahí, Florian y Luna se enamoraron.*
6. Bild 3: *Después de tres semanas llegó la hora de la despedida. Todos estuvieron muy tristes. Clara y Luna fueron con ellos al puerto y todos lloraron.*

b) *El primer mensaje tiene que ser de uno de los chicos alemanes o de Leonie, porque dice que Luna y Clara son las chicas más simpáticas de España.*
El segundo mensaje es de Florian para Luna, porque perdió contra ella y además se enamoró de ella. Así que ella es la chica más guapa para él.
El tercer mensaje puede ser de uno de los otros dos chicos, Tim o Niklas, que le escribe a Clara. Ella le gustaba, pero como él es muy tímido, no dijo nada.
El cuarto mensaje dice «Sois las mejores». Así que lo escribió uno de los alemanes a Luna y Clara.

Cuaderno, S. 10/1 Siehe Vorschlag für die Texterarbeitung, Punkt 5.

Cuaderno, S. 10/2 Siehe Vorschlag für die Texterarbeitung, Punkt 5.

¿TE ACUERDAS?

Cuaderno, S. 10/3 Siehe Vorschlag für die Texterarbeitung, Punkt 1.

Cuaderno, S. 10/4 Siehe Vorschlag für die Texterarbeitung, Punkt 1.

Cuaderno, S. 11/5 S wiederholen den Gebrauch der Demonstrativbegleiter *este* und *ese*. Die Übung kann bei Bedarf an beliebiger Stelle eingesetzt werden.

Cuaderno, S. 11/6 Nachdem S in der Übung 5 (Cuaderno, S. 11) den Unterschied zwischen este und ese wiederholt haben, führt L den dritten Demonstrativbegleiter *aquel* ein, welcher im Deutschen die Bedeutung „jener" hat. Die Unterschiede können mit S zusammen an der Tafel erarbeitet werden. Anschließend bearbeiten S die Übung.

Mögliches Tafelbild

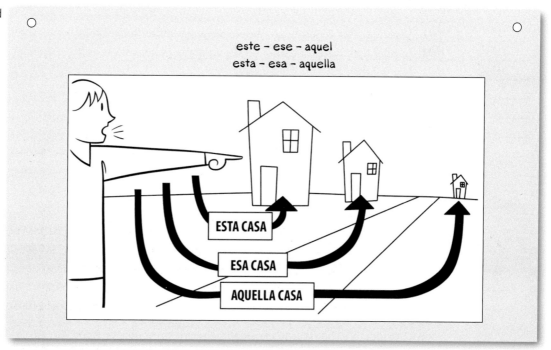

DESCUBRIR

S. 20/3 Über den Textinhalt ordnen S zunächst die Sätze den verschiedenen Bildern zu. Im zweiten Teil der Übung benennen sie die Sätze, in denen etwas passiert und denjenigen, in dem etwas beschrieben wird. So sollen sie für den semantischen Unterschied zwischen *imperfecto* (= Hintergrund/Situationsbeschreibung) und *indefinido* (= Handlung) sensibilisiert werden. (▶ Resumen, S. 24/2)

Lösung a) Satz 2 → Einzelbild; Sätze 3,1,4 (in der Reihenfolge) → Filmstreifen
b) Sätze 3,1,4 → Handlung; Satz 2 → Beschreibung (Situation/Hintergrund)

APRENDER MEJOR

S. 21/4a Für viele grammatische Phänomene bietet es sich an, mit Merkhilfen zu arbeiten. So werden Unterschiede für die S visualisiert. Den Unterschied zwischen *imperfecto* und *indefinido* kann man durch einen Fotorahmen bzw. einen Filmstreifen verdeutlichen.

S malen die Tabelle in ihr Heft ab und suchen Beispielsätze für den Rahmen (es wird eine Situation beschrieben) oder den Film (es passiert etwas).

Lösungsvorschlag

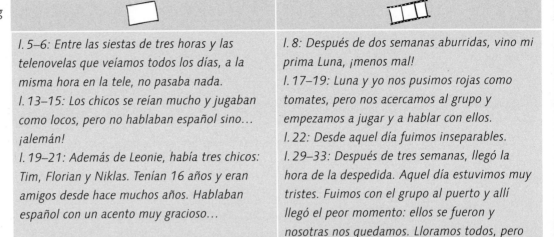

l. 5–6: Entre las siestas de tres horas y las telenovelas que veíamos todos los días, a la misma hora en la tele, no pasaba nada. l. 13–15: Los chicos se reían mucho y jugaban como locos, pero no hablaban español sino… ¡alemán! l. 19–21: Además de Leonie, había tres chicos: Tim, Florian y Niklas. Tenían 16 años y eran amigos desde hace muchos años. Hablaban español con un acento muy gracioso…	l. 8: Después de dos semanas aburridas, vino mi prima Luna, ¡menos mal! l. 17–19: Luna y yo nos pusimos rojas como tomates, pero nos acercamos al grupo y empezamos a jugar y a hablar con ellos. l. 22: Desde aquel día fuimos inseparables. l. 29–33: Después de tres semanas, llegó la hora de la despedida. Aquel día estuvimos muy tristes. Fuimos con el grupo al puerto y allí llegó el peor momento: ellos se fueron y nosotras nos quedamos. Lloramos todos, pero prometimos escribirnos y llamarnos…

S. 21/4b S wenden das Gelernte an, indem sie anhand der Bilder die Ankunft von Luna erzählen. Schnellere oder kreativere S bearbeiten die Aufgabe ohne weitere Hilfe, die anderen können auf die Anregungen auf S. 143/4 zurückgreifen.

Lösungsvorschlag *Las vacaciones eran muy aburridas para Clara. No sabía qué hacer. Todos los días veía la tele y se aburría como una ostra. Por eso esperaba la llegada de Luna con mucha impaciencia. De repente recibió un mensaje de ella: Ya estaba en el puerto de Palma. Clara se puso muy contenta y fue al puerto. Cuando vio a Luna se acercó a ella y le dio un beso.*

ESCUCHAR

S. 21/5 S hören die drei kurzen Geschichten von Luna und machen sich dabei Stichworte. Damit sie die Notizen leichter strukturieren können, sollten sie sich vorher die Tabelle aus der Übung 4 noch einmal ins Heft zeichnen. Sie hören den Text zweimal, anschließend können sie ihre Ergebnisse mit einem/einer MS vergleichen und ordnen dann ihre Stichpunkte so, dass sie die Geschichten mündlich wiedergeben können. Dadurch schulen sie das monologische Sprechen.

Hörtext
1. *Sabes, ayer por la mañana estaba un poco triste porque Florian se fue con Tim al este de la isla, para hacer ciclismo. Creo que querían visitar algún pueblo bonito por allí, Sóller, creo que se llama. Pero me llamó por la tarde y me propuso pasar la tarde juntos en la playa. ¡Genial!*
2. *Bueno, te cuento: el último examen de inglés era superimportante para mí. Estaba bastante nerviosa, tenía que sacar un «suficiente» para no repetir el curso. Pues imagínate, tía, ¡saqué un «notable»! ¡Y por eso mis padres me permitieron ir a Mallorca!*
3. *¿Te acuerdas de Isabel? Hace dos meses fui a su fiesta de cumpleaños. No me lo estaba pasando bien porque iba sola. Pero después llegaron mis primas y me lo pasé genial. Además la música era muy buena, por eso bailamos toda la tarde… Pues me olvidé de la hora… imagínate, cuando yo bailaba, de repente llegó mi madre para llevarme a casa. ¡Qué corte, tía! ¡Delante de mis amigas! Es que ya eran las doce…*

Lösungsvorschlag

1. *por la mañana: Luna estaba un poco triste*	1. *Florian y Tim se fueron al este de Mallorca; Florian llamó a Luna para pasar la tarde juntos en la playa*
2. *examen de inglés: superimportante; nerviosa → tenía que sacar un «suficiente»*	2. *sacó un «notable» → padres le permitieron ir a Mallorca*
3. *iba sola → no se lo estaba pasando bien; buena música*	3. *fiesta de cumpleaños de Isabel; primas llegaron → se lo pasó genial; bailaron; se olvidó de la hora; madre llegó y la llevó a casa*

Cuaderno, S. 13/9 S hören einen Text über Rafael Nadal, in dem viele Superlative vorkommen. S sollen diese
🎧 5 heraushören und notieren. Da sie teilweise recht viel schreiben müssen, muss der Text mindestens zweimal, eher dreimal vorgespielt werden. (▶ Resumen, S. 25/4)

Cuaderno, S. 13/10 Mittels des Gesprächs zwischen einem Touristen, der Informationen zu dem Naturpark
🎧 6 S'Albufera erfragt, und einer Rezeptionistin erweitern S ihr landeskundliches Wissen über Mallorca und trainieren ihr selektives Hörverstehen.
Bevor S das Gespräch hören, sollten sie erst die Fragen lesen und mögliche Vokabelfragen klären, damit ihr Hörprozess gesteuert ist.

PRACTICAR

S. 21/6 S üben den Unterschied zwischen den beiden Vergangenheitszeiten mittels einer Einsetzübung. Die Verben sind bereits vorgegeben. (▶ Resumen, S. 24/2)

Lösung 1. *era, hacía* – 2. *había, paseaban, charlaban, jugaban, jugaban* – 3. *estaba* – 4. *se acercó, dijo, entendía* – 5. *miraba* – 6. *se puso, contestó, dio* – 7. *empezaron, presentó* – 8. *Era, conoció*

Cuaderno, S. 12/7 In Übung 7a vervollständigen S einen Brief von Luna an ihre Cousine und üben mit dieser Einsetzübung die Unterscheidung der Vergangenheitszeiten *imperfecto* und *indefinido*.
In 7b beantworten S den Brief von Luna mit Hilfe der Anregungen im Kasten, indem sie sich in die Rolle ihrer Freundin Marilú hineinversetzen. Diese Übung eignet sich gut als HA. (▶ Resumen, S. 24/2)

Alternative Es wird den S freigestellt, den Brief frei und ohne Berücksichtigung der Anregungen im Kasten zu verfassen, wenn sie ihrer Kreativität freien Lauf lassen möchten.

Cuaderno, S. 12/8 S üben den Unterschied zwischen *indefinido* und *imperfecto*, indem sie die Biographie von Rafael Nadal vervollständigen.

ESPAÑA EN DIRECTO

S. 22/7 Bei dieser Übung erschließen sich S zunächst Aufschriften in den Sprachen Katalanisch, Galicisch und Baskisch. Sie nutzen dabei nicht nur ihre Sprachkenntnisse aus dem Spanischen, sondern versuchen auch, über die Gestaltungsweise einen Zugang zum Inhalt zu erlangen. Anschließend ordnen sie die Texte den entsprechenden Sprachen zu. Es bietet sich an, diese Übung mit den Anímate-Seiten (SB, S. 28–29) zu verbinden, bei denen es um die Regionalsprachen in Spanien geht.

Lösungsvorschlag *gallego:*

1. Einladung zu einem Fest, vielleicht ein Kostümfest, da das Mädchen auf der Zeichnung verkleidet ist. Verständlich durch das Wort „*festa*" (ähnlich wie *fiesta*) und das Bild.
2. Kleiner Sprachführer, verständlich durch „*guía*" und „*lingüístico*".

vasco:

3. Aufkleber, der zum Glastrennen anregen soll oder darüber informiert. Erschließt sich ausschließlich über das Bild.

catalán:

4. Werbung für einen Internetsprachkurs, zu erkennen an dem Satz „*aprèn català a Internet*", dessen Bedeutung man mit Hilfe des Spanischen (*Aprende catalán en internet*) erschließen kann. Das gelbe C sieht aus wie ein sprechendes Männchen. „*Parla*" ähnelt dem französischen *parler*.
5. Informationsschild an einem Spielplatz, zu erkennen am Hintergrund (Zaun und Sand), an den Verbotszeichen und dem Wort „*infantil*".

Cuaderno, S. 14/11 S schulen ihre Sprachmittlungskompetenz im mündlichen und schriftlichen Bereich und ihr detailliertes Leseverstehen, indem sie zunächst mit Hilfe eines zweisprachigen Flyers (Spanisch – Englisch) die Fragen eines deutschen Freundes über Sportmöglichkeiten auf Mallorca beantworten. Dabei können sie auf das Englische zurückgreifen, wenn sie im spanischen Text etwas nicht verstehen.

Anschließend entwerfen sie einen deutschen Text, den man auch auf den Flyer drucken könnte. Wichtig ist, dass hier nicht wortgenau übersetzt werden soll. Vielmehr sollten S einen Text erstellen, der die gleichen Inhalte ansprechend vermittelt.

Cuaderno, S. 14/12 S haben in dieser Lektion viel über Mallorca, aber auch einiges über Menorca erfahren. Nun wälzen sie ihr landeskundliches Wissen um, indem sie in Kleingruppen einen Werbeflyer über Mallorca oder Menorca entwerfen, wobei sie sich am Beispiel orientieren können. Der beste wird am Ende prämiert.

Hinweis L kann sprachliche Vorgaben für diesen Flyer machen, z. B. dass S mindestens einmal einen Imperativ, *tanto*, den Superlativ etc. verwenden sollen. So kann diese kreative Aufgabe auch der sprachlichen Umwälzung dienen.

HABLAR

S. 22/8 S wenden nun die Vergangenheitszeiten frei an, indem sie über eine Feriensituation aus ihrer Kindheit berichten. Sie dürfen sich für das mündliche Erzählen Stichworte machen und diese bei Bedarf in eine Tabelle wie auf S. 21/4a eintragen. Damit die Erzählung etwas lebendiger wird, kann L darauf hinweisen, dass sie mindestens einen Ausruf (Methodenteil, S. 162) verwenden sollten.

Lösung individuell

S. 22/9 S arbeiten in PA, ein/e S ist der/die deutsche Schüler/in, der/die andere der spanische Junge. S wenden in diesem Dialog den Superlativ an. Bei Unsicherheiten können sie das Resumen heranziehen (▶ Resumen, S. 25/4). Als Anregung sind ihnen schon Themen und Adjektive vorgegeben, S können aber natürlich auch selbst kreativ werden. Zum Abschluss können im Plenum paarübergreifende Dialoge stattfinden: Ein/e S stellt eine Frage, der/die entsprechende MS beantwortet sie und stellt die nächste Frage an eine/n dritte/n MS.

Lösung individuell

ESCRIBIR

S. 23/10 S wiederholen die Redemittel zum Verfassen eines persönlichen Briefes, indem sie sich in die Lage einer Person aus dem Text 1B versetzen und einen Brief oder eine E-Mail an eine der Ferienbekanntschaften schreiben, wobei sie auch die neuen Redemittel verwenden. Einen Beispielbrief zur Orientierung finden S bei Bedarf auf S. 166.

Lösungsvorschlag *Hola Florian:*

¿Qué tal? ¿Llegaste bien a Alemania? Espero que sí. Como ves, todavía te escribo en español, porque mi alemán es muy malo. Pero ¿sabes qué? ¡Voy a hacer un curso de alemán! Sólo para ti… Te echo mucho de menos. Ya no pasa mucho aquí. Clara y sobre todo yo estamos muy tristes y no sabemos qué hacer. Yo siempre pienso en ti y en el tiempo que pasamos juntos. ¡Fueron las mejores vacaciones de mi vida! No sabía que hay chicos tan guapos en Alemania. ☺ ¿Y tú? ¿Qué haces? ¿Cuándo empiezan las clases en el instituto? ¿Piensas en mí también?

Hasta muy pronto, espero…
Un beso,
Luna

COMPRENSIÓN AUDIOVISUAL

S. 23/11 Mit Hilfe der Kopiervorlage für die DVD verstehen S den Hör-Sehtext selektiv und detailliert.
KV DVD1

YA LO SÉ

S. 23/12a S können zwischen zwei Situationen wählen, die sie erzählen wollen. Sie wenden dabei die neuen Redemittel an. Konnektoren und Zeitadverbien zur Strukturierung der Erzählung können sie bei Bedarf im Methodenteil (SB, S. 162) nachschlagen. Auch für diese Übung bietet sich eine Bearbeitung in mehreren Etappen an (vgl. S.18/8), um S auf das Sprechen vorzubereiten. Das Erzählen der Geschichten könnte in einem Kugellager (s. Methodenanhang, SB, S. 170/3) erfolgen. So kommen mehrere S gleichzeitig zu Wort. Abwechselnd erzählen der Innen- und der Außenkreis.

Lösung individuell

S. 23/12b Beim Erzählen der Geschichten im Kugellager machen sich die Zuhörer/innen Notizen und sagen
fakultativ anschließend im Blitzlicht (s. Methodenpool, S. 191), welche Geschichte sie am lustigsten fanden und warum.

Lösung individuell

MI RINCÓN DE LECTURA

Cuaderno, S. 15/1 S betrachten einen authentischen Comic. Um sich den Inhalt zu erschließen, beschreiben sie zunächst jedes Panel mit ein bis zwei Sätzen schriftlich. Redemittel zur Bildbeschreibung finden sie bei Bedarf im Methodenteil (SB, S. 163/2). Wenn es zur Bildbeschreibung nötig ist, schlagen S unbekannte Wörter aus dem Comic im Wörterbuch nach und lernen dadurch noch mehr gebräuchliches Vokabular zum Thema Urlaub bzw. Reisen kennen. Anschließend fassen S den gesamten Comic in ein bis zwei Sätzen zusammen.

Alternative S beschreiben die Panels arbeitsteilig, indem L jeder Arbeitsgruppe ein Bild zuteilt. Im Plenum beschreiben dann die Gruppen kurz ihre jeweiligen Bilder für die MS und klären ggf. unbekanntes Vokabular. Anschließend können S mit Hilfe der Beschreibungen versuchen, die Geschichte nachzuerzählen. Dies kann mündlich im Plenum oder schriftlich als HA geschehen.

Cuaderno, S. 15/2 Zum Abschluss werden S selbst produktiv, indem sie sich eine weitere Szene (z. B. die Familie sucht einen freien Platz am Pool) ausdenken, zeichnen und mit Sprechblasen versehen.

PUNTO FINAL 1

Ziel des Punto final ist es, ein Album zu erstellen, welches das Leben von früher illustriert (z. B. der Eltern, der Großeltern, aber auch von Freunden). Dieses Produkt entsteht in mehreren Schritten und es können auch Ergebnisse aus der Übung 10 (SB, S. 18) verwendet werden, um den Prozess zu unterstützen.

S. 23/1a S machen sich Gedanken zu Ansprechpartnern und konkreten Fragen. Dann befragen sie die ausgewählten Personen und fragen auch nach Fotos oder anderen Erinnerungsstücken, welche sie für ihr Album verwenden können.

Lösung individuell

S. 23/1b Nun schreiben sie einen spanischen Text auf der Basis der erhaltenen Antworten. Hier sollte L darauf hinweisen, dass es nicht um eine wortwörtliche Übersetzung geht, sondern S vor allem mit ihrem verfügbaren Wortschatz arbeiten sollten, damit ihr Produkt auch für die MS verständlich bleibt. Natürlich bleibt es nicht aus, dass einige Wörter im zweisprachigen Wörterbuch nachgeschlagen werden. S können die Textgattung selbst auswählen, z. B. Interview oder Zeitzeugenbericht. Dadurch werden die Produkte vielfältiger ausfallen.

Lösung individuell

S. 23/1c S tauschen ihre Texte untereinander aus. MS korrigieren mit Hilfe der Fehlerchecklíste (S. 169) und sollten auch anmerken, ob der Text für sie lexikalisch verständlich ist. Anschließend schreiben oder tippen S ihre Texte in Reinform.

Lösung individuell

S. 23/2 In einem letzten Schritt stellen S das Album fertig, indem sie ihren Text mit Bildern, Postkarten, Karten usw. illustrieren. Anschließend sollten S die Möglichkeit bekommen, ihre Alben zu präsentieren bzw. die Alben der MS anzusehen, z. B. im Rahmen einer Ausstellung im Klassenraum.

Lösung individuell

S. 26–27 REPASO 1 (FAKULTATIV)

Lösungen und Hörtexte

¿TE ACUERDAS?

S. 26/1 S wiederholen die Formen des *indefinido* anhand eines Lückentexts mit vorgegebenen Verben.

Lösung *fue – estuve – fui – vino – hizo – dolió – pude – me quedé – vinieron – quise – puse – tuvimos – entró – preguntó – empezó*

S. 26/2 S wiederholen das *indefinido* und seinen Gebrauch, indem sie mit Hilfe der vorgegebenen Verben und Zeitadverbien erzählen, was sie am Vortag gemacht haben.

Lösung individuell

VOCABULARIO

S. 26/3 In Übung 3a wiederholen S den Wortschatz zum Wortfeld Freizeit, indem sie den Ausdruck nennen, der nicht in die jeweilige Reihe passt. In Übung 3b schreiben sie mit Hilfe der im ersten Teil genannten Aktivitäten acht Sätze über ihre Freizeit und Lieblingsbeschäftigungen.

Lösung a) 1. *ayuda en casa* – 2. *escuchar música* – 3. *escribir para la revista del instituto* – 4. *ir al teatro* – 5. *actuar en un grupo de teatro*
b) individuell

PRACTICAR

S. 26/4 Mit einem Würfelspiel üben S die Formen des *imperfecto* der vorgegeben Verben. (▶ Resumen, S. 24/1)

S. 27/5 S üben den Kontrast zwischen *imperfecto* und *indefinido*, indem sie die Lücken mit den vorgegebenen Auslösern füllen. (▶ Resumen, S. 24/2)

Lösung *Cuando – siempre – A veces – a veces – siempre – cuando – De repente*

S. 27/6 S bereiten eine Umfrage mit fünf MS vor. Inhaltlich orientieren sie sich dabei an der Übung 9 (SB, S. 22). In schwächeren Gruppen sollten die Fragen unbedingt vorher im Plenum gesammelt werden, da sie sonst evtl. von den S fehlerhaft oder überhaupt nicht gestellt werden.

Lösung individuell

ESCRIBIR

S. 27/7 S übernehmen die Perspektive von Luna bzw. Florian aus dem Lektionstext 1B. Sie schreiben einen Tagebucheintrag über den vorherigen Tag und wenden so die Vergangenheitszeiten an. (▶ Resumen, S. 24/2)

Lösungsvorschlag *Querido diario:*

¡Ayer fue un día superguay! Parecía un día normal en casa de los abuelos: Como todos los días, Clara y yo nos levantamos tarde y desayunamos. Pero después del desayuno nos aburrimos un poco y por eso decidimos ir a la playa para conocer gente. Cuando paseábamos por la playa vimos a unos chicos que jugaban en el mar y que, a veces, nos miraban. Nos acercamos, pero no dijimos nada. Las dos somos muy tímidas… Además, ellos hablaban alemán y no entendíamos nada. ¡Qué horror! Por eso queríamos irnos, pero de repente la chica del grupo nos propuso jugar con ellos. ¡Qué sorpresa! Comenzamos a jugar con ellos y enseguida vi al chico majo de pelo rubio. Pero no sabía qué decirle. Entonces la chica, Leonie, tuvo la idea de encontrarnos a la noche para jugar a la petanca. ¡Qué idea genial! Durante el resto del día estuve muy nerviosa. Luego, a las nueve, vi a Florian otra vez. Y esta vez hablamos. Al final me dio un beso para despedirse… ¡Soy la chica más feliz del mundo!

HABLAR

S. 27/8 S arbeiten in PA. Eine/r übernimmt die Rolle der Rollenkarte A (S. 27), der/die Partner/in bereitet die Rollenkarte B (S. 148/8) vor. Sie erzählen sich gegenseitig von ihren Ferien und wenden so die Redemittel der Lektion an. Anschließend stellen einige S die Dialoge im Plenum vor.

Lösungsvorschlag B: *Hola! ¿Qué tal las vacaciones? ¿Dónde estuviste?*
A: *¡Hola! Estuve en Mallorca.*
B: *Ah, yo también estuve una vez en Mallorca. Pero me gusta más Menorca porque es una isla más tranquila y hay menos turistas.*

A: *No conozco Menorca, pero creo que Mallorca es tan bonito como Menorca. Acabo de pasar las mejores vacaciones de mi vida allí.*
B: *¿Por qué?*
A: *Pues, hizo un tiempo fenomenal. Además, conocí a nuevos amigos y quedábamos todos los días para hacer cosas divertidas. Por ejemplo, un día fuimos a las montañas en bici, otro día jugamos al voleibol en la playa o paseamos por el pueblo. ¿Y tú? ¿Qué hiciste en tus vacaciones?*
B: *Visité a mi primo en Barcelona. Fue mi primera vez en Barcelona. Es la ciudad más interesante que conozco. Pero no es muy fácil entender a la gente porque la mayoría habla catalán.*
A: *En Mallorca también hablan catalán, pero yo comprendía casi todo.*
B: *Pues, tengo un poco de prisa. Te voy a llamar esta tarde para quedar, ¿vale?*
A: *Buena idea. Hasta luego.*

S. 28–29 ¡ANÍMATE! 1 (FAKULTATIV)

Lösungen, Hörtexte und Vorschläge für den Unterricht

VORSCHLAG FÜR DEN EINSTIEG

🎧 13 **1. Landeskunde**

Hier geht es um die Regionalsprachen in Spanien. S haben durch die Lektionstexte schon das Katalanische kennengelernt und lernen nun, dass es noch zwei weitere offizielle Minderheitensprachen in Spanien gibt. Zudem erhalten sie durch sprachvergleichende Beispiele einen kleinen Einblick in die Sprachen und erkennen, dass Galicisch und Katalanisch dem Spanischen ziemlich ähnlich sind.

Zum Einstieg fragt L, wie viele offizielle Amtssprachen es in Spanien nach Meinung der S gibt. S melden sich, je nachdem, ob sie glauben, dass es eine, zwei, drei, vier, ... Amtssprachen gibt. Voraussichtlich denken die meisten S, dass es zwei offizielle Sprachen gibt: Spanisch und Katalanisch. L erklärt, dass in mehreren der 17 Autonomen Gemeinschaften neben Spanisch noch eine andere Sprache gesprochen wird und schreibt die drei Regionalsprachen an die Tafel. S äußern Vermutungen darüber, in welchen Regionen Spaniens welche Sprachen gesprochen werden (SB, S. 29/1a). Die Überprüfung erfolgt anhand der Karte auf S. 28. Anschließend hören S einige Sprachbeispiele (SB, S. 29/1b) und versuchen, einige Wörter zu verstehen. Sie werden bemerken, dass sie vom Baskischen nichts verstehen, die anderen beiden Sprachen dagegen besser. Hier könnte L eine kleine Info zu den Verwandschaftsbeziehungen der Sprachen geben.

2. Vorbereitung einer Präsentation

S arbeiten anschließend in vier Großgruppen (Baskisch, Galicisch, Katalanisch und Informationen zur sprachlichen Situation unter Franco) und erarbeiten sich mit Hilfe des zweisprachigen Wörterbuches die Informationstexte. Sie stellen sich ihre Ergebnisse dann in Vierergruppen vor.

3. Meinungsäußerung

Die Übung 2a (SB, S. 29) wäre eine gute Hausaufgabe. S lesen die verschiedenen Aussagen zur Mehrsprachigkeit in Katalonien und schreiben kurz und mit Begründung, mit welcher Aussage sie am ehesten übereinstimmen.

Zum Abschluss vergleichen S die Situation in Spanien mit Regionen in Deutschland bzw. anderen Ländern, in denen mehrere Sprachen gesprochen werden und äußern sich zu ihrer eigenen Mehrsprachigkeit (SB, S. 29/2b). Dabei sollten sie kurz sagen, ob sie (in ihrem persönlichen Fall) Mehrsprachigkeit positiv oder negativ beurteilen.

LA ESPAÑA BILINGÜE

S. 29/1a Siehe Vorschlag für den Einstieg, Punkt 1.

Lösung *Galicia: gallego y español*
País Vasco y Navarra: vasco y español
Cataluña, Comunidad Valenciana, Región de Murcia, Islas Baleares: catalán y español

S. 29/1b Siehe Vorschlag für den Einstieg, Punkt 1.
🎧 13

Lösung individuell

S. 29/2a Siehe Vorschlag für den Einstieg, Punkt 3.

Lösung individuell

S. 29/2b Siehe Vorschlag für den Einstieg, Punkt 3.

Lösung individuell

2 ENTRE JÓVENES S. 30–47

In dieser Lektion lernen wir die Lieblingsobjekte einiger spanischer und lateinamerikanischer Jugendlicher kennen und setzen uns mit gesellschaftlichem Engagement von Jugendlichen auseinander.

ÜBERSICHT

Gliederung	¡Acércate! Text A: Para mí no es sólo un objeto Text B: Y tú, ¿pasas? Resumen Repaso 2 (fak.) ¡Anímate! 2 (fak.) Lectura: Querido Ronaldinho (s. S. 172), Poemas (s. S. 185)
Lernziele	Jdn auffordern, etwas nicht zu tun Jdn beruhigen Erwartungen und Wünsche ausdrücken Gefühle und Vorlieben äußern und begründen Die eigene Meinung äußern Auf Diskussionsbeiträge reagieren
Methodentraining	Aprender mejor: eine Diskussion vorbereiten Methodischer Schwerpunkt: Dialogisches Sprechen, Hörverstehen
Grammatik	Der Imperativ (Wh.) Der verneinte Imperativ Die Possessivpronomen Der *subjuntivo* nach Verben der Willens- und Gefühlsäußerung, nach unpersönlichen Ausdrücken, nach *no creo que / no pienso que* Die Adverbien auf *-mente* Die Verben *encantar* und *parecer* Das Relativpronomen *lo que*
Folien	F3: *Deportes y otras actividades* F4: *Padres e hijos*
Kopiervorlagen	KV5: *¿Quién dice qué?* KV6: *Para mí no es sólo un objeto* KV7: *Mi objeto favorito* KV8: *Y tú, ¿pasas?* KV DVD2: *Escena 2: ¡Mi skate y yo!* KV DVD3: *«Llevamos magia»*

ÜBUNGEN IM SCHÜLERBUCH (SB) UND IM CUADERNO (C)

Leseverstehen	global	Liedtext (SB, S. 47/3)
	selektiv und detailliert	¡Acércate! (SB, S. 30/1) Text A (SB, S. 34/2; C, S. 19/1) Text B (SB, S. 38/2; SB, S. 38/3; C, S. 24/1)
Hörverstehen	global	Neue Redemittel (C, S. 18/1)
	selektiv	Lieblingsobjekte (SB, S. 33/1; SB, S. 34/3b) Eine Statistik vervollständigen (C, S. 24/2)
	detailliert	Einen Text ergänzen (C, S. 26/5a)
	selektiv und detailliert	Lieblingsobjekte (SB, S. 34/3c) Engagement von Jugendlichen (SB, S. 38/1) Interview zu Hilfsprojekten (SB, S. 39/8b, c) Sportarten (C, S. 23/10)
	global und selektiv	Übung zum Hör-Sehverstehen (SB, S. 41/12)
Schreiben	gelenkt	Dialog erstellen (SB, S. 40/11)
	frei	Tagebucheintrag schreiben (SB, S. 45/7) fak. Die eigene Meinung äußern (C, S. 26/6) Einen Bewerbungsbrief schreiben (C, S. 29/9b) Einen Text kommentieren (C, S. 30/2)
Sprechen	gelenkt	Anwendung der neuen Redemittel (SB; S. 36/9) Sagen, was einem (nicht) gefällt (SB, S. 39/6) Musik beschreiben (SB, S. 47/4) fak. Rollenspiel (C, S. 26/5b)
	frei	Die eigene Meinung äußern (SB, S. 38/5) Argumente formulieren und diskutieren (SB, S. 39/7) Über Hilfsprojekte berichten (SB, S. 39/8d) fak. Komplexe Anwendungsaufgabe (SB, S. 41 / Punto final 2)
Sprachmittlung		Informationen auf Deutsch wiedergeben (SB, S. 46/2) Sprachmittlungsaufgabe (C, S. 27/8) Spanischen Text auf Deutsch zusammenfassen (C, S. 30/1)
Sprachliche Mittel	Wortschatz	Lieblingsobjekte (SB, S. 34/4; SB, S. 36/10) Wörter umschreiben (SB, S. 38/4) Die Wortfelder *música* und *vídeo* (C, S. 19/2)
	Redemittel	Jdn auffordern, etw. nicht zu tun / Jdn beruhigen (SB, S. 31/2) Jdn auffordern etw. (nicht) zu tun (SB, S. 32/6) Vorlieben äußern und begründen (SB, S. 46/1) fak. Die eigene Lieblingsaktivität beschreiben (C, S. 22/8)

	Verben	Der verneinte Imperativ (SB, S. 32/3; SB, S. 32/4; SB, S. 32/5; C, S. 18/2) Der *subjuntivo* (SB, S. 35/5; SB, S. 35/6a, b fak.; SB, S. 35/7a, b fak.; SB, S. 40/9; SB, S. 40/10; SB, S. 44/3 fak.; SB, S. 45/4 fak.; SB, S. 45/6 fak.; C, S. 20/5; C, S. 21/6; C, S. 25/3; C, S. 25/4) Der bejahte Imperativ (SB, S. 44/1) fak. Der Indikativ Präsens (SB, S. 44/2) fak. Die kontrastive Verwendung von Infinitiv und *subjuntivo* (SB, S. 45/5 fak.; C, S. 22/7) Die kontrastive Verwendung von Infinitiv, Indikativ und *subjuntivo* (C, S. 27/7)
	Adjektive und Adverbien	Angleichung der Adjektive (C, S. 19/3) Die Adverbien auf -*mente* (C, S. 20/4)
	Possessivpronomen	Einsetzübung (SB, S. 36/8; C, S. 23/9)
	Autocontrol	Übungen zur Selbstkontrolle (C, S. 31–32)
Methodentraining	Vorentlastung des Hörverstehens	Vorwissen abrufen (SB, S. 34/3a) Bilder zum Hörtext beschreiben (SB, S. 39/8a)
	Dialogisches Sprechen	Eine Diskussion vorbereiten (SB, S. 41/13)
	Den Schreibprozess organisieren	Einen Text überarbeiten (C, S. 28/9a)

S. 30–32 ¡ACÉRCATE!

S bekommen einen kurzen Einblick in den Alltag von zwei Jugendlichen.

Grammatik	Der Imperativ (Wh.) Der verneinte Imperativ
Wortschatz	*el/la joven / los jóvenes, por cierto, preocuparse por, ponerse (así), ¡Venga!, la broma* **transparent:** *tomar algo así, ¡No lo tomes así!*

Lösungen, Hörtexte und Vorschläge für den Unterricht

VORSCHLAG FÜR DIE TEXTERARBEITUNG

1. Wiederholung des Imperativs

Im Lektionstext wird der verneinte Imperativ eingeführt. Damit S ihn klar vom bejahten Imperativ abgrenzen können, sollte dieser vorher noch einmal reaktiviert werden. Dafür findet sich eine Übung im Repaso (SB, S. 44/1). Dort geht es allerdings vor allem um den Imperativ von reflexiven Verben. Um eine allgemeine erste Wiederholung durchzuführen, könnte L auch verschiedene Verben und Ausdrücke auf Karteikarten schreiben und diese an S verteilen (z. B. *abrir los libros, levantarse, ir a la pizarra, limpiar la pizarra, cantar, correr, escribir su nombre en la pizarra, cerrar la ventana* usw.). S geben ihren MS dementsprechend Anweisungen, welche diese dann ausführen.

5 2. Implizite Einführung der neuen Redemittel

S ordnen auf der Kopiervorlage 5 die Sprechblasen den entsprechenden Bildern und Personen zu und werden dadurch implizit an die neuen Redemittel herangeführt. Sie erkennen, dass es sich um Aufforderungen handelt, etwas nicht zu tun bzw. um Ausdrücke, um jemanden zu beruhigen. Die Überprüfung der Zuordnung erfolgt anhand des SB, S. 30. Bei Verständnisschwierigkeiten werden die Inhalte der Dialoge im Plenum besprochen. Anschließend werden alle Dialoge (SB, S. 30–31) mit verteilten Rollen gelesen. Auf die neuen Formen wird bei der Texterarbeitung noch nicht eingegangen; wichtig ist zunächst nur, dass die Bedeutung erkannt wird.

3. Leseverstehen

S bearbeiten die Übung 1a im SB (S. 30). Sie fertigen dafür zwei Assoziogramme mit den Informationen an, die sie über das Leben von Adrián und Javi haben. L sichert die Ergebnisse an der Tafel bzw. auf Folie, damit alle S möglichst viele Informationen über die beiden Jungen haben, sodass sie anschließend die Übung 1b bearbeiten können. Um das Textverstehen zu unterstützen, bilden S auf Grundlage der Assoziogramme Hypothesen bzgl. der beiden aufgeführten Fragen.

🎧 15 4. Bewusstmachung der neuen Redemittel

S schreiben aus dem Text alle Ausdrücke heraus, mit denen man jemanden auffordert, etwas nicht zu tun bzw. mit denen man versucht, jemanden zu beruhigen (SB, S. 31/2a). Im Anschluss hören S verschiedene Szenen über CD und verwenden die Ausdrücke aus der vorherigen Übung, um angemessen darauf zu reagieren (SB, S. 31/2b). Die Kontrolle erfolgt über den Hörtext.

COMPRENDER Y COMENTAR EL TEXTO

S. 30/1a Siehe Vorschlag für die Texterarbeitung, Punkt 3.

Mögliches Tafelbild und Lösungsvorschlag

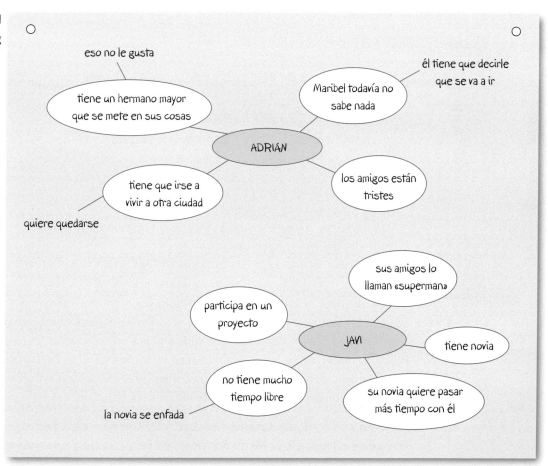

S. 30/1b Siehe Vorschlag für die Texterarbeitung, Punkt 3.

2

Lösungsvorschlag 1. *Los amigos de Adrián están tristes porque ya no se van a ver a menudo: él se va a vivir a otra ciudad y tiene que cambiar de instituto.*
2. *Javi trabaja en un proyecto social (en una ONG). Él pasa mucho tiempo con la gente del proyecto y no tiene mucho tiempo para otras cosas.*

VOCABULARIO

S. 31/2a Siehe Vorschlag für die Texterarbeitung, Punkt 4.
🎧 15

Lösung	jemanden auffordern, etwas nicht zu tun	jemanden beruhigen
	–no empieces	–no te preocupes
	–no pongáis esta cara	–no te pongas así
	–no le contéis nada	–no lo tomes así
	–no te metas en mis cosas	–no te enfades
	–no me digas	
	–no vuelvas muy tarde	
	–no me digáis	
	–no me llames	

S. 31/2b Siehe Vorschlag für die Texterarbeitung, Punkt 4.
🎧 15

Hörtext und Lösung
1. Chico 1: *¿¿Qué?! ¿Te vas a poner esa chaqueta roja otra vez?*
   Chico 2: *No te metas en mi vida.*
2. Chica 1: *Buf, es que no entiendo nada de nada. No voy a aprobar el examen de geografía… ¡Estoy muy nerviosa!*
   Chica 2: *No te preocupes.*
3. Señor: *Te digo que por aquí no es, ¿cuántas veces lo debo repetir, eh? ¿Por qué no buscaste la dirección en Internet? Ya es muy tarde…*
   Señora: *Oye, no empieces por favor. Mira, aquí es.*
4. Chica: *Bueno, estoy harta, ya me voy, no tengo por qué escuchar estas tonterías.*
   Chico: *No te pongas así.*
5. Padre: *¿Miguel? ¿Juan? Os traigo un regalo, ¿chicos?*
   Hijo 1: *Hola. ¡Un balón de fútbol! ¡Qué bien! Vamos a jugar, pásamelo, pásamelo.*
   Padre: *Ahí te va, pero ¡cuidado!*
   Hijo 2: *Oh, oh… ¿Qué hacemos ahora? ¡Es la taza favorita de mamá!*
   Padre: *No le contéis nada, lo hago yo.*

DESCUBRIR Y PRACTICAR

S. 32/3 Durch diese induktive Übung erarbeiten sich S die Regel zur Bildung des verneinten Imperativs. Dafür schreiben sie zunächst zu jeder Verbform aus der Tabelle der Übung 2a (SB, S. 31) die 1. Pers. Sg. Präsens Indikativ auf. Anschließend versuchen sie, eine Regelmäßigkeit zu entdecken und erkennen, dass die Formen von der 1. Pers. Sg. Präsens Indikativ abgeleitet werden und mit welchen Endungen die Formen gebildet werden. (▶ Resumen, S. 42/1)

Hinweis Sollte L nach der Übung 3a feststellen, dass S Schwierigkeiten mit der 1. Pers. Sg. haben, kann von S die Übung 2 (SB, S. 44) im Repaso 2 bearbeitet werden, bevor sie eine Regel formulieren.

Lösung a) *empiezo – pongo – cuento – meto – digo – vuelvo – digo – llamo – me preocupo – me pongo – tomo – me enfado*

b) Ableitung von der 1. Pers. Sg. Indikativ Präsens; an den Stamm wird die entsprechende Endung (*-es* bzw. *-éis* bei Verben auf *-ar* und *-as* bzw. *-áis* bei Verben auf *-er* und *-ir*) angehängt; keine Diphthongierung im Plural

S. 32/4 S üben den verneinten Imperativ zunächst in einer geschlossenen Übung mit vorgegebenen Verben. L weist darauf hin, dass *ir* unregelmäßig ist und verweist auf den Verbanhang (▶ Los verbos, S. 185–191). Bei *jugar* sollte bei der Kontrolle auf die Orthographie hingewiesen werden. (▶ Resumen, S. 42/1)

Lösung
- *–¡No te levantes!*
- *–¡No pienses en el examen!*
- *–¡No hables mucho!*
- *–¡No veas la televisión!*
- *–¡No salgas de casa!*
- *–¡No salgas sin chaqueta!*
- *–¡No entrenes hoy!*
- *–¡No vayas al instituto!*
- *–¡No te preocupes!*
- *–¡No te acuestes tarde!*
- *–¡No tengas miedo!*
- *–¡No escuches música a todo volumen!*
- *–¡No juegues al fútbol!*
- *–¡No vayas a la fiesta de hoy!*
- *–¡No quedes con amigos hoy!*
- *–¡No pases muchas horas en el ordenador!*

Cuaderno, S. 18/2 S festigen die Bildung des verneinten Imperativs, indem sie die Formen in eine Tabelle eintragen und sich dadurch noch einmal das Schema zur Bildung verdeutlichen. Anschließend formulieren sie schriftlich verneinte Aufforderungen mit Hilfe der vorgegebenen Versatzstücke. (▶ Resumen, S. 42/1)

S. 32/5 S üben den verneinten Imperativ in der 2. Pers. Pl. Die leichtere Version der Differenzierungsaufgabe auf S. 143 bietet Anregungen für die Verbote der Museumsführerin. (▶ Resumen, S. 42/1)

Lösungsvorschlag
- *–¡No comáis en el museo!*
- *–¡No habléis muy fuerte!*
- *–¡No uséis gorras!*
- *–¡No uséis el móvil!*
- *–¡No bebáis nada en el museo!*
- *–¡No juguéis con vuestros compañeros!*
- *–¡No entréis con botellas!*
- *–¡No olvidéis nada en el museo!*
- *–¡No preguntéis en inglés o alemán!*
- *–¡No toquéis nada!*
- *–¡No hagáis vídeos de las salas!*
- *–¡No os quedéis mucho tiempo en una sala!*
- *–¡No corráis en el museo!*
- *–¡No uséis el mp3!*
- *–¡No interrumpáis a la guía!*
- *–¡No molestéis a las otras personas!*

YA LO SÉ

S. 32/6 S wenden die neuen Redemittel an. Sie stellen sich vor, die beste Freundin / der beste Freund der abgebildeten Personen zu sein und geben diesen Ratschläge. Dabei verwenden sie sowohl den bejahten als auch den verneinten Imperativ. S arbeiten in PA und einige Paare stellen ihre Dialoge im Anschluss im Plenum vor.

Lösungsvorschlag
1. *–No me quiero ir. Dime, ¿qué hago?*
   –Chica, ¡no pongas esa cara! No te vas al otro lado del mundo.
   –Pero ya no nos vamos a ver más.
   –¡No te preocupes! Quedamos en contacto. Puedes llamarme todos los días. Y puedes visitarnos en las vacaciones.
   –Bueno, vale. ¡Pero ven a visitarme tú también!
   –Vale.
2. *–¡No lo llames! Espera unos días.*
   –¿Crees que va a llamar?
   –Seguro que sí. ¡No te preocupes!

2

3. –¿Te digo la verdad? Pero no te enfades, por favor. No me gusta nada.
   –¿Qué? ¿Pero por qué? ¡A mí me parece genial!
   –El color no te va muy bien.
   –¿Pero qué dices? ¡Claro que el color me va!
   –No te pongas así. ¡Ponte este jersey! Te va a quedar mucho mejor.
   –¡Déjame en paz con ese otro jersey! Voy a comprar este.
4. –¡No estés tan nervioso! No lo comprendo. Preparaste muy bien tu presentación.
   –Ya sé, pero imagínate: Cada vez que tengo que hablar delante de la clase, me pongo rojo como un tomate. Y todos se ríen de mí.
   –Pues, ¡no pienses en ellos! Imagínate que estás solo. ¿Quieres practicar un poco y yo te escucho?
   –Vale. Entonces siéntate ahí...

ESCUCHAR

Cuaderno, S. 18/1 S schulen ihr Hör-/Sehverstehen: Sie hören vier Minidialoge und ordnen sie den Abbildungen zu.
🎧 7

S. 33–36 2A PARA MÍ NO ES SÓLO UN OBJETO

In dieser Lektion stellen verschiedene Jugendliche ihre persönlichen Glücksbringer oder Lieblingsobjekte vor und erzählen, wie sie zu diesem Objekt gekommen sind und warum es ihnen wichtig ist.

Grammatik	Die Possessivpronomen Der *subjuntivo* nach Verben der Willens- und Gefühlsäußerung Die Adverbien auf *-mente* Das Verb *encantar*
Wortschatz	*significar, a todos lados, en todos lados, ahorrar para + verbo, la paga, tuyo/-a, la cadena, regalar, suyo/-a, encantar, descansar, el bajo, esperar algo (de alguien), la canción / las canciones, estar loco/-a por, grabar, tranquilamente, mío/-a, el abanico, traer, dar buena/mala suerte* **transparent:** *el objeto, (ser) especial, prácticamente, el acordeón, el instrumento, el/la cantante, la cámara de vídeo, querer ser + Beruf, el director / la directora, el reportaje, el montaje, usar, moderno/-a, importar, de segunda mano, coleccionar, normalmente, el fanático / la fanática, el club, simplemente, actualmente*

Lösungen, Hörtexte und Vorschläge für den Unterricht

VORSCHLAG FÜR DIE TEXTERARBEITUNG

🎧 16 **1. Hörverstehen: Teil 1**

Der Einstieg in das Thema erfolgt gemäß dem methodischen Schwerpunkt über einen Hörtext. Dieser ist genauso aufgebaut wie die einzelnen Abschnitte des folgenden Lektionstextes. Er enthält in Maßen unbekanntes Vokabular, das jedoch aus dem Kontext, mit Hilfe anderer Sprachen und durch das Foto neben der Übung (SB, S. 33/1) gut verständlich ist. S verstehen den Text zunächst selektiv und hören anschließend genauere Details heraus. Durch diesen Einstieg wird der Lektionstext thematisch und lexikalisch vorentlastet.

🎧 17–19 2. Hörverstehen: Teil 2

📄 6 Entsprechend dem methodischen Schwerpunkt der Lektion bietet sich die Erarbeitung des Lektionstextes durch HV an, wobei das selektive und detailgenaue HV geschult werden. Dabei bleiben die Bücher geschlossen. Auch hier gibt es zwei Hörgänge. Zuerst ordnen S den Jugendlichen nur ihre jeweiligen Lieblingsobjekte zu und tragen sie in die Tabelle auf der Kopiervorlage 6 ein (SB, S. 34/2). Beim zweiten Hördurchlauf konzentrieren sich S auf die Begründung und machen sich Notizen in der Tabelle. Diese werden nach der Textlektüre im Rahmen der Sicherung des Textverständnisses ergänzt.

Hinweis Zur inhaltlichen Vorentlastung kann vor dem Hören der kurze Einleitungstext besprochen werden.

3. Leseverstehen / Sicherung der Aussprache

S lesen den Text 2A noch einmal still und markieren mit einem Bleistift alle Passagen, die sie verstehen. Anschließend fragen sich S gegenseitig nach den Wörtern, die sie nicht verstehen (*¿Alguien sabe qué significa «…» en la línea X?*). Die MS (ggf. mit Hilfe von L) erklären die Vokabeln, ohne jedoch zu übersetzen. Dadurch schulen sie ihre Methodenkompetenz zum Umschreiben von Wörtern. Anschließend lesen S den Text in PA oder im Plenum, wobei phonetische Fehler korrigiert werden.

📄 6 4. Sicherung des Textverständnisses

Zur Sicherung des Textverständnisses bearbeiten S – am besten als HA – die Übung 1 im Cuaderno (S. 19). Sie korrigieren anschließend die drei falschen Fragen, wozu sie den Text im Detail entschlüsseln. Danach trainieren sie ihr selektives Leseverstehen, indem sie die Tabelle auf der Kopiervorlage 6 mit den noch fehlenden Informationen aus dem Text ergänzen (SB, S. 34/2). Zum Abschluss des Textes und als Vorbereitung auf die folgende Teillektion, in der S lernen, ihre Meinung zu äußern, können sie in wenigen Worten die Person aus dem Text benennen, mit der sie sich aufgrund des Lieblingsobjektes am besten identifizieren können und ihre Auswahl begründen (z. B. *Yo entiendo muy bien a Maribel. Un regalo de despedida es siempre un objeto especial.*).

▬ ESCUCHAR

S. 33/1a Siehe Vorschlag für die Texterarbeitung, Punkt 1.
🎧 16

Hörtext und Lösung Soledad: *Mi objeto (unbekannt) favorito es mi primer palo (unb.) de hockey (unb.). Es un poco viejo. Sólo mi hermana y yo lo podemos usar (unb.).* Tengo dos palos, uno nuevo para los entrenamientos y uno viejo, para los partidos. A mi hermana y a mí nos encanta (unb.) el hockey sobre césped (unb.)… ¡es bárbaro (unb.)! Aquí en Argentina este deporte es muy popular (unb.), bueno, no tanto (unb.) como el fútbol, pero el equipo de chicas de hockey sobre césped de Argentina es uno de los mejores en el mundo. Mi hermana y yo somos fanáticas (unb.) de este deporte. Nuestro sueño (unb.) es ver jugar a «Las Leonas», el equipo de chicas. Pronto es el campeonato regional (unb.), espero que ganemos. A mis padres les gusta mucho que entrenemos y hagamos deporte todos los días. Pero no les gusta que tengamos poco tiempo para estudiar. Nos apoyan (unb.) mucho, sobre todo a mí, porque no quieren que repita un año en la escuela.

S. 33/1b Siehe Vorschlag für die Texterarbeitung, Punkt 1.
🎧 16

Lösung 1. *un palo*
2. *de Soledad y su hermana*
3. *más popular*

2

S. 34/3a S werden einen Hörtext über die Lieblingsobjekte von Sandra und Roberto aus Band 1 hören. In diesem ersten Übungsschritt reaktivieren sie zunächst ihr Vorwissen und überlegen, was sie über diese beiden Personen noch wissen. So wird das Hörverstehen inhaltlich vorentlastet.

Lösungsvorschlag Roberto: *Vive en Salamanca. Es el mejor amigo de Diego. Le gusta tocar la guitarra. También es muy deportista y le encanta el fútbol.*
Sandra: *Sandra es una amiga de Diego de Bogotá. Tiene 15 años. Es una chica un poco tímida. Sandra quiere mucho a Diego. Está muy feliz cuando él le regala una camiseta para su cumple.*

S. 34/3b Übung zum selektiven HV: S notieren sich stichpunktartig, von welchen Objekten Roberto und
🎧 20 Sandra sprechen und welches davon ihr jeweiliges Lieblingsobjekt ist.

Hörtext und Roberto: *¿Un objeto que quiero mucho? Bueno, pues muchas cosas, <u>mi guitarra</u>, <u>mi ordenador</u>
Lösung <u>portátil</u> y claro, <u>mi móvil</u>. También tengo <u>fotos de mis amigos</u> y unas <u>camisetas del Real Madrid</u>... Pero creo que <u>el objeto que más quiero es mi guitarra</u>. Es que a mí me encanta la música, antes no tocaba muy bien. Después conocí a un chico colombiano por la red, Carlitos, y él aprendió a tocar en la red, veía vídeos. Y bueno, por eso yo también empecé a buscar clases en la red pero ahora tomo clases particulares con una profesora muy buena. Ahora toco ya bastante bien. El año pasado, en la semana blanca toqué mis canciones favoritas y los chicos de mi clase cantaron y lo pasamos muy bien. Ahora quiero escribir canciones pero no sé cómo...*
Sandra: *No sé, yo no colecciono nada y en mi habitación no tengo muchas cosas porque la mía es una habitación bastante pequeña. Bueno, el año pasado fue mi fiesta de quince años y por eso recibí muchos regalos: <u>ropa</u>, <u>una mochila</u>, <u>cedés</u>, <u>zapatos</u>. Carlitos, mi mejor amigo de Bogotá me dio <u>una cadena</u>, y ahora la llevo siempre conmigo, es una cadena muy bonita... ¡Ah! Ahora recuerdo, también el año pasado recibí un regalo de Diego, un amigo que ahora vive en Salamanca. Él me dio <u>una camiseta muy especial</u>. Diego vive muy lejos por eso ya no nos vemos. Hace cuatro meses nos vimos otra vez porque él vino a Bogotá. Después nos escribimos mucho, pero ahora ya no tengo tiempo, tengo muchas clases y ya casi no leo y tampoco escribo mensajes. Bueno, ese regalo es muy importante para mí. <u>Creo que es mi objeto favorito</u>. No me pongo la camiseta casi nunca, pero con la camiseta me acuerdo mucho de Diego. Espero que pronto nos volvamos a ver...*

S. 34/3c Zum Abschluss hören S den Text ein weiteres Mal und notieren diesmal genauere Informationen
🎧 20 zu den genannten Lieblingsobjekten.

Lösungsvorschlag Roberto: *su guitarra → le encanta la música; toma clases particulares*
Sandra: *una camiseta → fue un regalo de su amigo Diego; con la camiseta se acuerda de él*

Cuaderno, S. 23/10 Im Hörtext geht es um das Wortfeld *deportes*. Bevor S den Text hören, beschriften sie mit Hilfe
🎧 9 des Themenwortschatzes (*Para hablar de...*) auf S. 201 f. und mit Hilfe der Wortliste im Anhang
F 3 (SB, S. 225–245) die Bilder im Cuaderno, welche verschiedene Sportarten zeigen. Anschließend konzentrieren sie sich beim ersten Hören darauf, welche dieser Sportarten genannt werden. Der zweite Teil und der zweite Hördurchgang dienen dem Detailverstehen.
Inhaltlich bietet sich an dieser Stelle auch die Arbeit mit der Folie 3 an, bei der es um den Themenwortschatz Sport und Freizeitbeschäftigungen geht.

Hinweis Diese Übung kann auch der Übung 5 im SB auf S. 35 vorgeschaltet werden. Es kommen hier schon einige Formen des *subjuntivo* vor, ohne dass diese jedoch thematisiert werden. Nach der Hörverstehensübung könnte L fragen, ob den S etwas an den Verbformen aufgefallen ist und ggf. ihre Aufmerksamkeit auf die Sätze 2 und 4 lenken. Bemerken S die neue Verbform nicht, kann zu Übung 5 übergeleitet werden, bei der S sich die Formen anhand des Lektionstextes erarbeiten. Bemerken die S den Unterschied zum Indikativ, kann L fragen, ob sie sich erklären können, weshalb hier eine andere Verbform steht. Indikativ und *subjuntivo* können auch anhand von Beispielsätzen an der Tafel gegenübergestellt werden, wobei L fragen kann, ob die S einen Unterschied bzgl. der Art der auslösenden Verben feststellen können. Evtl. bekommen die S an dieser Stelle schon eine vage Idee bzgl. des Gebrauchs des *subjuntivo*. Anhand von Übung 5 erarbeiten sie sich anschließend die Regeln zur Formenbildung und erkennen weitere Auslöser.

Mögliches Tafelbild

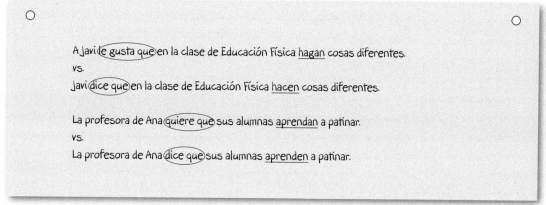

COMPRENDER EL TEXTO

S. 34/2 Siehe Vorschlag für die Texterarbeitung, Punkte 2 und 4.

🎧 17–19

📄 6

Lösung

	Maribel	Miguel	Carlos	Ana
¿Cuál es su objeto especial?	una cadena	un acordeón	una cámara de vídeo	un abanico
¿Por qué?	es un regalo de despedida de su mejor amigo	le encanta la música; el acordeón es más especial que una guitarra o un bajo; su cantante favorita lo toca	le encanta el cine y quiere ser director	piensa que le da buena suerte

Cuaderno, S. 19/1 Siehe Vorschlag für die Texterarbeitung, Punkt 4.

¿TE ACUERDAS?

Cuaderno, S. 19/3 S wiederholen mit dieser Zuordnungsübung die Angleichung der Adjektive. Diese Übung eignet sich gut als Vorbereitung für die folgende Aufgabe, bei der S sich zu ihren eigenen Lieblingsobjekten äußern, zu deren Beschreibung Adjektive benötigt werden.

VOCABULARIO

S. 34/4 S machen sich Stichpunkte zu ihren eigenen Lieblingsobjekten und befragen sich anschließend
📄 7 gegenseitig dazu. Zur Begründung können S sich an den vorgegebenen Redemitteln, aber auch am Lektionstext orientieren. Die Resultate der Klassen-Umfrage werden in der Tabelle auf der Kopiervorlage 7 festgehalten und dann im Plenum gesammelt, z. B. in Form einer Liste der Top 5. Anschließend erläutert jede/r S genauer, warum der betreffende Gegenstand ihr/sein Lieblingsobjekt ist und festigt dadurch die Redemittel zur Präsentation bzw. Beschreibung von Gegenständen und zur Äußerung von Vorlieben. In der Übung 4c liegt der Fokus auf dem Sprechen. S suchen MS, die die gleichen oder ähnliche Lieblingsobjekte haben und tauschen sich darüber aus. Dabei wenden sie den Themenwortschatz mündlich an.

Alternative Statt in den ersten beiden Übungsteilen nach den Lieblingsobjekten der S zu fragen, könnte thematisiert werden, ob die S etwas Bestimmtes sammeln und warum (*¿Qué coleccionas? ¿Por qué? ¿Cuántos/-as tienes hasta ahora?*). Auch dazu dienen die Redemittel im Kasten bzw. im Lektionstext. Dies dient der besseren Vorbereitung auf die Diskussion beim Punto final bzgl. der Frage, ob S bereit sind, viel Geld für Sammelobjekte auszugeben.

Lösung individuell

Cuaderno, S. 19/2 S suchen aus dem Lektionstext alle Wörter zu den Wortfeldern *música* und *vídeo* heraus. Anschließend vervollständigen sie die Wortnetze mit schon bekannten Wörtern. Sie reaktivieren so bereits bekanntes Material. Zur Umwälzung könnten S sich in Kleingruppen kleine Rätsel zu den Wortfeldern ausdenken.

Hinweis Sollte L bekannt sein, dass viele S sich für Objekte interessieren, die mit Musik oder Videos zu tun haben, wäre es sinnvoll, zur Anregung und lexikalischen Vorentlastung diese Übung der Übung 4 (SB, S. 34) vorzuschalten.

DESCUBRIR Y PRACTICAR

Cuaderno, S. 20/4 S schreiben aus dem Lektionstext alle Adverbien mit der Endung *-mente* heraus und erkennen, wie diese gebildet werden. Sie bilden dann selbst zu vorgegebenen Adjektiven die Adverbien und wenden sie an, indem sie zum Schluss einen kurzen Tagesablauf mit mindestens fünf der Adverbien verfassen. (▶ Resumen, S. 42/3)

Hinweis Ggf. sollte zusätzliche Zeit eingeplant werden, um den Unterschied zwischen Adjektiv und Adverb zu verdeutlichen.

S. 35/5a Im Text kommen Formen des *subjuntivo* vor, welche bis jetzt noch nicht genauer thematisiert wurden. Bevor die Formen erarbeitet werden, betrachten S die auslösenden Ausdrücke und erkennen, dass es sich um Verben der Willens- und Gefühlsäußerung handelt. L sagt, dass Ausdrücke der Willens- und Gefühlsäußerung eine besondere Verbform nach sich ziehen und kündigt an, dass S nun herausfinden sollen, wie diese gebildet wird. Danach schreiben S alle Verben heraus, die hinter den vorgegebenen Auslösern stehen. Sie erkennen, dass die Formen ebenso gebildet werden, wie die Formen des verneinten Imperativs. (▶ Resumen, S. 42/4)

Lösung l. 12: *Espero que pueda (venir pronto).*
l. 15: *Me gusta que haya (música para todo).*
l. 34: *Me gusta que (mis amigos) me traigan (abanicos de sus viajes).*
l. 28: *No me importa que sea (de segunda mano).*
l. 30: *Prefiero que (mis padres) me ayuden (a comprar una cámara).*
l. 39: *(A mis padres) no les gusta mucho que vaya (más de dos veces a la semana).*
l. 40/41: *Quieren que haga (mis deberes y) que tenga (buenas notas).*
l. 44: *Espero que (mis padres) vengan (para verme bailar).*

S. 35/5b S vergleichen die Verbformen aus der vorigen Übung mit der Konjugation im Indikativ Präsens und formulieren auf dieser Grundlage eine Regel zur Bildung des *subjuntivo*. Da sie schon den verneinten Imperativ kennen, sollte es ihnen nicht schwerfallen. Durch diese induktive Vorgehensweise wird die Fähigkeit der S zum eigenständigen Lernen gefördert.

Hinweis Eine Schwierigkeit könnte bei den unregelmäßigen Verbformen *haya*, *sea* und *vaya* liegen.

Lösung – Ableitung von der 1. Pers. Sg. Indikativ Präsens
– an den Stamm der 1. Person Sg. wird die entsprechende Endung angehängt, wobei die Endungsvokale der Konjugationsklassen vertauscht werden (-ar → e; -er/-ir → a)
– keine Diphthongierung in der 1. und 2. Pers. Plural

Cuaderno, S. 20/5 🎧 8   Um die Bildung des *subjuntivo* zu festigen, ergänzen S die Paradigmen mit den geforderten regelmäßigen und unregelmäßigen Formen (▶ Resumen, S. 42/4). Indem S *subjuntivo*-Formen in der *sopa de letras* suchen, werden sie für die Konjugation im *subjuntivo* bei Verben mit Stammvokalwechsel sensibilisiert (▶ Los verbos, S. 185–191). Diese Übungen können als HA angefertigt werden. Anschließend hören S einen Text und vervollständigen die fehlenden *subjuntivo*-Formen. Dabei reflektieren sie orthographische Aspekte, da es hier um Verben geht, welche ihre Schreibweise im *subjuntivo* ändern. L sollte S darauf hinweisen, hierauf zu achten.

S. 35/6a   S üben die Bildung des *subjuntivo* in einer geschlossenen Übung mit vorgegebenen Verben.

Lösung
1. *Espero que mis abuelos puedan venir.*
2. *Espero que podamos pasar la tarde juntos.*
3. *Espero que mis amigos quieran venir también.*
4. *Espero que hagamos muchos reportajes juntos.*
5. *Espero que el regalo de mis padres sea una cámara nueva.*
6. *Espero que los chicos de mi clase vean mis reportajes en Internet.*

S. 35/6b fakultativ   Hier wenden S den *subjuntivo* frei an, indem sie sagen, was sie sich für die nähere Zukunft erhoffen. Dies kann im Blitzlicht (s. Methodenpool, S. 188) geschehen.

Lösung   individuell

S. 35/7a   S üben den *subjuntivo* nach *espero que / quiero que / prefiero que*. (▶ Resumen, S. 42/4)

Lösungsvorschlag
–*Espero que tengas buenas notas.* –*Espero que puedas venir mañana.*
–*Quiero que estudies más.* –*Quiero que vengas después a mi casa.*
–*Prefiero que no vayas tanto al club.* –*Espero que conozcas gente.*
–*Espero que lo pases bomba en la fiesta.* –*Espero que haga buen tiempo.*
–*Espero que no llueva el día de la fiesta.* –*Prefiero que no ensayes demasiado.*
–*Espero que te diviertas mucho.* –*Quiero que te quedes en casa.*

Cuaderno, S. 21/6   Übung zur Festigung des *subjuntivo*: S üben die Formenbildung und verinnerlichen die Auslöser, indem sie formulieren, wer etwas von ihnen erwartet/erhofft usw. L kann S ggf. freistellen, auch eigenständig Äußerungen zu formulieren, statt nur die vorgegebenen Versatzstücke zu verwenden. Im zweiten Teil der Übung formulieren S dann Erwartungen an ihre Familie, Freunde etc. und wenden dabei die Formen des *subjuntivo* freier, d. h. ohne Vorgaben, an.

Cuaderno, S. 22/7   Diese Übung macht den Unterschied in der Verwendung von *subjuntivo* und Infinitivkonstruktionen bewusst. Dies ist deshalb wichtig, weil S den *subjuntivo* nach dessen Einführung häufig übergeneralisieren.
Vor der Bearbeitung sollte das Phänomen induktiv vorentlastet werden, indem S selbst den Unterschied in der Verwendung erkennen und erklären: Der Infinitiv wird dann verwendet, wenn das Subjekt gleich bleibt, die Konstruktion mit *que + subjuntivo*, wenn das Subjekt wechselt. Dies kann anhand der folgenden Sätze gut an der Tafel erläutert werden.

Mögliches Tafelbild

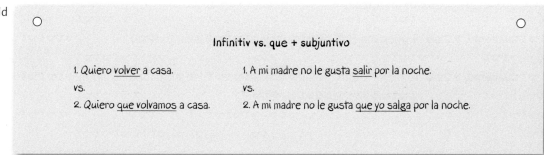

Hinweis Zur Festigung eignet sich die Übung 5 im Repaso (SB, S. 45).

S. 35/7b S überlegen sich Situationen, in denen sie ihren Lieblingsbeschäftigungen aufgrund von anderen
fakultativ Verpflichtungen nicht nachgehen können. Sie formulieren Sätze wie im Beispiel und üben dabei
F 3 die Anwendung des *subjuntivo*.
Zur lexikalischen Unterstützung kann erneut die Folie 3 aufgelegt oder auf den Themenwortschatz (SB, S. 201–202) verwiesen werden.

Lösung individuell

S. 36/8 L führt die Possessivpronomen ein, indem sie/er beispielsweise das Buch eines/einer S nimmt und den Sitznachbarn / die Sitznachbarin fragt, ob es ihr/sein Buch ist, z. B.
–¿Este libro es tuyo?
–No. Es de Marie.
–Ah, Marie, ¿es tuyo?
–Sí.
–Entonces, si es tuyo, tómalo.
Anschließend kann L ihr/sein eigenes Buch nehmen und eine/n andere/n S ansprechen, die/der das zuvor gehörte Possessivpronomen imitieren soll, ggf. mit Hilfe der anderen MS:
–¿Este libro es tuyo?
–No.
–¿De quién es?
–Es tuyo.
–Verdad, es mío.
Zur Visualisierung kann L einige Beispielsätze an die Tafel schreiben, um so auch den Unterschied zwischen Possessivbegleitern und -pronomen zu verdeutlichen, z. B.:

Mögliches Tafelbild

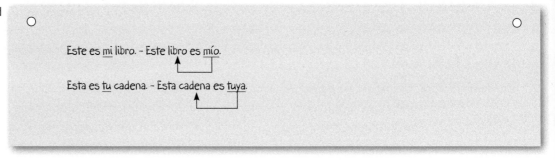

S erkennen, dass die Possessivbegleiter immer direkt vor dem Nomen stehen, auf das es sich bezieht – es begleitet das Nomen. Das Possessivpronomen kann alleine stehen. S schlagen die fehlenden Formen im Resumen nach und bearbeiten mit Hilfe dessen die Übung mündlich in PA. Die Kontrolle erfolgt gemeinsam im Plenum. (▶ Resumen, S. 42/2)

Lösung –Oye, este libro es mío, ¿verdad? –No, el tuyo está allí.
–Este acordeón es de mi abuelo. Antes era suyo, ahora es mío.
–Mira, aquí tengo dos cadenas, ¿cuál es la tuya?
–Mi madre siempre dice que hablo demasiado tiempo con mis amigos. Pero ella también charla horas con los suyos.

Cuaderno, S. 23/9 S üben die Possessivpronomen. (▶ Resumen, S. 42/2)

Cuaderno, S. 22/8 In dieser Übung wenden S die neuen Redemittel und Strukturen an, indem sie ihre Lieblingsaktivität beschreiben und vorstellen.

HABLAR

S. 36/9 S äußern gegenüber einem/einer MS, welche Situationen aus ihrem Alltag ihnen (nicht) gefallen. Dabei können sie sich an den Abbildungen orientieren. Der/Die MS reagiert entsprechend.

Lösungsvorschlag *En el metro:*
–A mí no me gusta que haya tanta gente en el metro.
–Pues, a mí no me importa.
En el instituto:
–A mí no me gusta que me llamen por el móvil cuando estoy en el instituto.
–A mí no me importa que me llamen.
En casa:
–A mí no me gusta que mi hermano siempre quiera jugar conmigo cuando estoy en casa.
–A mí me gusta que mis hermanos quieran jugar conmigo.
En el recreo:
–A mí me gusta que podamos jugar en el recreo.
–A mí también me gusta.
Por la tarde:
–A mí no me gusta que mi amiga tenga que estudiar por la tarde.
–A mí no me gusta tampoco.
En el cine:
–A mí no me gusta que la gente hable por el móvil en el cine.
–A mí no me gusta tampoco.
En un concierto:
–A mí no me importa que la música esté muy alta en un concierto.
–A mí no me gusta que la música esté muy alta.

YA LO SÉ

S. 36/10 Wie schon in der Übung 4 (SB, S. 34) geht es um die Vorstellung eines Objektes, das für die S wichtig ist. Damit es nicht zu Dopplungen kommt, wählen S hier ein anderes Objekt. S bereiten einen strukturierten Kurzvortrag vor, indem sie sich zu den vorgegeben Punkten Notizen machen. In dem Vortrag wenden sie die Redemittel zur Beschreibung von Objekten und zum Äußern von Vorlieben an.

Lösung individuell

S. 37–41 2B Y TÚ, ¿PASAS?

Die Jugendlichen Javi und Adrián, die schon aus ¡Acércate! bekannt sind, diskutieren gemeinsam mit zwei Mädchen in einer Radiosendung darüber, ob den heutigen Jugendlichen alles gleichgültig ist oder ob sie sich auch gesellschaftlich engagieren.

Grammatik	Der *subjuntivo* nach unpersönlichen Ausdrücken
	Der *subjuntivo* nach *no creo que / no pienso que*
	Das Verb *parecer*
	Das Relativpronomen *lo que*

Wortschatz	el/la pasota, el invitado / la invitada, A ver., ser consumista, la injusticia social, según, la encuesta, sentir(se), (ser) útil, para que + subj., cambiar, con eso/esto, A ver si me explico., parecer, ¿Qué te parece la idea?, interrumpir, el único / la única, el día a día, la persona sin hogar, caliente, la Navidad, el granito de arena, ser un granito de arena **transparent:** el moderador / la moderadora, el programa, el tema, los adultos, ser solidario/-a, (ser) actual, el colaborador / la colaboradora, explicar(se), libre, el tiempo libre, perdona que + subj., (ser) necesario/-a, la actividad, eso, el público

Lösungen, Hörtexte und Vorschläge für den Unterricht

VORSCHLAG FÜR DIE TEXTERARBEITUNG

🎧 21–22 1. Hörverstehen: Teil 1

Da es sich bei dem Text um eine Radiosendung handelt, bietet sich ein auditiver Einstieg an. Nach dem Hören (bei geschlossenen Büchern) sollten S in der Lage sein zu sagen, um was für eine Gesprächssituation es sich handelt (Diskussion) und worum es dabei geht (Engagement von Jugendlichen). Dies kann je nach Stärke der Lerngruppe auf Spanisch oder auf Deutsch geschehen. L kann anschließend auf Spanisch knapp die Ergebnisse zusammenfassen: *Los jóvenes Ana, Adrián, María y Javi participan en una discusión en la tele. El programa se llama «¿Qué opinas?» y el tema de hoy es «¿Son nuestros jóvenes unos pasotas?»*.

Durch diesen ersten Schritt zum Einstieg in den Text wird das globale Hörverstehen geschult und die S kennen den groben Inhalt des Lektionstextes, wodurch die nächste Übung vorentlastet ist.

📄 8 2. Implizite Einführung der neuen Redemittel

S bearbeiten nun – ohne erneutes Hören des Hörtextes – die Kopiervorlage 8. Wenn möglich, sollte L die einzelnen Redebeiträge zuvor auseinanderschneiden. S bringen, evtl. in Kleingruppen oder PA, die Beiträge in die richtige Reihenfolge. Dazu müssen sie darauf achten, wie die Gesprächspartner aufeinander reagieren. Dadurch werden sie bereits implizit an das Lernziel, auf Diskussionsbeiträge zu reagieren, herangeführt. Anschließend wird die Reihenfolge besprochen. Um die Aufmerksamkeit der S stärker auf die Redemittel zum Reagieren auf Diskussionsbeiträge zu lenken, sollte L bei jedem Absatz nachfragen, woran S erkennen, dass der entsprechende Abschnitt an die jeweilige Stelle passt. Das Ziel dabei ist nicht, dass das Produkt der S mit dem Lektionstext identisch ist, da auch eine andere Abfolge der Redebeiträge möglich wäre. Wichtiger ist die Kohärenz zwischen zwei aufeinanderfolgenden Redebeiträgen.

🎧 21–22 3. Leseverstehen / Sicherung der Aussprache

S lesen nun den Lektionstext. L kann zuvor darauf hinweisen, dass sie viele Wörter (z.B. *el tema*, *el programa*) aus dem Kontext oder mit Hilfe anderer Sprachen erschließen können. Hierdurch werden die Methodenkompetenz zum Entschlüsseln unbekannter Wörter und das globale Leseverstehen trainiert und die S bearbeiten dann in PA die Übung 4 (SB, S. 38). Sie wählen abwechselnd Wörter im Kasten aus, umschreiben sie und der/die MS sagt, um welchen Begriff es sich handelt. So verdeutlichen S sich die Bedeutung der Schlüsselwörter aus dem Lektionstext. Nun setzen S sich in 5er-Gruppen zusammen und üben, den Text mit verteilten Rollen zu lesen. Bei Bedarf können sie den Hörtext ein weiteres Mal hören, um auf Aussprache und Intonation zu achten. Fünf S lesen im Anschluss im Plenum vor.

4. Sicherung des Textverständnisses

Zur Sicherung des detaillierten Textverständnisses bearbeiten S zunächst die *Multiple-Choice-*Übung im Cuaderno (S. 24/1). Anschließend, evtl. als HA, bearbeiten S dann die Übung 3 (SB, S. 38), bei der sie verschiedene Aussagen aus dem Text den vier Jugendlichen zuordnen.

🎧 23 5. Hörverstehen: Teil 2

Im nächsten Schritt geht die Radiosendung weiter und S hören die Hörerbeiträge von zwei Jugendlichen, Daniel und Laura, die sich zu dem Thema der Diskussionsrunde äußern (SB, S. 38/1). Beim ersten Hören liegt der Fokus auf der Schulung des selektiven Hörverstehens. S notieren ein Argument von jedem der beiden. Nach der Sicherung erfolgt ein zweiter Hördurchgang, bei dem es um das detaillierte Verstehen geht.

6. Bewusstmachung der neuen Redemittel

Der Text ist ein Modell für Diskussionen und bietet viele nützliche Ausdrücke zur Meinungsäußerungen. S suchen aus dem Text die entsprechenden Redemittel heraus (SB, S. 38/2). L hält sie auf einer Folie fest (z. B. in Form von Wortnetzen), welche später im Zusammenhang mit der Übung 7 (SB, S. 39) und dem Punto final 2 noch einmal verwendet werden kann.

7. Meinungsäußerung

S äußern sich nun selber zu der Frage aus der Diskussionsrunde (SB, S. 38/5). Sie verwenden dabei die Redemittel zur Meinungsäußerung und bereiten sich damit auch auf den Punto final vor. Einige finden sie unter der Übung abgedruckt, sie können aber auch auf die Redemittelsammlung zurückgreifen (▶ Para comunicarse, S. 201). In stärkeren Lerngruppen könnte an dieser Stelle schon eine kleine Diskussion entstehen, bei der S auf die Meinungsäußerung ihres Vorredners / ihrer Vorrednerin reagieren.

ESCUCHAR

S. 38/1 Siehe Vorschlag für die Texterarbeitung, Punkt 5.
🎧 23

Hörtext und Lösungsvorschlag

Moderadora: *Pues sí, es lo que le vamos a preguntar a nuestro público… ¿Qué decís: Los jóvenes son unos pasotas? ¿Qué opinas tú?*

Daniel: *Yo creo que no somos unos pasotas, tal vez para nuestros padres es así porque antes la vida era diferente. Antes nuestros padres tenían que ayudar mucho en casa, no lo sé bien, pero creo que era así; antes la gente no iba tantas horas a la escuela… Pero ahora los jóvenes de hoy tenemos que hacer muchas cosas, simplemente tenemos que estudiar muchísimas horas para sacar buenas notas; pasamos la vida entera en el instituto… Es normal que estemos cansados después de tantas clases y tantos deberes… A mí de verdad, a veces no me dan ganas de salir de casa. Claro, creo que todos sabemos que el mundo no es perfecto, sabemos que hay problemas, pero creo que no pasamos; pienso que muchos pensamos como Javi, <u>muchos jóvenes no participamos en proyectos, pero sí ayudamos a nuestra familia, a nuestros amigos; a veces ayudamos a los vecinos un poco… Yo creo que a muchos de nosotros nos gusta sentirnos útiles.</u>*

Moderadora: *Gracias, gracias, ¿qué opinas tú de las estadísticas? Como dije antes: Según una encuesta actual, el 65% de los colaboradores en proyectos son jóvenes. ¿Por qué crees que hay tantos jóvenes?*

Laura: *Bueno, pues… a ver, ¿por qué hay tantos jóvenes? … Para mí muchos jóvenes piensan que las cosas pueden cambiar. <u>Creo que los jóvenes somos así: todavía pensamos que el mundo es como nosotros queremos que sea. Muchos de mis amigos participan en proyectos</u>, pero a veces sus padres no los apoyan, piensan que es una moda y que después se van a olvidar de eso… Sus padres siempre les dicen eso: Yo a tu edad pensaba lo mismo, yo a tu edad también era así… yo a tu edad… En mi caso es muy diferente, yo era la pasota de la familia… Una vez mi hermano mayor me invitó a* *participar en el proyecto «Cuenta cuentos a niños sin padres». Al principio pensé: qué aburrido, leer cuentos a niños, ¿para qué? Pero lo hice... y fue algo muy muy bonito. Leí un cuento corto. Al final, un niño vino hacia mí y me preguntó: «¿Qué cuento nos vas a leer la próxima vez? ¡Qué bien lees!». Ahora mi hermano y yo tenemos este pasatiempo juntos... Bueno, creo que contestar esta pregunta no es muy fácil; yo era una pasota, pero ya no. Creo que cada persona debe preguntarse: ¿Qué sé hacer yo y hace feliz a alguien?*

Cuaderno, S. 26/5a Übung zum detaillierten HV: S ergänzen einen Lückentext sinngemäß mit den Informationen aus
🎧 11 dem Hörtext. Es bietet sich an, dass S sich beim ersten Hören Notizen zu den einzelnen Sätzen machen, die es zu ergänzen gilt. Dann können sie ihre Ergebnisse mit einem/einer MS vergleichen, bevor sie die Sätze (evtl. in PA) ergänzen. Zum Abschluss hören sie den Text ein weiteres Mal und überprüfen, ob sie die Informationen richtig ergänzt haben. Diese Hörübung ist relativ komplex und sollte erst gen Ende der Lektion durchgeführt werden.

Cuaderno, S. 26/5b S erarbeiten einen Dialog mit Hilfe der Rollenkarten auf S. 89/90. Dabei wenden sie die Redemittel mündlich an. Durch die vorige HV-Übung sind sie inhaltlich und lexikalisch bereits vorentlastet.

COMPRENDER EL TEXTO

S. 38/2 Siehe Vorschlag für die Texterarbeitung, Punkt 6.

Mögliches Folienbild und Lösung

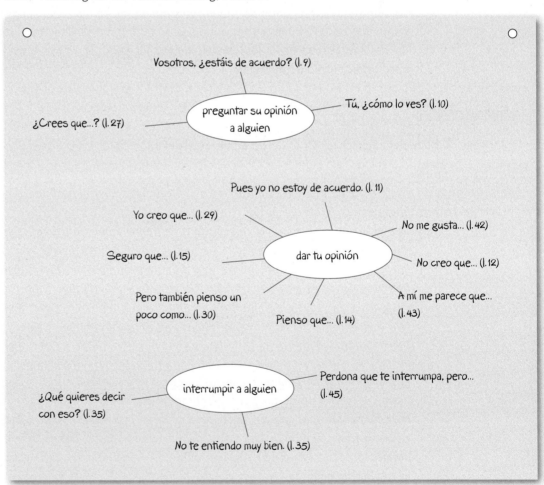

S. 38/3 Siehe Vorschlag für die Texterarbeitung, Punkt 4.

Lösung *Javi piensa que «ser solidario» significa también ayudar en casa.*
Adrián piensa que los jóvenes no pueden cambiar el mundo.
Ana piensa que hay muchos jóvenes que participan en proyectos.

María piensa que los «problemas del mundo» no les interesan mucho a los jóvenes.
Javi piensa que participar en proyectos sociales es mejor que no hacer nada.
María piensa que muy pocos jóvenes participan en proyectos.
Javi piensa que para ser solidario no es necesario participar en proyectos sociales.
Ana piensa que a muchos jóvenes les importan las injusticias sociales.

Cuaderno, S. 24/1 Siehe Vorschlag für die Texterarbeitung, Punkt 4.

VOCABULARIO

S. 38/4 Siehe Vorschlag für die Texterarbeitung, Punkt 3.

Lösungsvorschlag
– *un/a pasota: una persona que no es solidaria, que no quiere ayudar a otras personas*
– *un/a consumista: una persona que compra muchas cosas*
– *los adultos: los padres, los profesores, todas las personas que tienen más de 18 años*
– *un tema: El … del programa es la pregunta si los jóvenes de hoy son solidarios o no.*
– *una moderadora: la mujer que les pregunta a los chicos qué opinan*
– *el público: la gente que ve o escucha un programa, por ejemplo en la tele*
– *el tiempo libre: en tu … puedes hacer las cosas que te gustan*
– *Navidad: el 24 y 25 de diciembre*
– *pasar de todo: no tener ganas de nada*
– *la injusticia social: hay gente pobre y gente rica, la gente pobre a veces tiene muchos problemas; eso no es justo*
– *ser solidario: ayudar a otras personas*
– *personas sin hogar: personas que viven en la calle*

HABLAR

S. 38/5 Siehe Vorschlag für die Texterarbeitung, Punkt 7.

Lösung individuell

S. 39/6 Bei *lo que (no) me gusta* handelt es sich um eine frequente Struktur zur Meinungsäußerung. L führt zuerst das Relativpronomen *lo que* ein, z. B. anhand folgender Sätze: *Las películas que me gustan son las de Penélope Cruz* und *Lo que me gusta son las películas de Penélope Cruz*.
S erkennen, dass *que* ein klares Bezugswort braucht und *lo que* im Deutschen mit „was" übersetzt werden kann.
Anschließend erzählen S sich gegenseitig, was ihnen an ihrem Wohnort (nicht) gefällt und begründen ihre Meinung.

Lösung individuell

S. 39/7 Diese Übung bereitet methodisch auf den Punto final vor: S wenden die Redemittel zum Diskutieren und zur Meinungsäußerung an, indem sie drei Pro- und Contra-Argumente zu zwei landeskundlichen Themen formulieren und sie stichwortartig notieren. Bei der leichteren Version der Differenzierungsübung auf S. 144 finden sich Argumente zur Anregung. Anschließend vergleichen sie in PA ihre Argumente und wählen drei für jedes Thema aus. Zum Schluss werden alle Argumente im Plenum vorgestellt und die besten ausgewählt.

Alternative Eine andere Möglichkeit ist, dass die eine Hälfte der Klasse das erste Thema bearbeitet und die zweite Hälfte das andere Thema. Zum Schluss stellen sie sich die Argumente gegenseitig vor und die jeweils andere Hälfte entscheidet, welche Argumente am überzeugendsten sind.

Lösungsvorschlag 1. ¿Es el inglés más útil que el español en el mundo?
Sí: Casi en todos los países la gente entiende el inglés. / El inglés es más fácil que otras lenguas.
No: Depende. Para viajar a Latinoamérica, el español es más útil.

2. ¿Es bueno que las vacaciones de verano sean tan largas?
Sí: Puedes realmente descansar. / Puedes hacer lo que te gusta. / Por fin tienes mucho tiempo libre. / Tienes mucho tiempo para viajar.
No: En tres meses de vacaciones olvidas todo lo que aprendiste. / Muchos chicos no hacen nada en los tres meses. / Puede ser aburrido.

Hinweis Im Anschluss an diese Übung bietet sich die Arbeit mit der Folie 4 an, bei der S eine Diskussion erarbeiten und szenisch darstellen, wobei sie die Redemittel zur Meinungsäußerung frei anwenden.

ESPAÑA EN DIRECTO

S. 39/8a S werden ein Interview der Moderatorin der Sendung «¿Qué opinas?» mit zwei Mädchen hören, die jede an einem der auf den Plakaten abgebildeten Projekte teilnehmen. Zur inhaltlichen Vorentlastung der Hörübung beschreiben S zunächst die beiden Plakate und versuchen Rückschlüsse über die Projekte zu ziehen.

Lösungsvorschlag 1. *Hay dos jóvenes, un chico y una chica, y entre ellos está un hombre bastante viejo. Pienso que vive en la calle. Con este proyecto, los jóvenes quieren ayudar a personas sin hogar. El proyecto se llama «Desayuno solidario». Dan comida caliente a esas personas y charlan con ellos para que no se sientan tan solos.*

2. *En el afiche hay una chica de aproximadamente ocho años. La organización se llama «Stop VIH». Por eso pienso que la chica está enferma. La gente que trabaja en este proyecto quiere ayudar a niños enfermos. Les dan ropa, juguetes y otras cosas.*

S. 39/8b, c Übung zum selektiven und detaillierten HV: S hören das Interview und ordnen Sara und Mercedes den beiden Projekten zu. Danach notieren sie sich nach einem zweiten Hördurchgang zwei weitere Informationen zu jedem Projekt.

🎧 24

Hörtext und Lösung
Moderadora: *Bueno, pues vamos a preguntar a nuestro público. ¿Alguien de vosotros participa en proyectos? A ver, tú. Sí. Dinos cómo te llamas y en qué proyecto participas.*
<u>Sara</u>: *Hola, hola. Pues yo participo en el proyecto <u>«Un regalo, una sonrisa»</u>. Queremos que los niños y las niñas de familias que no tienen mucho dinero, pasen una feliz Navidad, por eso los chicos del proyecto y yo vamos a visitar a muchos niños el 19 de diciembre y vamos a jugar con ellos, vamos a llevarles comida, ropa, juguetes… Queremos pasar tiempo con ellos, también, conocerlos…*
Moderadora: *Ah, pues qué bien. ¿Y cómo te llamas?*
Sara: *Ah, perdona. Me llamo Sara.*
Moderadora: *Gracias, Sara. ¿Quién más? ¿Tú? Cuéntanos tu experiencia.*
<u>Mercedes</u>: *Hola, ¿qué tal? Me llamo Mercedes. Yo soy amiga de Javi y también participo en el proyecto <u>«Desayuno solidario»</u>. Todos los sábados quedamos a las ocho en el instituto y de ahí nos vamos a plazas grandes. Este año es la primera vez que participo en un proyecto, pero los chicos son bastante majos; en total somos veinte estudiantes y cinco profesores. A mí, Javi me habló del proyecto, al principio yo pasaba de todo, pero ahora no, ahora creo que todos podemos hacer algo, todos podemos ayudar. Ahora veo mi barrio muy diferente. Creo que somos muchos y podemos hacer de nuestro barrio un lugar mejor.*

S. 39/8d S berichten über Hilfsprojekte in ihrem Umfeld.
fakultativ

Lösung individuell

Cuaderno, S. 24/2 Übung zum selektiven HV: S hören eine Radioreportage über beliebte Freizeitbeschäftigungen
🎧 10 von Jugendlichen und vervollständigen die Statistik mit den fehlenden Angaben.
Dann stellen sie Vermutungen darüber an, woran es liegt, dass zwar fast alle Jugendlichen sagen, dass sie sich gerne mit ihrem Freund / ihrer Freundin treffen und gerne reisen, aber dass viel weniger dies wirklich tun.

PRACTICAR

S. 40/9 S äußern sich zum Hilfsprojekt «*Desayuno solidario*». Im Rahmen der Meinungsäußerung üben sie den *subjuntivo* nach unpersönlichen Ausdrücken. Anschließend geben sie die Meinung anderer wieder, wobei sie die entsprechende Verbform (*subjuntivo* oder Indikativ) verwenden. (▶ Resumen, S. 43/5)

Lösungsvorschlag a) –*Es importante que los jóvenes se sientan útiles.*
–*Es bueno que también los institutos organicen proyectos.*
–*Es importante que las personas sin hogar reciban un desayuno caliente.*
–*Es bueno que haya proyectos como el «Desayuno solidario».*
–*Es necesario que mucha gente dé dinero para el proyecto.*
–*Es importante que mucha gente participe en este proyecto.*
–*Es bueno que el proyecto no sólo funcione en Navidad.*

b) –*Mis padres no piensan que la mayoría de los jóvenes sea solidaria.*
–*Mis amigos dicen que ayudar en casa también es solidario.*
–*Mi profesora cree que también un «granito de arena» puede cambiar algo.*
–*Mis padres no creen que salir y divertirse sea más importante que estudiar.*
–*Mis amigos dicen que los problemas del mundo están muy lejos de nosotros.*
–*Mis profesores dicen que es necesario participar en proyectos.*

S. 40/10 S geben jetzt ihre eigene Meinung zur Wichtigkeit von sozialem Engagement ab. Dabei wenden sie Redemittel zur Meinungsäußerung an und üben die Verwendung des *subjuntivo* nach *para que* und nach unpersönlichen Ausdrücken. (▶ Resumen, S. 43/6)

Lösung individuell

Cuaderno, S. 25/3 S vergegenwärtigen sich die Ausdrücke, die den *subjuntivo* auslösen und bilden anschließend Sätze. (▶ Resumen, S. 43/5)

Cuaderno, S. 25/4 S formulieren Ratschläge und üben dabei die Verwendung des *subjuntivo* nach unpersönlichen Ausdrücken.

Cuaderno, S. 27/7 S bearbeiten in PA den Tandembogen auf S. 94 und üben dabei die kontrastive Verwendung von *subjuntivo*, Indikativ und Infinitiv nach bestimmten Ausdrücken.

ESCRIBIR

S. 40/11 S erarbeiten eine Unterhaltung zwischen Javi, Adrián, Ana und María nach ihrer Diskussion bei ¿*Qué opinas?*. Sie beachten dabei die inhaltlichen Vorgaben und wenden die neuen Redemittel an (▶ Para comunicarse, S. 201). Diese Übung kann auch in 4er-Gruppen erledigt werden. Jede/r S übernimmt dann eine Rolle. Anschließend lesen die Gruppen die Gespräche szenisch vor.

Lösungsvorschlag Ana: *¡Qué interesante esta discusión! Oye, Javi, me parece muy interesante tu proyecto. ¡Cuéntanos un poco más!*
Javi: *Vale, ¿qué quieres saber?*
Ana: *Pues, por ejemplo: ¿Cuántas veces a la semana quedáis?*

Javi: *Quedamos una vez por semana. Pero si quieres, puedes ayudar todos los días. Hay tanta gente sin hogar. Y para ellos es importante que haya jóvenes como nosotros. Sabes, la semana pasada…*
Adrián: *Perdona que te interrumpa. Pero yo no creo que realmente estéis ayudando a esas personas. Es más importante que encuentren un hogar. ¿O qué piensas tú, María?*
María: *¿Qué? Perdona. No eschuché bien.*
Adrián: *¿Qué te pasa?*
María: *Nada. Es que tengo un examen importante mañana. Y no sé nada sobre historia.*
Adrián: *Chica, hay cosas más importantes en la vida. Por ejemplo, ¿qué haces el fin de semana?*
Javi: *¿Eso te parece importante? Lo que realmente es importante son proyectos como el mío. Es necesario que haya jóvenes que ayuden y sean solidarios.*
Ana: *Estoy de acuerdo contigo. Yo también quiero sentirme útil. ¿Puedo participar?*
Javi: *¡Claro que sí! Necesitamos gente como tú. Si quieres, podemos tomar algo y te cuento más. Me parece que a Adrián y a María no les parece tan interesante…*
Adrián: *Tienes razón. Ya te dije que los jóvenes no podemos salvar el mundo.*
Ana: *Bueno, Javi, ¿vamos?*
Javi: *Sí, vamos. Chao, chicos.*

Cuaderno, S. 26/6 S schreiben einen Text, in dem sie ihre Meinung zur Ausgangsfrage des Lektionstextes 2B *¿Son los jóvenes de hoy unos pasotas?* äußern. Hierbei wenden sie die neuen Redemittel zur Meinungsäußerung und angegebene Satzverknüpfungen an.

TALLER DE ESCRITURA

Cuaderno, S. 28/9a S erwerben Methodenkompetenz zum Verfassen von etwas formelleren Texten, indem sie zunächst zwei Versionen eines Anschreibens vergleichen. Der erste Text ist deutlich einfacher formuliert. Sie unterstreichen im zweiten Brief Adjektive, feststehende Ausdrücke, Adverbien, Zeitadverbien und Satzverknüpfungen. Sie bekommen so ein Gespür dafür, wie sie auch ihre eigenen Texte stilistisch verbessern können.

Cuaderno, S. 29/9b Anschließend verfassen sie selbst ein Bewerbungsschreiben für ein Projekt. Sie beachten dabei die Tipps auf S. 28 und korrigieren den fertigen Text zum Schluss selbst. Dadurch werden sie an das eigenverantwortliche Lernen herangeführt.

COMPRENSIÓN AUDIOVISUAL

S. 41/12 Mit Hilfe der Kopiervorlagen für de DVD verstehen S den Hör-Sehtext global und selektiv.
KV DVD2+3

MEDIACIÓN

Cuaderno, S. 27/8 S schulen ihr selektives Textverstehen und ihre Sprachmittlungskompetenz, indem sie einen Brief auf Spanisch verstehen und erfragte Informationen dazu auf Deutsch wiedergeben.

MI RINCÓN DE LECTURA

Cuaderno, S. 30/1 S lesen den Blogeintrag über ein Hilfsprojekt an einer Schule. Der Text ist durchaus anspruchsvoll, aber mit Hilfe der Vokabelangaben gut zu verstehen. Sie fassen ihn im Rahmen einer Mediations-Übung auf Deutsch zusammen.

Cuaderno, S. 30/2 Abschließend schreiben S einen kurzen Kommentar auf Spanisch zu dem Blogeintrag, wobei sie gut die erworbenen Redemittel zur Meinungsäußerung anwenden können.

APRENDER MEJOR

S. 41/13 Diese Übung bereitet methodisch auf den Punto final vor. S bereiten eine Diskussion vor und präsentieren sie anschließend. Dazu überlegen sie zunächst, welche Argumente und Gegenargumente die Gesprächspartner anbringen könnten.

Thema der Diskussion ist der Versuch von Javi, María zur Teilnahme an seinem Projekt zu überzeugen.

Lösungsvorschlag a) 1. *Argumentos de Javi:*
– *Es necesario que los jóvenes ayudemos a otras personas.*
– *Ayudar a otras personas es bueno; te vas a sentir útil.*
– *Es importante que la gente sin hogar reciba comida caliente y que tengan a alguien para charlar.*

2. *Argumentos de María:*
– *Trabajo mucho en la semana; por eso, en mi tiempo libre quiero divertirme.*
– *Los jóvenes no vamos a cambiar nada.*
– *No me interesan mucho las personas sin hogar; prefiero ayudar a niños.*
– *Quiero tener tiempo para estar con mis amigas.*

3. *Respuestas de María:*
– *Es más importante que los adultos ayuden y ellos tampoco lo hacen.*
– *Me siento útil también cuando ayudo en la tienda de mis padres.*
– *Yo no sé de qué temas puedo charlar con esas personas.*

4. *Respuestas de Javi para convencer a María:*
– *Podemos cambiar algo, sólo tenemos que intentarlo.*
– *Puedes venir una vez para ver si te gusta como trabajamos.*
– *Hay muchos chicos y chicas simpáticos en el proyecto.*
– *No tienes que ayudar todos los días. También puedes venir sólo una vez al mes.*

b) J: *Oye, María, Ana ahora nos ayuda en el proyecto. ¿No quieres participar también?*
M: *No sé. Tú sabes que no tengo mucho tiempo libre.*
J: *Pero es importante que participe mucha gente.*
M: *No creo que los jóvenes podamos cambiar algo.*
J: *Seguro que no podemos cambiar el mundo, pero podemos ayudar a algunas personas. Además, lo que me gusta de esto es que me siento útil.*
M: *Pues, también me siento útil cuando ayudo a mis padres, en casa o en la tienda.*
J: *Tienes razón. Pero sin embargo, ayudar a gente sin hogar es otra cosa.*
M: *Pero a mí me parece más necesario ayudar a niños.*
J: *También hay niños que no tienen hogar.*
M: *Ya lo sé. Pero también quiero tener tiempo para mis amigos.*
J: *En el proyecto hay muchos chicos simpáticos. Puedes conocer gente nueva.*
M: *Es verdad. Pero, ¿cada semana?*
J: *No tienes que ayudar cada semana. También puedes participar una vez al mes. Tengo una idea: vienes una vez conmigo y ves si te gusta, ¿vale?*
M: *Bueno, vale.*

PUNTO FINAL 2

S. 41/a S wenden in diesem Punto final die Redemittel der Lektion frei an, indem sie in Gruppen über verschiedene Themen diskutieren. Dazu teilt sich die Klasse in zwei Großgruppen, die je eins der drei vorgegebenen Themen auswählen.

S. 41/b Jede Gruppe bereitet eigenständig ihre Diskussion vor: S stellen thematisches Vokabular und die notwendigen Redemittel zusammen (▶ Para comunicarse, S. 201). Dabei können sie sich am Methodenanhang (SB, S. 161) orientieren. Entsprechend der Vorgehensweise in Übung 13 (SB,

S. 41) sammeln sie Argumente und Gegenargumente. Sie überlegen sich verschiedene Positionen und verteilen die Rollen entsprechend. Jede/r einzelne bereitet seine/ihre persönliche Rollenkarte mit der eigenen Meinung, den Argumenten und konkreten Beispielen vor.

Lösung individuell

S. 41/c Jede Gruppe diskutiert im Plenum. Die jeweils andere beobachtet die Diskussion und gibt Feedback. Es ist sinnvoll, sich zuvor gemeinsam auf Kriterien zur Evaluation zu verständigen, damit diese für alle transparent sind.

Lösung individuell

S. 44–45 REPASO 2 (FAKULTATIV)

Lösungen und Hörtexte

¿TE ACUERDAS?

S. 44/1 S wiederholen den Imperativ reflexiver Verben.

Lösung a) ¡Ponte la gorra!   ¡Acuérdate!   ¡Vete!   ¡Despiértate!
         ¡Levántate!   ¡Imagínate!   ¡Siéntate! ¡Llévate bien con Andrés!
       b) ¡Poneos!   ¡Acordaos!   ¡Idos!   ¡Despertaos!
         ¡Levantaos!   ¡Imaginaos!   ¡Sentaos!   ¡Llevaos bien con Andrés!

S. 44/2 S wiederholen die 1. Pers. Sg. einiger unregelmäßiger Verben im Indikativ Präsens.

Lösung *salgo – vuelvo – traigo – pongo – voy – vengo – hago – digo – tengo – conozco – tengo*

PRACTICAR

S. 44/3 S üben die Formen des *subjuntivo* in PA mit einem Würfel. (▶ Los verbos, S. 185–191)

S. 45/4 S üben in einer geschlossenen Übung die Formen des *subjuntivo*. (▶ Resumen, S. 42/4)

Lösung *me despierte – piense – empiecen – sueñe – llueva – se acuerde – se convierta – venga – encuentre – se divierta*

S. 45/5 S üben den Unterschied zwischen *gustar* (und ähnlichen Verben) + Infinitiv und *gustar que* + *subjuntivo*. (▶ Resumen, S. 42/4)

Lösung 1. *A mí me gusta beber zumo por las mañanas, pero a mis padres no les gusta que salga de casa sin comer.*
2. *Prefiero ir en bici al instituto, pero mis padres prefieren que vaya en bus.*
3. *A mí me gusta escuchar música, pero a mis padres no les gusta que escuche música a todo volumen.*
4. *A mí me encanta tocar el bajo, pero a mis padres no les gusta que toque el bajo por la noche.*
5. *A mí me importa pasar mucho tiempo con mi grupo, pero a mis padres les importa que pase tiempo en casa con la familia.*
6. individuell (*gustar*)
7. individuell (*querer*)

S. 45/6 S üben den *subjuntivo* nach *para que*.

Lösung 1. *saques, puedas* – 2. *traiga* – 3. *vengan* – 4. *estés* – 5. *olvides* – 6. *pienses* – 7. *tengas* – 8. individuell – 9. individuell

ESCRIBIR

S. 45/7 S wiederholen die Vergangenheitszeiten *imperfecto* und *indefinido* in einer freien Anwendungsübung.

Lösungsvorschlag *Querido diario:*
¡Qué día! Hoy fue la fiesta del instituto. Por la mañana, cuando me levanté, estaba supernerviosa. No quise comer nada, pero mis padres no me dejaron salir sin desayuno. Así que comí un poco de pan y bebí un té. Antes de salir, me puse mi vestido rojo para bailar. Es mi vestido favorito. Y claro que llevé mi abanico especial que me da buena suerte. Cuando llegó el momento de bailar, ya no estaba nerviosa. La fiesta fue genial. Había mucha gente, incluso mis abuelos vinieron para verme. Bailamos muy bien, creo, pues yo casi no cometí errores. Sólo una vez se me cayó el abanico, pero bueno, no pasó nada. A la gente le gustó mucho, y a mis padres también.
Pues, estoy muy contenta. Espero que ahora ya no digan nada cuando quiero ir al club de flamenco.

S. 46–47 ¡ANÍMATE! 2 (FAKULTATIV)

Lösungen, Hörtexte und Vorschläge für den Unterricht

MÚSICA DE ESPAÑA

S. 46/1 🎧 25 Der Informationskasten *Entre Culturas* wird gemeinsam gelesen. Unbekanntes Vokabular wird semantisiert. S hören dann verschiedene Hörbeispiele von Flamenco. Anschließend äußern sie sich dazu, welches Stück sie bevorzugen und warum. Dafür können sie die Redemittel zur Meinungsäußerung anwenden. Je nach Zeit und Schwerpunktsetzung kann hier an die Übung 2 auf S. 19 im Cuaderno angeknüpft werden, wo ein Wortfeld zu *música* erarbeitet wurde. Dies kann hier erweitert werden.

Lösung individuell

S. 46/2 Einfache Sprachmittlungsübung: S geben Informationen zu einem Flamenco-Tanzkurs auf Deutsch wieder.

Lösung
– Es gibt Anfänger- und Mittelstufenkurse.
– Anfängerkurs: ganzjährig montags und freitags, 16:00–17.30 Uhr oder 17:45–19:00 Uhr; Mittelstufe: ab September immer mittwochs zu denselben Uhrzeiten
– Kosten: 60 Euro im Monat oder 15 Euro pro Einzelstunde

MÚSICA DE MÉXICO

S. 47/3 Übung zum globalen LV: S lesen den Text und benennen das Thema des Liedes.

Lösungsvorschlag *El tema de la canción es el amor. Es un amor que está empezando. Todavía las dos personas no se conocen muy bien.*

S. 47/4 🎧 26 S hören das Lied und äußern sich zur Musik, wobei sie die Redemittel zur Meinungsäußerung anwenden.

Lösung individuell

3 ¡SIENTE MÉXICO! S. 48–65

In dieser Lektion begleiten wir zwei junge Spanier – Sergio und seine Cousine Marina – auf einer Reise durch Mexiko. Neben den Reiseplänen und -eindrücken der beiden Europäer lernen wir auch den Alltag einer jungen indigenen Mexikanerin kennen.

ÜBERSICHT

Gliederung	¡Acércate! Text A: Diario de viaje Text B: Un día más... Resumen Repaso 3 (fak.) ¡Anímate! 3 (fak.) Lectura: Otras formas de comunicación (s. S. 182)
Lernziele	Ratschläge geben und Vorschläge machen Sagen, was man gern unternehmen würde Reiseeindrücke schildern (Erlebnisse, Sehenswürdigkeiten, Menschen, Essen, kulturelle Unterschiede usw.) Den eigenen Alltag beschreiben (Gewohnheiten, Aufgaben, Tätigkeiten) Wortwiederholungen vermeiden
Methodentraining	Aprender mejor: einen Text in Sinnabschnitte einteilen Methodischer Schwerpunkt: Lesen, Schreiben
Grammatik	Der reale Bedingungssatz mit *si* *podrías/podríamos* + Infinitiv *me/te gustaría* + Infinitiv Adjektive mit *ser* oder *estar* Wendungen mit *por* *ojalá (que)* + *subjuntivo* Der absolute Superlativ Die kontrastive Verwendung von *pretérito indefinido* und *pretérito imperfecto* (Wh.) Zwei Objektpronomen im Satz *alguno/-a* und *ninguno/-a* als Begleiter und Pronomen
Folien	F5: *¡Siente México!* F6: *Si...* F7: *De viaje por México* F8: *El día a día*
Kopiervorlagen	KV9: *Y tú, ¿qué sabes ahora sobre México?* KV10: *Para mejorar tus textos* KV DVD4: *Escena 3: Un día... ¿normal?*
Landeskunde	**Mexiko** Mit ca. 112 Mio. Einwohnern ist Mexiko das bevölkerungsreichste spanischsprachige Land der Welt. Alleine 20 Mio. Menschen leben im Großraum von Mexiko-Stadt (span. *Ciudad de México*) und machen sie zu einer der größten Metropolen der Welt. Die Hauptstadt und deren Ballungsraum werden häufig als México D. F. (kurz für *Distrito Federal*)

bezeichnet, da sie einen Bundesdistrikt bilden. Das Land ist eines der beliebtesten Reiseziele Lateinamerikas; 31 Kulturstätten und Naturschauplätze gehören zum UNESCO Welterbe.

Amtssprache ist Spanisch, seit 2003 sind jedoch auch über 60 indigene Sprachen (v. a. Maya- und Azteken-Sprachen) als Nationalsprachen anerkannt. Ein Großteil der indigenen Bevölkerung Mexikos (insgesamt ca. 13 Mio.) lebt in den Bundesstaaten Oaxaca und Chiapas im Süden Mexikos. Sie sind in besonderem Maße von Diskriminierung und Armut betroffen und sprechen z. T. kaum Spanisch.

Eine der touristisch am besten erschlossenen Städte in Chiapas ist San Cristóbal de las Casas mit ca. 190 000 Einwohnern. Sie ist eine der bekanntesten Kolonialstädte Mexikos und das Handelszentrum der indigenen Bevölkerung aus dem Umland.

ÜBUNGEN IM SCHÜLERBUCH (SB) UND IM CUADERNO (C)

Leseverstehen	global	Text B (SB, S. 56/1)
	selektiv	¡Acércate! (SB, S. 50/3; C, S. 33/1) Text A (SB, S. 52/2; C, S. 34/1)
	detailliert	Text A (SB, S. 52/3) Rezept (SB, S. 54/8) Text B (C, S. 39/2)
	selektiv und detailliert	Text B (C, S. 39/1)
Hörverstehen	global	¡Acércate! (SB, S. 48/1) Einen Beitrag zusammenfassen (SB, S. 57/4a)
	selektiv	¡Acércate! (SB, S. 50/2) *El merolico* (C, S. 43/10) Reisepläne (C, S. 33/3) Verkaufsgespräch (C, S. 38/10) Interview mit einer mexikanischen Lehrerin (SB, S. 57/4b)
	selektiv und detailliert	Reportage über den *Día de Muertos* (SB, S. 53/7)
	global, selektiv und detailliert	Übung zum Hör-Sehverstehen (SB, S. 59/9)
Schreiben	frei	Tagesablauf beschreiben (SB, S. 57/3b; SB, S. 59/8b) Blogeintrag verfassen (C, S. 42/9b) Drehbuch zu einer Szene schreiben (SB, S. 59 / Punto final 3) Eine wichtige Situation aus dem eigenen Leben beschreiben (SB, S. 62/3) fak.
Sprechen	gelenkt	Sagen, was man in Mexiko (nicht) gerne besichtigen/tun würde (SB, S. 50/4) Dialogisches Sprechen (SB, S. 55/10)

	frei	Vorschläge zu Aktivitäten in der eigenen Stadt machen (SB, S. 50/5)
		Über den eigenen Tagesablauf sprechen (SB, S. 59/8a)
Sprachmittlung		Sprachmittlungsaufgabe (SB, S. 55/11; C, S. 38/11)
		Sprachmittlungsübung zur Verwendung von *ser* und *estar* sowie *por* und *para* (C, S. 37/9)
Sprachliche Mittel	Wortschatz	Vokabelsammlung zum Lektionstext / zu Mexiko (SB, S. 50/6)
		Formulierungen aus dem Lektionstext umschreiben (SB, S. 52/4)
		Synonyme und Antonyme (SB, S. 57/3a; SB, S. 63/6 fak.; C, S. 42/8)
		Entsprechungen des Verbes „spielen" im Spanischen (SB, S. 63/7) fak.
		Wortfamilien zum Lektionswortschatz (C, S. 34/2)
		La comida mexicana (C, S. 35/3)
	Redemittel	Ratschläge geben / Vorschläge machen (C, S. 33/2)
		Über Reiseeindrücke sprechen (SB, S. 55/12)
		Wünsche ausdrücken (C, S. 36/5; C, S. 36/6; C, S. 43/11)
	Der reale Bedingungssatz mit *si*	Sätze ergänzen (C, S. 33/4)
	Adjektive	Adjektive mit *ser* oder *estar* (SB, S. 54/9; SB, S. 62/1 fak.; C, S. 37/7)
		Der absolute Superlativ (C, S. 41/6)
	Pronomen und Begleiter	Die doppelten Objektpronomen (SB, S. 57/5; SB, S. 58/6; SB, S. 63/5 fak.; C, S. 40/3; C, S. 40/4)
		Alguno/-a und *ninguno/-a* als Begleiter und Pronomen (SB, S. 58/7a, b fak.; C, S. 40/5a; C, S. 41/5b)
		Die direkten und indirekten Objektpronomen (SB, S. 62/2) fak.
	Verben	Der kontrastive Gebrauch von *imperfecto* und *indefinido* (C, S. 35/4)
		Verben mit reflexiver und nicht-reflexiver Form (C, S. 41/7)
	Präpositionen	Die Verwendung von *por* und *para* (SB, S. 63/4 fak.; C, S. 37/8)
	Autocontrol	Übungen zur Selbstkontrolle (C, S. 45–46)
Methodentraining	Vorentlastung von Texten	Vorwissen abrufen (SB, S. 51/1)
	Wörterbucharbeit	Wörter aus den indigenen Sprachen verstehen und zuordnen (SB, S. 53/5a)

	Worterschließung	Lexikalische Verwandtschaft zwischen Sprachen (SB, S. 53/5b) fak.
	Textreflexion	Texte konstruktiv bewerten (SB, S. 59/8c)
	Den Schreibprozess organisieren	Stichpunkte zur Vorbereitung der Textproduktion (C, S. 42/9a)
	Texte in Sinnabschnitte einteilen	Sinnabschnitte betiteln (SB, S. 57/2; C, S. 44/3)
Landeskunde		*El Día de Muertos* (SB, S. 53/6) Informationsrecherche zu Aspekten der mexikanischen Kultur (SB, S. 65/1) Ein mexikanisches Lied (SB, S. 65/2) Die Azteken (C, S. 44/1; C, S. 44/2)

S. 48–50 ¡ACÉRCATE!

In diesem Lektionsteil werden die Reisepläne und -ziele von Sergio und Marina in Mexiko und die dortigen Sehenswürdigkeiten und Attraktionen vorgestellt.

Grammatik	Der reale Bedingungssatz mit *si* *podrías/podríamos* + Infinitiv *me/te gustaría* + Infinitiv
Wortschatz	*la superficie, México Distrito Federal (D. F.), deber + inf., el Zócalo, caminar, tal vez, los mariachis, Teotihuacán, ¡Qué ganas de (subir)!, hay que + inf., Coyoacán, la Casa Azul, Frida Kahlo, la artesanía, (ser) indígena, el/la indígena, perderse algo / a alguien, Oaxaca, (super-)lindo/-a, dar un paseo por, la barca, Xochimilco, Chichén-Itzá, Palenque, en medio de* **transparent:** *México, (ser) oficial, Estados Unidos Mexicanos, Ciudad de México, el km² (kilómetro cuadrado), la independencia, me gustaría + inf., ¿Te gustaría + inf.?, (ser) inmenso, si, podrías + inf., podríamos + inf., la Pirámide del Sol, impresionante, la ruina, (ser) maya, la selva*

Lösungen, Hörtexte und Vorschläge für den Unterricht

VORSCHLAG FÜR DIE TEXTERARBEITUNG

ACTIVIDAD DE PRELECTURA

S. 48/1 **1. Vorentlastung des Lektionstextes**

🎧 27 S hören zunächst bei geschlossenen Büchern verschiedene akustische Eindrücke von Mexiko. Sie benennen – ggf. auf Deutsch – ihre Assoziationen zu den Geräuschen. So werden S auf den Lektionstext eingestimmt.

🎧 27–28 **2. Hörverstehen**

F 5 Nun legt L Folie 5 auf und S hören erneut die Geräusche (Track 27). Nach jedem Geräusch wird die CD angehalten und S formulieren Vermutungen, zu welchem Bild das jeweilige Geräusch gehört (SB, S. 50/2a). L kann hierzu die Vokabeln *sonido* (Geräusch) und *pegar/ir con* (gehören zu) sowie als Chunk *se escucha/n* (man hört) einführen. S ergänzen sich gegenseitig (z. B. –*Creo que este sonido va con la foto con el grupo de música.* –*Yo no creo, porque en la foto tocan la guitarra, pero no se escucha una guitarra.*). Anschließend ordnen S auf der Kopiervorlage zu Folie 5 die Aussagen den Bildern zu. Dabei bleibt die Folie aufgelegt. Auf Vokabelerklärungen kann hier verzichtet werden, da zur Zuordnung ein globales Verstehen der Aussagen ausreicht und S sich das unbekannte Vokabular gut erschließen können.

Die Überprüfung der Zuordnung der Geräusche und Aussagen erfolgt mit Hilfe des folgenden Hörtextes (SB, S. 50/2b) und den Seiten im SB (S. 48–49).

Hinweis Die Reihenfolge der Geräusche ist bei Track 27 und 28 unterschiedlich. Bei Track 28, der zur Überprüfung eingesetzt wird, entspricht die Reihenfolge der Anordnung der Fotos im SB.

3. Leseverstehen / Sicherung der Aussprache

Dem methodischen Schwerpunkt der Lektion entsprechend, wird der Text nach dem Hören nun gelesen und die Aussprache korrigiert. Dabei können einzelne Vokabeln semantisiert werden, wenn diese zum Textverstehen notwendig sind und von S nicht selbst erschlossen werden können. In dem Text werden Orte und Personen erwähnt, ohne dass genauer darauf eingegangen wird. Informationen dazu finden S im Pequeño Diccionario (SB, S. 174–180). Frida Kahlo wird in ¡Anímate! (SB, S. 64–65) wieder thematisiert.

Nun bearbeiten S die *verdadero-falso*-Übung im Cuaderno (C, S. 33/1). Schnellere S können die falschen Sätze darüber hinaus korrigieren. Eine weitere Übung zum Textverständnis findet sich im Schülerbuch (S. 50/3). Hier beschreiben S vier ausgewählte Fotos mit Hilfe der Redemittel zur Bildbeschreibung und der ihnen bekannten Informationen aus dem Text und die MS benennen den entsprechenden Ort.

Hinweis Auf die Formen des *condicional* sollte erst zu einem späteren Zeitpunkt eingegangen werden. Zunächst geht es um die Erschließung des Textinhalts.

> **Tipp: Aktivieren aller S beim Lesen**
> Damit nicht nur einzelne S beim Lesen aktiv werden, bietet es sich bei kurzen Texten (z. B. einzelne Äußerungen) an, dass zunächst alle S den Text leise sprechen und so die Aussprache üben. Dies kann ggf. an einen Hördurchgang gekoppelt werden, sodass S zunächst die korrekte Aussprache und Intonation hören und anschließend beim Üben imitieren. Der Text bzw. die Textabschnitte werden dann von einzelnen S laut vorgelesen und die Aussprache korrigiert.

4. Einführung der neuen Redemittel

Zur Erarbeitung der neuen Redemittel suchen S aus dem Text die Ausdrücke und Wendungen heraus, die dazu verwendet werden, Ratschläge zu geben oder Vorschläge zu machen (C, S. 33/2). Der reale Bedingungssatz dürfte formal keine Probleme bereiten, da sowohl im Haupt- als auch im Nebensatz das Präsens verwendet wird.

🎧 12 5. Anwendung der neuen Redemittel

S bearbeiten die Übung zum selektiven Hörverstehen im Cuaderno (C, S. 33/3). Sie hören zunächst, zu welchen Orten die Jugendlichen reisen wollen und geben ihnen anschließend unter Verwendung der Redemittel aus Übung 2 Tipps, wohin sie fahren könnten bzw. was sie sich anschauen könnten.

Anschließend schauen S sich die Fotos und die Landkarte von Mexiko auf S. 48–49 (SB) an. Sie sagen, wohin sie selbst gerne fahren und was sie sich gerne anschauen würden und begründen es (SB, S. 50/4a). Bei Bedarf finden S auf S. 144 lexikalische Hilfen für ihre Begründungen. S arbeiten zunächst in PA und einige S stellen ihre Meinung anschließend im Plenum vor. Übung 4b (SB, S. 50) kann zu Hause vorbereitet werden. S wählen ein lateinamerikanisches Land aus und begründen, warum sie es gerne bereisen würden. Die Vorstellung in PA kann in der Folgestunde als Einstiegsphase dienen.

ESCUCHAR

S. 50/2 Siehe Vorschlag für die Texterarbeitung, Punkt 2.
🎧 27–28

Hörtext und (Sonido: tráfico)
Lösung Sergio: *A mi me gustaría pasar unos dias en Mexico D. F. ¡Debe ser inmenso!*
(Sonido: Mariachis)
Marina: *Si vamos al Zocalo, podemos caminar un poco y tal vez escuchar a los mariachis.*
(Sonido: música azteca)
Miguel: *Podrías ir a Teotihuacán. La Pirámide del Sol es impresionante.*
Sergio: *¡Ah sí! ¡Qué ganas de subir!*
(Sonido: turistas)
Marina: *¡Y en Mexico D. F. hay que ir a Coyoacán para ver la Casa Azul de Frida Kahlo y el mercado de artesanías!*
(Sonido: mercado)
Marina: *Si tengo tiempo voy a pasar unos días en un pueblo indígena. Quiero ver como viven allí. ¿Sabías que los indígenas hablan otras lenguas?*
(Sonido: mar)
Miguel: *¡No se pierdan las playas de Oaxaca! Son superlindas… ¡y perfectas para hacer surf!*
(Sonido: canal)
Marina: *También tengo muchas ganas de dar un paseo en barca por los canales de Xochimilco.*
(Sonido: selva)
Sergio: *Podríamos ir a Chichén-Itzá o a Palenque… Imagínate, ruinas mayas en medio de la selva, ¡qué pasada!*

Cuaderno, S. 33/3 Siehe Vorschlag für die Texterarbeitung, Punkt 5.
🎧 12

COMPRENDER EL TEXTO

S. 50/3 Siehe Vorschlag für die Texterarbeitung, Punkt 3.

Lösungsvorschlag –*Veo muchos coches.* –*Estás en México D. F.*
–*Veo muchas barcas.* –*Estás en Xochimilco.*
–*Puedo ver muchos animales exóticos.* –*Estás en la selva.*
–*La playa es muy bonita y hay mucha gente que hace surf.* –*Estás en Oaxaca.*

Cuaderno, S. 33/1 Siehe Vorschlag für die Texterarbeitung, Punkt 3.

Cuaderno, S. 33/2 Siehe Vorschlag für die Texterarbeitung, Punkt 4.

HABLAR

S. 50/4a Siehe Vorschlag für die Texterarbeitung, Punkt 5.

Lösung individuell

S. 50/4b Siehe Vorschlag für die Texterarbeitung, Punkt 5.

Lösung individuell

S. 50/5 S machen Vorschläge, was ein mexikanischer Junge in ihrer eigenen Stadt machen und besichtigen könnte. Dabei wenden sie die neuen Redemittel mündlich an. In schwächeren Gruppen könnte man zunächst die Möglichkeiten gemeinsam sammeln und an der Tafel festhalten. In stärkeren Gruppen kann das in PA geschehen.

Lösung individuell

Cuaderno, S. 33/4 S üben die realen Bedingungssätze schriftlich, indem sie Sätze ergänzen. (▶ Resumen, S. 60/1)

Hinweis Reale Bedingungssätze werden in der alltäglichen Kommunikation sehr häufig verwendet. Eine
F 6 weitere Übungsmöglichkeit dazu bietet die Folie 6. S geben zu bestimmten Situationen Ratschläge und machen Vorschläge und wiederholen dabei auch den (verneinten) Imperativ. Die Folie ist sowohl zur schriftlichen als auch zur mündlichen Übung geeignet und kann zu jedem beliebigen Zeitpunkt eingesetzt werden.

VOCABULARIO

S. 50/6 Diese Übung dient der Umwälzung und Sicherung des neuen Wortschatzes und der neuen Inhalte. S arbeiten zu dritt und nennen abwechselnd Wörter oder Orte aus dem Lektionstext, die schriftlich festgehalten werden. Im zweiten Teil der Übung vergleichen die Gruppen ihre Ergebnisse untereinander und komplettieren ihre jeweiligen Notizen. Diese können im Laufe der Lektion zu einer Vokabelsammlung zum Thema Mexiko ausgebaut werden. Anschließend können S mit Hilfe ihrer Notizen Mexiko als Reiseland kurz mündlich vorstellen, wobei sie sich gegenseitig ergänzen.

Lösung individuell

> **Tipp: Individualisierte Vokabelsammlungen**
> Je nach ihren eigenen Interessen und Lebenswelten haben S unterschiedliche kommunikative Bedürfnisse. Daher ist Themenvokabular von unterschiedlich hoher Relevanz für die einzelnen S. Aus diesem Grund bietet es sich häufig an, die Vokabelarbeit zu individualisieren: Neben einem festgelegten obligatorischen Grundwortschatz für alle S lernen S zu den Themen, bei denen es sich anbietet (z. B. Sport und Freizeitbeschäftigungen), zusätzlich für sie persönlich relevante Vokabeln. Diese sollten von L überprüft werden, da S bei der eigenständigen Suche im zweisprachigen Wörterbuch Schwierigkeiten bei der Auswahl der richtigen spanischen Entsprechung für das deutsche Wort haben könnten.

S. 51–55 3A DIARIO DE VIAJE

In einem Blog berichten Sergio und Marina über ihre Unternehmungen, Eindrücke und Erlebnisse in Mexiko.

Grammatik	Adjektive mit *ser* oder *estar* Wendungen mit *por* *ojalá (que)* + *subj.* Der absolute Superlativ Die kontrastive Verwendung von *pretérito indefinido* und *pretérito imperfecto* (Wh.)
Wortschatz	*por, el micro (fak.), avisar, el chófer, la parada, por suerte, limpiar, el helado, tan + adj., el olor (a + sust.), el puesto, la tortilla (fak.), el taco (fak.), el tamal (fak.), seguir, (estar) cuadrado/-a, el plato, el mole poblano,*

> *el pollo, picar, quemarse la lengua, acostumbrarse, mostrar, Día de Muertos, cada vez que + verbo, parar, vender, la quesadilla (fak.), rico/-a, duro/-a, Para mí que + Satz, en vez de, en realidad, tener que ver con algo/alguien, el tzotzil, San Cristóbal de las Casas, ojalá (que) + subj., volver a + verbo*
>
> **transparent:** *interesarse por, (ser) mexicano/-a, la impresión / las impresiones, (ser) gigante, la comida, probar, la salsa, el chocolate, el chile, la lengua, el origen, (ser) azteca, el/la azteca, gracias por, el e-mail, la diferencia, el/la maya, el color*

Lösungen, Hörtexte und Vorschläge für den Unterricht

VORSCHLAG FÜR DIE TEXTERARBEITUNG

ACTIVIDAD DE PRELECTURA

S. 51/1 **1. Vorentlastung des Lektionstextes**
F 7 S überlegen, welche Blogs sie kennen und was die Inhalte bzw. Themen derselben sind und werden so auf die Textsorte des Lektionstextes eingestimmt. Eine inhaltliche Vorentlastung mit Rückbezug auf ¡Acércate! kann über die Folie erfolgen.

2. Arbeitsteilige Erarbeitung des Lektionstextes
Die Einleitung des Textes wird im Plenum gemeinsam gelesen, sodass die Ausgangssituation für alle klar ist: Der spanische Jugendliche Sergio reist gemeinsam mit seiner Cousine Marina und einem mexikanischen Freund durch Mexiko, worüber er in einem Blog berichtet.
Es werden 4er-Gruppen gebildet und jede Gruppe erarbeitet einen der vier Blogeinträge im Detail. Dazu schlagen S das neue Vokabular selbstständig im Vokabelanhang nach. Anschließend werden neue Vierergruppen gebildet, in denen sich zu jedem Textabschnitt ein „Experte" befindet (s. Expertenpuzzle, Methodenpool, S. 192). Jeder „Experte" stellt den anderen S der neuen Gruppe die Ergebnisse der ersten Gruppe vor, sodass allen der gesamte Textinhalt bekannt ist. Wird dabei neues Vokabular verwendet, wird es – möglichst auf Spanisch – erklärt.

Hinweis Die Textabschnitte 1 und 3 dürften etwas leichter verständlich sein als die anderen beiden. Dies kann im Sinne der Binnendifferenzierung bei der Gruppenaufteilung berücksichtigt werden.

> **Tipp: Präsentation der Ergebnisse von Gruppenarbeiten**
> Sind bei Gruppenarbeiten gleiche inhaltliche Ergebnisse bei allen Gruppen zu erwarten, bietet es sich nicht an, alle Gruppen im Anschluss ihre Resultate vorstellen zu lassen. Um sicherzustellen, dass S sich während Gruppenarbeiten zielorientiert arbeiten, kann L am Ende der Gruppenarbeitsphase eine Gruppe auslosen, die ihre Ergebnisse im Plenum vorstellt.

3. Leseverstehen
S lesen den Text in EA oder PA und schreiben die Orte heraus, die Sergio mit seinen Freunden besucht. Zu jedem Ort halten sie schriftlich ein bis zwei wichtige Informationen fest und konsultieren dazu ggf. auch den ¡Acércate!-Text (SB, S. 48–49). Dann bearbeiten sie die Übung zum selektiven Leseverstehen im Cuaderno (C, S. 34/1): S ordnen den Bildern auf der Mexikokarte die entsprechenden Ortsnamen zu und rekonstruieren dadurch Sergios Reiseziele, die im Text erwähnt werden.
Anschließend bearbeiten S die Übung 2 (SB, S. 52): Sie suchen im Text Informationen zu den abgebildeten Situationen und schulen dadurch ihr selektives Leseverstehen. L sollte S dazu

anhalten, nicht einfach die Formulierungen aus dem Text zu übernehmen, sondern mit eigenen Worten zu formulieren. Um dies zu gewährleisten, kann die Beschreibung der Bilder bzw. Situationen im Plenum erfolgen, nachdem S in EA oder PA die entsprechenden Textpassagen gefunden haben. Zur Arbeit im Plenum bietet es sich an, die Bilder auf Folie zu kopieren.
S weisen ihr detailliertes Textverstehen nach, indem sie ausgewählte Textzitate mit eigenen Worten erklären (SB, S. 52/4).

4. Interkultureller Vergleich

S schauen sich erneut die Bilder zu der Übung 2 (SB, S. 52) an und nehmen dann kurz dazu Stellung, welche der Situationen sie sich in Deutschland nicht vorstellen könnten. Sie begründen ihre Meinung (SB, S. 52/3). Durch die Bewusstmachung und Reflexion der Unterschiede wird das interkulturelle Lernen gefördert.

COMPRENDER Y COMENTAR EL TEXTO

S. 52/2 Siehe Vorschlag für die Texterarbeitung, Punkt 3.

Lösungsvorschlag
1. *Sergio y Marina estaban en el mercado de San Cristóbal de las Casas. Querían comprar una mochila, pero tenían problemas porque la vendedora no hablaba mucho español. Pero los dos conocieron a Aixa, una joven indígena, que hablaba bien español y que los ayudó (l. 42–44).*
2. *México D. F. es una ciudad muy grande. Hay un montón de gente y vendedores en las calles, y en el bus ponen la música muy alta (l. 1–10).*
3. *Hay mucha comida rica en México, como por ejemplo el mole poblano, un plato típico. Es pollo con una salsa de chocolate picante (l. 19–23).*
4. *En las calles de México D. F. siempre hay olor a comida, porque hay muchos puestos de comida (l. 11–14).*
5. *La montaña más famosa de México es el Popocatépetl. El nombre es de origen azteca. Por eso parece un poco complicado y Marina todavía no sabe decirlo bien. Sergio, Miguel y Marina lo quieren visitar (l. 25–28).*
6. *No sólo en las calles, sino también en el bus venden cosas, por ejemplo agua o comida. A menudo, los vendedores son niños (l. 31–33).*

S. 52/3 Siehe Vorschlag für die Texterarbeitung, Punkt 4.

Lösungsvorschlag *Algunas situaciones del texto no me las puedo imaginar en Alemania. Por ejemplo en los buses alemanes nunca ponen música alta. Además, en Alemania normalmente hay paradas, así que no tengo que avisar al chófer cuando quiero bajar. Tampoco venden comida en el bus.*
Aquí también a veces hay puestos de comida caliente en las calles, por ejemplo cuando hay una fiesta especial, pero no es siempre así.

Cuaderno, S. 34/1 Siehe Vorschlag für die Texterarbeitung, Punkt 3.

VOCABULARIO

S. 52/4 Siehe Vorschlag für die Texterarbeitung, Punkt 3.

Lösung
1. *Sergio dice que le gusta mucho la comida mexicana y que come mucho.*
2. *La comida estaba muy buena.*
3. *Sergio piensa que Marina le hace muchas preguntas sobre México a Miguel porque él le gusta.*
4. *Las lenguas indígenas de México son muy diferentes del español. No tienen el mismo origen.*
5. *Marina espera que vuelvan a ver a Aixa.*

S. 53/5a S ordnen die Wörter aztekischen Ursprungs den Bildern zu und üben dadurch die Arbeit mit dem zweisprachigen Wörterbuch und das Erschließen von Wörtern mit Hilfe bekannter Sprachen.

Hinweis Zur Bewältigung dieser Übung benötigen S ein zweisprachiges Wörterbuch.

Lösung *el aguacate* – die Avocado; *el chile* – die Chili(schote); *el guacamole* – die Avocadocreme; *la tiza* – die Kreide; *el cacahuete* – die Erdnuss; *el chocolate* – die Schokolade; *el coyote* – der Kojote; *el tomate* – die Tomate; *el chicle* – der Kaugummi; *el tamal* – gefüllter Maisteig; *el papalote* – der Papierdrachen; *el guajalote* – der Truthahn

S. 53/5b S benennen noch einmal explizit, welche Wörter sie aus dem Englischen oder Deutschen
fakultativ herleiten können und machen sich so eine Worterschließungsmöglichkeit bewusst.

Lösung *el chile* (dt. Chilischote; engl. *chili*) – *el chocolate* (dt. Schokolade; engl. *chocolate*) – *el coyote* (dt. Kojote; engl. *coyote*), *el tomate* (dt. Tomate; engl. *tomato*)

Cuaderno, S. 34/2 S ergänzen die Tabelle mit Wörtern derselben Wortfamilie aus dem Lektionstext. Sie wälzen so einerseits den neuen Wortschatz um und lernen andererseits, Wörter in Wortfamilien zu strukturieren, was eine Strategie zum Vokabellernen ist.

Cuaderno, S. 35/3 S erarbeiten sich das Wortfeld *comida mexicana*, indem sie zunächst die entsprechenden Wörter und Ausdrücke aus dem Text heraussuchen und die neuen Redemittel dann beim Rollenspiel (C, S. 89–90) anwenden.

Hinweis In ¡Anímate! (SB, S. 64–65) wird das Thema *comida mexicana* erneut aufgegriffen. Hier finden sich ein Lied, ein Sachtext und ein Rezept. Dies kann zur thematischen Ergänzung an dieser Stelle eingesetzt werden.

BÚSQUEDA DE INFORMACIÓN

S. 53/6 S erwerben durch eine Informationsrecherche im Internet und im Pequeño Diccionario (SB, S. 174–180) landeskundliches Wissen über den mexikanischen Feiertag *Día de Muertos*. Je nach Zeit, die zur Verfügung steht, können S entweder eine kleine mündliche Präsentation vorbereiten oder in GA Plakate anfertigen und die Ergebnisse ihrer Recherche so umwälzen.

Lösung 1. *Es el día 2 de noviembre.*
2. *Van al cementerio.*
3. *Calaveras* sind Skelette aus Pappmaché, Zucker oder Gips, die in verschiedenen Alltagssituationen dargestellt werden. *Pan de muerto* heißt auf Deutsch Totenbrot. Es wird nur für diesen speziellen Tag zu Ehren der Verstorbenen gebacken.

Hinweis Die Übung stellt eine inhaltliche Vorentlastung für die folgende Hörübung (SB, S. 53/7) dar und sollte somit vorher durchgeführt werden.

ESCUCHAR

S. 53/7a S hören eine Radioreportage über den *Día de Muertos*. Der Text sollte zuerst vollständig gehört
🎧 31 und anschließend im Plenum zusammengetragen werden, worum es geht und welche Einzelheiten schon verstanden wurden. Beim zweiten Hören verstehen S den Text dann selektiv, indem sie Informationen zu den vorgegebenen Stichworten notieren.

Hinweis Da der Hörtext sehr umfangreich ist, kann L ggf. – vor allem in schwächeren Gruppen – darauf hinweisen, dass es ausreicht, eine Information für jeden Aspekt zu notieren.

Hörtext Locutor de radio: *El día de muertos es una fiesta que se celebra el 1 y 2 de noviembre en México, y también en algunas partes de los Estados Unidos y Canadá porque allí viven muchos inmigrantes de*

América Latina. Viene de la cultura azteca y otras culturas indígenas. Es una fiesta más antigua que la llegada de los españoles a América en 1492. Ahora se celebra un poco diferente que en los días de los aztecas porque las tradiciones aztecas y las tradiciones cristianas de los españoles se mezclaron hoy en día. Pero la fiesta todavía se celebra para pensar en los muertos. El día de los muertos no es lo mismo que Halloween porque los mexicanos no tienen miedo de los muertos.

En el día de muertos los niños no tienen clases y sólo van a la escuela para preparar los altares de muertos. También hay concursos para elegir el altar más bonito de todos. Puedes preparar tu altar para un muerto de tu familia o también para una persona famosa muerta. En un altar de muerto se ponen fotos de la persona, velas, flores y cosas que le gustaban mucho a la persona muerta, como cosas para comer y su música favorita. La gente piensa que los muertos vienen este día y se van a poner felices con esos regalos.

El día de muertos termina con una excursión en familia. Por la tarde, las familias van al cementerio. Para pasar tiempo con sus muertos hacen cosas que al muerto le gustaba hacer: por ejemplo, si al muerto le gustaba cantar, entonces la familia canta. Los mexicanos piensan que este día los muertos vienen para cenar con ellos. Preparan un pan especial, el pan de muerto, y calaveras dulces. En el cementerio es normal ver la gente que come, canta o baila. Bueno, normal para nosotros los mexicanos, pero para los turistas creo que eso es muy raro porque parece una fiesta pero no lo es.

Lösungsvorschlag
–el origen de la fiesta: Viene de la cultura azteca, es una fiesta muy antigua.
–los altares: En un altar de muerto hay fotos de la persona, flores, comida, y otras cosas que le gustaban a esa persona.
–la familia: Por la tarde, las familias hacen una excursión al cementerio para pasar tiempo con sus muertos.
–el cementerio: En el cementerio, las familias hacen cosas que al muerto le gustaban, por ejemplo cantar o bailar.
–la comida: Los mexicanos piensan que este día los muertos vienen para cenar con ellos. Por eso preparan un pan especial, el pan de muerto.

S. 53/7b S hören den Text nun noch einmal und trainieren ihr detailgenaues Hörverstehen, indem sie die
🎧 31 Richtigkeit der vorgegebenen Sätze überprüfen und sie ggf. korrigieren.

Lösung 1. *Falso: No es una fiesta como Halloween, porque los mexicanos no tienen miedo de los muertos.*
2. *Falso: No hay clase. Sin embargo, los chicos van a la escuela para preparar los altares de muertos.*
3. *Falso: Se ponen fotos de la persona, comida, velas, flores y cosas que le gustaban mucho.*
4. *Falso: Cenan en casa, porque piensan que los muertos van a visitarlos.*

Cuaderno, S. 38/10 Übung zum selektiven HV: S hören einen typischen Dialog auf einem mexikanischen Markt und
🎧 13 beantworten Fragen.

MÉXICO EN DIRECTO

S. 54/8 S erschließen sich ein Rezept zur Zubereitung von *guacamole*. Dazu betrachten sie zunächst in EA das Foto, lesen den Text und notieren die Informationen, die sie verstehen. Dazu nutzen sie auch ihre Methodenkompetenz zum Erschließen von Texten über die Gestaltung und erkennen, dass es sich um ein Rezept handelt. Im nächsten Schritt tauschen S zu viert ihre Informationen aus. Hiernach dürfte der Text global verstanden sein. Zum Schluss erschließen sie sich den Text im Detail und sind in der Lage, das Gericht zuzubereiten. Hierfür arbeiten sie mit dem zweisprachigen Wörterbuch.

Hinweis Zur Bewältigung der Übung werden zweisprachige Wörterbücher benötigt.
Da *guacamole* recht einfach zuzubereiten ist, kann dies auch in Gruppenarbeit im Unterricht geschehen. Benötigt werden neben den Zutaten Messer zum Schälen und Schneiden, evtl. Knoblauchpressen, Gabeln, Schneidebretter und kleine Schüsseln. Wer welche Zutaten und

Küchenutensilien mitbringt, kann in den einzelnen Gruppen aufgeteilt werden. Zusätzlich zu den aufgeführten Zutaten wäre an Brot/Baguette und Nachos zu denken.

Soll die Zubereitung nicht im Unterricht geschehen, kann L stattdessen das detailgenaue Leseverstehen überprüfen, indem er im Rahmen einer schriftlichen Mediationsaufgabe das Rezept auf Deutsch übersetzen lässt.

DESCUBRIR

S. 54/9a S kennen den Unterschied zwischen den Verben *ser* und *estar* bereits. Sie ordnen die Ausdrücke im Kasten den Bildern zu und erkennen, dass die Adjektive ihre Bedeutung verändern, je nachdem, ob sie mit *ser* oder *estar* gebraucht werden. (▶ Resumen, S. 60/2)
Zur Wiederholung des kontrastiven Gebrauchs der Verben könnten S zur Vorentlastung als HA die Übung 1 im Repaso bearbeiten (SB, S. 62).

Lösung Bild 1: *¡Todo está riquísimo!* – Bild 2: *Hoy está un poco malo.* – Bild 3: *La quesadilla está mala.* – Bild 4: *Es muy rico.* – Bild 5: *¡Eres muy buena!* – Bild 6: *¡Qué malo eres!*

S. 54/9b S überprüfen ihre Lösungen selbst mit Hilfe des Hörtextes.
🎧 32

Hörtext 1. Sergio: *¡Todo está riquísimo! Voy a volver cuadrado a España…*
2. Marina: *Ayer Sergio comió demasiado. Hoy está un poco malo…*
3. Miguel: *Oye, ¿qué es eso? ¡Esta quesadilla está mala! ¡No me la puedo comer!*
4. Marina: *Oye, este señor es muy rico, ¿verdad? Lleva ropa carísima…*
5. Aixa: *Dame esto. Te ayudo.*
   Abuela: *Gracias, Aixa. Eres muy buena.*
6. Niño: *¡Qué malo eres! ¿Por qué no me ayudas con los deberes?*

S. 54/9c Zur Bewusstmachung des Bedeutungsunterschieds der Adjektive je nachdem, ob sie mit *ser* oder *estar* verwendet werden, ordnen S zum Schluss die Ausdrücke in eine Tabelle ein und übersetzen sie.
Zur weiteren Festigung können sie im Anschluss die Übung 7 auf S. 37 im Cuaderno bearbeiten.

Lösung

ser	estar
Es muy rico. – Er ist sehr reich. *¡Eres muy buena!* – Das ist lieb von dir. *¡Qué malo eres!* – Du bist gemein!	*¡Todo está riquísimo!* – Alles ist superlecker. *Hoy está un poco malo.* – Heute geht es ihm ein bisschen schlecht. *La quesadilla está mala.* – Die Quesadilla schmeckt nicht.

Hinweis In dieser Übung kommt der absolute Superlativ *riquísimo* vor. Dies kann L zum Anlass nehmen, nach Bearbeitung der Übung auf diese neue Form einzugehen. Dazu suchen S im Lektionstext alle Sätze, die Adjektivformen dieser Art enthalten. Die Sätze werden an der Tafel festgehalten. S erkennen aus dem Zusammenhang, welche Bedeutung der absolute Superlativ den Adjektiven verleiht. Dies kann bewusst gemacht werden, indem sie die Sätze auf Spanisch umformulieren, ohne den absoluten Superlativ zu gebrauchen (z. B. *La comida mexicana es buenísima.* → *La comida mexicana es muy buena.*). Anschließend leiten S anhand der Beispiele selbstständig die Regel zur Formenbildung ab, die ebenfalls an der Tafel festgehalten wird.
Dies ist eine gute Vorentlastung für die folgende Übung (SB, S. 55/10), bei der S den absoluten Superlativ anwenden.

Mögliches Tafelbild

HABLAR

S. 55/10 S bereiten einen Dialog zwischen Aixa und ihrem Cousin Pablo vor. Dazu machen sie sich zunächst mit Hilfe des Textes stichpunktartig Notizen dazu, welche Fragen Pablo stellen und wie Aixa darauf antworten könnte. Dabei verwenden sie mindestens dreimal den absoluten Superlativ (▶ Resumen, S. 60/3). Anschließend üben S den Dialog mündlich mit wechselnden Partnern/Partnerinnen. Dabei übernimmt jede/r einmal die Rolle von Aixa und von Pablo. S können zur Unterstützung Karteikarten mit Stichpunkten nutzen, darauf sollen aber keine ausformulierten Sätze stehen.

Lösungsvorschlag
A: *¡Hola Pablo!*
P: *¡Hola Aixa! ¿Qué tal tu día?*
A: *Bien, fui al mercado, nada especial… No, ¡espera! Sí, conocí a dos chicos españoles, un chico y una chica.*
P: *¿Dos españoles? ¡Qué interesante! ¿Cómo los conociste?*
A: *Pues, ellos querían comprar algo de la abuela, pero claro, no la entendían, porque no hablan tzotzil. Así que yo los ayudé y después charlé un poco con ellos.*
P: *¿Y cómo son? ¿Qué hacen acá?*
A: *Son simpatiquísimos los dos. Se llaman Sergio y Marina. Son primos y viajan por México con un amigo mexicano de ellos.*
P: *Y, ¿les gusta?*
A: *Sí, Marina me dijo que todo les parece interesantísimo. Sobre todo la comida les encanta.*
P: *Pues, claro. Es riquísima nuestra comida.*
A: *Ojalá los vuelva a ver. Los podría invitar a la casa, ¿qué te parece?*
P: *Me parece muy bien, así nos podrían contar algo sobre España.*

MEDIACIÓN

S. 55/11a Zur Vorbereitung der Mediationsübung übersetzen S die angegebenen Ausdrücke. Bei Unsicherheiten können sie im Resumen nachschlagen. Die anschließende Mediationsübung wird dadurch sprachlich vorentlastet. (▶ Resumen, S. 60–61/2, 3, 4, 6)

Lösung
– Danke für das Geschenk. – *Gracias por el regalo.*
– etwas für fünf Euro kaufen – *comprar algo por cinco euros*
– Das gefällt mir total gut! – *Me gusta muchísimo.*
– Das ist superlecker! – *Está riquísimo.*
– sich für etwas interessieren – *interesarse por algo*
– Hoffentlich sehen wir uns wieder! – *¡Ojalá nos volvamos a ver!*

S. 55/11b Anschließend formulieren S eine E-Mail mit den vorgegebenen Inhalten. Sie sollten ggf. darauf hingewiesen werden, den Text nicht Wort für Wort zu übersetzen, sondern die Informationen angemessen zu übermitteln und ihren Text als E-Mail zu gestalten (mit Anrede usw.).

Lösungsvorschlag

Hola Sergio:

muchísimas gracias por el cedé. Me gusta muchísimo.

Desde hace algunos meses me intereso por la cocina mexicana. La semana pasada compré un libro con recetas mexicanas por sólo cinco euros. Ya he probado el guacamole, ¡estaba riquísimo!

¡Ojalá nos volvamos a ver este año!

¿No tienes ganas de venir a Berlín en verano?

Muchos saludos

Lisa

Cuaderno, S. 37/8 Jeder der kurzen Sätze enthält die Präposition „für", die im Spanischen je nach Kontext mit *por* oder *para* wiedergegeben werden kann, was ein häufiger Fehlerschwerpunkt ist. S üben die kontrastive Verwendung der beiden Präpositionen, indem sie die Sätze ins Spanische übertragen.

Cuaderno, S. 37/9 S üben die kontrastive Verwendung von *ser* und *estar* sowie von *por* und *para* im Rahmen einer Sprachmittlung, bei der auch die indirekte Rede wiederholt wird.

Cuaderno, S. 38/11 S lesen den Informationstext über den Nationalpark Iztaccíhuatl-Popocatépetl. Aus dem Kontext erschließen sie, welche spanischen Wörter den angegebenen deutschen Wörtern entsprechen und markieren sie. Hiernach sind S in der Lage, den Text beim erneuten Lesen im Detail zu verstehen und den Inhalt bzgl. der aufgeführten Aspekte auf Deutsch wiederzugeben.

YA LO SÉ

S. 55/12 Diese Übung sollte ausführlich bearbeitet werden, da sie unmittelbar auf den Punto final hinarbeitet, wofür die Ergebnisse teilweise übernommen werden können.

S arbeiten in 4er-Gruppen. Die A-Gruppen überlegen sich die Fragen der Eltern von Miguel an Sergio und Marina. Die B-Gruppen antizipieren die Fragen und überlegen Antwortmöglichkeiten. Sie orientieren sich am Lektionstext und an den bereits bearbeiteten Übungen.

Anschließend finden sich je zwei S einer A-Gruppe mit zwei S einer B-Gruppe zusammen, stellen sich gegenseitig ihre Arbeitsergebnisse vor und erarbeiten damit gemeinsam einen stimmigen Dialog zwischen Miguels Eltern und Marina und Sergio. Zum Schluss spielen alle 4er-Gruppen ihre Dialoge szenisch nach.

Hinweis

Da die B-Gruppen die Fragen antizipieren müssen, ist ihre Arbeit etwas komplexer. Dies kann bei der Aufteilung der S in die Gruppen berücksichtigt werden.

Sollte noch Übungsbedarf bzgl. der kontrastiven Verwendung von *imperfecto* und *indefinido* bestehen, können S zur Vorbereitung die Übung 4 im Cuaderno (C, S. 35–36) oder die Übung 3 im Repaso (SB, S. 62) bearbeiten. Auch der absolute Superlativ sollte bereits behandelt worden sein, da S ihn verwenden sollen (SB, S. 55/10a, 11; C, S. 41/6).

Lösungsvorschlag

A (mögliche Fragen):

1. *¿Les gusta nuestro país?*
2. *¿Qué les impresionó?*
3. *¿Qué hicieron?*
4. *¿Miguel ya les enseñó el Popocatépetl?*
5. *¿Qué les parece la comida?*
6. *Vimos algunas fotos buenísimas de su viaje. ¿Tienen más? ¿Podemos verlas?*
7. *¿Llamaron a su familia?*

8. ¿Conocieron a otros mexicanos?
9. ¿Tuvieron problemas para entender a la gente?
10. ¿Hay algo que no les gustó?

B (mögliche Antworten):
1. *Sí, nos gusta un montón. Es un país impresionante. Y la capital: ¡gigantísima! Si pienso en Madrid…*
2. *Hay muchas cosas interesantes. A mí me encantó la comida. Hay tantas cosas que no tenemos en España… También me impresionó el viaje a San Cristóbal de las Casas, porque es totalmente diferente a México D. F., parece otro país.*
3. *Pues, ¿qué hicimos? Primero, dimos una vuelta por México D. F. Después fuimos a Oaxaca también, para hacer surf. ¡Fue buenísimo! Y al final fuimos a Chiapas, a San Cristóbal de las Casas. ¡Fue superinteresante!*
4. *Sí, nos lo enseño. Nos impresionó.*
5. *La comida está riquísima. Hay tantas cosas buenas, por ejemplo ese pollo con salsa de chocolate. Picó mucho, pero al final nos acostumbramos.*
6. *Sí, claro, hicimos un montón de fotos. ¿Seguro que las queréis ver todas?*
7. *Los llamamos una vez cuando llegamos. Pero no fue necesario llamarlos todos los días, porque hicimos un blog. Ahí podían ver todos los días qué hacíamos y dónde estábamos.*
8. *Vimos a mucha gente. Pero sólo hablamos con Aixa, una chica indígena que nos ayudó en el mercado de Chiapas. Era muy simpática.*
9. *En realidad, los primeros días me pareció un poco difícil entender a los mexicanos, porque hablan un español diferente. Pero después me acostumbré. La única vez que tuvimos problemas fue en Chiapas. En el mercado de San Cristóbal de las Casas no entendimos nada. Aixa, una chica indígena, tuvo que ayudarnos. Las lenguas indígenas son tan diferentes al español. Pero nos contaron que hay algunas palabras españolas que vienen del náhuatl, como por ejemplo tomate y chocolate. Eso nos sorprendió.*
10. *Bueno, en realidad nos gustó todo. Queremos volver el año que viene.*

PRACTICAR

Cuaderno, S. 35/4 S wiederholen den Unterschied zwischen *indefinido* und *imperfecto*. Im ersten Teil unterstreichen sie die korrekte Form des Verbs. Dabei orientieren sie sich an den Auslösern. Im zweiten Teil bilden S selbst die entsprechenden Verbformen für den Lückentext. (▶ Los verbos, S. 185–191)

Cuaderno, S. 36/5 Falls L das Gefühl hat, dass S mit dem Ausdruck *ojalá + subjuntivo* Schwierigkeiten haben oder dass es noch Übungsbedarf bzgl. der Formen des *subjuntivo* gibt, kann er/sie diese Übung gut als HA bearbeiten lassen. Sie dient auch der Vorbereitung auf den Tandembogen (C, S. 36/6). (▶ Resumen, S. 61/6)

Cuaderno, S. 36/6 S üben die Konstruktion *ojalá + subjuntivo* in PA mittels des Tandembogens auf S. 95 (s. Methodenpool, S. 189–190). (▶ Resumen, S. 61/6)

Cuaderno, S. 37/7 S üben die kontrastive Verwendung von *ser* und *estar* mit den Adjektiven *bueno*, *malo* und *rico* (▶ Resumen, S. 60/2).

S. 56–59 3B UN DÍA MÁS…

In dieser Teillektion lernen wir Mexiko aus einer untouristischen Perspektive kennen: Aixa, eine junge indigene Mexikanerin, die Sergio und Marina auf ihrer Reise kennenlernen, beschreibt ihren typischen Tagesablauf bzw. ihren Alltag in der Provinz Chiapas im Süden Mexikos.

Grammatik	Zwei Objektpronomen im Satz
	alguno/-a und *ninguno/-a* als Begleiter und Pronomen
Wortschatz	*despertar a alguien, calentar, los frijoles, algún/alguna + sust., alguno/-a, la mujer / las mujeres, Chiapas, la cooperativa, el precio, tocar (algo) a alguien, encontrar, ningún/ninguna + sust., ninguno/-a, pelear(se) por, el juguete, quitar, tener algo de + adj., el/la mayor, como + Satz, tardar, el camino, platicar (fak.), El camino no se nos hace tan largo., como + Zeitangabe, la tarea (fak.), la gallina, el guajolote (fak.), saber (mucho/poco) de, curar a alguien, bastar, cumplirse, el sueño*
	transparent: *el hermanito (fak.) / la hermanita (fak.), la mamá (fak.), hacer a mano, la escuela, ir a pie, traducir, el papá (fak.), la fábrica, los Estados Unidos, el doctor / la doctora, la medicina, la tierra, la planta, el té, el hospital*

Lösungen, Hörtexte und Vorschläge für den Unterricht

VORSCHLAG FÜR DIE TEXTERARBEITUNG

ACTIVIDAD DE PRELECTURA

S. 56/1 1. Vorentlastung des Lektionstextes

F 8 L weist S darauf hin, dass sie einen Text von Aixa lesen werden, und fragt, was S im Laufe der Lektion schon über das Mädchen erfahren haben. Zur thematischen Vorentlastung kann L die bereits bekannten Redemittel zum Tagesablauf mit der Folie wiederholen lassen. Nach dieser kurzen Auffrischung und Vorentlastung überfliegen S den Text in zwei Minuten. Dann werden im Plenum die Themen des Textes gesammelt (z. B. *la familia de Aixa, el día a día, el camino al instituto, las lenguas español y tzotzil, el trabajo*). S erhalten so einen globalen Überblick über den Textinhalt.

2. Leseverstehen

S wenden nun eine Texterarbeitungsstrategie an, indem sie in Kleingruppen die Textabschnitte mit den vorgegebenen Überschriften aus der Übung 2a (SB, S. 57) betiteln.
Nachdem ihnen dadurch grob der Tagesablauf von Aixa bekannt ist, bearbeiten S die Übung 1 im Cuaderno (C, S. 39). Sie erkennen, welche zwei Bilder nicht zum Tagesablauf von Aixa gehören und bringen die restlichen Bilder in die richtige Reihenfolge.
Anschließend erarbeiten S sich in Kleingruppen den genaueren Inhalt der einzelnen Textabschnitte: In Kleingruppen wird jeder Abschnitt besprochen und das erforderliche Vokabular im Vokabelverzeichnis nachgeschlagen. Dann tut sich jede/r S mit einer/einem MS aus einer anderen Kleingruppe zusammen. Sie fassen die Inhalte eines Absatzes mündlich zusammen und die/der jeweils andere nennt den passenden Titel (SB, S. 57/2b).
Hat L das Gefühl, dass der Text gut verstanden wurde, kann zu Übung 2 im Cuaderno (C, S. 39) übergegangen werden, ggf. auch als HA, bei der S die Äußerungen den Personen aus dem Text zuordnen und die entsprechenden Situationen benennen, wodurch sie den Text im Detail verstehen. Gibt es noch Klärungsbedarf bzgl. des Textinhalts kann L Aixas Tagesablauf von S

mündlich zusammenfassen lassen, wobei eventuelle Unklarheiten im Plenum besprochen werden können.

3. Festigung der neuen Redemittel

S suchen im Text die Antonyme zu bereits bekannten Wörtern und erarbeiten sich so neues Vokabular (SB, S. 57/3a). Anschließend beschreiben sie den Tagesablauf der Mutter, der Oma oder der Geschwister von Aixa unter Verwendung der neuen Redemittel (SB, S. 57/3b).

APRENDER MEJOR / COMPRENDER EL TEXTO

S. 57/2a Siehe Vorschlag für die Texterarbeitung, Punkt 2.

Lösung f, d, a, c, g, b, e

S. 57/2b Siehe Vorschlag für die Texterarbeitung, Punkt 2.

Lösungsvorschlag
a) *Mis hermanos son un rollo:* En ese párrafo, Aixa cuenta que todos los días tiene que llevar a sus hermanos a la escuela. Dice que a veces es un poco difícil porque siempre se pelean.
b) *Mi padre:* Aixa dice que casi todas las noches llama su papá que trabaja en los Estados Unidos.
c) *El camino:* Aixa cuenta que tarda más o menos 40 minutos para ir al instituto porque no hay bus. Pero no se aburre porque va con Luci, su amiga.
d) *Mi madre y mi abuela:* En ese párrafo, Aixa cuenta que ellas se levantan muy temprano para hacer la comida para todo el día y después van al mercado para vender ropa. Ellas hacen la ropa a mano.
e) *Mi sueño:* Aixa cuenta que algún día quiere estudiar Medicina.
f) *Por la mañana:* Aixa dice que se levanta a las seis. Después calienta el agua para ella y sus hermanos.
g) *Es bueno hablar dos lenguas:* Aixa a veces tiene que ayudar a su abuela en el mercado, porque los turistas no entienden el tzotzil y la abuela habla muy poco español.

Cuaderno, S. 39/1 Siehe Vorschlag für die Texterarbeitung, Punkt 2.

Cuaderno, S. 39/2 Siehe Vorschlag für die Texterarbeitung, Punkt 2.

VOCABULARIO

S. 57/3a Siehe Vorschlag für die Texterarbeitung, Punkt 3.

Lösung
acostarse → levantarse
comprar ropa → vender ropa
aburrirse con Luci → divertirse con Luci
vivir en la ciudad → vivir en el campo
no hacer nada en casa → ayudar en casa
estudiar poco → estudiar mucho
mucho dinero → (muy) poco dinero
ponerse enfermo/-a → curarse

S. 57/3b Siehe Vorschlag für die Texterarbeitung, Punkt 3.

Hinweis L kann angeben, dass die Texte ca. 150 bis 200 Wörter umfassen sollten. Da die Oma kaum Spanisch spricht, dolmetschen S in diesem Fall aus der Perspektive von Aixa. Dadurch wiederholen sie die indirekte Rede. Diese Variante ist besonders für schnellere S geeignet.

Lösungsvorschlag –*Un día en la vida de la madre:* Vivo cerca de San Cristóbal de las Casas, en Chiapas. Tengo tres hijos y vivo con ellos y con mi mamá en una casa en el campo. Todos los días, yo y mi madre nos levantamos a las cuatro y media de la mañana para preparar el desayuno y la comida para el día. Después del desayuno vamos al mercado de San Cristóbal de las Casas para vender ropa. La hacemos a mano. Antes no ganábamos mucho dinero con eso, pero ahora estamos en una cooperativa de mujeres tejedoras y podemos vender las cosas por un precio mejor. Mientras mi madre y yo trabajamos en el mercado, mis hijos están en la escuela. Pero después de las clases, ellos vienen al mercado y comemos todos juntos. Como a las cinco de la tarde volvemos a casa. Ahí doy comida a las gallinas y a los guajolotes. Después, a veces, veo un poco la tele, y me acuesto temprano.

–Un día en la vida de la abuela: Mi abuela dice que siempre se levanta muy temprano: a las cuatro y media. Depués empieza a preparar las tortillas y la comida para el día, y también hace el desayuno para todos: quesadillas o frijoles y frutas. Dice que no le importa levantarse temprano. Después del desayuno, ella se va con mi mamá al mercado para vender ropa. A muchos turistas les gustan las cosas que venden. Pero mi abuela a veces tiene problemas para entenderlos, porque ella no habla mucho español. Por eso, se pone contenta cuando yo llego con mis hermanos, porque nosotros podemos traducir lo que dicen los turistas. Ella dice que le gustaría hablar español, pero que ya es muy vieja para aprenderlo. Por la tarde volvemos todos a casa y normalmente mi abuela se acuesta muy temprano. Pero a veces, cuando alguien de nosotros está enfermo, ella va a buscar plantas y prepara un té. Dice que a ella le parece bien que mi mamá, mis hermanos y yo hablemos las dos lenguas y que estudiemos mucho en la escuela, pero que también deberíamos aprender a curar con plantas, porque eso es muy importante. A ella le parece que no hace falta medicina, porque a menudo basta tomar un té para curarse.

–Un día en la vida de los hermanos: Es un rollo. Siempre tenemos que levantarnos a las seis y media. Aixa nos despierta todos los días. Antes calienta el agua en el cuarto de baño para nosotros. Después de lavarnos desayunamos con mamá, Aixa y nuestra abuelita. Siempre le pedimos chocolate a mamá, pero sólo hay quesadillas, frijoles y frutas. Todos los días lo mismo... Después tenemos que ir a la escuela. ¡Qué rollo! Y los libros pesan un montón. A veces Aixa nos ayuda y lleva los libros para nosotros. Pero a veces también se enfada con nosotros, porque no queremos ir a la escuela o no encontramos nuestras cosas. Después de la escuela vamos al mercado donde trabajan nuestra abuela y mamá y comemos juntos. Por la tarde, en casa, tenemos que hacer las tareas para la escuela, pero nos gustaría más jugar. Pero Aixa siempre dice que tenemos que estudiar mucho. Por la noche esperamos siempre que llame papá para contarnos cosas divertidas de los Estados Unidos.

Cuaderno, S. 41/7 Diese Übung verdeutlicht den Bedeutungsunterschied einiger bekannter Verben, die sowohl reflexiv als auch nicht reflexiv gebraucht werden können. Zuvor kann das Vorwissen der S aktiviert werden, indem einige solcher Verben im Plenum gesammelt werden.

Cuaderno, S. 42/8 S erarbeiten sich den neuen Wortschatz und wenden ihn an, indem sie aus dem Lektionstext Synonyme und Antonyme bekannter Wörter suchen und mit diesen dann den Lückentext vervollständigen.

ESCUCHAR

S. 57/4 Übung zum globalen und selektiven HV: Nach dem ersten Hören, fassen S grob zusammen, was
35 Aixas Lehrerin über die Arbeit in der Schule sagt. Beim zweiten Durchgang achten sie auf die erfragten Informationen und verstehen den Text dadurch selektiv.

Hörtext *Periodista: Buenas tardes y bienvenidos a nuestra emisión «Entre culturas». Hoy tenemos aquí a María, una profesora mexicana. Nos va a contar un poco de su vida cotidiana. Ya sé que tu vida no siempre es fácil, pero ¿te gusta ser profesora?*
María: ¡Me gusta mucho! Pero es verdad, no siempre es fácil. Mira, yo trabajo en la escuela en San Cristóbal de las Casas. Es un pueblo muy bonito en Chiapas, en el sur de México.
Periodista: ¿Tú eres de allí?
María: No, yo soy de Oaxaca. Me fui a vivir a San Cristóbal hace tres años.
Periodista: Vale. ¿Y por qué dices que no siempre es fácil?
María: Imagínate, en una clase hay como 40 alumnos. A veces llegan tarde, porque muchos vienen a pie y viven bastante lejos de la escuela. O el camión que les lleva no llega puntual. Y a veces los

alumnos no llegan. Sobre todo las chicas. Como tienen que ayudar mucho en casa, a veces es demasiado para ellas.
Periodista: ¿Pero sus padres no dicen nada si no van a la escuela?
María: Los papás, muchas veces no viven con la familia. Trabajan en los Estados Unidos o en otra parte de México. Así que las mamás están solas con los chicos y con todo el trabajo. Y claro, están contentas cuando sus hijas las ayudan en casa, en el mercado... Otro problema es la lengua. A veces mis alumnos hablan lenguas indígenas diferentes, p. ej. el tzotzil y entienden muy poco español.
Periodista: ¿Y en qué lengua son las clases?
María: Las clases son en español. Y bueno, la mayoría de los chicos tiene ganas de aprenderlo porque quieren hablar con todo el mundo, sobre todo con sus amigos en la escuela pero también con los turistas que llegan a San Cristóbal. Así también pueden ayudar a sus familias porque sus padres y abuelos a veces no saben hablar español.
Periodista: ¿Y qué tal las condiciones en la escuela? ¿Tienes libros buenos para las clases?
María: Ay, esto es otro problema más. Tenemos pocos libros y son muy viejos ya. Y las familias de los alumnos a veces no tienen suficiente dinero para comprar libros nuevos. Pero sé que ya hay muchas escuelas donde casi no trabajan con libros sino sólo con Internet y donde cada alumno tiene su computadora. Espero que en mi escuela también pronto todos los alumnos tengan su propia computadora.
Periodista: *Esto lo esperamos nosotros también y te damos las gracias por esta entrevista tan interesante. Y un aviso para nuestro público: si tenéis más preguntas a María podéis llamar ahora al número 89 78...*

Lösungsvorschlag a) *María habla de los problemas que hay en la escuela en San Cristóbal de las Casas.*
b) 1. *Es de Oaxaca.* – 2. *Hay más o menos 40 alumnos en una clase.* – 3. *Las clases son en español.* – 4. *A veces los alumnos no llegan a las clases o llegan tarde, porque muchos viven lejos. Algunos, sobre todo las chicas, no pueden ir a la escuela porque tienen que ayudar en casa. Otro problema es la lengua porque muchos de los alumnos hablan lenguas indígenas diferentes y no entienden mucho el español. Y tampoco hay suficientes libros para los alumnos y los libros que hay son viejos.*

Cuaderno, S. 43/10 Übung zum selektiven HV: Anhand des Infokastens *Entre Culturas* erfahren S, was ein *merolico* ist.
🎧 14 Anschließend hören sie zwei *merolicos* und markieren das jeweilige angepriesene Produkt und den Preis.

DESCUBRIR

S. 57/5 Induktive Übung zu den doppelten Objektpronomen: S erkennen, wofür *se* in den beiden Sätzen steht. Anschließend machen sie sich die Gebrauchsweise bewusst und erarbeiten sich zum Schluss anhand des Lektionstextes die Stellung der Objektpronomen im Vergleich zum Deutschen.
Zur Bewältigung dieser Sprachreflexionsaufgabe können S beim Bedarf eigenständig im Resumen nachschlagen. (▶ Resumen, S. 60/5)

Lösung a) *a los hermanos (les)*
b) Das Pronomen *se* wird anstelle von *le/s* verwendet, wenn zwei Objektpronomen aufeinanderfolgen.
c) Das indirekte Objektpronomen (*se*) steht vor dem direkten Objektpronomen (*lo/s* bzw. *la/s*).

Hinweis Bevor die doppelten Objektpronomen eingeführt werden, kann L ggf. die Wiederholungsübung im Repaso (SB, S. 62/2) zu den direkten und indirekten Objektpronomen vorschalten.

PRACTICAR

S. 58/6 S üben den Gebrauch von zwei Objektpronomen im Satz mündlich in PA (▶ Resumen, S. 60/5). Dabei wiederholen sie auch das *indefinido* und das *futuro inmediato*.
In schwächeren Lerngruppen empfiehlt es sich, zur Festigung die Übung als HA noch einmal schriftlich anfertigen zu lassen.

Lösungsvorschlag
1. –¿Cuándo les explicas las tareas a tus hermanitos? –Se las expliqué hace media hora.
2. –¿Cuándo le mandas el regalo a tu tía en México D. F.? –Se lo mandé la semana pasada.
3. –¿Cuándo le llevas la comida a la vecina? –Se la llevé hace una hora.
4. –¿Cuándo le llevas los frijoles al señor García? –Se los voy a llevar en una hora.
5. –¿Cuándo le llevas una gallina a Marisa? –Se la llevé ayer.
6. –¿Cuándo le das la carta a tu profesora? –Se la voy a dar mañana.
7. –¿Cuándo le mandas las fotos a tu tío? –Se las voy a mandar el fin de semana.
8. –¿Cuándo le cuentas a tu padre la historia de los chicos españoles en el mercado? –Se la voy a contar hoy.

Cuaderno, S. 40/3 S festigen die doppelten Objektpronomen. Die Durchführung bietet sich als HA an. (▶ Resumen, S. 60/5)

Cuaderno, S. 40/4 S lernen die Stellung der doppelten Objektpronomen beim Imperativ kennen. Zur Vorentlastung kann L einige Beispiele an die Tafel schreiben, woraus S in PA eine Regel bzgl. Stellung der Objektpronomen und Akzentsetzung ableiten. Die Ergebnisse werden im Plenum zusammengetragen und es wird gemeinsam eine Regel formuliert, die ebenfalls an der Tafel festgehalten wird. Nach Bearbeitung der Übung in EA vergleichen S ihre Ergebnisse mit dem Sitznachbarn / der Sitznachbarin und diskutieren voneinander abweichende Lösungen mit Hilfe der erstellten Regel. Anschließend werden die Lösungen im Plenum verglichen und korrigiert.

Mögliches Tafelbild

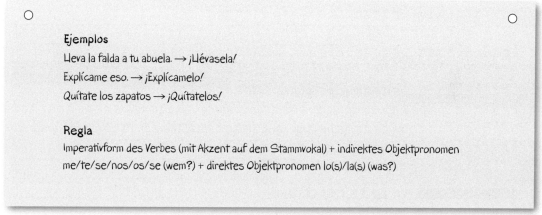

Ejemplos
Lleva la falda a tu abuela. → ¡Llévasela!
Explícame eso. → ¡Explícamelo!
Quítate los zapatos → ¡Quítatelos!

Regla
Imperativform des Verbes (mit Akzent auf dem Stammvokal) + indirektes Objektpronomen me/te/se/nos/os/se (wem?) + direktes Objektpronomen lo(s)/la(s) (was?)

Cuaderno, S. 41/6 S wiederholen den absoluten Superlativ in einer geschlossenen Übung.

HABLAR

S. 58/7a S übernehmen die Rollen von Sergio und Aixa. Sergio fragt Aixa, was sie über Spanien weiß bzw. von Spanien kennt. S nutzen ihr landeskundliches Wissen über Spanien, um auf die Fragen zu antworten. Dies kann in PA, 3er-Gruppen (Sergio, Aixa, Marina) oder mittels einer Fragekette (s. Methodenpool, S. 191) geschehen.
Zur Formulierung der Fragen und Antworten werden die Formen von *alguno* und *ninguno* als Begleiter und Pronomen benötigt. Starke Lerngruppen erkennen evtl. die Bedeutung und die Formen anhand des Beispiels und können sie ohne Schwierigkeiten gleich anwenden.
Sollte L merken, dass S Probleme mit den Begleitern/Pronomen haben, kann er sie dazu anleiten, sich Bedeutung und Formen selbst zu erarbeiten: Dazu betrachten sie zunächst die bei der

Übung abgebildeten Sprechblasen und erschließen sich in PA die Bedeutung von *alguno* und *ninguno* im Kontext der Beispielsätze. Diese werden zur Sicherung gemeinsam im Plenum übersetzt. Im Anschluss weist L auf die zwei unterschiedlichen Formen von *alguno* in der ersten und dritten Sprechblase hin. S vergleichen die Kontexte und stellen Hypothesen darüber auf, wann die kurze und wann die lange Form verwendet wird: *Alguno* wird zu *algún*, wenn es vor einem maskulinen Substantiv im Singular steht; ebenso verhält es sich mit *ninguno* und *ningún*. Das Phänomen kennen S bereits von den Adjektiven *bueno/-a* und *malo/-a*. Sollten sie den Unterschied dennoch nicht erkennen, schreiben sie sich die Formen von *alguno* und *ninguno* zusammen mit den umgebenden Wörtern aus dem Lektionstext heraus und ordnen sie in eine Tabelle (eine Spalte mit verkürzten Formen, eine Spalte mit nicht-verkürzten Formen) ein. Anhand der Vielzahl von Beispielen lässt sich die Regel gut feststellen. Anschließend überprüfen S ihre Hypothesen selbstständig mit Hilfe des Resumen (▶Resumen, S. 61/7).

Alternative Statt das Gespräch thematisch auf Spanien zu reduzieren, können S als Sergio und Aixa sich auch gegenseitig fragen, was sie über das jeweils andere Land (Spanien bzw. Mexiko) wissen. Dies hat zudem den Vorteil, dass beide sowohl Fragen als auch Antworten formulieren.

Lösung individuell

Hinweis An dieser Stelle bietet sich inhaltlich die Arbeit mit Kopiervorlage 9 – ein spielerisches Quiz über
9 Mexiko – an. Prinzipiell kann diese jedoch zu jedem beliebigen Zeitpunkt nach Abschluss der Teillektion 3A oder auch zum Abschluss der *Unidad* bzw. des Themas Mexiko eingesetzt werden. S spielen in 3er- oder 4er-Gruppen. Für eine/n S aus jeder Gruppe müssen zuvor die Lösungen (s. S. 234) kopiert werden.

S. 58/7b S denken sich je fünf weitere Fragen aus und stellen sie sich gegenseitig im Plenum. Bei der leichteren Version der Differenzierungsaufgabe auf S. 145 finden sich Anregungen bzgl. möglicher Fragen.

Lösung individuell

Cuaderno, S. 40/5 S festigen die Formen und Verwendung von *alguno/ninguno* zunächst schriftlich, ggf. als HA. Im Anschluss erarbeiten sie mittels des Tandembogens auf S. 96 einen Dialog unter Verwendung der entsprechenden Formen. (▶Resumen, S. 61/7)
S, die schon sicher in der Verwendung von *alguno* und *ninguno* sind, können direkt zum Tandembogen übergehen und anschließend die Übung 5a mit ihren MS besprechen bzw. sie gemeinsam korrigieren.

YA LO SÉ / ESCRIBIR

S. 59/8 In Anlehnung an den Lektionstext verfassen S nun einen Text zu ihrem eigenen Tagesablauf. Sie
10 bereiten den Schreibprozess vor, indem sie sich Stichpunkte zu ihrem Tagesablauf machen und sich mündlich mit einem/einer MS darüber austauschen. Dann verfassen sie einen zusammenhängenden Text auf Basis ihrer Stichpunkte. Zur besseren Planung des Schreibprozesses können S die Methodenhinweise zum Schreiben (SB, S. 165) heranziehen.
Zum Abschluss tauschen S ihre Texte untereinander aus, korrigieren sie und fertigen eine konstruktive Bewertung an. Dafür nutzen sie die Kopiervorlage 10. Anschließend werden die Texte unter Einbeziehung der Bewertung von S überarbeitet und anschließend von L eingesammelt und korrigiert. Dabei sollte auch ein konstruktives Feedback von L nicht ausbleiben.
Durch die Vorbereitung und die anschließende Bewertung und Überarbeitung des Textes wird die Fertigkeit Schreiben – methodischer Schwerpunkt der Lektion – geschult und die S erhalten klare Kriterien zur Verbesserung der eigenen Textproduktion.

Lösung individuell

Cuaderno, S. 42/9 S schreiben einen Blogeintrag über Aixa aus der Perspektive von Marina. Sie organisieren den Schreibprozess, indem sie sich zunächst Stichpunkte zu den Unterschieden im Leben von Aixa und Marina machen. Dabei gehen sie von Aixas Tagesablauf aus und überlegen, in welcher Hinsicht das Leben des spanischen Mädchens sich wohl von Aixas unterscheidet. Anschließend formulieren sie den Blogeintrag aus.
Diese Übung schult die interkulturellen Kompetenzen der S durch den Perspektivenwechsel und die Bewusstmachung kultureller Unterschiede.

Cuaderno, S. 43/11 S schreiben ihre Wünsche für die Zukunft auf. Dies kann, muss sich aber nicht auf den Berufswunsch beziehen. Dabei wenden sie die Redemittel zum Äußern von Wünschen und Vorlieben an.

COMPRENSIÓN AUDIOVISUAL

S. 59/9
KV DVD4 Mit Hilfe der Kopiervorlage für die DVD verstehen S den Hör-Sehtext global, selektiv und detailliert.

MI RINCÓN DE LECTURA

Cuaderno, S. 44/1 S informieren sich zur Vorentlastung des Textes im Pequeño Diccionario (SB, S. 174–180) über die Azteken und erwerben dabei auch landeskundliches Wissen über Mexiko.

Cuaderno, S. 44/2 S lesen zunächst nur die Zeilen 13–15 des Textes, in denen es um den Kern der Legende geht. Sie erschließen sich die Schlüsselwörter mit Hilfe der Zeichnungen.

Cuaderno, S. 44/3 S lesen den Text abschnittsweise mit Hilfe der Annotationen und geben jedem Abschnitt eine Überschrift, um sich den Inhalt zu verdeutlichen.

PUNTO FINAL 3

S. 59/1 Ziel dieses Punto final ist die szenische Umsetzung eines Gesprächs zwischen Marina, Sergio und ihren Eltern nach ihrer Rückkehr aus Mexiko. Dabei wälzen S die in der Lektion erworbenen landeskundlichen Kenntnisse über Mexiko und die im Lektionstext 3A vermittelten Eindrücke von Sergio und Marina kreativ um. S arbeiten in 6er-Gruppen. Als Basis für das zu erarbeitende Gespräch können sie die in Aufgabe 12 (SB, S. 55) erarbeitete Szene nehmen, die Figuren anpassen und den Dialog um weitere Fragen und Antworten ergänzen. Inhaltliche Anregungen dazu bieten die schon bearbeiteten Übungen 4b (C, S. 36), 9 (C, S. 42) und der Lektionstext 3A, in dem einige Reiseeindrücke von Sergio und Marina beschrieben werden. Bei Bedarf können S außerdem Informationen aus dem Pequeño Diccionario (SB, S. 174–180) und die Karte von Mexiko (SB, S. 48) heranziehen.
Anschließend bereiten sie die szenische Umsetzung vor, indem sie die Rollen verteilen und ein Drehbuch mit Regieanweisungen verfassen. Zum Schluss proben sie die Szene und stellen sie vor. Dabei sprechen sie weitgehend frei und nutzen nur einige Stichwörter als Erinnerungsstütze.

Hinweis Da S bei der Präsentation der Szenen frei sprechen, d. h. ihren Text weitgehend auswendig lernen sollen, sollte L vor der Bearbeitung der Aufgabe darauf hinweisen, dass die Dialoge und auch die einzelnen Gesprächsbeiträge nicht zu umfangreich ausfallen sollten.

Lösung individuell

S. 59/2 Die einzelnen Gruppen präsentieren nun nacheinander ihre Szenen und die Zuschauer/innen geben im Anschluss ein konstruktives Feedback. Dazu können im Vorfeld gemeinsam Kriterien zur Bewertung der Szenen erarbeitet werden.

Lösung individuell

S. 62–63 REPASO 3 (FAKULTATIV)

Lösungen und Hörtexte

¿TE ACUERDAS?

S. 62/1 S wiederholen den kontrastiven Gebrauch von *ser* und *estar* mittels einer Einsetzübung.

Lösung es – Es – es – está – es – está – están – es – estar – estoy

S. 62/2 S wiederholen den Gebrauch und die Formen der direkten und indirekten Objektpronomen mündlich mittels einer Dialogübung.

Lösungsvorschlag –¿Quién prepara el desayuno en tu casa? –Lo prepara…
–¿Quién pone la mesa? –Siempre la pongo yo.
–¿Quién lleva a tus hermanos al colegio? –A veces los lleva…, y a veces los lleva…
–¿Quién hace las compras? –Las hace…
–¿Quién ayuda a tu madre con las compras? –La ayudamos todos.
–¿Quién ve todos los campeonatos de fútbol? –… los ve.
–¿Quién escucha la radio por la mañana? –La escuchan… y …
–¿A qué hora ves la tele? –La veo sólo por la noche.
–¿Cuándo escribes e-mails? –Los escribo por la tarde.
–¿Cuándo haces tus deberes? –Los hago por la tarde.
–¿Cuándo ves a tus amigos? –Los veo casi sólo los fines de semana.

ESCRIBIR

S. 62/3 S wiederholen den kontrastiven Gebrauch von *imperfecto* und *indefinido* und die dazugehörigen Signalwörter, indem sie einen kurzen Text verfassen.

Lösung individuell

PRACTICAR

S. 63/4 S üben die unterschiedlichen Verwendungsweisen von *por* und *para* und machen sich durch die Übersetzung ins Deutsche die verschiedenen Bedeutungen bewusst.

Lösung a) 1h – 2e – 3d – 4c – 5g – 6a – 7f – 8b
b)

por	*para*
Gracias por el regalo. – Danke für das Geschenk.	*Para ir al Zócalo tienes que tomar el micro.* – Um zum Zócalo zu kommen, musst du den Kleinbus nehmen.
¡Me lo puse por ti! – Ich habe es deinetwegen / für dich angezogen.	*Vine para ayudarte.* – Ich bin gekommen, um dir zu helfen.
Me intereso mucho por México. – Ich interessiere mich sehr für Mexiko.	*¡Esto no es para ti!* – Das ist nicht für dich.
Las compré por 20 pesos. – Ich habe sie für 20 Pesos gekauft.	*¿Qué hay para comer?* – Was gibt es zu essen?

S. 63/5 S üben die Verwendung von zwei Objektpronomen in einem Satz in PA. (▶ Resumen, S. 60/5)

Lösungsvorschlag a) 1. *Yo le doy el libro al profe. –Yo se lo doy.*

2. ¿Tú le explicas los deberes a Miguel? –¿Tú se los explicas?
3. Aixa les cuenta la historia a los amigos. –Aixa se la cuenta.
4. Nosotros preparamos la comida a vosotros. –Os la preparamos.
5. ¿Vosotros les enseñáis las fotos a los padres? –¿Se las enseñáis?
6. Mis amigos me dan las gafas a mí. –Mis amigos las dan.

b) 1. Yo le voy a dar el libro al profe. –Voy a dárselo. / Yo se lo voy a dar.
2. ¿Le vas a explicar los deberes a Miguel? –¿Vas a explicárselos? / ¿Se los vas a explicar?
3. Aixa les va a contar la historia a los amigos. –Aixa va a contársela. / Aixa se la va a contar.
4. Nosotros vamos a preparar la comida a vosotros. –Vamos a preparárosla. / Os la vamos a preparar.
5. ¿Les vais a enseñar las fotos a los padres? –¿Vais a enseñárselas? / ¿Se las vais a enseñar?
6. Mis amigos me van a dar las gafas a mí. –Mis amigos van a dármelas. / Mis amigos me las van a dar.

VOCABULARIO

S. 63/6 S wälzen ihren Wortschatz um, indem sie in PA Gegensatzpaare (Antonyme) finden.

Lösung individuell

S. 63/7 S machen sich die unterschiedlichen Entsprechungen des deutschen Wortes „spielen" im Spanischen bewusst.

Lösung 1. Juan toca la guitarra.
2. A Marisa le gusta jugar con el ordenador.
3. Juan juega al fútbol bastante bien.
4. Julio toca el acordeón en un grupo de música.

S. 64–65 ¡ANÍMATE! 3 (FAKULTATIV)

Lösungen, Hörtexte und Vorschläge für den Unterricht

S. 65/1 S erwerben landeskundliches Wissen über den mexikanischen Kulturraum: Sie wählen das Thema aus, das sie am interessantesten finden und informieren sich dazu. Es bietet sich an, S je nach Interesse in Kleingruppen einzuteilen, die die Themen gemeinsam bearbeiten und sich anschließend gegenseitig präsentieren. Dies muss nicht in einem Vortrag geschehen. Die *Pok-ta-pok*-Gruppe kann ihren MS beispielsweise das Spiel erklären und dann wird den Anweisungen entsprechend gemeinsam eine Runde gespielt. Wenn in der Schule die Möglichkeit zum Kochen oder Aufwärmen von Speisen besteht, können gemeinsam *quesadillas* zubereitet oder von der entsprechenden Gruppe fertig mitgebracht und aufgewärmt werden. Die *cacao*-Gruppe kann mit Hilfe von Fotos aus dem Internet der Klasse die Geschichte des Kakaos näherbringen. Kunstinteressierte S können einige kurze Informationen und Bilder von Frida Kahlo präsentieren und musikinteressierte S können eine eigene Version der *Cumbia del mole* einstudieren.

Lösung individuell

S. 65/2 S hören das Lied und singen es gemeinsam. Das kann auch im Rahmen einer Gruppenpräsentation (s. Vorschlag zu SB, S. 65/1) zu Lila Downs geschehen.
🎧 36

BALANCE 1 (FAKULTATIV) S. 66–67

Lösungen und Hörtexte

COMPRENSIÓN AUDITIVA

S. 66/1 S verstehen das Interview selektiv und detailliert. Bevor S die Übungen bearbeiten, sollten sie
🎧 37 den Hörtext einmal vollständig hören, um einen globalen Überblick über den Inhalt zu bekommen.

Hörtext Reportera: *Estoy aquí con «Los Ángeles de Charly». Tengo aquí a seis chicas que están pintando la casa de Amor, son voluntarias, tienen entre 18 y 20 años y aquí tengo a Jessica. Jessica, cuéntame, ¿cómo se te ha ocurrido pasar tu tiempo libre pintando pisos de personas mayores?*
Jessica: *Pues la verdad es que todas nosotras vamos al Colegio Mayor donde nos hablaron de esta oportunidad y nos pareció muy buena idea ayudar a la gente de esta manera.*
Reportera: *¿Y ya has pintado alguna vez un piso?*
Jessica: *No, esta es mi primera vez y lo estoy pasando muy bien y espero que le ayude mucho a la señora mayor.*
Reportera: *Amor está aquí, y Amor tiene 94 años. Es una señora muy simpática. Muy despierta... Y Amor, ¿está usted contenta con esto?*
Amor: *Claro que sí. Mucho.*
Reportera: *Esto antes era su cafetería, ¿verdad?*
Amor: *¿Eh?*
Reportera: *Esto antes era su cafetería.*
Amor: *Sí.*
Reportera: *¿Y qué hacía aquí dentro?*
Amor: *Poner las mesas.*
Reportera: *¿Y luego su marido se murió?*
Amor: *Sí.*
Reportera: *Y usted hizo de la cafetería...*
Amor: *... un apartamento. Yo fui la arquitecta y todo. Lo hice yo todo.*
Reportera: *Y usted vive aquí sola.*
Amor: *Sola.*
Reportera: *... ahora vive aquí desde hace treinta años Amor, y la oenegé de esa chica... Iciar, ¿no?*
Iciar: *Sí.*
Reportera: *... la oenegé de Iciar, que se llama «Cooperación Internacional», ha decidido pintar esta casa. Es una acción que se va a desarrollar en toda España a lo largo del mes de octubre y solamente en Madrid van a pintar 30 casas, con 300 voluntarios, lo he dicho bien, ¿verdad?*
Iciar: *Está muy bien, sí. Lo vamos a hacer en octubre y también en noviembre, siempre en otoño y lo hacemos en diferentes ciudades y cada ciudad pues se coordina un poco, unas empiezan en octubre, otras en noviembre. Y en total queremos hacer unas 80 casas en España.*
Reportera: *¿Y quién pone los materiales?*
Iciar: *Pues eh... los materiales los ponen... eh bueno... pues... empresas de pintura. Otras... eh... empresas también que nos dan dinero para la compra de estos materiales. Esas son empresas que o donan o financian.*
Reportera: *¿Y dan también colores diferentes, papeles pintados, o solamente blanco?*
Iciar: *Lo hacemos siempre blanco, por los costes...*
Reportera: *Jessica, ¿vosotras estudiáis?*
Jessica: *Sí, somos todas universitarias.*
Reportera: *¿Qué estáis estudiando?*
Jessica: *Yo estudio Medicina y ella Arquitectura. Hay de todo un poco.*

Reportera: *Son de distintas carreras. Y la cosa importante es que hay un teléfono que estamos dando ahora…*
Iciar: *Es el nueve – uno – cuatro – tres – cinco – seis – ocho – cero – siete.*
Reportera: *Pues a ese número pueden llamar todas las personas que quieran que se les pinte la casa. Pero aquí queremos decir también una cosa importante: cuantos más voluntarios, más pisos se van a poder pintar. Con lo cual este número también puede servir a todos aquellos jóvenes que en este momento están viendo el programa, les gusta la idea, y quieren colaborar. Porque cuantos más jóvenes se ofrezcan, más casas se van a poder pintar.*

Lösung a)

Jessica	Iciar	Amor
–va al Colegio Mayor –le gusta la idea de ayudar a la gente –es la primera vez que pinta un piso –estudia Medicina	–su oenegé «Cooperación Internacional» pinta casas de personas mayores –en total quieren pintar 80 casas en España –estudia Arquitectura	–las chicas de la oenegé están pintando su piso –tiene 94 años –es muy simpática –antes tenía una cafetería –cuando su marido murió, hizo de la cafetería un apartamento –vive sola en el apartamento desde hace treinta años

b) 1b – 2a

COMPRENSIÓN LECTORA

S. 66/2a S weisen ihr globales Leseverstehen nach, indem sie nach einem zweiminütigen Überfliegen des Textes den Titel erklären. Die Schwierigkeit liegt darin, dass das Verb *conquistar* unbekannt ist und die Bedeutung über den Text erschlossen werden muss.

Hinweis Unter dem Text sind nur die für das Textverständnis wichtigen und nicht transparenten Wörter annotiert.

Lösungsvorschlag *Antes, sólo los mayas y los aztecas conocían el chocolate. Cuando los españoles llegaron a México, conocieron el cacao y lo llevaron a España. Depués llegó también a Francia, Inglaterra y Alemania. Hoy en día hay chocolate en todo el mundo.*

S. 66/2b S gliedern den Text in thematische Abschnitte und verstehen ihn selektiv.

Lösung *Primer párrafo: Aprender de los monos*
Segundo párrafo: Una bebida para comunicarse con los dioses
Tercer párrafo: El chocolate caliente
Cuarto párrafo: Una moda europea
Quinto párrafo: La industria del chocolate
Sexto párrafo: Un regalo para las fiestas

EXPRESIÓN ORAL

S. 67/3 S erarbeiten eine Diskussion und wenden dazu die Redemittel der vorigen Lektionen frei an.

Lösungsvorschlag Padre: *¡Jorge! ¿Dónde estás? Queremos hablar contigo.*
Madre: *¿Jorge? ¿No nos eschuchas?*
Jorge (está escribiendo en su móvil): *¿Qué pasa? ¿Estáis hablando conmigo?*
Padre: *Sí. Oye hijo, esto no puede seguir así.*
Jorge: *No te entiendo.*

B

Madre: *Nos llamaron del instituto. Sacas malas notas porque no participas en las clases. Dice tu profesor que todo el tiempo estás jugando con el móvil.*
Jorge: *No es verdad. Sólo lo uso para ver la hora.*
Padre: *¡No me digas! Y ¿por qué tienes que gastar toda tu paga en el móvil?*
Jorge: *Por favor, no te metas en mis cosas. Puedo hacer lo que quiero con mi paga, ¿no?*
Madre: *No me gusta que no ahorres nada. ¿Por qué no te compras unos vaqueros bonitos con tu dinero? Los tuyos ya están rotos.*
Jorge: *La moda no me interesa. Es más importante tener un buen móvil.*
Padre: *¿Para qué?*
Jorge: *Para hablar con mis amigos. ¿No queréis que hable con ellos?*
Madre: *Claro que sí. Pero también podríais quedar en vez de hablar horas y horas por el móvil.*
Jorge: *Claro, pero para quedar necesito el móvil también. Además, con el móvil puedo hacer fotos, escuchar música y buscar cosas en Internet. Así no necesito una cámara cara o un mp3 y tampoco paso tanto tiempo delante del ordenador. Puedo hacerlo todo con el móvil, ¡es genial!*
Padre: *Bueno, eso también es verdad… Pero no puedes usarlo en clase. Y si sacas malas notas porque juegas con el móvil vamos a tener que quitártelo.*
Jorge: *¿Quitarme el móvil? ¡Qué horror! Bueno, prometo que lo voy a usar menos en clase, ¿vale?*
Madre: *Vale.*

EXPRESIÓN ESCRITA

S. 67/4 S beschreiben in einem Blogeintrag oder einem Brief ihre (erfundenen) Reiseerlebnisse. Sie planen und strukturieren ihren Text mit Hilfe der Leitfragen.

Lösung   individuell

MEDIACIÓN

S. 67/5 S üben die Mediation vom Deutschen ins Spanische im Rahmen einer realitätsnahen Kommunikationssituation.

Lösungsvorschlag   –*¿Cuántas personas pueden usar una BerlinCard? –La puede usar un adulto con hasta tres niños con menos de 15 años.*
–*¿Hay una BerlinCard para tres días? ¿Cuánto cuesta? –Sí, hay una BerlinCard para 72 horas que cuesta 24,90 Euros.*
–*¿Qué puedo hacer con la BerlinCard? –Puedes usar los buses, metros, trenes etc. en Berlín y Potsdam. Además pagas menos si quieres visitar museos, ir al teatro etc.*
–*¿Recibo un regalo si compro la BerlinCard? –Te dan una guía de la ciudad en alemán e inglés. Además recibes un mapa de Berlín y Potsdam.*
–*¿Le hace falta una BerlinCard a mi hijo? –Si tiene más de 15 años, sí.*

4 UN PASEO POR MADRID S. 68–85

In dieser Lektion lernen S die Stadt Madrid mit ihren Sehenswürdigkeiten und Attraktionen kennen und bekommen einen Einblick in die spanische Kultur. Anhand einer Reihe realitätsnaher Kommunikationssituationen (z. B. Restaurantbesuch, Erfragen von Informationen in einem Touristenbüro, Nutzung öffentlicher Verkehrsmittel) erwerben S die Kompetenz, sich sprachlich in einer spanischen Stadt, beispielsweise im Rahmen eines Familienurlaubs oder Schüleraustauschs, zurechtzufinden.

ÜBERSICHT

Gliederung	¡Acércate! Text A: ¡Me he quedado a cuadros! Text B: Guía de Madrid Resumen Repaso 4 (fak.) ¡Anímate! 4 (fak.) Lectura: Cambio de amigos (s. S. 169), La leyenda de los gatos (s. S. 177), Don Quijote (s. S. 179)
Lernziele	Wege mit öffentlichen Verkehrsmitteln beschreiben Erwachsenen höflich Auskunft geben Erzählen, was man erlebt hat Etwas erläutern Etwas in einer Cafeteria bestellen Historische Daten vorstellen Erstaunen ausdrücken
Methodentraining	Aprender mejor: Arbeit mit dem deutsch-spanischen Wörterbuch Methodischer Schwerpunkt: Mediation, Monologisches und dialogisches Sprechen
Grammatik	Der Imperativ mit *usted* Das *pretérito perfecto* Die kontrastive Verwendung von *pretérito perfecto* und *pretérito indefinido* Das Verb *construir*
Folien	F18 (Band 1): *¿Cómo llego a...?* F9: *Fútbol gramatical* F10: *En el metro* F11: *¡Vamos a tapear!* F12: *¿El último día de intercambio?* F13: *Un cuadro y su historia*
Kopiervorlagen	KV11: *El transporte* KV12a: *En el metro* KV12b: *El pretérito perfecto* KV DVD5: *Escena 4: Por la calle* KV DVD6: *«Madrid en tres minutos»*
Landeskunde	**Madrid für Jugendliche** Ist man im Rahmen einer Kurs- oder Klassenfahrt mit Jugendlichen in Madrid unterwegs, bieten sich – neben den klassischen touristischen Attraktionen – folgende Ausflugsziele und Besichtigungen für Jugendliche an:

Rastro: Zwischen den Metrostationen Tirso de Molina, La Latina und Puerta de Toledo findet jeden Sonn- und Feiertag von 9 bis 15 Uhr der bekannte Flohmarkt statt. S können hier an den bis zu 3500 Ständen nach Schmuck, CDs, Büchern, Kleidung, Second-Hand-Artikeln, Kitsch und Kunst etc. stöbern. S sollten keine Wertsachen dorthin mitnehmen (Taschendiebe) und bequeme Schuhe tragen.

Parque del Retiro: Der ca. 1,4km² große Park im Zentrum Madrids bietet eine schöne Gelegenheit für etwas Erholung und Entspannung, evtl. nach einem Besuch des nahegelegenen *Museo del Prado*. Beliebter Treffpunkt für Jugendliche sind die Stufen des pompösen Denkmals für Alfons XII, direkt am See in der Mitte des Parks. Hier können auch Ruderboote gemietet werden. Zahlreiche Kioske bieten Erfrischungen (z. B. *granizado* – zerstoßenes Eis mit Zitronensirup – oder *horchata de chufas* – Mandelmilch) an. Anfahrt: Metro-Stationen Retiro, Ibiza oder Atocha.

Casa de Campo: Auch dieser am westlichen Stadtrand gelegene Park bietet sich für einen Ausflug mit Schülern an. Es ist der größte öffentlich zugängliche Park der *comunidad autónoma* Madrid und beherbergt u. a. einen Zoo, mehrere Sportanlagen, ein Schwimmbad und einen Vergnügungspark. Ein Besuch lässt sich gut mit einer Seilbahnfahrt (Station am Paseo del Pintor Rosales) verbinden. Bei dieser Gelegenheit kann auch der nahegelegene *Templo de Debod* besichtigt werden. Anfahrt zur Casa de Campo mit der Metro: Casa de Campo, Lago, Batán.

Plaza de Toros Las Ventas: Für S sicherlich interessant ist die Stierkampfarena – mit knapp 24 000 Sitzplätzen eine der größten weltweit. Sie kann außerhalb der Veranstaltungen auch besichtigt werden. Das anliegende *Museo Taurino* beherbergt Erinnerungen an die *toreros* und informiert über die Geschichte des Stierkampfes. Anfahrt: Metro-Station Ventas.

Museo Nacional de Ciencias Naturales: Für naturwissenschaftlich interessierte S bietet sich ein Besuch in dem Naturkundemuseum an. Besonders beliebt beim jungen Publikum sind die Dinosaurierskelette. Als Attraktion gilt das 1,8 Mio. alte Skelett eines Riesenfaultiers aus Argentinien. Anfahrt: Metro-Station Gregorio Marañón.

Malasaña: Dieses Viertel ist für sein alternatives Ambiente bekannt. Abends und nachts ist das Viertel wegen seiner Bars sehr belebt und beim jungen Publikum beliebt. Anfahrt: Metro-Station Tribunal.

ÜBUNGEN IM SCHÜLERBUCH (SB) UND IM CUADERNO (C)

Leseverstehen	detailliert	Text A (SB, S. 72/2; SB, S. 72/3; C, S. 49/1)
	global und selektiv	Authentische Internetseite (SB, S. 73/6b) fak.
	selektiv und detailliert	Text B (C, S. 53/1)
Hörverstehen	global	Ein Ausflug nach Toledo (SB, S. 77/9b)
	selektiv	Wohin wollen die Personen? (SB, S. 70/2) Stadtführungen in Toledo (SB, S. 77/9c) Sehenswürdigkeiten in Madrid (SB, S. 83/7) fak.

		Preise und Uhrzeiten (C, S. 47/2b)
		Unternehmungen zweier Austauschpartner (C, S. 52/7)
		Sehenswerte Orte in Madrid (C, S. 55/6)
	selektiv und detailliert	Wegbeschreibungen mit der U-Bahn (SB, S. 70/4)
		Übung zum Hör-Sehverstehen (C, S. 47/2a)
	global, selektiv und detailliert	Übung zum Hör-Sehverstehen (SB, S. 79/12)
Schreiben	gelenkt	Geschichte anhand von Bildern schreiben (SB, S. 78/11)
	frei	Gespräch auf Grundlage des Lektionstextes verfassen (SB, S. 74/11)
		Kreatives Schreiben (SB, S. 83/8) fak.
		Den eigenen Schulweg beschreiben (C, S. 52/8)
		Einen Zeitungsartikel schreiben (C, S. 56/7)
Sprechen	gelenkt	Über Orte in Madrid sprechen (SB, S. 76/3)
		Rollenspiel zu Fahrkartenkauf in der U-Bahn (C, S. 48/3)
		Tandem zu Wegbeschreibung mit öffentlichen Verkehrsmitteln (C, S. 48/5)
		Rollenspiel zu Restaurantbesuch (C, S. 49/2)
	frei	Über Aktivitäten in der laufenden Woche sprechen (SB, S. 74/10)
		Ein Bild beschreiben (SB, S. 84/1) fak.
		Meinung über Graffiti äußern (SB, S. 84/2) fak.
Sprachmittlung		Sprachmittlungsaufgabe (SB, S. 70/5; SB, S. 73/6a; SB, S. 73/7; C, S. 48/6)
Sprachliche Mittel	Wortschatz	Unterschiedliche Sprachregister (SB, S. 72/4)
		Restaurantbesuch/Speisekarte (SB, S. 72/5)
		Spanische Wörter arabischer Herkunft (SB, S. 77/8)
		Farben/Kleidung/Alltagsgegenstände (SB, S. 82/1) fak.
		Kreuzworträtsel zu Lektionswortschatz (C, S. 53/2)
	Redemittel	Wege mit öffentlichen Verkehrsmitteln beschreiben (SB, S. 68/1; SB, S. 70/7)
		Informationen bzgl. öffentlicher Verkehrsmittel erfragen und Auskünfte geben (SB, S. 70/3a)
		Historische Daten vorstellen (SB, S. 76/2)
		Erzählen, was man erlebt hat (SB, S. 77/7)
		Wegbeschreibung (SB, S. 82/3 fak.; C, S. 47/1)
		Einen Sprachführer zusammenstellen (SB, S. 79 / Punto final 4)
		Etwas erläutern (C, S. 51/6)

	Verben	Der Imperativ mit *usted* (SB, S. 70/3b)
		Das *pretérito perfecto* (SB, S. 74/8; SB, S. 74/9; SB, S. 74/12; SB, S. 83/6 fak.; C, S. 49/3; C, S. 50/4; C, S. 50/5)
		Die kontrastive Verwendung von *pretérito perfecto* und *pretérito indefinido* (SB, S. 76/5; SB, S. 76/6; SB, S. 83/5 fak.; C, S. 54/3; C, S. 54/4)
		Die Imperativformen der 2. Pers. Sg. und Pl. (SB, S. 82/2) fak.
		Die Imperativformen der 2. und 3. Pers. Sg./Pl. (C, S. 48/4)
		Das Verb *construir* (C, S. 55/5)
	Autocontrol	Übungen zur Selbstkontrolle (C, S. 58–59)
Methodentraining	Informations-recherche	Sehenswürdigkeiten in Madrid (SB, S. 70/6)
		Allgemeine Informationen über Toledo (SB, S. 77/9a)
	Textsorten erkennen	Text B (SB, S. 75/1)
	Wörterbucharbeit	Argumente für und gegen einen Schüleraustausch / eine Klassenfahrt sammeln (SB, S. 76/4)
		Das Verb „gehen" (SB, S. 78/10)
	Worterschließung	Worterschließung mit Hilfe von Wortfamilien (SB, S. 82/4) fak.
Landeskunde	„Typisch" Spanisch – „typisch" Deutsch	Eigene Vorstellungen zu typischen Aspekten äußern (SB, S. 71/1)
	Spanische Literatur	Don Quijote (SB, S. 85/3; SB, S. 85/4) fak.
	Der arabische Einfluss im Spanischen	Wörter arabischer und persischer Herkunft erkennen (C, S. 57/1)

S. 68–70 ¡ACÉRCATE!

Die Doppelseite gibt einen ersten Überblick über touristische Sehenswürdigkeiten in Madrid. S erwerben außerdem Redemittel zur Nutzung der öffentlichen Verkehrsmittel sowie zur Wegbeschreibung, wie sie z. B. bei einem Städteurlaub zum Erfragen von Informationen häufig gebraucht werden.

Grammatik	Der Imperativ mit *usted*
Wortschatz	*el billete sencillo/combinado, el abono, barato/-a, en dirección a + sust., cambiar de línea, la moneda, Oiga., el atasco, la red (de metro), el viajero / la viajera*
	transparent: *el billete, el museo, Museo del Prado, la estación, depender de, Estadio Santiago Bernabéu, la línea (de metro), Parque del Buen Retiro, la máquina, el aeropuerto, el taxi*

Lösungen, Hörtexte und Vorschläge für den Unterricht

VORSCHLAG FÜR DIE TEXTERARBEITUNG

ACTIVIDAD DE PRELECTURA

F 18, Bd. 1 **1. Wiederholung der Redemittel zur Wegbeschreibung**

Als vorbereitende HA zu dieser Lektion bearbeiten S die Übung 1 im Cuaderno (S. 47), mit der sie die Redemittel zur Wegbeschreibung aus Band 1, Lektion 7, wiederholen. Bei Unsicherheiten können S den Themenwortschatz-Kasten (SB, S. 213) heranziehen. Wird die Übung im Unterricht durchgeführt, kann zur lexikalischen Unterstützung auch Folie 18 aus Band 1 aufgelegt werden, auf der unten die notwendigen Redemittel angegeben sind.

S. 68/1 **2. Vorentlastung: Wortfeld Verkehrsmittel**

11 Zum Einstieg werden im Plenum alle schon bekannten Verkehrsmittel gesammelt und an der Tafel festgehalten. L erklärt, dass im Spanischen bei allen Verkehrsmitteln das Verb *ir* verwendet werden kann, während im Deutschen zwischen gehen, fahren, fliegen usw. unterschieden wird. Auch die dazugehörige Präposition *en* wird an der Tafel festgehalten und *ir a pie* als Ausnahme gekennzeichnet. L teilt die KV 11 aus, die in den weiteren Übungsschritten ergänzt wird, sodass S zum Schluss eine umfassende Vokabelsammlung zum Thema Verkehrsmittel haben, die sie für die folgenden Übungen zur Wegbeschreibung und auch für den Punto final nutzen können. Dann spricht L einige S an und fragt sie entsprechend dem Beispiel im SB (S. 68/1), mit welchen Verkehrsmitteln sie wohin fahren. S befragen sich anschließend gegenseitig in einer Fragekette (s. Methodenpool, S. 191) und automatisieren so die Redemittel. Als HA schlagen S die unbekannten Vokabeln auf der KV im Wörterbuch nach und üben so auch den Umgang mit demselben.

Hinweis Die Übersetzung der Vokabeln und Redemittel sollte im Plenum verglichen oder von L überprüft werden, da S manchmal Schwierigkeiten haben, im Wörterbuch die passende Entsprechung auszuwählen.

2 38 **3. Hörverstehen**

12a Selektives und detailgenaues HV: Bei geschlossenen Büchern hören S die Dialoge, bei denen Informationen zur U-Bahn in Madrid erfragt werden und kreuzen auf der Kopiervorlage 12a an, wohin die Personen wollen (SB, S. 70/2). Dadurch schulen sie ihr selektives und detailgenaues Hörverstehen und lernen implizit einige touristische Attraktionen in Madrid kennen. Die Überprüfung erfolgt anhand der Abbildungen und Dialoge auf S. 68–69.

Hinweis Bei der Audio-CD handelt es sich um Track 2 auf der 2. CD. Eine Übersicht über die Tracknummern findet sich im Booklet zur Audio-CD. Die Tracknummern der MP3-CD entsprechen den Nummern im Buch.

11 **4. Wortfeld *en el metro***

S lesen den Text (SB, S. 68–69) mit verteilten Rollen. S fragen sich zunächst in PA gegenseitig nach den unbekannten Vokabeln und versuchen, sie sich eigenständig zu erschließen, z. B. mit Hilfe anderer Sprachen oder aus dem Kontext. Zweifelsfälle werden im Plenum besprochen (*¿Alguien sabe qué significa «monedas»?*); ggf. semantisiert L anhand von Beispielen, Antonymen usw. S suchen anschließend alle Wörter heraus, die zum Wortfeld *metro* gehören. L hält die Ergebnisse in einem Wortnetz an der Tafel fest. Mit dessen Hilfe ergänzen S das Vokabelnetz zum Wortfeld Verkehrsmittel auf der Kopiervorlage. Anschließend erarbeiten sie sich mit Hilfe des Textes Wendungen zum Erfragen und Geben von Informationen bzgl. der Nutzung der öffentlichen Verkehrsmittel (SB, S. 70/3a). Auch diese Redemittel können sie in das Vokabelnetz auf der Kopiervorlage integrieren. S erkennen, dass man für höfliche Aufforderungen die Imperativform von *usted* benötigt, die der 3. Pers. Sg./Pl. des Verbs im *subjuntivo* entspricht (SB, S. 70/3b). (▶ Resumen, S. 80/1)

Mögliches Tafelbild

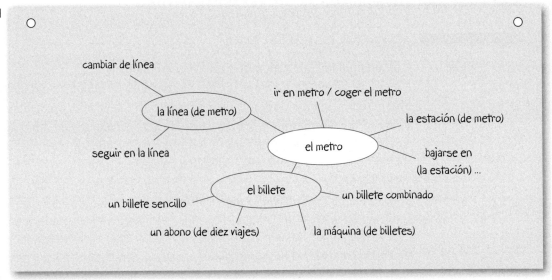

F 9 5. Festigung der neuen Redemittel

Damit S mit den verschiedenen Imperativformen *(tú, vosotros/-as* und *usted/ustedes)* nicht durcheinanderkommen und um den Imperativ mit *usted/ustedes* zu festigen, tragen S anschließend die Formen in die Tabelle im Cuaderno (S. 48/4) ein (▶ Resumen, S. 80/1). Sollte zuvor eine Wiederholung der Imperativformen der 2. Pers. Sg. und Pl. nötig sein, kann L Übung 2 im Repaso (SB, S. 82) vorschalten. Mit Hilfe der Folie können die Imperativformen spielerisch geübt werden. Schließlich wenden S die neuen Redemittel im Rahmen der Übung 3 im Repaso (SB, S. 82) an. Dazu wird die Klasse in zwei Gruppen eingeteilt: Die S in der einen Gruppe fragen nach dem Weg, die anderen geben mit Hilfe des Stadtplans und des Metro-Plans (SB, S. 246f.) Auskunft. Zusätzlich stecken sich einige S selbstgebastelte Krawatten aus Papier an, die signalisieren, dass sie mit *usted* anzusprechen sind. Die Tische und Stühle werden beiseite geschoben – oder man weicht auf einen Flur aus – und alle S bewegen sich, teils alleine, teils zu zweit (um auch die Pluralformen einzubeziehen) durch den Raum und fragen ihre MS nach dem Weg bzw. geben Auskunft.

¿TE ACUERDAS?

Cuaderno, S. 47/1 Siehe Vorschlag für die Texterarbeitung, Punkt 1.

COMPRENDER EL TEXTO

S. 70/2 Siehe Vorschlag für die Texterarbeitung, Punkt 3.
🎧 38
📄 12a

Lösung 1. *Museo del Prado* – 2. *Estadio Santiago Bernabéu* – 3. *Parque del Retiro* – 4. *Aeropuerto de Barajas*

S. 70/3 Siehe Vorschlag für die Texterarbeitung, Punkt 4.
📄 11

Lösung a)

pedir información	dar información
–¿Cuánto cuesta un billete para ir a...? –¿Cómo voy de aquí a...? –¿Sabes cómo funciona (la máquina)? –¿Qué es mejor, ir en... o coger...?	–Depende. –Un billete cuesta..., pero si compra... es más barato. –Coja la línea... en dirección a... y ahí tiene que cambiar de línea. –Siga en la línea... en dirección a... –Tiene que bajarse en... –Dale a «Estación...» / «billete...» –Mejor vaya en...

b) Die Imperativformen mit *usted* für die höfliche Aufforderung entsprechen den Verbformen des *subjuntivo* in der 3. Pers. Sg./Pl.

ESCUCHAR

S. 70/4 S hören zwei Telefongespräche. Selektives HV (1. Hören): Sie notieren sich, wo sich die Personen befinden und wohin sie wollen. Anschließend üben sie die neuen Redemittel, indem sie sich mit Hilfe des Metroplans auf S. 246 (SB) in PA gegenseitig den Weg mit der U-Bahn beschreiben. Detailverstehen (2. Hören): Sie hören die Gespräche noch einmal bei vorliegendem Metroplan, verfolgen den beschriebenen Weg mit dem Finger und vergleichen ihn mit ihren eigenen Wegbeschreibungen.

Hinweis Es bietet sich an, nicht beide Telefongespräche hintereinander zu hören, sondern erst beide Hörübungen für ein Gespräch zu bearbeiten und dann zum zweiten Gespräch überzugehen.

Hörtext und Lösung

1. Hotelero: *Buenas tardes, Hotel Salamanca. Dígame.*
   Señora: *Hola, buenas tardes. Mire, tengo una reserva en su hotel. Pero no encuentro la dirección. ¿Me puede decir cómo voy?* <u>Estoy en la estación de metro Lavapiés.</u>
   Hotelero: *Claro, con mucho gusto. Es muy fácil,* <u>de Lavapiés vaya usted hasta la estación Sol, ahí tiene que cambiar a la línea uno, es la línea azul. Coja el metro en dirección Pinar de Chamartín. Tiene que bajarse en la estación Gran Vía.</u> *Es sólo una parada. El Hotel Salamanca está enfrente de la estación de metro, es el número 1452.*
   Señora: *Perfecto,* <u>tengo que ir entonces a Gran Vía.</u> *Gracias.*
   Hotelero: *Vale, hasta luego.*

2. Madre: *Diga.*
   Laura: *Hola, ¿está Ana?*
   Madre: *Sí, ¿de parte de quién?*
   Laura: *Laura.*
   Madre: *Pues, ahora se pone.*
   Ana: *Hola Laura.*
   Laura: *Hola Ana.*
   Ana: *¿Qué tal? Te estamos esperando. ¿Dónde estás?*
   Laura: *Disculpa, acabo de salir. Mira,* <u>estoy en República Argentina.</u> *¿Cómo llego a tu casa?*
   Ana: *A ver, si estás en República Argentina,... Déjame ver el plano... ah ya, es la línea seis... entonces...* <u>para llegar a Sol,</u> *... a Sol... Mira, coge el metro, no importa la dirección. Pero, tienes que cambiarte a la línea azul ...o a la línea roja. Un momento...* <u>No, mejor coge la línea roja en Manuel Becerra, porque creo que es el camino más rápido. Si coges la roja, entonces tienes que viajar en dirección Cuatro Caminos.</u> *¿Vale?*
   Laura: *Vale, perfecto.*
   Ana: *Mi casa está a seis calles de Sol. ¿Por qué no me llamas después y yo voy por ti al metro? Vale, anda, ven ya, que queremos ver la peli.*

Laura: *Sí, sí. Ya estoy saliendo.*
Ana: *Muy bien. Hasta luego.*

Cuaderno, S. 47/2a Übung zum Hör-Sehverstehen: Ein spanischer Lehrer erklärt S die Pläne für den Nachmittag. S tragen die Orte, die sie laut Hörtext besuchen werden, auf der Karte zu Übung 1 (Cuaderno, S. 47) ein.
🎧 15

Cuaderno, S. 47/2b Übung zum selektiven HV: S hören den Text erneut und vervollständigen die Uhrzeiten und Preise zu den geplanten Unternehmungen.
🎧 15

ESPAÑA EN DIRECTO

S. 70/5a Übung zum detailgenauen HV: Im Rahmen einer realitätsnahen Kommunikationssituation, die den S beim Spanien-Urlaub widerfahren kann, geben sie die Informationen des Hörtextes zur Flughafenanbindung auf Deutsch wieder. Visuelle Unterstützung zum Hörtext liefert der abgedruckte Ausschnitt zum *bus lanzadera* (Pendelbus), mit dessen Hilfe sie sich die Bedeutung dieses unbekannten Ausdrucks erschließen können.
🎧 40

Hörtext Chico alemán: *Disculpe, ¿cómo puedo ir de la Terminal 4 a la Terminal 1?*
Recepcionista: *¿De la Terminal 4 a las otras terminales? Mira, es muy fácil. Coge este folleto, aquí encuentras toda la información necesaria. Te cuento, en el aeropuerto las cuatro terminales están unidas por dos estaciones de metro y por autobuses lanzadera que son gratis. Mira, ahí está la parada del bus lanzadera. Coge ese y así vas a la otra terminal.*

Lösungsvorschlag Man kann zwei Stationen mit der U-Bahn fahren oder mit dem Pendelbus. Der ist gratis. Die Haltestelle ist da drüben.

S. 70/5b Übung zum selektiven LV: S beantworten die Fragen der Eltern mit Hilfe der Informationen aus dem abgedruckten Flyer. Sie werden dadurch im Umgang mit authentischen Materialien geschult und erkennen, dass sie in der Lage sind, relevante Informationen auch in nicht-didaktisierten Texten zu verstehen.

Lösung
– Die Metro fährt alle dreieinhalb bis fünf Minuten.
– Von Nuevos Ministerios aus fährt die U-Bahn 15 Minuten zu den Terminals 1, 2 und 3. Zum Terminal 4 sind es 21 Minuten.

Cuaderno, S. 48/6 Zur lexikalischen Vorentlastung suchen S zunächst die spanischen Äquivalente der angegebenen Wörter und sind dadurch in der Lage, die Aussage des authentischen Textes im Detail zu verstehen.
F 10
Anschließend erklären sie ihren Eltern mit Hilfe des Metroplans (SB, S. 246) auf Deutsch, was laut Ankündigung auf dem Weg vom U-Bahnhof Ibiza zum Flughafen zu beachten ist. In eine ähnliche Kommunikationssituation werden S bei der Arbeit mit der Folie 10 versetzt. Dabei festigen sie die Redemittel im Rahmen einer Mediation vom Deutschen ins Spanische.

BÚSQUEDA DE INFORMACIÓN

S. 70/6 S suchen im Internet, im Pequeño diccionario (SB, S. 174–180) oder in mitgebrachten Reiseführern zwei Orte in Madrid, die sie gerne besuchen würden. In PA erzählen sie sich gegenseitig, worum es sich bei den ausgewählten Orten handelt und was sie daran interessiert. Zudem erklären sie dem/der MS mit Hilfe des Metro- und Stadtplans (SB, S. 246 f.), wie man von Sol aus zu Fuß oder mit der U-Bahn dorthin kommt. Dabei können sie zur Unterstützung das angefertigte Vokabelnetz verwenden. Dadurch lernen S für sie interessante Attraktionen in Madrid kennen und wenden die neuen Redemittel an.

Lösung individuell

YA LO SÉ

S. 70/7 Hier wenden S die bereits bekannten Redemittel zur Wegbeschreibung in Kombination mit den neu eingeführten Redemitteln zu den öffentlichen Verkehrsmitteln und die höfliche Aufforderung an – ggf. weist L darauf hin, dass es sich um eine Dame handelt, die also zu siezen ist. S sollten die Aufgabe nun ohne Hilfe des Vokabelnetzes bewältigen können. Sie sitzen Rücken an Rücken und ein/e S erklärt dem/der MS mit Hilfe des Metro- und Stadtplans (SB, S. 146f.) den Weg. Der/Die andere verfolgt den Weg gemäß den Erklärungen mit dem Finger auf dem Stadtplan und überprüft, ob der beschriebene Weg tatsächlich zum Ziel führt. Damit alle S aktiv werden, tauschen sie im Anschluss die Rollen. Dabei wird ein anderer Weg (oder der Rückweg) erklärt. Wie es einer realen Kommunikationssituation entspricht, sollten S nicht direkt mit der Wegbeschreibung anfangen, sondern sie in einen Dialog einbetten.

Lösungsvorschlag Señora: *Disculpa, ¿sabes cómo llego de aquí al Parque del Retiro?*
S: *Sí, claro, es fácil. Siga esta calle hasta la Puerta de Moros. Cruce la plaza y vaya todo recto. Así va a llegar a la estación de metro de La Latina. Ahí coja la línea verde en dirección a Alameda de Osuna. Bájese en la estación de Ópera y cambie a la línea roja en dirección a Las Rosas. Tiene que bajarse en Retiro.*
Señora: *Muchas gracias.*
S: *De nada.*

Hinweis Zur Vorbereitung dieser freien Anwendungsaufgabe dient Übung 5 im Cuaderno (S. 48).

PRACTICAR

Cuaderno, S. 48/3 Mit Hilfe der Rollenkarten auf S. 89/90 wälzen S die neuen Redemittel zum Thema öffentliche Verkehrsmittel interaktiv um. Bei Bedarf können sie das angefertigte Vokabelnetz zur Unterstützung verwenden. S, die schnell fertig sind, spielen es erneut mit vertauschten Rollen durch.

Cuaderno, S. 48/4 Siehe Vorschlag für die Texterarbeitung, Punkt 5.

Cuaderno, S. 48/5 Mit Hilfe des Tandembogens auf S. 97 üben S die neuen Redemittel und den Gebrauch des Imperativs mit *usted*.

S. 71–74 4A ¡ME HE QUEDADO A CUADROS!

Zwei spanische Jugendliche erzählen von dem Besuch ihrer deutschen Austauschschüler in Madrid, ihren gemeinsamen Unternehmungen in der Stadt und über kulturelle Unterschiede, die sie erstaunt haben.

Grammatik	Das *pretérito perfecto*
Wortschatz	*Me he quedado a cuadros.*, *haber*, *recibir a alguien*, *el intercambio*, *el/la (chico/-a de) intercambio*, *mogollón de* + *sust.*, *el cuadro*, *Las Meninas* (fak.), *Resulta que* + Satz, *calmar(se)*, *poner fondo*, *Lo que pasa es que* + Satz, *cada uno/-a*, *el tío / la tía*, *agarrar*, *el brazo*, *tocar*, *dar corte*, *el aficionado / la aficionada*, *(estar) alucinado/-a*, *raro/-a* **transparent:** *entrevistar a alguien, las tapas, pasarlo genial, llamar la atención a alguien, (ser) imposible, el Palacio Real, la corrida de toros, el toro, la imagen*

Lösungen, Hörtexte und Vorschläge für den Unterricht

VORSCHLAG FÜR DIE TEXTERARBEITUNG

ACTIVIDAD DE PRELECTURA

S. 71/1 **1. Schulung interkultureller Kompetenzen: Teil 1**

Im Lektionstext werden kulturelle Unterschiede und Klischees thematisiert. Im Sinne des interkulturellen Lernens entwickeln S ein Bewusstsein für kulturelle Unterschiede und werden gleichzeitig an die kritische Reflexion von Klischees und Verallgemeinerungen oder Vorurteilen herangeführt. Zur inhaltlichen Vorentlastung des Textes machen sie sich mittels eines Brainstormings zur Frage „Was ist typisch spanisch?" in PA bewusst, welche Vorstellungen und Klischees über Spanien und Spanier/Spanierinnen sie kennen. Dies kann zunächst auf Deutsch geschehen; leistungsstärkere Klassen können ggf. zur Formulierung auf Spanisch mit einem zweisprachigen Wörterbuch arbeiten. Anschließend werden im Plenum die Vorstellungen/Klischees gesammelt und an der Tafel festgehalten.

Mögliches Tafelbild

Hinweis Um kein falsches Bild zu vermitteln, dürfen die Klischees nicht so stehen bleiben, sondern müssen hinterfragt und relativiert werden. Dies geschieht nach der Lektüre des Textes.

2. Leseverstehen

Die Einleitung (Zeilen 1–9) wird im Plenum vorgelesen und die Ausgangssituation des Textes besprochen: Es gibt einen Schüleraustausch zwischen Hamburg und Madrid. Die deutschen Austauschschüler sind gerade in Madrid und Adrián, ein spanischer Schüler, erstellt eine Reportage über den Austausch für die Schülerzeitung.

S lesen den Text in Stillarbeit in fünf Minuten und erhalten so einen globalen Überblick über den Inhalt. Anschließend bearbeiten sie Übung 1 im Cuaderno (S. 49). Wo sie unsicher sind, lesen sie im Text nach, schlagen ggf. zum Verstehen notwendiges Vokabular im Vokabelverzeichnis nach und erschließen sich dadurch den Inhalt genauer. In PA vergleichen sie ihre Lösungen. Bei Differenzen wird erneut mit dem Text abgeglichen, welche Lösung richtig ist. Im Anschluss bearbeiten sie die Übungen 2 und 3 (SB, S. 72) und erschließen sich den Text dadurch selektiv. Indem sie formulieren, was die drei Austauschschüler bei ihrem Aufenthalt in Spanien überrascht hat, machen sie sich einige kulturelle Unterschiede bewusst. Ggf. werden dadurch schon einige der genannten Klischees relativiert.

Hinweis Sollten S nach der Perfektform im Text oder im Übungsapparat fragen, erklärt L, dass es sich um eine Zeitform der noch nicht abgeschlossenen Vergangenheit handelt, ohne dies an dieser Stelle genauer zu thematisieren. S werden zwar schon implizit an die Verbform herangeführt, im Rahmen der Übungen ist eine aktive Beherrschung jedoch noch nicht notwendig.

3. Schulung interkultureller Kompetenzen: Teil 2

Ausgehend von Ismaels letztem Satz («*Pero bueno, aquí mucha gente también tiene una imagen un poco rara de los alemanes*», l. 71–73) überlegen S in Kleingruppen, welche Vorstellungen und Klischees Spanier von Deutschen bzw. von Deutschland haben könnten.

Diese werden im Plenum zusammengetragen und der Sammlung an der Tafel hinzugefügt. L fragt S – evtl. im Rahmen einer kleinen mündlichen Umfrage, die auch von den S selbst durchgeführt werden kann – welche der Klischees auf die Lerngruppe zutreffen (z. B. *¿Quiénes de vosotros comen patatas todos los días?, ¿Cuántos de vosotros no son rubios?; ¿Hace frío y llueve todo el año en Alemania?*). Dadurch wird deutlich, dass es sich bei Klischees um Verallgemeinerungen handelt, die nicht unreflektiert als Tatsachen betrachtet werden können.

Anschließend wird auf die zuvor genannten Vorstellungen bzgl. Spanien zurückgegriffen und nachdem S nun etwas für Klischees sensibilisiert sind, diskutieren sie, bei welchen der Aspekte es sich offensichtlich um Klischees handelt und was kulturelle Gegebenheiten sind. Dadurch werden häufige Klischees bzgl. Spanien revidiert. Dies kann folgendermaßen geschehen: Im Klassenraum wird eine *cultura*-Ecke und eine *cliché*-Ecke ausgewiesen. L fragt die Gruppe bzgl. ihrer Meinung zu den genannten Vorstellungen (*¿Creéis que forma parte de la cultura que los españoles se llamen de tú o es sólo un cliché?*). Je nach der eigenen Meinung sammeln sich die S in den beiden Ecken und diskutieren bzw. begründen ihre Standpunkte.

COMPRENDER EL TEXTO

S. 72/2 Siehe Vorschlag für die Texterarbeitung, Punkt 2.

Lösung
1. *Han estado en la Plaza Mayor con Toño.* –Tobias y Jan
2. *Ha pasado mucha hambre en el museo.* –Tobias
3. *Le ha dado corte llamar de «tú» a mis padres.* –Sonja
4. *Después de comer se ha calmado.* –Tobias
5. *No sabía que aquí lo pagamos todos todo juntos.* –Jan
6. *Toño la ha agarrado del brazo.* –Sonja
7. *Algunas veces se ha sentido rara con los chicos del intercambio.* –Sonja
8. *Toño le ha dicho «guapa».* –Sonja

S. 72/3 Siehe Vorschlag für die Texterarbeitung, Punkt 2.

Lösungsvorschlag
–*Los españoles cenan tarde, a las nueve o diez de la noche.*
–*En una cafetería todos lo pagan todo juntos.*
–*Los españoles llaman de «tú» a sus profes.*

Cuaderno, S. 49/1 Siehe Vorschlag für die Texterarbeitung, Punkt 2.

VOCABULARIO

S. 72/4 S machen sich verschiedene Ausdrucksmöglichkeiten bzw. Registerunterschiede bewusst, indem sie angeben, welche Formulierungen man im Umgang mit Freunden und welche man in formelleren Situationen verwendet.

Lösung 1e – 2c – 3b – 4a – 5d – 6f

S. 72/5a Zur Vorbereitung der folgenden Mediationsübung erarbeiten sich S mit Hilfe der Folie die Wörter
F 11 auf der Speisekarte sowie Redemittel zum Bestellen von Speisen und Getränken in Lokalen.

S. 72/5b Bei dieser interaktiven HV-Übung versetzen sich S in eine Situation, die ihnen bei einem Spanien-
43 urlaub leicht widerfahren kann: Sie helfen ihren Eltern bei der Bestellung in einer Cafetería,

indem sie auf Spanisch und Deutsch zwischen dem Kellner und den Eltern vermitteln. S sollten den Text zuerst vollständig hören, um einen Eindruck zu gewinnen, was von ihnen erwartet wird. Beim zweiten Hördurchgang notieren S sich in den Pausen mögliche Antworten. Ggf. hält L die CD dazu kurz an. Zum Schluss wird der Hörtext noch mehrmals gehört und mehrere S ergänzen ihn an den entsprechenden Stellen. Es gibt verschiedene Formulierungsmöglichkeiten.

Hinweis Wenn nicht mit F11 gearbeitet wurde, müssen zuvor die bisher unbekannten (bzw. fakultativ eingeführten) Vokabeln *bocadillo* und *refresco* eingeführt werden.

Hörtext und Lösungsvorschlag
Mutter: Kannst Du mir mal kurz sagen, was „Bocadillos" sind?
(S: Belegte Brötchen oder Baguettes.)
Schwester: Und was sind „Refrescos"?
(S: Alkoholfreie Getränke.)
Camarero: *Hola, ¿Qué vais a tomar?*
Vater: Sag ihm, dass wir gerne etwas essen und trinken möchten.
(S: *Queremos comer y beber algo.*)
Camarero: *¿Queréis probar la tortilla de patatas? Es riquísima. Os va a gustar, seguro.*
Mutter: Was hat er gesagt?
(S: Er fragt, ob wir die Tortilla probieren wollen. Sie soll lecker sein.)
Mutter: Prima. Dann sag ihm, dass wir diese Spezialität nehmen und außerdem zwei Brötchen.
(S: *Vale, vamos a tomar la tortilla. Y también queremos dos bocadillos.*)
Camarero: *Y los bocadillos, ¿los queréis con qué?*
Schwester: He, was will er wissen?
(S: Er fragt, womit die Brötchen belegt sein sollen.)
Schwester: Ich möchte gar kein Brötchen, ich will lieber diesen „Hamburguesa".
Mutter: Also, dann nehmen wir für dich eine „Hamburguesa". Ich möchte gern ein Brötchen mit Käse.
Vater: Und ich eins mit Schinken.
(S: *Bueno. Un bocadillo de queso, otro de jamón y una hamburguesa.*)
Camarero: *Vale. Entonces una tortilla de patatas, una hamburguesa y dos bocadillos. Uno con jamón y uno con queso. Y de beber ¿qué os pongo?*
(S: Er fragt, was wir trinken wollen.)
Schwester: Ich will einen Orangensaft.
Vater: Also, einen Orangensaft und eine Flasche Wasser.
(S: *Un zumo de naranja y una botella de agua, por favor.*)
Camarero: *Vale. Ahora lo traigo…*
Mutter: Kannst du bitte fragen, ob wir zahlen können?
(S: *La cuenta, por favor.*)
Camarero: *Sí, un momento… Pues, son 17,30 €.*
Vater: Bitteschön!
Camarero: *Gracias. Y ¡hasta luego!*
Eltern: *¡Hasta luego!*
Schwester: *¡Adiós!*

Cuaderno, S. 49/2 Im Rahmen eines Rollenspiels (S. 91/92) wenden S die Redemittel zum Restaurantbesuch an und festigen sie.

ESPAÑA EN DIRECTO

S. 73/6a Im Rahmen einer Sprachmittlung Spanisch-Deutsch schulen S ihr Leseverstehen anhand von authentischen Materialien: S schauen sich den Auszug aus einem Prospekt an und erklären dem Sitznachbarn / der Sitznachbarin auf Deutsch, was Jugendliche im Sommer in Madrid unternehmen können. Dabei berücksichtigen sie seine/ihre Interessen.

Lösungsvorschlag	– Man kann in andere spanische Regionen fahren.
	– Man kann die Filmschule kennenlernen.
	– Es gibt Angebote zu Kunst und Kultur in der Region und man kann an Führungen in Museen und Ausstellungen teilnehmen.
	– Es gibt archäologische Besichtigungen.
	– Man kann an Kunst-, Sport- und Umweltaktivitäten in Parks in Madrid teilnehmen.
	– Man kann einen Englischkurs machen und an Aktivitäten auf Englisch teilnehmen.
	– Man kann an Freizeitaktivitäten in Jugendherbergen teilnehmen.
	– Es gibt Stipendien für Sprachkurse im Ausland.
	– Es werden Kurse für junge Musiker angeboten.
	– Man kann einen Freiwilligendienst machen.
S. 73/6b fakultativ	Über den Webcode gelangen S auf die abgebildete Internetseite. Sie informieren sich dort zu Ermäßigungskarten und suchen diejenige aus, die für sie bei einem Madridaufenthalt am besten geeignet wäre.
Hinweis	Die Angaben auf der Internetseite sind sprachlich sehr komplex. Um die S nicht zu überfordern, kann L die Suche stärker lenken: S sollen herausfinden, an welche Zielgruppe sich die einzelnen Karten richten, bzw. wer sie nutzen kann. Anschließend wählen sie eine Karte aus, die auf ihre Zielgruppe zutrifft und erarbeiten sich nur für diese auch die Angaben zu den Vorteilen, die die Karte bietet. Dafür können sie ein Online-Wörterbuch nutzen. S, die schneller fertig sind, können außerdem recherchieren, was benötigt wird, um die entsprechende Karte zu beantragen.
Lösungsvorschlag	–Hay cinco tipos de carnés: uno para estudiantes, uno para jóvenes que viven en Madrid, uno para jóvenes hasta los 26 años, uno para usar albergues en España y en otros países y uno para profesores. –Si voy a Madrid, me sirve el Carnet Jóvenes Go 25 FIYTO. Con ese carné los transportes y el alojamiento son más baratos.

MEDIACIÓN

S. 73/7a 🎧 44	Sprachmittlung Spanisch-Deutsch anhand einer realitätsnahen Mediations-Situation: S erklären einer deutschen Touristin, was der spanische Reiseleiter sagt. Um das Hörverstehen zu schulen, bietet es sich an, zunächst mit geschlossenen Büchern zu arbeiten: S hören den Text und jeweils zwei S erklären sich gegenseitig, was sie verstanden haben. Um den Hörvorgang zu lenken, kann zuvor die Sprechblase der Touristin gelesen werden. Anschließend wird das Hörverständnis mittels des abgedruckten Textes im SB überprüft und S erklären der Touristin nun, was der Reiseleiter tatsächlich gesagt hat.
Hörtext	Guía español: ¡Atención! Yo soy Miguel, todos los turistas que entiendan español, por favor, vengan conmigo. Robert, el guía que hace el recorrido en inglés, ya viene. Llega en diez minutos. Turista alemana: Alles wird auf Spanisch erklärt? Aber in der Broschüre steht, dass es auch eine Gruppe auf Englisch gibt!
Lösungsvorschlag	Ja, es gibt auch eine Führung auf Englisch. Die macht Robert. Er kommt in zehn Minuten.
S. 73/7b 🎧 45	S hören den Rest der Erklärungen des Reiseleiters und beantworten die Fragen der Touristin. Dazu notieren sich S beim ersten Hördurchgang in den Sprechpausen stichpunktartig, was sie auf die Fragen der Touristin antworten könnten. Beim zweiten Hörgang kennen sie schon die Fragen der Touristin und achten nun genauer auf die erfragten Informationen und ergänzen ihre Notizen. Um zu gewährleisten, dass alle S aktiv werden, sprechen beim dritten Hördurchgang alle in den Sprechpausen leise ihre Antworten. Zum Schluss wird der Text noch einige Male gehört und einzelne S beantworten die Fragen der Touristin.

Hörtext und Lösungsvorschlag

Guía: *Vamos a caminar dos horas y media. Si traéis una mochila grande y no la necesitáis, la podéis dejar aquí en la oficina de turismo. ¡Además en varios museos no podéis pasar con mochilas!*
Turista alemana: Man darf keinen Rucksack mitnehmen?
(S: Doch, eigentlich schon. Aber wenn man ihn nicht braucht, kann man ihn hier lassen. Außerdem gibt es viele Museen, in die man mit einem Rucksack nicht hinein darf.)
Guía: *Ahora os voy a dar unas pegatinas. Poneos estas pegatinas en la chaqueta o la camisa. Con ellas podéis pasar gratis a algunos museos. Después os digo a qué museos pasáis gratis, ¿vale?*
Turista alemana: Wozu sind die Aufkleber?
(S: Man kommt damit in einige Museen umsonst rein.)
Guía: *Ahora os voy a dar un plano de Madrid, en el plano están marcados todos los lugares que vamos a visitar. Si os perdéis, por favor, mirad el plano y seguid el recorrido. ¿Vale? Bueno, pues ya está todo claro, ¿no? Robert ya está aquí. Atención, el grupo de español viene conmigo. Seguidme por favor. Ahora Robert os explica todo en inglés.*
Turista alemana: Wo gehen jetzt alle hin? Was soll ich machen?
(S: Gehen Sie mit Robert mit. Da ist er. Er macht die Führung auf Englisch.)
Turista alemana: Alles klar. Danke!

DESCUBRIR Y PRACTICAR

S. 74/8
📄 12b

L weist S darauf hin, dass sie in einer der folgenden Übungen (SB, S. 74/9) erzählen werden, was sie diese Woche (noch nicht) gemacht haben und dass sie dazu eine bestimmte Vergangenheitsform brauchen: Das Perfekt.

Dieses ist im Lektionstext 4A enthalten, es wurde jedoch für die inhaltliche Bearbeitung bisher noch nicht benötigt. Nun erschließen sich S selbstständig die Regel zur Bildung der Partizipien bei den regelmäßigen Verben, wozu sie zuerst die Formen aus dem Text gemäß ihrer Konjugationsklasse in die Tabelle auf der Kopiervorlage einordnen (▶ Resumen, S. 80/2). Zur Erleichterung der Regelformulierung können sie zu jeder Form den Infinitiv notieren. Im zweiten Teil der Übung formulieren sie eine Regel zur Bildung des Perfekts und stellen einen Vergleich mit anderen Sprachen an. Dies kann ihnen bei der Anwendung als Eselsbrücke dienen.

Hinweis: Wurde in Encuentros 3000 Band 1 das Suplemento Cataluña bearbeitet, kennen S das *pretérito perfecto* bereits und können gleich zu Übung 10 (SB, S. 74) übergehen.

Lösung a)

	-ar	-er/-ir	irregulares
[yo]	he explicado [explicar]	he aprendido [aprender]	
[tú]			has hecho [hacer]
[él/ella/ usted]	ha entrevistado [entrevistar], se ha acostumbrado [acostumbrarse], se ha calmado [calmarse], se ha quedado [quedarse]	ha sido [ser]	
[nosotros/ nosotras]	hemos estado [estar], nos lo hemos pasado genial [pasárselo genial], hemos dado [dar], hemos preguntado [preguntar]	hemos ido [ir], hemos comido [comer]	hemos visto [ver], hemos puesto [poner]
[vosotros/ vosotras]			habéis visto [ver]
[ellos/ellas/ ustedes]	han llevado [llevar], han preguntado [preguntar], se han quedado [quedarse]	han recibido [recibir]	

Das Partizip der regelmäßigen Verben wird folgendermaßen gebildet:
- bei Verben auf -ar: Verbstamm + -ado
- bei Verben auf -er und -ir: Verbstamm + -ido

b) Das Perfekt wird im Spanischen mit einer konjugierten Form des Hilfsverbs *haber* und dem Partizip des Verbs gebildet. Die Formen des Hilfsverbs *haber* sind: *he, has, ha, hemos, habéis, han*. Ähnlich wird im Englischen das Perfekt mit dem Hilfsverb *have* gebildet.

Hinweis Für die S ist es nützlich zu wissen, dass das Partizip beim Perfekt unveränderlich ist. Es endet also immer auf -o (auch bei den unregelmäßigen Verben) und es gibt keine weibliche oder Pluralform.

S. 74/9 S verinnerlichen in einer ersten Übung die Bildung des *pretérito perfecto*. Bei der leichteren Version (SB, S. 145/9) ist die konjugierte Form von *haber* bereits vorgegeben und S bilden nur das Partizip. (▶ Resumen, S. 80/2)

Zusätzlich können S eine Liste mit Auslösern des Perfekts (in dieser Übung: *hoy, ya, todavía no, esta tarde, esta mañana*) anlegen, die im Laufe der Lektion ergänzt wird. Dadurch machen sie sich den Gebrauchsbereich dieser Vergangenheitszeit bewusst.

Lösung
– *Hoy he ido al Retiro.*
– *¿Ya has probado las tapas de chorizo?*
– *¿Todavía no habéis comido?*
– *Esta tarde Sonja ha visitado el barrio La Latina.*
– *Hoy Sonja y yo hemos hecho una tortilla juntos.*
– *Esta mañana Jan y Vega se han levantado muy temprano.*

Cuaderno, S. 49/3 Geschlossene Lückenübung zur Bildung des *pretérito perfecto*. (▶ Resumen, S. 80/2)

Cuaderno, S. 50/4 S finden durch die Suche im Wortgitter selbst heraus, wie die Partizipien einiger unregelmäßiger Verben lauten (▶ Resumen, S. 80/2). Dazu notieren sie jeweils den Infinitiv. Als Hilfestellung kann L daran erinnern, dass alle Partizipien beim Perfekt – auch die unregelmäßigen Formen – auf -o enden. Anschließend ergänzen sie den Lückentext mit den passenden Formen der Verben.

Cuaderno, S. 50/5 S festigen den Gebrauch des *pretérito perfecto*, indem sie Adriáns Tag beschreiben (▶ Resumen, S. 80/2). Um Unsicherheiten zu vermeiden, ist es sinnvoll, S darauf hinzuweisen, dass es sich bei *además, también* und *tampoco* nicht zwingend um Auslöser des Perfekts handelt, sondern dass es auf den zeitlichen Kontext ankommt. In dieser Übung beziehen sie sich auf den heutigen Tag, weswegen das Perfekt benötigt wird. Bezögen sie sich auf die vorige Woche würden sie das *pretérito indefinido* nach sich ziehen.

Cuaderno, S. 51/6 S schreiben aus der Sicht von Sonja eine Nachricht an Ismael. Sie verwenden die angegebenen Versatzstücke und orientieren sich inhaltlich an den Aussagen von Ismael über Sonja in Text 4A. Dabei thematisieren sie auch die kulturellen Unterschiede, die den Austauschschülern bei ihrem Aufenthalt in Spanien aufgefallen sind. Dadurch werden diese noch einmal reflektiert.

HABLAR

S. 74/10 S üben das freie dialogische Sprechen, indem sie einer/einem MS erzählen, was sie diese Woche schon bzw. noch nicht gemacht haben. Bei der leichteren Version (SB, S. 145/10) sind bereits Aktivitäten angegeben.

Hinweis L sollte darauf achten oder darauf hinweisen, dass keine Zeitangaben wie *ayer* usw. verwendet werden, die das *indefinido* auslösen würden. In leistungsstärkeren Klassen kann L das ggf. mit dem Hinweis auf die entsprechende Zeitform (*indefinido*) zulassen.

4

Lösungsvorschlag –¿Qué has hecho esta semana?
–Esta semana he hecho mucho deporte, pero todavía no he preparado mi presentación de Inglés. He enviado muchos mensajes por el móvil, pero todavía no he recibido ninguno. También he ido al cine y he comprado un regalo para mi novia, pero todavía no he tenido tiempo para comprar un regalo para el cumpleaños de mi madre. Y todavía tampoco he estudiado para el examen de Matemáticas. Y tú, ¿qué has hecho?
–Pues, yo…

ESCRIBIR

S. 74/11 S erarbeiten in PA oder 4er-Gruppen ein Gespräch zwischen Tobias und Ana (sowie Toño und Jan) auf der Grundlage des Lektionstextes. Dabei wenden sie die Redemittel zum Erzählen, was man erlebt hat, frei an. Anschließend lesen einige Gruppen mit verteilten Rollen vor.

Lösungsvorschlag Ana: *Hola chicos, ¿qué tal?*
Tobias: *Bien, ¿y vosotros?*
Ana: *Muy bien, gracias. Hemos pasado un día fenomenal.*
Toño: *¿Y qué habéis hecho?*
Jan: *Bueno, por la mañana, Ana me ha mostrado el Retiro. Es un parque muy bonito. Y después hemos ido al Estadio Bernabéu. ¡Me ha encantado!*
Tobias: *Qué bien. Nosotros vamos mañana, verdad, ¿Toño?*
Toño: *Sí, claro. No te lo puedes perder. ¿Pero no es muy caro? ¿Cuánto habéis pagado?*
Ana: *Sí, es un poco caro. Pero mis padres me han dado el dinero para las entradas. ¿Y vosotros, qué habéis hecho hoy?*
Tobias: *Pues, esta tarde hemos ido al Museo del Prado y hemos estado toda la tarde allí. Ha sido muy interesante, pero hemos pasado mucho tiempo sin comer. Es que los españoles cenáis muy tarde. Tengo mucha hambre.*
Jan: *Yo también tengo hambre. ¿Pedimos unas tapas?*
Ana: *Vale, pero hoy he comido mucho al mediodía. Todavía no tengo mucha hambre.*
Toño: *Ahí hay una cafetería, ¡vamos!*

YA LO SÉ

S. 74/12 S sind nun in der Lage, frei zu äußern, was sie diese Woche / diesen Monat / dieses Jahr gemacht haben. Dies kann in PA oder in einer Redekette (s. Methodenpool, S. 191) erfolgen.

Lösung individuell

Cuaderno, S. 52/8 S beschreiben, wie sie zur Schule gekommen sind und was sie auf dem Schulweg gesehen/erlebt haben usw. Dazu verwenden sie die Redemittel zum Thema öffentliche Verkehrsmittel und zum Erzählen, was man erlebt hat.

ESCUCHAR

Cuaderno, S. 52/7 Multiple-Choice-Übung zum selektiven HV: Toño erzählt von einem gemeinsamen Tag mit Sonja
🎧 16 in Madrid.

S. 75–79 4B GUÍA DE MADRID

Anhand eines Textes aus einem Reiseführer erhalten S Informationen und historische Daten über wichtige Sehenswürdigkeiten in Madrid.

Grammatik	Die kontrastive Verwendung von *pretérito perfecto* und *pretérito indefinido* Das Verb *construir*
Wortschatz	*nadie, la fuente* (fak.), *lo + adj., (no) da tiempo (de hacer algo), Puerta del Sol, el reloj, dar la bienvenida* (fak.), *la uva* (fak.), *la campanada* (fak.), *la cita, ¡Qué fuerte!, abrir, el césped, llevar, la obra, Guernica* (fak.), *convertirse en, contar con, el taller, ofrecer, el estanque, la carrera, el último / la última, la pipa* (fak.) **transparent:** *la guía, (ser) árabe* (fak.), *seguro/-a, lo bueno, (hay muchas cosas) que ver, lo malo, presentar, el madrileño / la madrileña, el español / la española, el Año Nuevo* (fak.), *construir, Plaza Mayor, celebrar, el espectáculo, el siglo (XIX), el trofeo* (fak.), *el Museo Nacional Centro de Arte Reina Sofía, Pablo (Ruiz y) Picasso, la exposición (temporal), cultural, la sesión / las sesiones* (fak.), *la música electrónica* (fak.), *(ser) público/-a, la estatua viva* (fak.), *el músico / la música*

Lösungen, Hörtexte und Vorschläge für den Unterricht

VORSCHLAG FÜR DIE TEXTERARBEITUNG

ACTIVIDAD DE PRELECTURA

S. 75/1 **1. Vorentlastung des Lektionstextes**

S erkennen an der Gestaltung des Textes (Fotos, Hervorhebungen), dass es sich um einen Informationstext über Madrid handelt, der einem Reiseführer ähnelt. Durch ihre Erfahrung mit unterschiedlichen Textsorten, wissen sie, was sie (z. B. inhaltlich und auch sprachlich) von dem Text erwarten können, wodurch die Lektüre vorentlastet wird.

2. Leseverstehen

Es werden Kleingruppen gebildet und es wird ein Expertenpuzzle (s. Methodenpool, S. 192) zu den Sehenswürdigkeiten durchgeführt: Jede Gruppe erarbeitet sich mit Hilfe des Textes und des Pequeño diccionario (SB, S. 174 und 177 f.) Informationen zu ihrer jeweiligen Sehenswürdigkeit bzw. zu Madrid im Allgemeinen (Einleitung). Dabei schlagen sie ggf. notwendiges Vokabular im Vokabelanhang zur Lektion nach. Anschließend präsentieren sie sich die Sehenswürdigkeiten in neuen Gruppen gegenseitig. Dadurch bekommen sie einen ersten Überblick über Madrid.
S verstehen den Text selektiv und erwerben Hintergrundinformationen zu den Sehenswürdigkeiten, indem sie zu den angegebenen Jahreszahlen Informationen im Text suchen (SB, S. 76/2) und diese stichpunktartig notieren. Dies stellt auch eine erste Heranführung an das Lernziel dar, historische Daten vorzustellen.
Anschließend denken sie sich acht Fragen zu Madrid aus (C, S. 53/1), die mit Hilfe des Textes zu beantworten sind, und stellen sie sich im Plenum gegenseitig. Wer als erstes die richtige Antwort gibt, bekommt einen Punkt und stellt die nächste Frage.

3. Semantisierung

Mit Hilfe des Lektionstextes lösen S als HA das Kreuzworträtsel im Cuaderno (S. 53/2). Dadurch festigen sie den neuen Wortschatz, der hier anhand von anderen Sätzen semantisiert wird.

4

COMPRENDER EL TEXTO Y HABLAR

S. 76/2 Siehe Vorschlag für die Texterarbeitung, Punkt 2.

Lösungsvorschlag
–1615: El rey Felipe III construyó la Plaza Mayor.
–En 1868, el Retiro se convirtió en un parque público.
–En 2004 abrió el Museo del Real Madrid.
–1990: Llevaron obras muy importantes al Reina Sofía, p. ej. el «Guernica» de Picasso. Por eso, hoy es un museo muy famoso e importante.

S. 76/3 Im Sinne der Methode *Think-Pair-Share* (s. Methodenpool, S. 191) wählen S aus dem Text zunächst drei Orte in Madrid aus, die sie besonders interessieren. Dann besprechen sie ihre Auswahl mit dem Sitznachbarn / der Sitznachbarin und begründen sie. Mit Hilfe der angegebenen Redemittel handeln sie drei Orte für eine gemeinsame Besichtigung aus. Zum Schluss stellen sie im Plenum die gemeinsam ausgewählten Orte vor und begründen – wiederum mit Hilfe der Redemittel – ihre Entscheidung.

Lösung individuell

S. 76/4 S überlegen sich auf Basis des Lektionstextes zunächst in EA, ob sie an einem Schüleraustausch oder einer Klassenfahrt nach Madrid interessiert wären. Mit Hilfe eines zweisprachigen Wörterbuches formulieren sie stichpunktartig Argumente dafür und dagegen. Sind sie unentschlossen, können sie eigenständig im Internet weitere Informationen zu Madrid (z. B. Attraktionen, die für Jugendliche interessant sein können) recherchieren. Da jede/r S ein Wörterbuch und evtl. einen Computer benötigt, bietet sich die Bearbeitung dieser Übung als HA an. Im Unterricht tauschen S sich mit Hilfe ihrer Stichpunkte in PA darüber aus und erläutern ihre Argumente.

Lösungsvorschlag

Argumentos a favor	*Argumentos en contra*
–es una ciudad muy interesante y hay muchas cosas que ver –hay cosas interesantes para todos: museos de arte, exposiciones, actividades culturales y actuaciones musicales, espectáculos, el estadio Bernabéu con el Museo del Real Madrid –hay muchos lugares bonitos, por ejemplo la Plaza Mayor o el Parque del Retiro –como aprendemos español es importante conocer la capital de España –En clase hemos hablado mucho de tapas y de la comida española; en Madrid por fin podemos probarla	–es demasiado grande para verlo todo en un viaje –no hay playa

Cuaderno, S. 53/1 Siehe Vorschlag für die Texterarbeitung, Punkt 2.

DESCUBRIR Y PRACTICAR

S. 76/5a S kennen mittlerweile drei Vergangenheitszeiten: *pretérito imperfecto*, *pretérito indefinido* – sowie deren kontrastive Verwendung – und das *pretérito perfecto*. Nun erarbeiten sie sich auch die kontrastive Verwendung von Perfekt und *indefinido*, indem sie im Lektionstext die Zeitangaben heraussuchen und sie der jeweiligen Vergangenheitszeit zuordnen. Wurde bereits eine Liste mit Zeitadverbien, die das Perfekt auslösen, angelegt, kann diese ergänzt werden. (▶ Resumen, S. 80/3)

Lösung	*pretérito indefinido*	*pretérito perfecto*
	la semana pasada al principio en el año 1615 ayer hasta el siglo XIX una vez	ya esta semana alguna vez todavía no desde entonces

S. 76/5b S üben die kontrastive Verwendung der beiden Vergangenheitszeiten zunächst in einer sehr
//O geschlossenen Einsetzübung. Die Übung ist so angelegt, dass zwei aufeinanderfolgende Sätze sich nur durch die einleitende Zeitangabe unterscheiden, wodurch der Kontrast in der Verwendung von Perfekt und *indefinido* sehr gut deutlich wird. (▶ Resumen, S. 80/3)

Lösung 1. *han visto, vieron* – 2. *ha mandado, mandó* – 3. *hemos aprendido, aprendimos* – 4. *fueron, han ido*

Cuaderno, S. 54/3 S festigen die kontrastive Verwendung der Vergangenheitszeiten *pretérito perfecto* und *pretérito indefinido* und die jeweiligen auslösenden Zeitangaben, indem sie diese in einem Lückentext zuerst markieren und dann das angegebene Verb in der entsprechenden Zeitform einsetzen. (▶ Resumen, S. 80/3)

Cuaderno, S. 54/4 Im ersten Teil der Übung ergänzen S den Lückentext je nach Zeitangabe mit der Verbform im Perfekt oder *indefinido* (▶ Resumen, S. 80/3). Im zweiten und offeneren Übungsteil beantworten sie die Fragen schriftlich und wenden dabei die entsprechenden Vergangenheitszeiten an.

S. 76/6 In PA wenden S *indefinido* und Perfekt mündlich an (▶ Resumen, S. 80/3). In einer kurzen Vorbereitungsphase können S sich zunächst individuell inhaltliche Stichpunkte machen.

Lösung individuell

Cuaderno, S. 55/5 Im Lektionstext findet sich das Verb *construir*, das auf bisher noch unbekannte Weise konjugiert wird: Bei Verben, die auf *-uir* enden, wird bei der Konjugation das *-i-* zum *-y-*. S festigen die Konjugation spielerisch, indem sie das Verbformen-Sudoku ergänzen. (▶ Los verbos, S. 189)

HABLAR

S. 77/7 In PA fragen S sich abwechselnd, was sie (z. B. in der U-Bahn, auf Partys, in anderen Ländern
//● usw.) schon erlebt haben. Der/Die MS beantwortet die Fragen und erläutert genauer, wann er/sie eine solche Situation schon erlebt hat. Dabei wenden sie die unterschiedlichen Vergangenheitszeiten an. Die leichtere Variante der Übung (SB, S. 146/7) bietet Anregungen für mögliche Fragen. Im Anschluss kann jedes Paar im Plenum ihre interessantesten oder lustigsten Erlebnisse vorstellen.

Lösung individuell

VOCABULARIO

S. 77/8 Im Lektionstext erfahren S, dass der Name Madrid möglicherweise aus dem Arabischen stammt. L fragt S, ob sie sich erklären können, warum ein spanisches Wort bzw. ein Name arabischen Ursprungs sein könnte. Die Auflösung finden S im Informationskasten *Entre Culturas*. Anschließend suchen S die arabischen Entsprechungen für die spanischen Wörter.

Lösung	el alcalde – quaid	el arroz – roz	ojalá – U xa Alá	la taza – tassa
	el barrio – barrá	el limón – limun	el café – qahua	el azúcar – súkkar
	el dibujo – dibaj	hasta – hattá	la guitarra – kitara	

Cuaderno, S. 53/2 Siehe Vorschlag für die Texterarbeitung, Punkt 3.

MI RINCÓN DE LECTURA

Cuaderno, S. 57/1 Die Sprachbewusstheit der S wird gefördert, indem sie Kenntnisse über den arabischen und persischen Ursprung einiger spanischer und deutscher Wörter erwerben.

ESCUCHAR

S. 77/9a L kündigt an, dass S im nächsten Übungsschritt einen Hörtext über touristische Attraktionen in Toledo hören werden. Zur thematischen Vorentlastung recherchieren S, ggf. als HA, Informationen zu der Stadt. An der Tafel wird festgehalten, was S herausgefunden haben.

Mögliches Tafelbild und Lösungsvorschlag

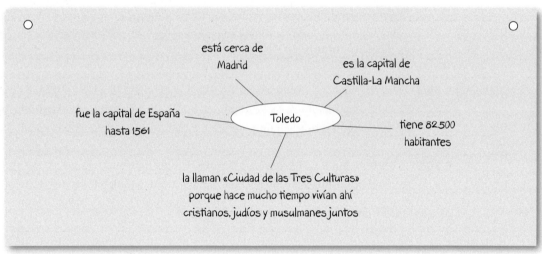

S. 77/9b Übung zum globalen HV: Adrián will mit seiner Familie und seinem Austauschschüler Jan einen
🔊 48 Ausflug nach Toledo machen. S hören den Dialog im Tourismusbüro und notieren mindestens vier Auskünfte, die sie erhalten.

Hörtext und Lösungsvorschlag

Oficina: *Hola, ¿qué tal, en qué os puedo ayudar?*
Adrián: *Hola, nos gustaría ir a Toledo mañana. ¿Nos puedes decir si hay algún festival de música o alguna fiesta en estos días?*
Oficina: *Sí, <u>ahora hay un festival, es el Festival Internacional de Música, vienen músicos muy famosos.</u> También vienen muchos pianistas jóvenes. Si os gusta la música clásica, creo que es una buena alternativa. Pero si es vuestra primera vez, creo que lo mejor es dar un paseo por la ciudad y visitar los lugares importantes. Aquí tengo algunos folletos para turistas. Si necesitas folletos en inglés para tus amigos, también tenemos, están al lado de la puerta… Ah, y aquí te doy el plano de la ciudad, cógelo.*
Adrián: *Gracias, ahora los miramos. Y para ir a Toledo, ¿lo mejor es ir en bus, verdad?*
Oficina: *Sí, sí. <u>Lo mejor es ir en bus, sale cada media hora y no es tan caro.</u> Pero también hay trenes. El problema es que <u>el tren sale cada 90 minutos.</u> Pero ¿todos vais juntos, no?*
Padre: *Sí, vamos todos en coche, para nosotros es más práctico.*
Oficina: *Sí. Para vosotros creo que es más barato viajar así. Pues sois un grupo de … uno, dos, tres, … cuatro adultos, ¿no? Tus padres y… vosotros sois dos estudiantes, ¿correcto? Pues mira, aquí tengo un folleto de paseos nocturnos por Toledo, <u>hay precios especiales para grupos de estudiantes</u>…*

S. 77/9c Übung zum selektiven HV: Zur Vorentlastung des Hörvorgangs lesen S auf dem Flyer, welche
🎧 49 Nachtspaziergänge angeboten werden. Dann hören sie den Rest des Gesprächs im Tourismusbüro und verstehen, für welchen Stadtrundgang sich Adrián und Jan entscheiden.

Hörtext und Lösung

Padre: *Chicos, ¿qué tal si hacemos un paseo nocturno? Aquí el folleto dice que cuentan leyendas, que te dejan pasar a cuevas… y todo de noche… ¿Qué os parece? Bueno, no es necesario que vayamos todos al mismo recorrido, podéis hacer otro. ¿Qué os parece?*
Jan: *Pues sí, creo que hacer un paseo nocturno es mejor. Por la tarde vemos la ciudad y ya por la noche hacemos un recorrido. Pero mira, duran dos horas, son muy largos, sólo podemos hacer uno. ¿Cuál? Adrián, ¿puedes preguntar otra vez y pedir más información?*
Adrián: *Oye, otra pregunta, ¿qué paseo nocturno nos recomiendas? Es nuestra primera vez en Toledo.*
Oficina: *Pues mira, a mí me encanta el paseo de «Mitos y Leyendas» porque el guía que cuenta las leyendas lo hace muy bien; además habla mucho sobre la historia de la ciudad. Y claro, en el paseo los turistas van a conocer lugares muy especiales de la ciudad. Si os vais a quedar más de un día en Toledo, creo que este es el mejor paseo. Pero si tenéis poco tiempo, entonces os recomiendo también el paseo Tulaytula. En este paseo os van a contar lo más importante sobre la historia de Toledo y os van a llevar a ver edificios muy interesantes. Además podéis ver mezquitas y la zona islámica amurallada de Toledo… Ah, y también en el paseo de Tulaytula podéis entrar a muchos monumentos que normalmente están cerrados por el día. ¿Qué otro paseo os puedo recomendar? Mmmmh…Claro, si ya habéis leído el Quijote, pues el paseo de «El Quijote y Cervantes» es maravilloso, es muy divertido…*
Adrián: *Gracias.*
Padre: *Pues nosotros vamos a hacer el paseo de Tulaytula. ¿Y vosotros, chicos?*
Adrián: *Creo que a mí me interesan todos. Pero es mejor que Jan diga qué paseo quiere hacer. ¿Cuál te parece más interesante, Jan?*
Jan: *Pues, <u>me gustaría ir al de «Mitos y Leyendas»</u>. ¿Está bien, Adrián?*
Adrián: *Claro, sí… Entonces vamos a comprar las entradas…*

Cuaderno, S. 55/6 Übung zum selektiven HV: S ordnen die angegebenen Informationen den drei Orten in Madrid
🎧 17 zu.

APRENDER MEJOR

S. 78/10 Wiederholter Einsatz des Wörterbuches im Fremdsprachenunterricht ist deswegen sinnvoll, weil S bei langen Wörterbucheinträgen leicht den Überblick verlieren können und aus Unsicherheit im Umgang damit ein Wort auswählen, das nicht dem gesuchten Kontext entspricht.
Hier wird die Methodenkompetenz zum Umgang mit dem zweisprachigen Wörterbuch anhand des Verbs „gehen" geschult: Zunächst sammeln S in EA oder PA unterschiedliche Bedeutungen des Verbs im Deutschen. Dadurch wird ihnen bewusst, dass Wörter – auch im Deutschen – häufig mehrere Bedeutungen haben, je nachdem, in welchem Kontext sie gebraucht werden und dass es daher schwierig ist, bei Wörtern mit vielen Bedeutungen die richtige fremdsprachige Entsprechung zu finden.
Indem S im zweiten Übungsschritt die angegebenen Sätze mit Hilfe des Wörterbucheintrags übersetzen und dabei die verschiedenen Bedeutungen des Verbs „gehen" beachten, erkennen sie, wie ein Eintrag im zweisprachigen Wörterbuch aufgebaut ist.

Lösung
1. ¿Quieres coger el bus o prefieres andar?
2. Ya es tarde. Jan tiene que despedirse.
3. Se trata de España y no de México.
4. ¿No estás bien?
5. ¡No, es imposible!
6. El reloj no funciona.

4

YA LO SÉ

S. 78/11
F 12

S schreiben auf Grundlage der Bilder eine Geschichte über die letzten zwei Tage der Austauschschüler Tobias, Sonja und Jan in Madrid. Sie sind nun in der Lage, die Redemittel der Lektion frei anzuwenden und Erlebnisse in der Vergangenheit wiederzugeben. Sie organisieren ihren Schreibprozess, indem sie zuerst notwendiges Vokabular zu den Bildern notieren und ggf. im zweisprachigen Wörterbuch nachschlagen, bevor sie mit der Textproduktion beginnen. S können selbst entscheiden, aus welcher Perspektive sie den Text verfassen. Als HA können sie dann ein Ende verfassen: Haben die drei das Flugzeug noch erwischt? Alternativ oder zusätzlich können S den Fortgang der Geschichte anhand der Folie erzählen.

Lösungsvorschlag

a) 1. *Los amigos fueron al Parque del Retiro. Ahí dieron un paseo en barca por el estanque. Después caminaron un poco y observaron a los músicos y a las estatuas vivas.*
2. *Los españoles organizaron una fiesta de despedida en el instituto. Fue mucha gente. Todos bailaron y se diviertieron un montón.*
3. *Cuando llegó la hora de la despedida todos se pusieron tristes. Intercambiaron sus números de teléfono y sacaron fotos con sus amigos españoles. Prometieron llamarse por teléfono. Cuando por fin se acostaron, era muy tarde.*
4. *Sonja no ha escuchado el despertador y se ha despertado tarde. Se ha asustado un montón, porque le quedaba poco tiempo para llegar al aeropuerto. Se ha levantado y ha salido rápido.*
5. *Tobias, Sonja y Jan han cogido el metro con retraso. Durante todo el camino en dirección al aeropuerto han mirado la hora. Han llegado tardísimo a la estación de Barajas.*
6. *Han salido del metro y han subido las escaleras al aeropuerto. Pero no han podido salir de la estación del metro para entrar en el aeropuerto. ¿Qué ha pasado con el billete de Jan?*

b) *¡El intercambio fue genial. Hemos conocido a muchos chicos majos y lo hemos pasado fenomenal. Pero como siempre, las cosas buenas terminan rápidamente.*
Ayer ya fue el último día. Como hizo buen tiempo, por la tarde fuimos al Parque del Retiro. Ahí dimos un paseo en barca por el estanque. Después caminamos un poco y observamos a los músicos y a las estatuas vivas. Hubo un grupo de rock que cantó muy bien, y me compré su cedé. Cuando llegamos a casa por la noche, Adrián y Toño nos dijeron que tenían una sorpresa para nosotros. Nos llevaron al instituto y ahí había una gran fiesta de despedida para nosotros. ¡Y no sabíamos nada! Estaba todo el mundo y bailamos y nos divertimos un montón. Pero al final llegó la hora de la despedida y nos pusimos muy tristes. Sacamos las últimas fotos, intercambiamos los números del móvil y prometimos llamarnos por teléfono. Cuando nos acostamos ya era supertarde.
¡Hoy me he despertado con un susto enorme! Ya eran casi las ocho y media y a las nueve y media teníamos que coger el avión. Me he levantado superrápido y he salido sin desayunar. En la estación de metro me he encontrado con Tobias y Jan, ellos estaban muy nerviosos porque ya era muy tarde. Hemos cogido el metro con mucho retraso y durante todo el camino hemos mirado la hora. Al final, hemos llegado muy tarde a la estación de Barajas y hemos subido rápidamente las escaleras. Pero cuando hemos llegado a la salida del metro no hemos podido salir: algo ha pasado con el billete de Jan y no hemos podido pasar al aeropuerto. ¡Qué desastre!

COMPRENSIÓN AUDIOVISUAL

S. 79/12
KV DVD5+6

Mit Hilfe der Kopiervorlagen für die DVD verstehen S den Hör-Sehtext global, selektiv und detailliert.

TALLER DE ESCRITURA

Cuaderno, S. 56/7

S schulen ihre Methodenkompetenzen und Fertigkeiten zum Schreiben, indem sie eine kurze Reportage über eine Abschiedsfeier einer Austauschgruppe erarbeiten. Sie organisieren den Schreibprozess, indem sie auf der Basis von vorgegebenen Kriterien zwei kurze Zeitungsartikel bzgl. ihrer sprachlichen Angemessenheit beurteilen. Nachdem sie sich die Kriterien bewusst gemacht haben, notieren sie ihre Ideen für die Reportage und organisieren sie in Form einer Tabelle oder einer Mindmap. Auf Grundlage dieser Notizen verfassen sie dann den Text.

PUNTO FINAL 4

S erarbeiten einen auf ihre kommunikativen Bedürfnisse abgestimmten Sprachführer mit nützlichen Redemitteln, der ihnen bei einer Reise oder Klassenfahrt nach Madrid behilflich sein kann.

S. 79/a In Gruppen (s. Methoden zur Gruppeneinteilung, Methodenpool, S. 192) sammeln S nützliche Ausdrücke, Fragen, Sätze, Redewendungen usw. zu verschiedenen Kommunikationssituationen, mit denen man sich auf Reisen konfrontiert sieht. Dazu können sie auf die Redemittel-Kästen (Para comunicarse) in der chronologischen Vokabelliste zurückgreifen (auch aus Band 1). Die Gruppen tauschen ihre Listen untereinander aus und ergänzen und korrigieren sie gegenseitig, um die Vollständigkeit und sprachliche Richtigkeit des Sprachführers sicherzustellen.
Im Plenum wird besprochen, welche weiteren Themen relevant sind. Auch für diese wird das notwendige Vokabular in Listen zusammengetragen.

Lösung individuell

S. 79/b Jede/r S legt eine persönliche Seite für individuelle kommunikative Bedürfnisse bzw. Gesprächsthemen an (z. B. um besondere Interessen zu äußern oder um bestimmte Ernährungsweisen zu erläutern).

Lösung individuell

S. 79/c Es werden gemeinsam Gestaltungsrichtlinien für den Sprachführer beschlossen und dieser wird aus den Produkten der einzelnen Gruppen zusammengestellt. Er kann für alle kopiert werden, sodass S ihn auch bei Reisen mit der Familie nutzen können.

Lösung individuell

S. 82–83 REPASO 4 (FAKULTATIV)

Lösungen und Hörtexte

¿TE ACUERDAS?

S. 82/1 S wiederholen Farbadjektive und die Adjektivangleichung.

Lösungsvorschlag –Ayer perdí mi mochila en el metro. Es gris, pero algunas partes son verdes y en el centro hay un triángulo verde. No es muy grande, pero tampoco muy pequeña.
–Ayer perdí una gorra en el metro. Es de diferentes colores: es amarilla, gris y verde.
–Ayer perdí mi chaqueta. Es azul, pero algunas partes son blancas. En la manga izquierda hay unas cosas rojas y amarillas y en la manga derecha sólo una cosa amarilla.
–Ayer perdí mi móvil en el metro. Es un móvil moderno de color rosa.
–Ayer perdí mi reloj en el metro. Tengo que encontrarlo, porque es un regalo de mis abuelos. Es un reloj negro y gris para hombre.

Alternative S können die Übung auch in PA als Dialog gestalten: Ein/e S sucht seine/ihre vermissten Gegenstände, der/die andere ist Angestellte/r im Fundbüro und stellt Fragen zu den gesuchten Objekten.

S. 82/2 S wiederholen den bejahten Imperativ in der 2. Pers. Sg. und Pl.

Lösung a) *a Sonja:*
- *–Sonja, lleva la ensalada al comedor, por favor.*
- *–Sonja, sirve zumo de naranja en los vasos, por favor.*
- *–Sonja, llama a Tobias que está en mi habitación.*
- *–Sonja, pon la mesa, por favor.*
- *–Sonja, lleva el pan al comedor, por favor.*

b) *a Jan:*
- *–Jan, quita los cuadernos de la mesa, por favor.*
- *–Jan, pregunta a mi hermano si tiene hambre, por favor.*
- *–Jan, trae tenedores de la cocina, por favor.*
- *–Jan, pásame la sal, por favor.*
- *–Jan, ve por una silla a mi habitación, por favor.*

c) *a Sonja y Jan:*
- *–Probad la tortilla.*
- *–Sentaos ya, por favor.*
- *–Por favor, haced fotos de nuestra comida para vuestros amigos.*
- *–Escoged un postre, por favor: hay helado o fruta.*
- *–Poned el queso en el frigo, por favor.*

S.82/3 S wiederholen die Redemittel zur Wegbeschreibung mündlich in PA. Bei Bedarf kann zur Unterstützung Folie 18 aus Band 1 aufgelegt werden.
F 18, Bd.1

Lösungsvorschlag
– *Estación Chueca:*
A: *¿Cómo llego a la estación Chueca?*
B: *Pues, tomas la Calle de Alcalá en esta dirección. Vas todo recto hasta la Plaza de Cibeles. Ahí giras a la derecha y vas por el Paseo de Recoletos. Coges la segunda calle a la izquierda, que es la Calle del Almirante. Sigue todo recto hasta llegar a la estación.*

– *Museo Reina Sofía:*
A: *Quiero ir al museo Reina Sofía. ¿Cómo puedo llegar?*
B: *Ve todo recto hasta la Plaza de Cibeles. Luego, gira a la izquierda y sigue el Paseo del Prado hasta la Plaza del Emperador Carlos V. Ahí también está la estación de Atocha. El museo está enfrente de la estación.*

– *Plaza de Cánovas del Castillo:*
A: *¿La Plaza de Cánovas de Castillo está muy lejos de aquí?*
B: *No, está cerca. Ve todo recto hasta la Plaza de Cibeles. Luego, gira a la izquierda y sigue el Paseo del Prado. Después de poco llegas a la plaza que buscas.*

– *Plaza de Colón:*
A: *Perdón, ¿cómo voy a la Plaza de Colón?*
B: *Mira, toma esta calle, la Calle de Serrano. Sigue todo recto hasta la Calle de Goya. Ahí giras a la izquierda. La Plaza de Colón está muy cerca.*

Alternative Sind bei der Durchführung der Übung die Redemittel zu den öffentlichen Verkehrsmitteln schon bekannt, können schnellere S zusätzlich den Weg mit der U-Bahn zu den angegebenen Zielen erklären.

VOCABULARIO

S.82/4 Übung zur Strukturierung des Wortschatzes in Wortfamilien bzw. zur Worterschließung mit Hilfe von Wortfamilien.

Lösung a) *el sueño – soñar con; el estudiante – estudiar; la entrevista – entrevistar; el entrenamiento – entrenar; la entrada – entrar en; la canción – cantar; el juego – jugar a; la cena – cenar; la cuenta – contar; el paseo – pasear por*

b) *la importancia – importar; la ducha – ducharse; la diversión – divertirse; el sentimiento – sentir; el olvido – olvidar; el conocimiento – conocer; la compra – comprar; la colección – coleccionar; el enamoramiento – enamorarse; la promesa – prometer; la construcción – construir*

PRACTICAR

S. 83/5 S automatisieren die kontrastive Verwendung von *pretérito perfecto* und *pretérito indefinido*. (▶ Resumen, S. 80/3)

Lösungsvorschlag: *¡Siempre lo mismo! Ayer me desperté a la seis y hoy me he despertado a las seis. Ayer por la mañana tomé el desayuno solo y esta mañana lo he tomado solo también. La semana pasada fui al instituto a pie y esta semana he ido también a pie. Ayer a mediodía comí en la cafetería del instituto y este mediodía he comido en la cafetería del instituto. Ayer por la noche vi la tele y esta noche también he visto la tele. El año pasado pasé las vacaciones sin ir a la playa y este año he pasado las vacaciones sin ir a la playa. Hace dos semanas perdimos el partido de fútbol contra el 3°C y esta semana hemos perdido contra ellos. La semana pasada ayudé en casa y esta semana he ayudado en casa. ¡Qué rollo!*

S. 83/6 Partneraufgabe zur Anwendung des *pretérito perfecto*.

Lösungsvorschlag:
B: ¡Hola Sonja! ¿Qué has hecho hoy?
A: ¡Uff, hoy ha sido un día fatal! Esta mañana he llegado tarde al instituto y el profesor se ha enfadado conmigo. Esta tarde me he dejado el móvil en la sala de inglés y por eso he vuelto al instituto. Por la noche he llegado tarde a mi cita con Toño. En el café he tomado demasiado zumo y ahora me duele la barriga. ¿Y tú?
B: Pues, he pasado un día muy bonito en Madrid. Por la mañana he comido un bocadillo de queso, después he pasado una hora en el Retiro y he hecho un montón de fotos para mis amigos. En el metro una señora me ha pedido información y la he ayudado. Trabaja en un cine y me ha regalado dos entradas para el cine. ¡Qué bien!
A: Entonces, has pasado un día genial hoy.
B: Sí, es verdad. Oye, ¿quieres ir conmigo al cine? ¿O prefieres quedarte en casa?
A: Pues, la barriga ya no me duele tanto. ¡Me gustaría mucho ir al cine!

ESCUCHAR

S. 83/7 Übung zum selektiven Hörverstehen.
🎧 50

Hörtext und Lösung:
Padre: Qué tal chicos, os veo un poco cansados. ¿Y qué habéis hecho esta semana?
Adrián: ¡Uff! Un montón de cosas. Hemos caminado por toda la ciudad. Esta mañana hemos ido al Rastro, Tobias quería ver un mercado y por eso lo he llevado al Rastro.
Después hemos paseado por calles muy bonitas y hemos sacado fotos de la <u>Plaza de Cibeles</u>.
Padre: ¿Habéis estado ya en la <u>Torre Picasso</u>*?*
Adrián: Sí, claro, justo hoy hemos ido, y también hemos ido a la <u>Casa de Campo, y ya en el parque hemos dado un paseo bastante largo</u>*. Como ves, hemos visto ya muchas cosas de la ciudad. Y claro, también hemos visitado mogollón de museos...*
Padre: Pues qué bien. Oye Tobias, y a ti, ¿cuál es el lugar que más te ha gustado?
Tobias: Mmmh, pues, bueno, el Rastro. Es un mercado inmenso, encuentras de todo... Hay tanta gente. Todos hablan al mismo tiempo... Me he comprado una gorra allí. Mira, es esta. ¡A que es superchula!

4

ESCRIBIR

S. 83/8 S wenden die neuen Redemittel, das Wortfeld zum Thema Freizeitgestaltung und ihr landeskundliches Wissen über Madrid in einer kreativen Schreibübung frei an.

Lösung   individuell

S. 84–85 ¡ANÍMATE! 4 (FAKULTATIV)

Lösungen, Hörtexte und Vorschläge für den Unterricht

ARTE DE ESPAÑA

S. 84/1 S bekommen S einen affektiven Zugang zu dem landeskundlichen Aspekt Kunst und schulen
[F] 13 durch eine kurze Präsentation das monologische Sprechen. Zur Einführung in die Thematik wird Folie 13 aufgelegt. S denken sich in PA eine Geschichte zu dem Bild aus und stellen diese vor. Anschließend betrachten S die Bilder auf der Anímate-Seite und wählen dasjenige aus, das ihnen am besten gefällt. Sie erschließen sich den zugehörigen Informationstext mit Hilfe eines zweisprachigen Wörterbuches, ggf. als HA. Im Anschluss präsentieren sie das ausgewählte Bild und warum es ihnen gefällt oder interessant erscheint und geben auch eine kurze Information zu dem betreffenden Maler. Mit Hilfe der Redemittel im Methodenanhang auf S. 163 können sie es bei Bedarf auch kurz beschreiben, um beispielsweise eine Frage zu stellen (z. B. ¿Qué crees qué es aquella cosa en el fondo a la izquierda?).

Hinweis   Je nachdem wie ausführlich die Bildbeschreibung ausfallen soll, werden zweisprachige Wörterbücher benötigt.

Lösungsvorschlag   – *Los tres músicos (Picasso):*
Os presento el cuadro «Los tres músicos». Es de Pablo Picasso, un pintor español muy conocido que vivió entre 1881 y 1973. Me llama la atención, porque las formas y los colores de las tres figuras son muy abstractas. Es un poco raro, pero me gusta por eso.
– *El pelele (Goya):*
Este cuadro se llama «El pelele» y es de Francisco de Goya que lo pintó en 1791. Él es uno de los pintores más importantes de España. Es el típico cuadro antiguo, pero me parece interesante. Me pregunto qué están haciendo las mujeres con el chico. Parece que ellas se están divirtiendo, pero él no. Ellas llevan vestidos finos. Así que puede ser que ellas sean ricas y él pobre, y que lo molesten por eso.
– *Acción (Suso33):*
Esto parece un grafiti. Hay líneas blancas sobre una pared oscura que forman tres caras. La persona que está parada delante de él parece muy pequeña, por eso sabemos que el dibujo tiene que ser muy grande. Me parece muy interesante porque es un grafiti original. El artista se llama Suso33 y es un grafitero muy famoso. También ha pintado varios edificios en España, por ejemplo en Madrid.

Alternative   Zum Einstieg fragt L, welche spanischen oder lateinamerikanischen Maler den S schon bekannt sind (in den Lektionstexten werden Goya, Velázquez und Picasso genannt, evtl. haben S auch schon von Miró oder Dalí gehört). Die Namen werden an der Tafel gesammelt. Als HA suchen S Bilder aller genannten Maler im Internet und wählen daraus und aus den im SB abgebildeten Bildern eines aus, das ihnen gefällt und bereiten eine Kurzpräsentation zu diesem vor. Die Bilder sollten von den S auf Folie oder als digitale Datei mitgebracht werden, damit sie über den Overheadprojektor oder Beamer im Plenum gezeigt werden und S somit bei ihren Präsentationen darauf verweisen können.

S. 84/2 L fragt S nach ihrer Meinung bzgl. Graffiti als Kunst (*¿El grafiti es arte para vosotros?*). Die Meinungen werden in einem Blitzlicht (s. Methodenpool, S. 191) gesammelt. S lesen anschließend den Interviewauszug mit Suso33, geben seine Meinung zur Entwicklung des Ansehens von Graffitis kurz wieder und nehmen dazu Stellung.

Lösung individuell

LITERATURA DE ESPAÑA

S. 85/3 Im Rahmen einer Informationsrecherche über „Don Quijote", z. B. als HA, lernen S ein wichtiges literarisches Werk kennen. Im Unterricht können die Recherche-Ergebnisse zusammengetragen und an der Tafel festgehalten werden. Anschließend kann das selektive Leseverstehen der S geschult werden, indem sie in den kurzen Texten weitere Informationen über das Werk, den Autor und die Figuren suchen. Damit wird das Tafelbild ergänzt. Die folgende Comic-Lektüre ist dadurch inhaltlich leicht vorentlastet.

Mögliches Tafelbild

S. 85/4 S lesen einen Ausschnitt einer Comic-Version von „Don Quijote" und erhalten dadurch einen Einblick in die Thematik des Werkes (s. auch S. 179 zur Arbeit mit der Lektüre).

5 ¡COMUNÍCATE! S. 86–103

Das übergeordnete Thema dieser Lektion sind Medien. Die Schüler und Schülerinnen tauschen sich über ihre eigenen Mediengewohnheiten, Lieblingsbücher, -filme und -serien aus. Anhand vieler authentischer Beispiele erwerben sie einen breiten Wortschatz sowie Redemittel, die es ihnen ermöglichen, sich mündlich und schriftlich zu den verschiedenen Medien zu äußern.

ÜBERSICHT

Gliederung	¡Acércate! Text A: Las aulas del futuro Text B: ¡No te lo pierdas! Resumen Repaso 5 (fak.) ¡Anímate! 5 (fak.) Lectura: Querido Ronaldinho (s. S. 172), El mal de Gutenberg (s. S. 174), Otras formas de comunicación (s. S. 182)
Lernziele	Über Medien sprechen Sagen, wie und wann man die einzelnen Medien nutzt Vermutungen aufstellen Sich differenziert äußern Inhalte zusammenfassen Eine Rezension schreiben Etwas präsentieren Etwas empfehlen/bewerten
Methodentraining	Aprender mejor: ein *resumen* schreiben Methodischer Schwerpunkt: Schreiben, Lesen
Grammatik	Das *futuro simple* *seguir/llevar/pasar(se) + gerundio* Der *subjuntivo* nach *aunque, mientras, cuando* Das *pretérito pluscuamperfecto*
Folien	F4 (Band 1): *En el aula* F14: *Y tú, ¿qué sueles hacer?* F15: *Cuando tenga 20 años...* F16: *¡Sigamos practicando!* F17: *«El amor es más fuerte»* F18: *Hablando sobre películas y libros*
Kopiervorlagen	KV10: *Para mejorar tus textos* KV13: *Vocabulario en acción: los medios de comunicación* KV14: *¿Qué fue ayer y qué será mañana?* KV15: *Cuando, mientras, aunque* KV16: *Para escribir un resumen* KV DVD7: *«Maroa»*

ÜBUNGEN IM SCHÜLERBUCH (SB) UND IM CUADERNO (C)

Leseverstehen	global	Zeitungsartikel (C, S. 74/2) Comic (SB, S. 103/2a) fak.
	selektiv	Text A (SB, S. 90/1) Zeitschriftenartikel (SB, S. 90/2b; C, S. 70/8a) Text B (SB, S. 94/1a)
	detailliert	Text A (C, S. 61/1) Leserbriefe (SB, S. 102/1a) fak. Comic (SB, S. 103/2b) fak.
	global und detailliert	Text B (C, S. 66/1)
Hörverstehen	selektiv	Fußballergebnisse (C, S. 60/2) Radiospots (C, S. 60/3)
	detailliert	*telenovela* (SB, S. 92/7a)
	global und selektiv	Unterhaltung (C, S. 65/9) Übung zum Hör-Sehverstehen (SB, S. 97/12)
	global und detailliert	Radiosendung (SB, S. 88/4)
Schreiben	gelenkt	Kino und Fernsehen vergleichen (C, S. 64/8b)
	frei	Ankündigung einer Folge einer Fernsehserie schreiben (SB, S. 92/7b) Über die Zukunft von einer Person spekulieren (SB, S. 92/8a, b) Einleitungen schreiben (SB, S. 94/1b) Anwendung der neuen Redemittel (SB, S. 96/8a) Zeitschriftenartikel schreiben und eine Seite gestalten (SB, S. 97/Punto final 5) Buchrezension schreiben (SB, S. 97/10) Text über Kommunikationsmedien schreiben (SB, S. 101/6c) fak. Argumentativen Text schreiben (C, S. 65/8c) Episode für eine *telenovela* schreiben (C, S. 70/7) Antwort auf Leserbrief schreiben (SB, S. 102/1b) fak. Karikatur zum Thema Kommunkation (SB, S. 103/2c) fak.
Sprechen	gelenkt	Dialog zu Kinobesuch (SB, S. 96/7)
	frei	Über Mediengewohnheiten sprechen (SB, S. 88/5) Ein-Minuten-Referat über verschiedene Medien (SB, S. 88/6) Über die Wichtigkeit von Medienkompetenzen diskutieren (SB, S. 90/2c) fak. Über Fernsehserien sprechen (SB, S. 92/7c)

		Über Film- und Buchinteressen sprechen (SB, S. 94/1c)
		Filme vorstellen und empfehlen (SB, S. 96/8b; SB, S. 97/11)
Sprachmittlung		Klappentext auf spanisch zusammenfassen (SB, S. 94/3)
		Filmrezensionen auf deutsch zusammenfassen (C, S. 71/8b)
		Fragen über einen Film auf spanisch beantworten (C, S. 71/9)
Sprachliche Mittel	Wortschatz	Kommunikationsmedien (SB, S. 101/6a, b) fak. Medien (C, S. 60/1)
	Redemittel	Über Medien und Mediengewohnheiten sprechen (SB, S. 88/2; C, S. 72/10)
		Über Filme und Bücher sprechen (SB, S. 94/2)
		Über Computer- und Internetnutzung diskutieren (C, S. 60/4)
	Verben	Das *futuro simple* (SB, S. 90/3; SB, S. 91/4a, b fak.; SB, S. 91/5; SB, S. 101/4 fak.; C, S. 62/3; C, S. 62/4)
		cuando + *subjuntivo* (SB, S. 91/6a, b fak.; SB, S. 101/5 fak.; C, S. 62/5)
		cuando/mientras/aunque + *subjuntivo* (C, S. 63/6; C, S. 68/6)
		Das *pretérito pluscuamperfecto* (SB, S. 95/5; SB, S. 95/6; C, S. 67/4; C, S. 68/5)
		Wiederholung des *subjuntivo* (SB, S. 100/1) fak.
		Wiederholung des *gerundio* (SB, S. 100/2 fak.; C, S. 61/2)
		llevar/seguir/pasar(se) + *gerundio* (SB, S. 100/3 fak.; C, S. 64/7)
		Das Verb *pasar* (SB, S. 101/7) fak.
	Konnektoren	Konnektoren zum argumentativen Schreiben (C, S. 64/8a)
	Präpositionen	Wiederholung der temporalen Präpositionen (C, S. 67/3)
	Autocontrol	Übungen zur Selbstkontrolle (C, S. 75–76)
Methodentraining	Informationsrecherche	Internetrecherche zur spanischen Druckpresse (SB, S. 88/3)
	Vorentlastung von Texten	Textsorten erkennen (SB, S. 90/2a)
		Vorwissen abrufen (C, S. 74/1)
	Schreiben	Einen Text korrigieren (SB, S. 92/8c)
		Einen Text überarbeiten (C, S. 73/11)
		Zusammenfassung (SB, S. 96/9)

	Worterschließung	Worterschließung mit Hilfe von Wortfamilien (SB, S. 94/4a)
		Worterschließung mit Hilfe anderer Sprachen (C, S. 66/2a)
	Wortschatzlernen	Antonyme und Kontextualisierung (C, S. 66/2b, c)
	Sprachreflexion	Die Bildung von Wörtern erkennen (SB, S. 94/4b, c)
Landeskunde	Mehrsprachigkeit im spanischen Fernsehen	¡Acércate! (SB, S. 86/1)

S. 86–88 ¡ACÉRCATE!

Der Einstieg in das Thema Medien erfolgt anhand authentischer Materialien aus Fernsehprogrammen, Zeitschriften, Zeitungen und Film. Die Schülerinnen und Schüler äußern sich über ihre eigenen Mediengewohnheiten.

Redemittel	über Medien und Mediengewohnheiten sprechen
Wortschatz	*las noticias, encender, conectar con, la red, el correo, navegar, el rato, el periódico, echar un vistazo a, soler hacer algo, Quo* (fak.), *Muy interesante* (fak.)
	transparent: *comunicar(se) con, la serie, el documental / los documentales, (ser) local, la informática, científico/-a, el espectador / la espectadora, el día del espectador, el/la radio*

Lösungen, Hörtexte und Vorschläge für den Unterricht

VORSCHLAG FÜR DIE TEXTERARBEITUNG

ACTIVIDAD DE PRELECTURA

S. 86/1 **1. Landeskunde**
S schauen sich die Ausschnitte aus einer spanischen Fernsehzeitschrift (SB, S. 86) an und äußern, was ihnen auffällt. Sie stellen fest, dass die Sendungen z. T. nicht auf Spanisch ausgestrahlt werden, sondern in den Regionalsprachen. Bei Bedarf wird noch einmal wiederholt, welche Regionalsprachen hier vertreten sind (*Baleares, Cataluña: catalán; País Vasco: vasco; Galicia: gallego*).

📄 13 **2. Wortfeld *los medios de comunicación***
S betrachten die Abbildungen und Sprechblasen und es wird gemeinsam an der Tafel eine Wortsammlung bzgl. der Medien, die auf der Doppelseite vertreten sind, angelegt. Die meisten Wörter sind bei S schon bekannt, z. B. *la tele, la película, el cine, el DVD, la revista, el Internet, el ordenador*. Andere sind transparent (z. B. *la serie, el documental, la radio*) oder gut mit Hilfe der Abbildungen zu erschließen (z. B. *el periódico*). Unbekanntes Vokabular wird von L bei Bedarf semantisiert. S zeichnen sich das Vokabelnetz zum Themenbereich Kommunikationsmedien ab; es kann im Laufe der Lektion stets weiter ergänzt werden. Ggf. als HA wird Übung 1 im Cuaderno (S. 60) bearbeitet: S erarbeiten sich mit Hilfe des Lektionstextes Redemittel zum Thema

Medien. Sie ergänzen das Vokabelnetz mit diesen Strukturen, auf die sie im Rahmen der Übung 2 (SB, S. 88) zurückgreifen können.

Mit Kopiervorlage 13 können S das neue Vokabular üben. Sie kann zu jedem beliebigen Zeitpunkt, auch zur Wiederholung, eingesetzt werden.

Mögliches Tafelbild

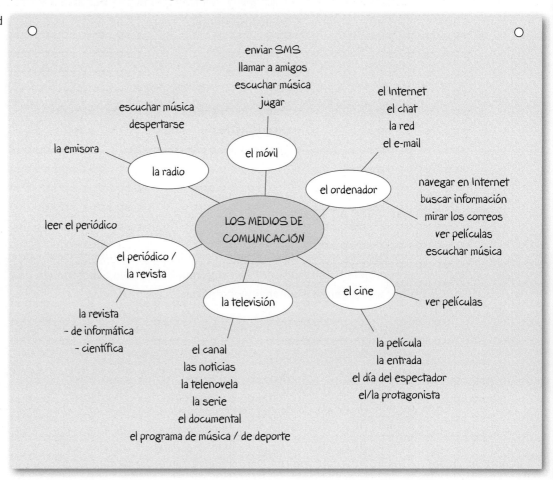

F 14 **3. Umwälzung des neuen Wortschatzes**

Der Wortschatz zum Thema Kommunikationsmedien wird gefestigt, indem S sich wie im Beispiel in PA gegenseitig kleine Rätselaufgaben zu ihren eigenen Mediengewohnheiten stellen und der Partner / die Partnerin errät, um welches Medium oder welchen Gegenstand es sich handelt (SB, S. 88/2). Ggf. benötigen S eine kurze Vorbereitungsphase, um ihre Ideen zu notieren. Sprachlich können sie sich an den Sprechblasen auf S. 86–87 orientieren. Bei der leichteren Variante der Übung (SB, S. 146) sind bereits Versatzstücke vorgegeben.

Mit Hilfe der Folie können die Redemittel zum Äußern von Gewohnheiten gefestigt werden.

Hinweis Da es hier um die Mediengewohnheiten der S geht, bietet es sich an, zur Bearbeitung der Übung das Verb *soler* + Infinitiv einzuführen: Damit wird ausgedrückt, was man gewohnheitsmäßig tut bzw. zu tun pflegt.

VOCABULARIO

S. 88/2 Siehe Vorschlag für die Texterarbeitung, Punkt 3.

F 14

Lösung individuell

Cuaderno, S. 60/1 Siehe Vorschlag für die Texterarbeitung, Punkt 2.

BÚSQUEDA DE INFORMACIÓN

S. 88/3a S lernen die drei größten spanischen Tageszeitungen kennen, indem sie auf den Internetseiten die Schlagzeilen lesen und herausfinden, was aktuell die wichtigsten Nachrichten sind. Ggf. ziehen sie dazu ein Wörterbuch heran. Wenn es sich inhaltlich anbietet, kann im Unterricht über die Themen gesprochen oder diskutiert werden.

Lösung individuell

S. 88/3b Anschließend informieren S sich im Internet über spanische Sportzeitungen und stellen fest, dass es diverse Zeitungen für Sport und auch für einzelne Sportarten gibt.

Lösung «MARCA», «as», «Mundo deportivo», «SPORT», «DEPOR», «ED – Estadio deportivo», «MUNDO ATLÉTICO», «MUNDO DEPORTIVO», «SUPER DEPORTE», «DxT», «EL 9» (Stand: Januar 2012)

ESCUCHAR

S. 88/4 Übung zum globalen und detaillierten HV: S hören kurze authentische Medienmitschnitte und
🎧 52 erkennen, ohne Details verstehen zu müssen, um welche Arten von Programmen es sich handelt. Anschließend hören sie die Ausschnitte ein weiteres Mal und notieren, welche Details sie darüber hinaus noch verstehen.

Lösung a) 1. *una serie* – 2. *un documental* – 3. *las noticias* – 4. *un programa de música* – 5. *el parte meteorológico*
b) Lösung individuell

Cuaderno, S. 60/2 Übung zum selektiven HV: S hören einen Radiobeitrag mit Fußballergebnissen. Im ersten Schritt
🎧 18 ordnen sie die gegnerischen Mannschaften zu. Dabei bleiben zwei Mannschaften übrig. Beim zweiten Hördurchgang notieren sie die Spielergebnisse.

Cuaderno, S. 60/3 Übung zum selektiven HV: Das rezeptive Zahlenverständnis wird mittels authentischer lateiname-
🎧 19 rikanischer Radiospots geschult.

HABLAR

Cuaderno, S. 60/4 Als sprachliche und thematische Vorbereitung auf die folgende freie Sprechübung bietet sich dieses Rollenspiel zum Thema Computernutzung im Cuaderno auf S. 91 an.

S. 88/5 Nachdem bereits verschiedene Medien thematisiert wurden, tauschen S sich nun mündlich über ihre eigenen Mediengewohnheiten aus. Im Sinne der *Think-Pair-Share*-Methode (s. Methodenpool, S. 191) überlegen sie zunächst in EA, auf welches Kommunikationsmedium sie nicht verzichten könnten – dazu können sie das erarbeitete Vokabelnetz heranziehen – und notieren stichpunktartig die Gründe dafür. Anschließend tauschen sie sich darüber mit einer/einem MS aus. Dabei können sie sich an ihren Aufzeichnungen zu Übung 2 (SB, S. 88) bzw. an den Vorschlägen auf S. 146/2 orientieren. Sie vergleichen ihre Ansichten und finden ein Medium, auf das beide nicht verzichten können. Ihre Argumente dafür präsentieren sie gemeinsam in der Klasse.

Hinweis Im Themenwortschatzkasten auf S. 219 können S bei Bedarf weiteres Vokabular zum Thema nachschlagen. Der *Para-comunicarse*-Kasten (SB, S. 218) bietet ebenfalls nützliche Redemittel zum Sprechen über Medien und (Medien-)Gewohnheiten.

Lösung individuell

5

YA LO SÉ

S. 88/6 S erarbeiten einen Kurzvortrag zu ihren Mediengewohnheiten und schulen, neben den Methodenkompetenzen, das monologische Sprechen. Der Themenwortschatzkasten bietet über den Lernwortschatz hinausgehendes Vokabular, das ihnen zu diesem Zweck behilflich sein kann. Zuvor können bei Bedarf gemeinsam Kriterien für eine gelungene Präsentation aufgestellt oder die im Evaluationsbogen auf S. 164 genannten besprochen werden. Anschließend werden die einzelnen Kurzvorträge mit Hilfe der (aufgestellten) Kriterien von den MS bewertet.

Hinweis Ein Feedback bietet sich an, um die S zu in ihrem Lernprozess zu bestärken und zu motivieren. Sowohl positives als auch negatives Feedback sollte genauer erklärt werden, damit S erfahren, was sie noch besser machen können. Dazu bieten sich festgelegte Kriterien an, wie sie im SB auf S. 164 für Vorträge vorgeschlagen werden. Die Bewertungskriterien sollten jedoch – auch für Prüfungen – transparent und den S vorher bekannt sein, damit sie ihre Vorbereitungen daran ausrichten können.

Lösung individuell

S. 89–92 5A LAS AULAS DEL FUTURO

Ana und Adrián, die schon aus den vorigen Lektionen bekannt sind, bereiten ein Referat über die Auswirkungen der neuen Medien auf den Schulunterricht vor: Wird es in zehn Jahren noch Schulbücher, Stifte und Tafeln geben? Wird im Unterricht nur noch mit dem Internet gearbeitet werden? Werden die Schülerinnen und Schüler weiterhin jeden Tag zur Schule gehen oder wird der Unterricht in einem virtuellen Raum stattfinden?
S schreiben u. a. eine Ankündigung der nächsten Folge ihrer Lieblingsserie für eine Programmzeitschrift und stellen in verschiedenen lebensnahen Kontexten Vermutungen an.

Grammatik	Das *futuro simple* *seguir/llevar/pasar(se) + gerundio* Der *subjuntivo* nach *aunque, mientras, cuando*
Wortschatz	*dentro de* + Zeitangabe, *el lápiz / los lápices, la pizarra, en cambio, salir a la pizarra, la tiza, (ser) táctil, pesar, tanto, cuando + subj., cambiar de trabajo, por lo tanto, a través de, seguir + verbo en gerundio, aunque + ind., aunque + subj., ¡Hala!* (fak.), *hacer falta, mientras + ind., mientras + subj., pasar a la historia, seguir, (estar) atrapado/-a* **transparent:** *el futuro, la presentación, el cuaderno, la tableta PC, (estar) conectado/-a a, interactuar, (ser) interactivo/-a, existir, (ser) flexible, de forma cooperativa* (fak.), *(ser) crítico/-a, (ser) creativo/-a, desaparecer, (ser) virtual, para eso, la red social, la tecnología, el/la protagonista, la ayuda, el tutor / la tutora, el progreso, ¡Qué control!, escapar*

Lösungen, Hörtexte und Vorschläge für den Unterricht

VORSCHLAG FÜR DIE TEXTERARBEITUNG

F 4, Bd. 1 **1. Lexikalische Vorentlastung des Lektionstextes**
Bevor der Lektionstext gelesen wird, bietet es sich zur Vorentlastung an, das Wortfeld Schule zu reaktivieren. Steht wenig Zeit zur Verfügung, kann L Folie 4 aus Band 1 kopieren und S tragen als HA die Wörter ein. Eine andere Möglichkeit ist, dass L Schilder mit den Vokabeln zum Wortfeld Schule auslegt und S sie gemeinsam schnellstmöglich an die entsprechenden Gegenstände pinnen/kleben (z. B. *el aula, el libro, el boli, el profesor / la profesora, el alumno / la alumna, el*

horario, el lápiz (neu), *la pizarra* (neu) / *la pizarra interactiva* (neu), *la tiza* (neu), *el cuaderno* (neu), *la mochila*). Die neuen Wörter zu diesem Wortfeld dürften S zumindest passiv schon bekannt sein und können daher in das „Aufwärmspiel" eingebunden werden.

2. Inhaltliche Vorentlastung des Lektionstextes

Ausgehend vom Titel der Lektion («*Las aulas del futuro*») äußern S ihre Vermutungen über die Schule der Zukunft (L: *Imaginaos que estamos en el año 2030. ¿Cómo son las aulas? ¿Qué es diferente? ¿Qué cosas del instituto han cambiado y qué cosas ya no existen?*). Sollten S keine Ideen haben, kann L auf die einzelnen Schilder bzw. Gegenstände verweisen (z. B. *¿Creéis que en el 2030 habrá todavía libros? Si no, ¿con qué medios aprenderán y trabajarán los alumnos? ¿Cómo serán las aulas? ¿Habrá un profesor o una profesora para unos 30 alumnos? ¿O ya no habrá profesores? Entonces, ¿cómo serán las clases?*). L hält die Ideen der S an der Tafel fest. Dabei können schon neue Vokabeln eingeführt werden.

Hinweis Indem L bei der Formulierung der Fragen das *futuro simple* verwendet, werden die S implizit an die neue Verbform herangeführt. Die Bedeutung ist trotz der unbekannten Form deutlich, da der Infinitiv, zumindest bei regelmäßigen Verben, problemlos zu erkennen ist. S verwenden in ihren Antworten jedoch das Präsens; einige kommen evtl. darauf, das *futuro inmediato* zu verwenden. Da die Verständlichkeit der Aussagen dadurch nicht beeinträchtigt wird, sollte L an dieser Stelle nicht korrigierend eingreifen, sondern später im Rahmen der Erarbeitung des *futuro simple* auf den Unterschied zu der bereits bekannten Zeitform eingehen.

Mögliches Tafelbild

Las aulas del futuro

- Hay más ordenadores en las aulas (p. ej. tabletas PC).
- No hay que ir al instituto todos los días: hay aulas virtuales en Internet.
- Hay menos libros porque todos los textos etc. están en Internet.
- Los alumnos escriben sus textos con el ordenador y se los mandan a los profes por e-mail.
- Las pizarras normales y la tiza ya no existen: hay pizarras interactivas y táctiles.

3. Leseverstehen

Ein/e S liest die kurze Einleitung vor, damit die Ausgangsfrage («*¿Cómo serán las clases dentro de diez años?*») und -situation des Lektionstextes deutlich wird (Ana und Adrián suchen für ein Referat Informationen bzgl. der Frage im Internet). Dann lesen S in Kleingruppen die grau unterlegten Abschnitte im Text: Jede Gruppe ist für einen Textabschnitt zuständig, den sie sich, ggf. mit Hilfe des Vokabelanhangs, im Detail erarbeiten. Es handelt sich um die Internetbeiträge zum Thema, die Ana und Adrián im Rahmen ihrer Referatvorbereitung lesen. S notieren in ganzen Sätzen, welche Meinung im jeweiligen Abschnitt vertreten wird (SB, S. 90/1a). Anschließend werden die Meinungen im Plenum zusammengetragen – dabei ergänzen sich die Kleingruppen, die für den gleichen Textabschnitt zuständig waren, gegenseitig – und das Tafelbild wird ergänzt. Einige Gruppen werden sicherlich die Futur-Form aus dem Text übernehmen, während andere möglicherweise das Präsens verwenden. Da es an dieser Stelle zunächst um die Erschließung des Textinhalts geht, können beide Formen akzeptiert werden. Im weiteren Verlauf der Lektion werden S sich das *futuro simple* erarbeiten und dabei auf den Lektionstext zurückgreifen (SB, S. 90/3). Nun wird der komplette Text mit verteilten Rollen gelesen. Damit möglichst viele S aktiv werden, können jeweils drei S einer Kleingruppe den Dialog und den anschließenden Internettext, den sie bearbeitet haben, vorlesen. Nach jedem Internetabschnitt ist eine andere Gruppe dran. Anschließend vergleichen S die Voraussagen mit der gegenwärtigen Situation an ihrer Schule (SB, S. 90/1b). Als HA bietet sich Übung 1 im Cuaderno (S. 61) an, bei der S die Meinungen von Ana und Adrián bzgl. der einzelnen Aspekte notieren. Dazu lesen sie den Text ggf. erneut.

5

COMPRENDER EL TEXTO

S. 90/1 Siehe Vorschlag für die Texterarbeitung, Punkt 3.

Lösungsvorschlag a) –*Los alumnos no usarán libros o cuadernos.*
–*Tendrán su propia tableta PC.*
–*Todos estarán conectados a Internet y podrán interactuar con los compañeros.*
–*No escribirán en la pizarra con tiza sino con un boli especial. Las pizarras serán interactivas.*
–*Cambiaremos de trabajo muchas veces.*
–*Los alumnos tendrán que aprender a ser más flexibles y críticos.*
–*Las clases y los horarios serán más flexibles, pero los institutos no desaparecerán y los profes tampoco.*
–*Los alumnos no irán al instituto todos los días.*
–*Los alumnos serán los protagonistas; los profes serán como tutores.*
–*Los alumnos harán todos los exámenes online.*
b) Lösung individuell

Cuaderno, S. 61/1 Siehe Vorschlag für die Texterarbeitung, Punkt 3.

MÉXICO EN DIRECTO

S. 90/2a Gemäß dem methodischen Schwerpunkt werden in dieser Lektion Methodenkompetenzen zum Lesen geschult. Dazu gehört der Erwerb von Strategien zur Erschließung unbekannter, auch authentischer Texte. Eine dieser Strategien liegt in der Erkennung der Textsorte und Erschließung des Themas anhand der Gestaltung, was in diesem Übungsteil als Vorbereitung auf den semi-authentischen Text angewendet wird.

Lösungsvorschlag *Es un artículo de un periódico. Trata de institutos en México donde hay laptops con Internet para todos los alumnos.*

S. 90/2b Nachdem S Textsorte und Thema erkannt haben, lesen sie den Text selektiv in Hinblick auf die Frage, worum es bei dem «*Programa HDT*» geht. Damit sie sich tatsächlich auf die wichtigsten Informationen konzentrieren, geben sie die Inhalte in vier Sätzen wieder.

Lösungsvorschlag *El nombre del programa es «Programa de Habilidades Digitales y Tecnológicas». Existe en México desde el 2007. Con este programa, todos los alumnos y profesores de secundaria en México tendrán un laptop que estará conectado siempre a Internet. Actualmente, 9 mil escuelas secundarias, sobre todo en zonas marginadas, están equipadas con laptops.*

S. 90/2c S kommentieren das Zitat. Sie notieren zunächst ihre eigenen Gedanken zur Bedeutung dessel-
fakultativ ben in Stichpunkten und überlegen, ob sie der Aussage zustimmen. Dann werden die Meinungen in der Klasse diskutiert. Ggf. kann zuerst ein Brainstorming zur Bedeutung von Erdöl durchgeführt werden, da S sich den Zusammenhang evtl. nicht selbst erschließen können.

Lösung individuell

¿TE ACUERDAS?

Cuaderno, S. 61/2 Wiederholungsübung zu Bildung und Funktion des *gerundio*. Mit dieser Übung wird die spätere Einführung von *seguir/llevar/pasar(se)* + *gerundio* (Cuaderno, S. 64/7) vorentlastet.

5

DESCUBRIR

S. 90/3 S suchen aus dem Lektionstext die Verbformen heraus, die dazu verwendet werden, Vermutungen und Vorhersagen zu äußern (das *futuro simple*) und halten sie in einer Tabelle fest.
Sie vergleichen die Formen in der Tabelle bzgl. ihrer Bildung und erkennen, dass bei regelmäßigen Verben an den Infinitiv die Endungen *-é, -ás, -á, -emos, -éis, -án* angehängt werden. Nun markieren sie die unregelmäßigen Formen (▶ Resumen, S. 98/1). Zu welchen Verben diese Formen gehören, lässt sich mit Hilfe des Lektionstextes aus dem Zusammenhang erschließen.

Lösung a)

[yo]	seré
[tú]	verás
[él/ella]	estará, pesará, será, pasará, habrá
[nosotros/-as]	usaremos, cambiaremos, tendremos, seremos, estaremos
[vosotros/-as]	–
[ellos/ellas]	serán, usarán, tendrán, estarán, podrán, escribirán, aprenderán, desaparecerán, irán, se perderán, verán, harán, necesitarán, pasarán

b) Unregelmäßige Verben: *haber (habrá), tener (tendremos, tendrán), poder (podrán), hacer (harán).*

Hinweis Da S das *futuro inmediato* bereits kennen, ist an dieser Stelle eine Kontrastierung wichtig: Das *futuro inmediato* wird verwendet, um über die nähere Zukunft (z. B. Pläne) zu sprechen, das *futuro simple* dient vor allem zum Äußern von Vermutungen (und Vorhersagen bzgl. der entfernteren Zukunft).

PRACTICAR

S. 91/4a S üben die Bildung des *futuro simple*, indem sie mit Hilfe der Illustrationen Vermutungen formulieren (▶ Resumen, S. 98/1). Dabei ist nur die 3. Pers. Sg. des Verbs *estar* notwendig, z. T. auch *estar + gerundio*.

Lösungsvorschlag ¿Estará enfermo? – ¿Estará estudiando? – ¿Estará esperando delante de otro cine? – ¿Estará charlando con algunos amigos en la calle? – ¿Estará en casa con sus abuelos? – ¿Estará en el cine con otra chica?

S. 91/4b S stellen weitere Vermutungen an. Diese Übung eignet sich z. B. für S, die mit Übung 4a schnell fertig sind.
fakultativ

Lösungsvorschlag
–¿No tendrá ganas?
–¿Llegará tarde?
–¿Tendrá algún problema con sus padres?

S. 91/5 S üben die Formen des *futuro simple* im Singular und Plural, indem sie aus den Versatzstücken Fragen bzgl. der Zukunft formulieren. (▶ Resumen, S. 98/1)

Lösungsvorschlag
–¿Tendré hijos?
–¿Viviré lejos de aquí?
–¿Mis amigos y yo encontraremos un buen trabajo?
–¿Mi hermano irá a la universidad?
–¿Adrián estará casado con una chica guapa?
–¿Estudiaré otras lenguas?
–¿Mis padres serán felices?

Cuaderno, S. 62/3 S üben die Formen des *futuro simple* spielerisch in kleinen Rätseln und lernen weitere unregelmäßige Verbformen kennen. (▶ Resumen, S. 98/1)

Cuaderno, S. 62/4 S üben die regelmäßigen und unregelmäßigen Formen des *futuro simple* in PA mündlich mit einem Tandembogen (Cuaderno, S. 98).

Hinweis Hier benötigen S die neuen Formen der unregelmäßigen Verben aus Übung 3b (Cuaderno, S. 62).

S. 91/6a
F 15
Will man sich über die Zukunft äußern, beginnt man häufig mit einem Temporalsatz, um den Moment in der Zukunft genauer zu bezeichnen (so auch im Deutschen: Wenn ich 18 bin, werde ich den Führerschein machen). Im Spanischen wird dazu neben dem *futuro simple* (im Hauptsatz) die Konstruktion *cuando* + *subjuntivo* (im temporalen Nebensatz) benötigt. Zur Einführung der Konstruktion *cuando* + *subjuntivo* kann L vor der Bearbeitung der Übung folgenden Satz aus dem Lektionstext an die Tafel schreiben: *Cuando los alumnos salgan a la pizarra, no escribirán con tiza.* S erkennen, dass im Nebensatz keine Futurform steht, sondern der *subjuntivo*. L lässt den Satz übersetzen und erklärt, dass *cuando* im Nebensatz den *subjuntivo* nach sich zieht, wenn die Aussage sich auf die Zukunft bezieht. Zur Kontrastierung kann der folgende Satz ebenfalls an die Tafel geschrieben werden: *Hoy en día, cuando los alumnos salen a la pizarra, escriben con tiza.* Dieser Satz bezieht sich nicht auf die Zukunft, sondern auf die Gegenwart, weshalb das Verb im Nebensatz im Indikativ und im Hauptsatz im Präsens steht.
Da diese Strukturen im Deutschen nicht verwendet werden und daher für die S möglicherweise schwierig sind, bietet es sich an, die Übung schriftlich durchführen zu lassen. Zur Festigung bietet sich Folie 15 an.

Lösung 1. *sea, seré – sea, volveré – vuelva, curaré*
2. *vuelva, iré – esté, me encontraré – me encuentre / haremos*
3. *tenga, habrá – haya, trabajarán – trabajen, verán*

Hinweis Bei Bedarf kann zuvor mittels Übung 1 im Repaso (SB, S. 100) die Formenbildung des *subjuntivo* wiederholt werden.

S. 91/6b Bei weiterem Übungsbedarf bilden S in Kleingruppen weitere Satzketten.
fakultativ

Cuaderno, S. 62/5 Übung zur Festigung der Strukturen in komplexeren Sätzen (Haupt- und Nebensatz) mit Zukunftsbezug. Die Übung ist recht einfach und bietet sich als HA an.

Cuaderno, S. 63/6 S bilden die entsprechende Verbform im Haupt- und Nebensatz. (▶ Resumen, S. 98/3)
Nachdem die Verwendung des *subjuntivo* nach *cuando* im Temporalsatz bekannt ist, geht es in dieser Übung auch um die Verwendung des *subjuntivo* in Nebensätzen nach *mientras* und *aunque*. Das Verb steht nach diesen beiden Konjunktionen im *subjuntivo*, wenn ein Zukunftsbezug (v. a. bei *mientras*) bzw. Ungewissheit (bei *aunque*) ausgedrückt werden soll. Folgende Regel kann zur Hilfe festgehalten werden:
mientras + *subjuntivo* = solange
aunque + *subjuntivo* = selbst wenn.

Cuaderno, S. 64/7 S ergänzen den Lückentext mit *llevar*, *seguir* und *pasar(se)* + *gerundio* (▶ Resumen, S. 98/4).
F 16 Bisher kennen S *estar* + *gerundio* als Verlaufsform. Im Lektionstext werden die Strukturen *llevar/seguir/pasar(se)* + *gerundio* eingeführt, mit denen man den zeitlichen Rahmen von Tätigkeiten/Handlungen noch differenzierter ausdrücken kann. Sie unterscheiden sich leicht in ihrer Bedeutung:
– *llevar* + Zeitangabe + *gerundio* → dt. „schon seit (Zeitangabe) etwas tun"

- *seguir* + *gerundio* → dt. „mit etwas weitermachen/fortfahren", bzw. „weitersuchen/weiterlaufen" (*seguir buscando/caminando*) usw.
- *pasar(se)* + Zeitangabe + *gerundio* → dt. „(Zeitangabe) damit verbringen, etwas zu tun" bzw. „(Zeitangabe) lang etwas tun"

Die Lückenübung kann folgendermaßen vorentlastet werden: S suchen aus dem Lektionstext alle Sätze mit *gerundio*. Diese werden an der Tafel festgehalten und im Plenum suchen S gemeinsam eine treffende Übersetzung für die Sätze. Dadurch machen sie sich die Unterschiede der semantisch sehr ähnlichen Verbalperiphrasen bewusst.

Pasar(se) + Zeitangabe + *gerundio* kommt nicht im Lektionstext vor. L kann zusätzlich einen Satz mit dieser Struktur an die Tafel schreiben und auch hierfür eine deutsche Entsprechung finden lassen.

Eine weitere Übungsmöglichkeit zu *llevar/seguir/pasar(se)* + *gerundio* bietet die Folie.

Mögliches Tafelbild

- Están buscando información en Internet (l. 3-4). → Sie sind dabei, Informationen im Internet zu suchen.
- Seguimos buscando (l. 43). → Wir suchen weiter.
- Ya llevamos tres horas buscando información (l. 77). → Wir recherchieren jetzt schon seit drei Stunden.
- El sábado, Adrián y Ana se pasaron tres horas buscando información para su presentación. → Samstag haben Adrián und Ana drei Stunden lang Informationen für ihr Referat recherchiert.

Hinweis Zur Wiederholung des *gerundio* vor der Bearbeitung der Übung bietet sich Übung 2 im Repaso (SB, S. 100) an.

Cuaderno, S. 64/8 S bereiten einen argumentativen Text im Themenkontext Medien und Mediennutzung vor: In Übung 8a erarbeiten sie sich die notwendigen Konjunktionen, um einen Text zu strukturieren. In Übung 8b suchen sie positive und negative Aspekte von Kino bzw. Fernsehen und vervollständigen die Sätze. Zum Schluss verfassen sie in 8c einen eigenen argumentativen Text über virtuelle und reale Freunde und können sich dabei an der Musterstruktur aus Übung 8b orientieren.

ESCUCHAR

S. 92/7a S werden Auszüge aus der Telenovela *El amor es más fuerte* hören. Zur Vorentlastung lesen sie die Kurzbeschreibung zu den Protagonisten, um die Charaktere und ihre Beziehungen im Ansatz zu kennen. Da es sich um mehrere Szenen handelt, sollte der Hörtext mindestens zweimal gehört werden. Der erste Hördurchgang dient dem globalen Verstehen. Beim zweiten Hördurchgang kann nach den einzelnen Szenen jeweils eine kleine Pause eingelegt werden, und S tragen im Plenum zusammen, was sie verstanden haben: Wer sind die Gesprächspartner? In welcher Beziehung stehen sie zueinander? Worüber sprechen sie? Dadurch verstehen sie den Hörtext detailliert und bilden auf dieser Grundlage anschließend Hypothesen dazu, was in der nächsten Folge passieren könnte (▶ Resumen, S. 98/2). Im leichteren Teil der Differenzierungsaufgabe auf S. 146–147 finden sich Anregungen dazu.

Im Anschluss bietet sich die Arbeit mit Folie 17 an.

Hörtext 1. José: *¡Rosario! ¡Te quiero tanto! Ya no puedo dormir, ¡necesito verte ahora!*
Rosario: *José, no puede ser. Piensa en María. Ya lleváis cinco años juntos, tú eres todo para ella. Quédate con ella…*
José: *Ya lo sé, pero desde que te vi ya no puedo pensar en otra cosa…*
José: *Eh… sí, sí, entiendo. Perfecto. Bueno, gracias por la información. Hasta luego.*
María: *Hola, mi amor, ¿con quién acabas de hablar?*
José: *Hola mi corazón, ¡qué guapa estás hoy! ¡Dame un beso, María!*

5

María: *¡Que se lo des a Rosario, el beso! ¡Yo sé que has hablado con ella! ¡Y no ha sido la primera vez! Todo el pueblo habla de esto. Ya no lo aguanto más... Mira, yo me voy de aquí, me iré a la ciudad, allí nadie me conoce y puedo empezar una vida nueva... ¡Quédate con tu Rosario!*
José: *¡María! ¡M-A-R-Í-A! ¡No te vayas! ¡Espera!*

2. Rosario: *Ay Mercedes, ya no sé qué hacer, quedarme aquí en el pueblo o volver a la ciudad. Parece que este José de verdad me quiere mucho. No deja de llamarme. Yo sí lo quiero, pero como amigo, nada más. ... ¡Pobre María! Ya no come y ya no me saluda en la calle... En el pueblo, todos hablan de esta historia y creen que yo soy la mala y que José y yo estamos saliendo juntos...*
Mercedes: *Mira Rosario, escúchame. Tú no te quedas ni un día más en ese pueblo. Estás perdiendo el tiempo con esa gente. Eres una chica tan inteligente y alegre. ¡Yo quiero que vuelvas a Madrid ya!*
Rosario: *Pero...*
Mercedes: *¡Nada de pero! Yo te iré a buscar esta noche en coche y nos vamos juntas a Madrid. Te quedas los primeros días en mi casa. Ya no soporto verte sufrir.*
Rosario: *Pero yo no puedo vivir en tu casa...*
Mercedes: *¿Cómo que no puedes? Tú sabes que yo vivo sola...ya te buscaremos un piso después. ¡Pero tienes que irte de ese lugar!*
Rosario: *Ay Mercedes, gracias, eres una amiga...*

3. Rosario: *¿Quién será?*
Diego: *Hola Rosario.*
Rosario: *Eh... sí...pero... a ver... no me digas que tú... eres ¿DIEGO?*
Diego: *Sí, soy yo. ¿He cambiado tanto?*
Rosario: *Eh... no... sí... es que... después de tanto tiempo... pero entra, pasa...*
Diego: *¿Pero qué pasa aquí? ¿Te vas a mudar?*
Rosario: *Eh, sí. Me vuelvo a Madrid...*
Diego: *¿Es verdad? Pero ahí vivo yo también desde hace tres años. ¿Cuándo te mudas?*
Rosario: *Hoy mismo. Mercedes vendrá a buscarme. ¿Te acuerdas de ella?*
Diego: *¡Claro que sí! Pero oye, Rosario, ¿por qué me miras tan triste? ¿Qué tienes?*
Rosario: *Ay Diego, no me preguntes, ya no puedo más...*
Diego: *Oye, mi niña, ¡no llores! ¿Pobrecita, qué te habrá pasado? Y sigues tan guapa como entonces... Tú no sabes cuánto te quería yo...*

Lösungsvorschlag
—*José descubrirá que Rosario quiere irse y se pondrá muy triste.*
—*José le dirá a María la verdad sobre sus sentimientos y se separarán.*
—*María se irá del pueblo y se mudará a Madrid.*
—*Rosario también se irá a Madrid.*
—*José irá a Madrid por Rosario.*
—*Diego estará muy contento y pensará en un futuro con Rosario.*
—*Rosario vivirá con Mercedes.*
—*Todos se encontrarán en Madrid y los problemas empezarán de nuevo.*

Alternative S formulieren ihre Vermutungen wie im Beispiel als Frage. Die Fragen stellen sie sich gegenseitig in PA und die/der MS äußert ihre/seine Meinung dazu, z. B.:
—*¿Rosario vivirá con Mercedes?*
—*No, yo creo que vivirá con Diego, pero Diego conocerá a María y se enamorarán.*
Dadurch wird das *futuro simple* auch mündlich gefestigt.

S.92/7b S schreiben eine Ankündigung für die nächste Folge ihrer Lieblingsserie. Zur Vorbereitung notieren sie sich zuerst ihre Ideen und formulieren diese dann aus, wobei sie das *futuro simple* verwenden und Gebrauch und Formen dadurch schriftlich festigen. Dadurch wird das Schreiben von Zusammenfassungen im nächsten Lektionsteil angebahnt.

Lösung individuell

S. 92/7c S stellen ihre Ankündigungen im Plenum vor und MS erraten, um welche Serie es sich handelt.

Lösung individuell

Cuaderno, S. 65/9 Übung zum globalen und selektiven HV: S hören einen Dialog zwischen Ana und Adrián nach ihrer Präsentation. Zur Lenkung des Hörvorgangs lesen sie sich zuvor die Fragen durch. Da der Hörtext recht lang ist, ist es notwendig, dass S sich schon beim Hören Notizen zu den Fragen machen.

Hinweis *Tuenti* ist ein spanisches soziales Netzwerk.

ESCRIBIR

S. 92/8 Neben dem Lesen werden in dieser Lektion vor allem die Schreibkompetenzen geschult. Um zu lernen, den Schreibprozess zu organisieren und zu optimieren, ist die Übung in verschiedene Schritte gegliedert: Zuerst wählen S eine der abgebildeten Personen aus und notieren stichpunktartig Vermutungen, wie wohl ihr Leben in zehn Jahren aussehen könnte. Die leichtere Version auf S. 147 bietet dazu Anregungen.

Im zweiten Teil der Übung schreiben S aus der Sicht der jeweiligen Person einen Artikel über ihr mögliches Leben in zehn Jahren für eine spanische Jugendzeitschrift. Dabei wenden sie das *futuro simple* frei an. Der Methodenteil (SB, S. 165) gibt ihnen Tipps und Redemittel für die stilistische Gestaltung an die Hand.

Zum Schluss tauschen sie ihre Texte aus und korrigieren sie gegenseitig. Für Korrekturen auf der sprachlichen Ebene können sie sich an der Fehlercheckliste auf S. 169 orientieren. Für ein konstruktives Feedback bzgl. Struktur und Inhalt kann Kopiervorlage 10 wiederverwendet werden. Die Texte werden anschließend auf Grundlage der Verbesserungsvorschläge überarbeitet. Die Korrekturen produktiv zu nutzen, ist ein wichtiger Schritt, damit S nach und nach ihre eigenen wiederkehrenden Fehler reduzieren und ihre Texte perfektionieren.

Hinweis Wenn S die Möglichkeit bekommen, ein Wörterbuch zu benutzen, können sie kreativere Texte schreiben. Daher bietet es sich ggf. an, den Text als HA anfertigen zu lassen. S können dann selbst aussuchen, ob sie ein Wörterbuch heranziehen oder die Inhalte ihrem bekannten Wortschatz anpassen. Dies bietet eine Möglichkeit zur Differenzierung.

Lösung individuell

S. 93–97 5B ¡NO TE LO PIERDAS!

S lernen mehrere authentische Jugendbücher und Filme aus der spanischsprachigen Welt kennen und geben selbst mündlich und schriftlich Empfehlungen zu ihren Lieblingsfilmen und -büchern ab. In diesem Zusammenhang lernen sie auch, Rezensionen und Zusammenfassungen auf Spanisch zu schreiben.

Grammatik	Das *pretérito pluscuamperfecto*
Wortschatz	*la sección / las secciones, recomendar, vale la pena, el/la menor, Caracas, descubrir, el comienzo, crecer, poco a poco, la amistad, interrumpir, regresar, la valoración (fak.), por una parte…, por otra parte…, ser capaz de, actuar, narrar, Ronaldinho, desde pequeño/-a, hacerse + adj., conseguir, la estrella, sorprender, Enrique Páez, el relato, el narrador / la narradora, tratar(se) de, (ser) tuareg, por lo cual, el peligro, no obstante, el castellano (fak.), dejar, lo difícil que puede ser*

> **transparent:** *la dirección* (fak.), *la duración* (fak.), *el género, el drama, la interpretación* (fak.), *el título, el albergue, el talento, el clarinete* (fak.), *la orquesta, la pasión por, (ser) complicado/-a, la relación, la pobreza, (ser) positivo/-a, el autor / la autora, la infancia* (fak.), *el jugador / la jugadora, el desierto, el Sahara, Marruecos* (fak.), *económico/-a, político/-a, la realidad, impresionar, el/la inmigrante*

Lösungen, Hörtexte und Vorschläge für den Unterricht

VORSCHLAG FÜR DIE TEXTERARBEITUNG

F 18 **1. Vorentlastung des Lektionstextes**

L kündigt das Thema der Lektion 5B an (z. B.: *Vamos a conocer una película y dos libros que unos jóvenes españoles recomiendan*.) und legt Folie 18 auf. Die Cover dienen als Sprechanlass: S tragen mit Hilfe der angegebenen Redemittel Vermutungen über Themen und Inhalte im Plenum zusammen und schreiben sie in Stichpunkten an die Tafel. Anschließend sagen sie im Blitzlicht (s. Methodenpool, S. 191) mit einer kurzen Begründung, was am ehesten ihr Interesse weckt.

2. Leseverstehen

S lesen nun in EA die drei Empfehlungen im SB (S. 93). Aufgrund der inhaltlichen Vorentlastung und der hohen Anzahl an transparenten Wörtern, sollte es hinsichtlich des Globalverständnisses keine Probleme geben. Parallel zur Lektüre bearbeiten sie Übung 1 im Cuaderno (S. 66), d. h. nach jeder Rezension ordnen sie im Cuaderno die Informationen dem entsprechenden Werk zu. Dadurch erschließen sie sich die Texte global und z. T. im Detail. Zur Sicherung kann noch einmal auf die zuvor aufgestellten Vermutungen zu den einzelnen Werken zurückgegriffen werden, und S revidieren sie gemeinsam im Plenum. Dazu kann L die einzelnen genannten Vermutungen als Fragen formulieren und S antworten, ob die Aussage mit dem Textinhalt übereinstimmt oder korrigieren sie dementsprechend. Um S auf die Details zu lenken, kann L mit weiteren Fragen zu dem jeweiligen Aspekt an die Antworten der S anknüpfen, z. B.:

–¿Entonces, es cierto que el chico en la portada del DVD es el novio de la chica?
–No, es su profesor de música y su amigo.
–¿Y cómo se llama y de dónde es?
–Es de España y se llama Joaquín.
–¿Ella también es de España?
–No, es de Caracas.

3. Festigung der neuen Redemittel

S füllen die Tabelle (SB, S. 94/1a) für jedes der drei Werke aus. Dadurch schulen sie ihr selektives Leseverstehen und erwerben implizit Redemittel zum Sprechen über Texte und Filme. Diese wenden sie anschließend aktiv an, indem sie zu den Werken je eine kurze Einleitung schreiben (SB, S. 94/1b), wobei sie sich an den Mustertexten auf S. 93 orientieren können. Dies bereitet sie auf das Schreiben von Zusammenfassungen vor. Zum Abschluss gehen S im Klassenraum herum und bleiben auf ein Zeichen von L stehen (s. Omniumkontakt, Methodenpool, S. 191) und tauschen sich mit der/dem nächststehenden MS darüber aus, welches der drei Werke sie am meisten anspricht (SB, S. 94/1c). L kann S am Schluss bitten sich nach jeweiliger Präferenz in Gruppen im Raum zu verteilen, und die einzelnen Gruppen äußern sich dazu, warum sie sich für das jeweilige Werk entschieden haben.

COMPRENDER EL TEXTO

S. 94/1 Siehe Vorschlag für die Texterarbeitung, Punkt 3.

Lösungsvorschlag a)

el título	el género	los protagonistas	El tema es…	Trata de…
«Maroa»	drama	Maroa, una chica, y Joaquín, su profesor de música	la música y la amistad	la relación bonita, pero también complicada, de los dos protagonistas
«Querido Ronaldinho»	biografía	Ronaldinho	la vida de Ronaldinho desde la infancia	del sueño de Ronaldinho de ser una estrella internacional y de su éxito
«Abdel»	relato	Abdel, un chico tuareg	la vida de un chico tuareg en España	del viaje de Abdel y de su padre a España y de los problemas que los esperan allí

b) –La película «Maroa» es un drama que trata de la amistad entre los dos protagonistas Maroa y Joaquín. Maroa vive en un albergue en Venezuela. Joaquín es su profesor de música y descubre que Maroa tiene un gran talento. Él la ayuda y entre ellos crece una amistad, pero su relación a veces es complicada y al final tienen que separarse.
–«Querido Ronaldinho» es una biografía del autor Jordi Sierra i Fabra que nos cuenta la vida del jugador de fútbol Ronaldinho desde su infancia hasta hoy. Ya desde pequeño, Ronaldinho soñaba con ser una estrella internacional. Este libro narra cómo lo consiguió.
–El relato «Abdel» del autor Enrique Páez narra la historia del tuareg Abdel y de su padre. Ellos dejan su país para buscar una vida mejor en España. Abdel, que es el protagonista del libro, cuenta de su vida en Marruecos y por qué han decidido irse a España. A través del diario de Abdel conocemos algunos de los problemas que tienen muchos inmigrantes en España.
c) Lösung individuell

S. 94/2 S suchen aus dem Lektionstext alle Redemittel heraus, die sie brauchen, um über einen Film oder ein Buch zu sprechen, und legen eine Liste dafür an. So verfügen sie über eine Sammlung der wichtigsten Redemittel der *Unidad* und können beim Punto final darauf zurückgreifen.

Lösung
–El título de la película / del libro es… (l. 14)
–Vi la película / leí el libro porque… (l. 24)
–Me la/lo había recomendado… (l. 24)
–La/El protagonista actúa muy bien. (27–28)
–El libro / La película narra la historia de… (l. 29)
–El autor nos cuenta… (l. 30)
–En este libro / esta película vemos cómo… (l. 36–37)
–No es un mal libro, pero… (l. 40)
–He comprado este libro porque… (l. 43)
–El libro de … es un relato contado como… (l. 45–46)
–… es el narrador. (l. 46–47)
–… es el protagonista de la historia (l. 47–48).
–Se trata de… (l. 48)
–Este libro / Esta película me impresionó mucho. (l. 63)

Hinweis Sinnvoll wäre es, wenn S die Redemittel in Kategorien (z. B. *Para hablar del autor, Para hablar del tema, Para hablar de los personajes, Para decir por qué lo leí / la vi, Para decir por qué (no) me gustó*) einordnen würden. So lassen sie sich besser lernen.

Cuaderno, S. 66/1 Siehe Vorschlag für die Texterarbeitung, Punkt 2.

5

MEDIACIÓN

S. 94/3 S fassen die deutschen Klappentexte mündlich auf Spanisch zusammen. Sie wenden dabei die Redemittel aus Übung 2 frei an und üben, Inhalte knapp (in der anderen Sprache) wiederzugeben.

Lösungsvorschlag
- „Zu Hause ist wo ich glücklich bin": *El título del libro significa «Mi casa es donde soy feliz». El libro narra las historias de inmigrantes que llegaron solos o con sus familias a Alemania. En este libro vemos cómo viven en este país y entre dos culturas. Por ejemplo, un relato trata de una chica que se ha enamorado de un chico alemán y que decide decírselo a su padre.*
- „Nirgendwo in Berlin": *El libro trata de una chica, Greta, que se ha mudado con su madre a Berlín. Pero ella no está feliz porque no encuentra amigos. A su única amiga la conoce en un chat. De repente, esta chica ya no contesta a los mensajes y Greta está segura de que le ha pasado algo en esta ciudad.*

Cuaderno, S. 71/9 S lesen eine Rezension auf Deutsch über den venezolanischen Film „El sistema". Sie beantworten schriftlich drei Fragen dazu (S. 72), und wenden dabei die neuen Redemittel an.

Hinweis Die Übung schließt inhaltlich und vom Schwierigkeitsgrad her an die vorherige Übung 8 (Cuaderno, S. 70) an. Es bietet sich also an, sie nacheinander zu bearbeiten.

VOCABULARIO

S. 94/4 Zum Verstehen unbekannter Texte ist es wichtig, dass S sich Worterschließungsstrategien aneignen, damit sie nicht jedes neue Wort im Wörterbuch nachschlagen müssen. Mit dieser Übung werden S solche Strategien zum Erschließen von Wortbedeutungen bewusst gemacht.
Im ersten Teil der Übung erschließen sie neue Wörter aus dem Lektionstext über Wörter derselben Wortfamilie.
In 4b wenden sie diese Strategie selbst aktiv an, indem sie zu vorgegebenen Verben und Substantiven Wörter derselben Wortfamilie bilden und ihre Lösungen mit Hilfe eines Wörterbuches kontrollieren. Dieses Vorgehen hilft den S auch beim Verfassen und Korrigieren eigener Texte.
Im dritten Teil der Übung erschließen S sich mit Hilfe ihres Vokabelwissens und ggf. mit einem Wörterbuch – sie können die Wörter im unteren Kasten der Übung 4b nachschlagen – eine nützliche Regel zu den Artikeln, mit der sie häufige Fehler vermeiden können: Substantive, die auf *-ción* und *-sión* enden sind immer feminin. Wenn ohne Wörterbuch gearbeitet wird, können S ihre Einschätzung anhand des Methodenanhangs (SB, S. 153) selbst überprüfen.

Lösung
a) *jugar – el jugador / la jugadora (l. 32) – el juego*
el sueño – soñar con (l. 56)
la sorpresa – sorprender (l. 42)
narrar – el narrador / la narradora (l. 47)
el actor – actuar (l. 27)
la propuesta – proponer (l. 18)
comenzar – el comienzo (l. 18)
el amigo – la amistad (l. 20)
ser pobre – la pobreza (l. 26)

b) *decidir – la decisión*   *información – informar*
interpretar – la interpretación   *duración – durar*
narrar – la narración   *educación – educar*
explicar – la explicación   *organización – organizar*
participar – la participación   *plantación – plantar*
recomendar – la recomendación

c) *Son femeninos.*

Cuaderno, S. 66/2   Übung 2a vermittelt den S eine weitere Strategie, wie sie sich unbekannte Wörter erschließen können, nämlich mit Hilfe anderer Sprachen: S schreiben zu den englischen, französischen und deutschen Wörtern die spanische Entsprechung, die sie im Lektionstext (SB, S. 93) finden können. Sie unterstreichen die orthographischen Abweichungen und festigen so die Schreibweise.

In Übung 2b suchen S im Text (SB, S. 93) die Antonyme zu den angegebenen Wörtern und erweitern so ihren Wortschatz. Wörter gemeinsam mit ihren Antonymen zu lernen, ist auch eine gute Strategie beim Vokabellernen, da vernetzte Wörter sich besser einprägen.

Im letzten Übungsteil kontextualisieren S die Wörter aus 2a und 2b in einigen Sätzen. Auch dadurch prägen sich Wörter besser ein und diese Vorgehensweise kann somit beim Vokabellernen helfen.

DESCUBRIR Y PRACTICAR

S. 95/5
📄 14

Diese Übung widmet sich dem neuen grammatischen Phänomen der Lektion: dem *pretérito pluscuamperfecto*. S erschließen sich die Funktion und die Bildungsweise dieser Vergangenheitsform:

In 5a benennen S für jeden Satz die Handlung, die zuerst passiert. Das können sie leicht aus dem Zusammenhang erschließen. Sie machen sich dadurch sich die Funktion des *pretérito pluscuamperfecto* bewusst, nämlich Vorzeitigkeit auszudrücken. Dieser Übungsteil kann gut im Plenum durchgeführt werden: L schreibt die ganzen Sätze an die Tafel und markiert nach Ansage der S die Handlung, die zuerst passiert.

In 5b erschließen S sich die Bildung des *pretérito pluscuamperfecto*. Dazu können sie die Sätze aus Übung 5a heranziehen: Sie betrachten an der Tafel die zusammengesetzten Verben in dem markierten Satz und schließen daraus, aus welchen Teilen das Plusquamperfekt zusammengesetzt ist und in welcher Zeit bzw. in welcher Form die Verben stehen (Imperfekt von *haber* + Partizip des Vollverbs). (▶ Resumen, S. 99/6)

In 5c festigen S die Bildung des *pretérito pluscuamperfecto*. Ggf. kann L Hilfestellung leisten, indem er darauf hinweist, dass hierbei immer der zweite Teil des Satzes im Plusquamperfekt steht und der erste Teil im *indefinido*. In der Übung sollen auch unregelmäßige Partizipien gebildet werden. S kennen die Formen bereits aus der vorigen Lektion, es kann aber sinnvoll sein, sie noch einmal daran zu erinnern (▶ Resumen, S. 80/2). Übung 5c bietet sich als schriftliche HA an, da S die Übung wahrscheinlich unterschiedlich schnell bearbeiten können.

Zur spielerischen Festigung und Wiederholung der verschiedenen Vergangenheitszeiten und des Futur kann die Kopiervorlage eingesetzt werden. Dabei wählen sie die passende Zeitform und bilden einen Satz.

Lösung   a) 1. *un amigo me la había recomendado* – 2. *ya había leído otros libros del autor* – 3. *antes ya había leído mucho sobre el tema*

b) Bildung des *pretérito pluscuamperfecto*: Hilfsverb *haber* im Imperfekt + Partizip des Vollverbs

c) –*Cuando me conecté para chatear con Ana, ella todavía no se había conectado.*
–*Cuando empezaste a leer «Abdel», Adrián ya lo había leído.*
–*Cuando Adrián entró en el cine, la película ya había empezado.*
–*Cuando vimos «Maroa», nuestra profe ya había visto la peli.*
–*Cuando llegasteis al instituto, las clases ya habían empezado, ¿verdad?*
–*Cuando Adrián y Ana hicieron su presentación, la clase ya había leído mucho sobre el tema.*

Hinweis   Das Plusquamperfekt wird im Deutschen – zumindest im Hochdeutsch – genauso gebildet und verwendet wie im Spanischen. Daher dürfte die Zeitform an sich den S keine Probleme bereiten. Jedoch werden im Deutschen vor allem im mündlichen Sprachgebrauch anstelle des Plusquamperfekts häufig weniger komplexe Formen verwendet. Im Spanischen wird der Gebrauch des *pretérito pluscuamperfecto* dagegen wesentlich strikter eingehalten, um Vorzeitigkeit auszudrücken. Vor allem bei der indirekten Rede in der Vergangenheit ist die Verwendung obligatorisch.

S. 95/6 S üben die Gebrauchsweise und die Bildung des *pretérito pluscuamperfecto*: Sie betrachten die Bilder und äußern mit Hilfe der Versatzstücke, was vorher geschehen ist. Die Bilder stehen in keinem Zusammenhang miteinander, drehen sich aber immer um Adrián und/oder Ana. Je nachdem, wie sicher S schon in der Verwendung des Plusquamperfekts sind, kann die Übung entweder schriftlich (als HA) oder mündlich in PA durchgeführt werden, wobei S sich abwechseln und gegenseitig korrigieren. (▶ Resumen, S. 99/6)

Lösungsvorschlag
–*Cuando Adrián llegó al cine, Ana ya se había ido.*
–*Cuando encendí la tele, la película ya había empezado.*
–*Cuando Ana y Adrián llegaron a casa, sus padres ya habían cenado.*
–*Cuando Ana encontró a su amiga no la había visto desde hace años.*
–*Cuando fuimos a buscar a Ana, ella no había preparado la maleta.*
–*Ayer estaba cansada porque me había levantado muy tempano.*

Cuaderno, S. 67/4 S vervollständigen die Sprechblasen zu den Bildern anhand der vorgegebenen Versatzstücke und verwenden dabei das Plusquamperfekt (▶ Resumen, S. 99/6). Da diese Übung der Übung 6 auf S. 95 (SB) sehr ähnelt, bietet es sich an, eine davon zur Wiederholung vor einer Arbeit oder als differenzierende HA einzusetzen.

Cuaderno, S. 68/5 Im ersten Teil formulieren S anhand der vorgegebenen Fragmente schriftlich, was die Familie von Ronaldinho schon vor dem Abendessen gemacht hatte und verwenden dabei das Plusquamperfekt.

In 5b schreiben S einen freien Text darüber, was sie selbst und ihre Familie am Vortag vor dem Abendessen schon gemacht hatten.

Cuaderno, S. 68/6 In Lektionsteil 5A haben S die Konjunktionen *aunque*, *mientras* und *cuando* mit *subjuntivo* bei einem Bezug auf die Zukunft kennengelernt. Vor der Bearbeitung der Übung, kann L dies noch einmal mit S rekapitulieren.

Nun erfahren sie, dass die Konjunktionen auch mit dem Indikativ stehen können. Das ist der Fall, wenn sie sich auf die Gegenwart beziehen (*mientras* und *cuando*) bzw. keine Ungewissheit beinhalten (*aunque*). Sie machen sich den Bedeutungsunterschied bewusst, indem sie die jeweilige deutsche Entsprechung ankreuzen (▶ Resumen, S. 98/3). Bei Schwierigkeiten kann L darauf hinweisen, dass man an der Zeitform des Verbs im Hauptsatz erkennt, ob ein Zukunftsbezug vorliegt oder nicht.

Im zweiten Teil der Übung (S. 69) übertragen sie die vorgegebenen Sätze ins Spanische und verwenden dabei *mientras*, *cuando* und *aunque* mit *subjuntivo* oder Indikativ. Sie können sich dabei an Übung 6a orientieren.

In 5c festigen S den kontrastiven Gebrauch von *subjuntivo* und Indikativ nach *mientras*, *cuando* und *aunque*, indem sie den Lückentext mit der entsprechenden Form der Verben ergänzen. Der Kontrast zwischen *cuando*, *mientras* und *aunque* mit *subjuntivo* oder Indikativ kann zusätzlich anhand der Kopiervorlage geübt werden.

HABLAR

S. 96/7 S festigen die Redemittel der Lektion mündlich und wenden sie in einem realistischen Gesprächskontext selbstständig an, indem sie mit Hilfe der Partnerkarten (Karte B auf S. 149) einen Dialog entwickeln. Um dabei nicht ins Stocken zu kommen, überlegen sie vorher gemeinsam, welchen Schauspieler / welche Schauspielerin sie beide aus mindestens zwei Filmen kennen. Da das Sprechen geübt werden soll, sollte auf eine schriftliche Vorbereitungsphase verzichtet werden.

Lösungsvorschlag
B: *Hola, ¿qué tal? ¿Acabas de salir del cine?*
A: *¡Hola! Sí, acabo de ver una peli.*
B: *¿Cuál?*

A: *Piratas del Caribe. ¿La conoces?*
B: *Pues, me parece que sí. ¿De qué trata?*
A: *Trata de unos piratas que tienen que luchar contra otros piratas. También hay una historia de amor…*
B: *Ah, ¿Penélope Cruz actúa también en esta película, ¿verdad?*
A: *Sí. Es mi actriz favorita y en esta película actúa muy bien.*
B: *¿Conoces otras películas de ella?*
A: *Sí, hace unos días vi «Volver».*
B: *Ah, ya la has visto. A mí también me gustaría verla…*
A: *Bueno, a mí me gustó tanto que quiero verla otra vez. ¿Cuándo tienes tiempo? ¿El sábado?*
B: *Ah, ¡genial!. Pero no sé si puedo el sábado. A ver si puedo quedar. Te llamo, ¿sí?*
A: *Vale, hasta luego.*

ESCRIBIR

S. 96/8a S wälzen die Redemittel zum Thema Filme zuerst schriftlich um: Sie machen sich zu zwei Filmen, die sie (nicht) mögen, Notizen bzgl. Thema, Figuren und warum sie ihnen (nicht) gefallen. Dabei können sie auf den Themenwortschatz auf S. 173 zurückgreifen. Ihre Aufzeichnungen können sie ggf. beim Punto final wiederverwenden.

Lösung   individuell

S. 96/8b Im mündlichen Teil der Übung geben S auf Grundlage ihrer Notizen in 4er-Gruppen kurze Rezensionen zu den Filmen ab und bewerten sie. Zur Bewertung bzw. Erzählung können sie die abgedruckten Redemittel heranziehen.

Lösung   individuell

APRENDER MEJOR

S. 96/9 Im Rahmen des Methodenschwerpunktes lernen S in dieser Lektion die Textarten *resumen* und
📄 16   *reseña* kennen. In dieser Übung lernen sie, wie man auf Spanisch eine Zusammenfassung schreibt. Dadurch werden sie auch auf die folgende Schreibaufgabe vorbereitet, bei der sie eine Rezension ihres Lieblingsbuches schreiben werden. Die Kopiervorlage kann vor Bearbeitung der Übung eingesetzt werden. Sie dient als Muster.
Zuerst machen S sich zu den aufgeführten Leitfragen, die das Grundgerüst einer Zusammenfassung darstellen, Notizen über ihr Lieblingsbuch oder das zuletzt gelesene Buch. Anhand dessen und mit Hilfe der Konnektoren schreiben sie dann eine Zusammenfassung als Fließtext. Der Themenwortschatz auf S. 171 ff. gibt ihnen nützliche Redemittel dazu an die Hand. Im Methodenanhang auf S. 168 finden sie außerdem Tipps und Hinweise zum Verfassen einer Zusammenfassung sowie ein Beispiel.

Lösung   individuell

ESCRIBIR

S. 97/10a Hier wird die Übung 9b (SB, S. 96) weitergeführt, indem S mit Hilfe des abgedruckten Leitfadens nun eine Rezension über ihr Lieblingsbuch schreiben und die von ihnen verfasste Zusammenfassung darin integrieren. Falls sie kein Lieblingsbuch haben, schreiben sie über das zuletzt gelesene Buch. Als Modell für eine Rezension können S die beiden Buchrezensionen auf S. 93 heranziehen. L weist darauf hin, dass Rezensionen das Publikum dazu anregen sollen, das Buch bei Interesse selbst zu lesen, weshalb das Ende nicht verraten werden soll.

Hinweis   Zur stilistischen Vorbereitung des Schreibprozesses bietet sich Übung 11 im Cuaderno (S. 73) an.

S. 97/10b S präsentieren ihre Rezensionen in der Klasse. Damit S dabei möglichst frei sprechen, kann die Präsentation mit der Klausurbogenmethode (s. Methodenpool, S. 191) vorbereitet werden.

Lösung individuell

Cuaderno, S. 70/7 Auf Grundlage des Ausgangstextes schreiben S eine weitere Episode zur Serie „No me digas rebelde". Im Sinne des methodischen Schwerpunktes Schreiben schulen S hier, ihren Schreibstil durch den Einsatz von *enlaces* zu verbessern.

Cuaderno, S. 72/10 S präsentieren schriftlich ihre Lieblingssendung im Fernsehen oder Radio, ihre Lieblingswebsite oder ihre Lieblingszeitschrift. Sie stellen das gewählte Medium kurz vor, sagen, wie oft sie es verwenden und warum sie es interessant finden. Dadurch festigen sie die Redemittel zum Thema Medien und Mediengewohnheiten. (▶ Para comunicarse, S. 218)

YA LO SÉ

S. 97/11 Nachdem S in Übung 8 bereits kurz über zwei Filme gesprochen und eine kurze Wertung abgegeben und in Übung 10 eine Buchrezension geschrieben haben, geht es hier nun um eine Filmrezension. Die Redemittel hierfür sind im Prinzip die gleichen, jedoch variiert das Vokabular leicht. Da S die Redemittel und Strukturen in diversen Übungen der Lektion bereits geübt und gefestigt haben, sollten sie nun in der Lage sein, nach einer kurzen Vorbereitungszeit ihren Lieblingsfilm mündlich zu präsentieren und zu empfehlen.
Im Anschluss wählen S im Plenum den beliebtesten Film der Klasse oder alternativ denjenigen, der aufgrund der Präsentation die meisten S angesprochen hat.

Lösung individuell

COMPRENSIÓN AUDIOVISUAL

S. 97/12 Mit Hilfe der Kopiervorlage für die DVD verstehen S den Hör-Sehtext global und selektiv.
◎ KV DVD7

¿TE ACUERDAS?

Cuaderno, S. 67/3 Lückenübung zur Wiederholung der temporalen Präpositionen *en, desde, desde hace, hace, hasta, desde... hasta*.

VENEZUELA EN DIRECTO

Cuaderno, S. 70/8a S verstehen zwei Filmrezensionen selektiv. Dadurch wird die folgende Mediation vorbereitet.

Cuaderno, S. 71/8b S fassen im Rahmen einer Mediation zwei Filmrezensionen schriftlich auf Deutsch zusammen.

TALLER DE ESCRITURA

Cuaderno, S. 73/11 Im Sinne des Methodenschwerpunktes schulen S hier ihre Schreibkompetenz, insbesondere das Überarbeiten von Texten sowie die Verwendung von Konnektoren zur Gestaltung eines zusammenhängenden Fließtextes.

MI RINCÓN DE LECTURA

Cuaderno, S. 74/1 Zur Vorentlastung des folgenden Textes reaktivieren S ihr Vorwissen über Mexiko aus Lektion 3.

Cuaderno, S. 74/2 S verstehen den adaptierten Zeitungsartikel global.

PUNTO FINAL 5

Die *Unidad* 5 stand unter dem Oberthema Medien. S haben sich über verschiedene Medien und über ihre eigenen Mediengewohnheiten ausgetauscht und Bücher und Filme zusammengefasst und rezensiert. Zum Abschluss der Themeneinheit entwerfen sie eine Seite für eine spanische Jugendzeitschrift. Es werden sechs Themenbereiche vorgeschlagen, welche sich alle aus der Lektion ergeben. Je nach persönlichem Interesse können S auswählen, ob sie eine Seite zu allen oder nur zu einem der Themen gestalten. Sie können dabei auf ihre bisherigen Arbeitsergebnisse zurückgreifen und ihre Texte und Aufzeichnungen wiederverwenden.

S. 97/a S wählen in 4er-Gruppen die besten Arbeitsergebnisse der Übungen S. 96/8, S. 96/9 und S. 97/10 (SB) aus und überarbeiten sie mit Hilfe der Methoden, die sie im Laufe der Lektion geschult haben (Sprachliche Korrektur, Kürzen, Verknüpfung durch Konnektoren usw.).

Lösung individuell

S. 97/b S gestalten in der Gruppe nun ihre Seite mit den Texten sowie Fotos, Zeichnungen, Erklärungen usw.

Lösung individuell

S. 97/c Die Gruppen stellen ihre Seiten im Klassenraum aus und bewerten gegenseitig ihre Arbeitsergebnisse. Kriterien zur Bewertung von Texten und Präsentationen finden sich im Methodenanhang auf S. 164 und 168 (SB) sowie auf KV10; diese können gemeinsam erweitert werden.

Lösung individuell

S. 100–101 REPASO 5 (FAKULTATIV)

Lösungen und Hörtexte

¿TE ACUERDAS?

S. 100/1 Wiederholungsübung zur Bildung des *subjuntivo* in der 2. Pers. Sg.

Lösungsvorschlag
– *Espero que llames todos los días.*
– *Ojalá que no tengas frío.*
– *Ojalá que no te pase nada.*
– *Espero que Florian te lleve a muchos sitios.*
– *Espero que la gente te entienda.*
– *Ojalá que la comida te guste.*
– *Espero que lo entiendas todo.*
– *Ojalá que aprendas un poco de alemán.*
– *Espero que lo pases bomba.*
– *Ojalá que te lleves bien con la familia de Florian.*
– *Espero que me traigas muchos regalos.*
– *Espero que puedas ir a Berlín.*
– *Espero que hagas muchas fotos.*

S. 100/2 S wiederholen die Bildung des *gerundio*.

Lösungsvorschlag –*Unos niños están jugando al fútbol.*
–*Una niña está comiendo un helado.*
–*Una chica está leyendo un libro.*
–*Otra chica está hablando por el móvil.*
–*Una pareja está charlando.*
–*Un joven está cantando y una chica está bailando.*
–*Un hombre está corriendo.*

PRACTICAR

S. 100/3 S festigen den Gebrauch von *llevar/seguir + gerundio*. (▶ Resumen, S. 98/4)

Lösung 1. *Adrián lleva siete años tocando la guitarra.*
2. *Todavía no hemos encontrado mucha información. ¿Seguimos buscando?*
3. *Ana ya lleva horas leyendo este libro.*
4. *¿Adrián sigue viviendo en Salamanca?*
5. *Ya llevo cinco horas preparando la presentación.*
6. *Vamos a seguir llamándonos los fines de semana, ¿verdad?*

S. 101/4 S üben die Formen des *futuro simple* in PA. (▶ Resumen, S. 98/1)

Lösungsvorschlag 1. *En el futuro yo ya no escribiré con bolígrafo. Escribiré sólo en tabletas PC.*
2. *Mi hermana se conectará mucho a Internet y charlará con sus amigos virtuales.*
3. *Mis amigos y yo ya no tendremos que ir a la escuela cada día. Estudiaremos mucho más en casa.*
4. *Mi padre trabajará mucho en casa también.*
5. *Mi madre podrá hacer las compras a través de Internet. Habrá muchas tiendas virtuales.*
6. *Mis abuelos lo harán todo como hoy en día. Seguirán escribiendo con bolis y no usarán tabletas PC.*

S. 101/5 S festigen den Gebrauch des *futuro simple* und der Struktur *cuando + subjuntivo*. (▶ Resumen, S. 98/3)

Lösungsvorschlag –*¿Cuándo tendrás hijos? –Cuando me case.*
–*¿Cuándo estudiarás en la universidad? –Cuando termine el instituto.*
–*¿Cuándo te casarás? –Cuando me enamore de verdad.*

ESCRIBIR

S. 101/6 S ergänzen ihr Vokabelnetz zum Thema Kommunikationsmedien oder, falls noch nicht geschehen, legen eines an und schreiben mit dessen Hilfe einen kreativen Text, ein Lied oder Gedicht zu dem Themenbereich.

Lösungsvorschlag a) Siehe ¡Acércate!, Vorschlag für die Texterarbeitung, Punkt 2, Mögliches Tafelbild.
b) Lösung individuell
c) Lösung individuell

VOCABULARIO

S. 101/7 S wiederholen mit Hilfe des Vokabelanhangs (SB, S. 232) das Verb *pasar* und festigen die unterschiedlichen Gebrauchsweisen schriftlich.

Lösung a) *pasar* – vergehen
pasar (algo a alguien) – los sein, (jdm etw.) passieren
pasar (muchos tiempo en + sust.) – (viel Zeit in + Subst.) verbringen

pasar algo a alguien – jdm etw. reichen
pasar a la historia – Vergangenheit werden
pasar de algo – keine Lust haben auf etw.
pasar por (+ sust.) – bei (+ Subst.) vorbeikommen
¡Pasa! – Komm herein!
Lo que pasa es que + Satz – Es ist so, dass + Satz
No pasa nada. – Das macht nichts.
pasarlo bomba/genial – sich köstlich amüsieren

b) Lösung individuell

S. 102–103 ¡ANÍMATE! 5 (FAKULTATIV)

Lösungen, Hörtexte und Vorschläge für den Unterricht

S. 102/1a S verstehen den Leserbrief und die Antwort detailliert und diskutieren im Plenum darüber. Soll das Thema weiter vertieft werden, können S in PA eine Szene oder einen Dialog erarbeiten, wie ein Treffen von Angélica mit ihrer Internetbekanntschaft ablaufen könnte. Eine weitere Möglichkeit ist, dass S in PA Argumente für und gegen ein Treffen sammeln und damit einen Dialog zwischen Angélica, die ihre Internetbekanntschaft unbedingt treffen will, und einer Freundin, die dagegen ist, schreiben.

Lösung individuell

S. 102/1b S verfassen in 4er-Gruppen eine Antwort zu dem Leserbrief und wälzen dabei das Vokabular zum Thema Medien und Mediengewohnheiten um. Anschließend stellt jede Gruppe ihre Antwort vor und S diskutieren im Plenum, welche Antwort am hilfreichsten ist.

Lösung individuell

S. 103/2a S verstehen den authentischen Comic global und fassen im Plenum grob den Inhalt zusammen. Unbekannte Vokabeln, die benötigt werden (z. B. *candidato*, *votar*), finden S im Text, wo sich ihre Bedeutung im Zusammenhang erschließt.

Lösungsvorschlag *El comic trata de un programa en la tele que se llama «Operación Clase». El público puede votar por SMS a su candidato favorito. Tres amigas están viendo el programa y dos de ellas están mandando muchos SMS para votar por su candidato.*

S. 103/2b S weisen ihr Detailverstehen nach, indem sie das letzte Bild erklären.

Lösungsvorschlag *Las chicas miran enfadadas a Ela porque se escondió para llamar por teléfono para votar por Kevin. Cuando las amigas la ven, ella dice que sólo está pidiendo unas pizzas.*

S. 103/2c S erarbeiten selbst eine Karikatur zum Thema Kommunikation und wenden dabei das Themenvokabular kreativ an.

Lösung individuell

6 EUROPA Y ESPAÑA S. 104–121

In dieser *Unidad* geht es um die Europäische Union und die Möglichkeiten, die sie (jungen) Menschen bietet, sowie um den spanisch-deutschen Schauspieler Daniel Brühl als Beispiel für einen bekannten Europäer. S lernen zudem das spanische Bildungssystem kennen und bereiten sich auf eine mögliche Stellen- oder Praktikumssuche in Spanien vor.

ÜBERSICHT

Gliederung	¡Acércate! Text A: *Un actor europeo* Text B: *Encontrar su vocación* (fak.) Resumen Repaso 6 (fak.) ¡Anímate! 6 (fak.)
Lernziele	Die Aufforderung eines anderen wiedergeben Aussagen aus der Vergangenheit wiedergeben Über Schule, Berufe und Ausbildung sprechen
Methodentraining	Aprender mejor: eine Bewerbung schreiben Methodischer Schwerpunkt: Hören, Dialogisches Sprechen
Grammatik	Die indirekte Aufforderung (*Quiere que…*, *Dice que…*) Die indirekte Rede und Frage in der Vergangenheit
Folien	F19: *Siempre me dicen que…* F20: *Un curso de alemán* F21A+B: *Para hablar de profesiones y de carreras universitarias*
Kopiervorlagen	KV17: *Europa es…* KV18: *Un actor europeo* KV19a: *Españoles en Europa* KV19b: *Encontrar su vocación* KV20: *¿Qué hacer después del instituto?* KV21: *Una entrevista de trabajo – hoja de evaluación* KV DVD8: *Escena 6: Mi familia*
Landeskunde	**Das spanische Schulsystem** Das spanische Schulsystem weist einige Unterschiede zum deutschen auf. Es gliedert sich in folgende Stufen: – *Educación infantil/preescolar*: Diese Vorschulerziehung ist freiwillig und steht Kindern bis zum Alter von sechs Jahren offen. – *Educación Primaria*: Mit sechs Jahren beginnt die Schulpflicht und die Schüler/innen gehen sechs Jahre lang in die Grundschule (span. *colegio*). Die Wahl einer Fremdsprache (in der Regel Englisch) ist hier bereits verpflichtend. – *Educación Secundaria Obligatoria (ESO)*: Nach der Grundschule gehen alle Schüler/innen im Alter von zwölf bis 16 Jahren auf die Mittelschule (span. *instituto*). Mit 16 Jahren endet die Schulpflicht und die Jugendlichen können zwischen einer Berufsausbildung (span. *formación profesional / FP*) oder einem allgemeinbildenden Abschluss (span. *bachillerato*) wählen.

- *Formación Profesional (FP)* und *bachillerato*: Die Berufsausbildung dauert zwei Jahre und schließt mit dem Abschluss des *técnico/-a* ab. Auch der *bachillerato*, vergleichbar mit der Oberstufe, dauert zwei Jahre, endet aber nicht mit einer Abschlussprüfung wie dem Abitur. Sowohl der abgeschlossene *bachillerato* als auch die bestandene Berufsausbildung berechtigt zum Hochschulzugang. Hierfür muss allerdings eine Aufnahmeprüfung (span. *pruebas de acceso a la universidad / PAU*) bestanden werden.

ÜBUNGEN IM SCHÜLERBUCH (SB) UND IM CUADERNO (C)

Leseverstehen	selektiv	Text B (C, S. 84/1) fak. Zeitungsartikel (C, S. 87/1)
	detailliert	Interpretation eines Zitates (SB, S. 108/3) Text A (C, S. 78/1)
	selektiv und detailliert	Acércate (SB, S. 106/3) Text A (SB, S. 108/2) Text B (SB, S. 112/2) fak.
Hörverstehen	global	Deutschstunde in einer spanischen Schule (C, S. 84/2a) fak.
	selektiv	Emigration (SB, S. 109/5) Auslandsaufenthalt (SB, S. 110/9a) Übung zum Hör-Sehverstehen (SB, S. 114/10) fak.
	detailliert	Bewerbungsgespräch (SB, S. 114/7) fak. Ein Treffen mit Daniel Brühl (C, S. 78/2)
	selektiv und detailliert	Bewerbungsgespräch (SB, S. 114/6) Länder der EU (C, S. 77/2)
Schreiben	gelenkt	Den eigenen Lebenslauf schreiben (SB, S. 113/4b) fak. Ein Interview schreiben (SB, S. 119/5) fak.
	frei	Eine Biographie schreiben (SB, S. 112/3b) fak. Einen fiktiven Arbeitstag beschreiben (SB, S. 119/6b) fak. Über den eigenen Lieblingsschauspieler schreiben (C, S. 83/11)
Sprechen	gelenkt	Tandemübung (C, S. 84/3) fak.
	frei	Über Zukunftspläne reden (SB, S. 111/1) fak. Vorstellungsgespräch (SB, S. 115/Punto final 6) fak. Über Stellenangebote sprechen (SB, S. 119/6a) Rollenspiel (C, S. 82/8) Von einem Bewerbungsgespräch erzählen (C, S. 84/4) fak.

Sprachmittlung		Stellenausschreibungen für Schülerjobs wiedergeben (SB, S. 110/8) Dolmetschen (C, S. 82/9) Über EU-Programme für Jugendliche informieren (SB, S. 119/7) fak.
Sprachliche Mittel	Wortschatz	Ländernamen und -adjektive (SB, S. 106/5) Europäische Union (SB, S. 108/4a, b fak.) Berufe (SB, S. 114/8; SB, S. 119/4) fak. Verben zum Thema Studium und Berufswahl (C, S. 85/5) fak.
	Redemittel	Über Schule, Arbeit und Berufe sprechen (SB, S. 112/3a) fak. Anwendung der neuen Redemittel (SB, S. 115/11) fak.
	Die indirekte Rede	Die indirekte Aufforderung (SB, S. 106/6; SB, S. 118/3 fak.; C, S. 77/1) Die indirekte Rede und Frage in der Vergangenheit (SB, S. 109/6; SB, S. 109/7a; SB, S. 110/ 7b fak.; SB, S. 110/9b; C, S. 80/5; C, S. 80/6; C, S. 81/7) Die indirekte Rede im Präsens (SB, S. 118/1) fak.
	Verben	Das *pretérito perfecto* (SB, S. 118/2) fak.
	Pronomen	Die direkten und indirekten Objektpronomen (C, S. 79/4)
	Autocontrol	Übungen zur Selbstkontrolle (C, S. 88)
Methodentraining	Worterschließung	Worterschließung mit Hilfe anderer Sprachen (SB, S. 104/2; C, S. 83/10)
	Informationsrecherche	Internetrecherche zu Daniel Brühl (SB, S. 107/1) Internetrecherche zum Europass (SB, S. 113/4a) fak.
	Formelle Briefe schreiben	Bewerbungsschreiben (SB, S. 113/5) fak.
	Wörterbucharbeit	Arbeit mit dem einsprachigen Wörterbuch (SB, S. 114/9) fak.
	Sprachreflexion	Wortbildung/Suffixe (C, S. 78/3)
	Den Schreibprozess organisieren	Einen Text überarbeiten und Fehler selbst korrigieren (C, S. 86/6)
Landeskunde		Europa (SB, S. 104/1; SB, S. 106/4 fak.) Feiertage in Spanien und Deutschland (SB, S. 121/1; SB, S. 121/2) fak.

S. 104–106 ¡ACÉRCATE!

S machen ein Quiz über Europa, lernen interessante Fakten kennen und erfahren, was alle Mitgliedsländer trotz ihrer Unterschiede gemeinsam haben.

Grammatik	Die indirekte Aufforderung (*Quiere que…*, *Dice que…*)
Wortschatz	*viajar por + sust., el gobierno, los Derechos Humanos* (fak.), *el gallego* (fak.), *el aranés* (fak.), *la forma de gobierno* (fak.), *el PIB* (= *producto interno bruto*) (fak.), *varios/-as + sust., alimentar, el producto lácteo* (fak.), *el pescado, la carne, cuidar de, la población, la asistencia médica* (fak.), *la jubilación, el pan integral, (ser) diverso/-a, el jamón ibérico* (fak.), *la ley / las leyes* (fak.), *la salud, el medio ambiente, el lema, la diversidad* **transparent:** *la extensión, la Unión Europea (UE)* (fak.), *Europa* (fak.), *cambiar, la frontera, el europeo / la europea, libremente, el pasaporte, (ser) democrático/-a* (fak.), *la condición / las condiciones* (fak.), *la monarquía parlamentaria* (fak.), *la Comunidad Económica Europea* (fak.), *la introducción, en total, el kilo, consumir, (ser) social, la educación, la distancia, ocupar, el planeta, la gastronomía, el cruasán, el área, China* (fak.), *India* (fak.), *unir*

Lösungen, Hörtexte und Vorschläge für den Unterricht

VORSCHLAG FÜR DIE TEXTERARBEITUNG

ACTIVIDAD DE PRELECTURA

S. 104/1 **1. Vorentlastung des Lektionstextes**

S notieren fünf Stichworte, die sie mit Europa assoziieren, auf Karteikarten. Ggf. können auch Wörterbücher bereit gestellt werden. Sie aktivieren so ihr Vorwissen und werden an das Thema der Lektion herangeführt. L hängt ein großes leeres Plakat mit dem Titel „Europa" an die Tafel. S kleben ihre Karteikarten dazu und achten darauf, dass sich eine sinnvolle Struktur ergibt. Jedes Stichwort darf nur einmal vertreten sein. Es ist zu erwarten, dass S bereits einige Aspekte aus dem Text (gemeinsame Währung, reisen ohne Pass, Demokratie, verschiedene Sprachen usw.) nennen, so dass der Text thematisch vorentlastet wird. Das Plakat wird schließlich gemeinsam im Plenum besprochen: Die Struktur und die einzelnen Karteikarten werden (bei Bedarf) erläutert. S können später, wenn sie weitere Fragen zu Europa stellen (SB, S. 106/4), auf das Plakat zurückgreifen.

S. 104/2 **2. Worterschließung**

Die Anzahl von neuem Vokabular auf der Doppelseite ist ziemlich hoch, jedoch ist ein großer Teil der Wörter transparent und kann von S u. a. mit Hilfe anderer Sprachen erschlossen werden. Diese bereits bekannte Strategie wenden sie an, um die Wörter im Kasten zu entschlüsseln. Dadurch wird der Text lexikalisch vorentlastet.

Lösung *el cruasán* – Croissant (franz./dt.), *el pan integral* – Vollkornbrot (span. *pan*), *el pasaporte* – Pass (engl. *passport*), *la frontera* – Grenze (franz. *frontière*), *la gastronomía* – Gastronomie (dt.), *los Derechos Humanos* – Menschenrechte (engl. *human rights*), *el producto* – Produkt (dt.), *el gobierno* – Regierung (engl. *government*), *el euro* – Euro (dt.), *la extensión* – Fläche (engl. *extension*), *el planeta* – Planet (dt.), *la Unión Europea* – Europäische Union (dt.), *la condición* – Bedingung (engl./franz. *condition*)

6

3. Bearbeitung des Quiz'

S beantworten die drei Fragen zum Quiz auf S. 104. Das kann auch im Plenum durchgeführt werden: L stellt die Fragen und S geben per Handzeichen die ihrer Meinung nach richtige Antwort ab. L sammelt die Zahlen an der Tafel und anschließend wird das Quiz im Plenum ausgewertet bzw. besprochen.

4. Leseverstehen und Informationsrecherche

S lesen in EA die blauen Sprechblasen mit den Informationen zur EU – ggf. als HA – und notieren sich, welche Informationen für sie die interessantesten und welche die wichtigsten sind (SB, S. 106/3a). L sammelt die Meinungen dazu im Plenum.

Diejenigen S, die die gleichen Informationen interessant fanden, schließen sich in Gruppen zusammen. S denken sich nun in den Gruppen fünf weitere Fragen zu ihrem Themengebiet aus und recherchieren ggf. die Antworten im Internet (SB, S. 106/4). Dabei können sie sich auch am Text orientieren, der einige Fragen aufwirft, z. B. welches die offiziellen Sprachen in der EU sind, welche EU-Länder nicht den Euro haben, welches europäische Land die meisten Einwohner hat usw. Anschließend stellen sich die Gruppen gegenseitig ihre Fragen und die Gruppe, die die meisten richtigen Antworten nennt (oder bei Schätzfragen am nächsten liegt), gewinnt. Alternativ kann L sich die Fragen der einzelnen Gruppen auch per E-Mail schicken lassen und daraus ein schriftliches Quiz oder eine *multiple-choice*-Übung anfertigen, die die S im Unterricht bearbeiten oder als HA die Lösungen im Internet recherchieren. Dadurch werden die Textinformationen vertieft.

Nachdem sie sich den Text erschlossen und die Informationen vertieft haben, sind sie in der Lage, das Motto der EU „Unida en la diversidad" zu erklären und ein Beispiel zu nennen (SB, S. 106/3b).

COMPRENDER Y COMENTAR

S. 106/3 Siehe Vorschlag für die Texterarbeitung, Punkt 4.

Lösungsvorschlag a) Lösung individuell

b) *«Unida en la diversidad» significa que aunque los países de la UE son diferentes, tienen muchas cosas que los unen. La gastronomía, la lengua y la cultura son diferentes en todos los países. No obstante estos países comparten algunas leyes y derechos. Así por ejemplo, un español y un alemán hablan lenguas diferentes pero tienen el mismo derecho de poder viajar libremente de un país a otro.*

S. 106/4 Siehe Vorschlag für die Texterarbeitung, Punkt 4.
fakultativ

Lösung individuell

VOCABULARIO

S. 106/5a S erweitern ihren Wortschatz um Ländernamen (Europas) und die zugehörigen Adjektive. Mit der Kopiervorlage finden sie heraus, welche Ländernamen und Adjektive zusammengehören und beschriften die Länder auf der Landkarte. Sie können ihre Lösung selbst mit Hilfe der Landkarte auf S. 77 im Cuaderno kontrollieren.

Lösung *español/a – España*
francés/-esa – Francia (unb.)
inglés/-esa – Inglaterra (unb.)
portugués/-esa – Portugal (unb.)
sueco/-a – Suecia (unb.)

irlandés/-esa – Irlanda (unb.)
alemán/-ana – Alemania
danés/-esa – Dinamarca (unb.)
italiano/-a – Italia (unb.)
checo/-a – República Checa (unb.)
austríaco/-a – Austria (unb.)
belga – Bélgica (unb.)
polaco/-a – Polonia (unb.)

S. 106/5b Mit Hilfe der Adjektive aus Übung 5a (SB, S. 106) vervollständigen S das Gedicht mit ihren eigenen Ideen. Sie können sich auch einen passenden Titel ausdenken. Die Gedichte werden im Klassenraum ausgehängt und S können das beliebteste Gedicht wählen.

Lösung individuell

PRACTICAR

S. 106/6a S lesen die weißen Sprechblasen der Jugendlichen auf S. 104–105. Darin sind indirekte Aufforderungen enthalten. S geben die direkten Aufforderungen der genannten Personen wieder:
–Padre (a hijo): *Quiero que pases un año en Alemania en casa de tus tíos en Colonia.*
–Padres (a hijo): *Aprende otra lengua para poder estudiar fuera.*
–Chica (a amiga): *Pasa un verano aquí con mi familia. Así podrás aprender mejor español.*
Dies kann mündlich im Plenum oder in PA geschehen. Anschließend vergleichen S die Verbformen der direkten und der indirekten Rede und erkennen, dass bei einer indirekten Aufforderung der *subjuntivo* verwendet wird. Eine andere Möglichkeit ist, S die Sprechblasen ins Deutsche übersetzen zu lassen, damit sie sich bewusst werden, dass es sich um Aufforderungen in der indirekten Rede handelt. Dies ist aus dem Kontext gut verständlich, obwohl die Struktur selbst noch unbekannt ist.
Anschließend bilden S die Formen im Rahmen der Übung 6a selbst (▶ Resumen, S. 116/1). Wenn die Übung schriftlich durchgeführt werden soll, kann ein Satz als Beispiel zusammen im Plenum gebildet werden. Da es sich um die erste Übung zu der neuen Struktur handelt, kann sie aber auch komplett mündlich im Plenum durchgeführt werden, damit L helfen bzw. erklären kann, wenn die Struktur noch nicht richtig verstanden wurde.

Lösung *Me dicen que…*
–*me interese más por la política.*
–*invite a jóvenes a nuestra casa.*
–*participe en un campamento de verano.*
–*haga un intercambio con una escuela inglesa.*
–*vaya a Francia con un grupo de jóvenes para trabajar en un proyecto europeo.*
–*conozca a más gente de otros países.*
–*pase las vacaciones en algún país europeo.*

Hinweis Eine weitere leichte Übung dazu, die sich auch als HA eignet, findet sich im Repaso (SB, S. 118/3).

S. 106/6b Auch in diesem Übungsteil geben S Aufforderungen wieder (▶ Resumen, S. 116/1). Für S, die die Struktur bereits verinnerlicht haben, wird der Anspruch dadurch erhöht, dass sie sich die Aufforderungen selbst ausdenken. Ansonsten können S auf die Anregungen auf S. 147 zurückgreifen. Die Folie bietet eine zusätzliche Möglichkeit zur Festigung der indirekten Aufforderung.

Lösungsvorschlag *Cada vez que llama, mi madre me dice que…*
–*no me levante tarde.*
–*ayude en casa de mi familia alemana.*

– no pierda mi pasaporte.
– llame a casa cada semana.
– no vea la tele todo el tiempo.
– visite museos.
– mande una postal a mi abuela desde Hamburgo.
– salga de casa y saque muchas fotos para la familia.
– compre un recuerdo para mi hermano.
– ponga atención en mi curso de alemán.

Cuaderno, S. 77/1 S geben die Aufforderungen in der indirekten Rede wieder und üben dadurch die indirekte Aufforderung. (▶ Resumen, S. 116/1)

ESCUCHAR

Cuaderno, S. 77/2a Übung zum Hör-Sehverstehen: S hören die Beschreibung von vier europäischen Ländern und
🎧 22 erkennen mit Hilfe der abgedruckten Landkarte, welche es sind.

Cuaderno, S. 77/2b Übung zum selektiven und detaillierten HV: S lesen sich die Sätze durch, hören dann den Text
🎧 22 noch einmal und markieren, ob die jeweilige Information im Hörtext genannt wird oder nicht.

S. 107–110 6A UN ACTOR EUROPEO

In einem semi-authentischen Interview erfahren S Interessantes über den jungen Schauspieler Daniel Brühl. Es geht darin vor allem um seine deutsch-spanische Herkunft und um seinen Beruf.

Grammatik	Die indirekte Rede und Frage in der Vergangenheit
Wortschatz	¿Cómo lo llevas tú?, por supuesto, algo cuesta mucho/poco a alguien, el idioma, el Jamón de Jabugo, el guión, el/la guionista, enterarse de, Lo siento., la manera, de manera + adj., al mismo tiempo, por lo menos, intentar
transparent: el actor / la actriz, (ser) digital, el nacionalismo, dar igual, admirar, (ser) catalán/catalana, viceversa, la carrera, la experiencia, la fama, (ser) anónimo/-a, reconocer, saludar, demostrar, comentar, te abre muchas puertas, laboral

Lösungen, Hörtexte und Vorschläge für den Unterricht

VORSCHLAG FÜR DIE TEXTERARBEITUNG

ACTIVIDAD DE PRELECTURA

S. 107/1 1. Informationsrecherche
Bevor S das Interview mit Daniel Brühl lesen, informieren sie sich im Internet über ihn. Dadurch wird der Text inhaltlich vorentlastet. Diese Aufgabe sollte eine vorbereitende HA sein. S tragen dann ihre Informationen im Plenum zusammen.

Alternative L kann als Option anbieten, dass max. drei S, die z. B. ihre Note verbessern möchten, gemeinsam ein Kurzreferat über Daniel Brühl ausarbeiten und ihren MS den Schauspieler vor der Textlektüre vorstellen.

🎧 59 **2. Hörverstehen**

📄 18 Da der methodische Schwerpunkt der *Unidad* Hören ist, hören S das Interview zunächst bei geschlossenen Büchern. Zur Unterstützung und Überprüfung des Hörverstehens markieren sie auf der Kopiervorlage die entsprechende Antwort. Dann tauschen sie den Bogen mit einer/einem MS und überprüfen die Antworten mit Hilfe des Textes auf S. 107–108. Dadurch schulen sie ihr selektives Leseverstehen.

📄 18 **3. Leseverstehen**

S lesen den kompletten Text in EA, was wegen des hohen Anteils an transparentem Vokabular und dem bereits erfolgten Hördurchgang vereinfacht wird. Zur Überprüfung des Textverständnisses bearbeiten sie die Übung 1 im Cuaderno (S. 78), in der sie Satzteile gemäß dem Lektionstext einander zuordnen. Das Leseverstehen bzgl. des zweiten Teils des Lektionstextes (SB, S. 108) wird durch die Kopiervorlage überprüft. Unklarheiten werden ggf. anschließend im Plenum geklärt. S bearbeiten dann die Übung 2 (SB, S. 108) entsprechend dem Beispiel. Dazu lesen sie ggf. die entsprechenden Textpassagen erneut und verstehen dadurch den Text im Detail. Indem sie wiedergeben, was die einzelnen Fans von Daniel Brühl wissen wollen, wiederholen sie auch die indirekte Rede in der Gegenwart zur Vorbereitung auf die indirekte Rede in der Vergangenheit.

4. Interpretation

S interpretieren und erklären die Aussage von Daniel Brühl («*Soy un actor europeo*», l. 10) in ihren eigenen Worten (SB, S. 108/3). Ggf. schauen sie sich dafür den entsprechenden Absatz im Lektionstext erneut an und nutzen auch ihr Vorwissen. Dies kann in Form eines Brainstormings im Plenum geschehen.

COMPRENDER Y COMENTAR

S. 108/2   Siehe Vorschlag für die Texterarbeitung, Punkt 3.

Lösungsvorschlag
–A Marian le interesa saber si a Daniel le pareció difícil aprender catalán.
–Nacho pregunta a Daniel qué echa de menos en Alemania de España y viceversa.
–Manuel quiere saber cómo Daniel empezó su carrera como actor.
–A Alex le interesa saber si Daniel quiere ser guionista en el futuro o director de cine como su padre.
–Pilar pregunta si Daniel sabe que tiene una página de Internet no oficial y cuántas veces la ha visitado.
–Mercè quiere saber si a Daniel le gusta vivir su fama de manera anónima o si prefiere que la gente lo reconozca en la calle.

S. 108/3   Siehe Vorschlag für die Texterarbeitung, Punkt 4.

Lösungsvorschlag *Daniel tiene una madre española y un padre alemán. Así que conoce los dos países muy bien. Pero no puede decidir qué país le gusta más. Para él en los dos países hay cosas positivas y se siente en casa en ambos. Por eso, él no se siente como un actor español y tampoco como un actor alemán, sino como un actor europeo.*

Cuaderno, S. 78/1   Siehe Vorschlag für die Texterarbeitung, Punkt 3.

EUROPA EN DIRECTO

S. 108/4a   S setzen sich mit zwei authentischen Werbeplakaten für den Europatag auseinander und beschreiben, welche Aspekte der EU auf den Plakaten dargestellt werden, wobei sie das Themenvokabular verwenden.

Lösungsvorschlag	–El primero es un cartel para el Día de Europa que es el 9 de mayo. Quiere informar a los europeos sobre sus derechos. Las imágenes del cartel muestran esos derechos y posibilidades, por ejemplo de viajar libremente, trabajar y estudiar en todos los países de la comunidad, tener asistencia médica etc. Más abajo está la dirección de una página web y un número de teléfono donde las personas pueden encontrar más información. –El segundo cartel también es para el Día de Europa. Abajo lo dice y también hay un gran 9, porque el Día de Europa es el 9 de mayo. El cartel tiene como título «Europa: Democracia, Diálogo, Debate» y muestra a personas en diferentes situaciones.
S. 108/4b fakultativ	S wälzen ihr thematisches Wissen um, indem sie in 3er-Gruppen selbst Plakate zu Europa bzw. zur EU entwerfen. Sie überlegen sich einen passenden Slogan und präsentieren ihr Plakat anschließend.
Lösung	individuell

ESCUCHAR

S. 109/5a	S werden im Folgenden drei Erfahrungsberichte von Spaniern hören, die aus verschiedenen Gründen im Ausland leben. Um die Problematik zu antizipieren und das Hörverstehen vorzuentlasten, überlegen S zunächst gemeinsam im Plenum, aus welchen Gründen Menschen auswandern und was sie an ihrer Heimat vermissen könnten. Sie können dabei sicherlich auf Beispiele aus dem Freundeskreis oder aus der Familie zurückgreifen.
Lösungsvorschlag	–Por qué muchas personas se van a vivir a otro país: para encontrar un trabajo (mejor), porque a uno le gusta el país, porque en el país de origen hay problemas (políticos, sociales o económicos) etc. –lo que echan de menos: la familia, los amigos, la comida, las tradiciones, los lugares etc.
S. 109/5b 🎧 61 📄 19a	Übung zum selektiven HV: S tragen die Informationen aus dem Hörtext in der Tabelle auf der Kopiervorlage ein. Da die einzelnen Texte recht lang sind, machen sie sich schon beim Hören Notizen.
Hörtext	Francisco: *Vine en el año 1964 a Alemania. Antes había buscado trabajo en España pero no había encontrado nada. Vine al principio sólo para trabajar una temporada. Pero me quedé. Mi mujer, que también es española, me siguió después de tres años. Nuestras tres hijas nacieron aquí y fueron a la escuela aquí también. Desgraciadamente nunca aprendí bien el alemán, ahora para mí creo que es un poco tarde. Para mí, mi vida está entre dos mundos, me siento español, amo a mi país y me gusta mucho poder ir a España a ver a mis hermanos pero Alemania se ha convertido en mi segunda patria y además aquí está mi familia. Claro, a veces echo un poco de menos mi vida en España, echo de menos las calles marchosas y el ruido, echo de menos las fiestas de mi pueblo, yo soy de un pueblo cerca de Salamanca… Mis hermanos dicen que cuando estoy en España siempre vivo el ritmo alemán…* Andrés: *Hace cuatro años que vine a Mánchester para estudiar dos semestres en Inglaterra. Antes ya había estudiado en Granada porque soy de Granada. He decidido no volver a España porque aquí he conocido a la mujer de mi vida. Lo que más echo de menos es la comida española porque esta comida de aquí no me va muy bien. En cambio, la música y los clubs me gustan mucho. Ayer hablé por teléfono con unos amigos míos que me dijeron que habían comprado billetes de avión para visitarme. Les pedí una bola de queso manchego, ¡es mi queso favorito!* Mariela: *Soy de Bilbao. Pero ahora vivo en Helsinki porque mi padre se presentó aquí en un hospital para trabajar, mi padre es doctor. Antes había trabajado en un hospital de Bilbao. Siempre dijo que el trabajo le gustaba pero que no le pagaban bien. Ahora voy a un colegio internacional y tengo compañeros de todo el mundo. Hablamos casi todo el tiempo en inglés, pero claro, en casa hablo español con mis padres. La ciudad es bonita pero aquí no sale tanto el sol… Cuando le llamo a Anne, una amiga, la pregunta siempre es: ¿quedamos en mi casa o en la tuya? Casi siempre vamos a casa*

de Anne porque cerca de su casa podemos ir a patinar sobre hielo y a mí me fascina. Bueno, no soy muy buena para patinar pero es muy divertido. Me gusta vivir aquí pero echo mucho de menos a mi abuela, lo bueno es que hablamos por Internet cada semana. ¡Qué suerte tener una abuela tan moderna!

Lösung

	Francisco	Andrés	Mariela
¿De dónde es?	De un pueblo cerca de Salamanca.	De Granada.	De Bilbao.
¿Dónde vive?	En Alemania.	En Mánchester.	En Helsinki.
¿Qué echa de menos?	Su vida en España, las calles marchosas, el ruido, las fiestas de su pueblo.	La comida española.	Echa de menos a su abuela.

Cuaderno, S. 78/2 Übung zum detaillierten HV: S hören eine Unterhaltung von zwei spanischen Jugendlichen in
🎧 23 Berlin und entscheiden, welche der drei vorgegebenen Zusammenfassungen die richtige ist.

DESCUBRIR Y PRACTICAR

S. 109/6a Induktive Übung zur indirekten Rede in der Vergangenheit: S suchen im Lektionstext auf S. 107 die Aussagen von Daniel Brühl, die den angegebenen Sätzen in der indirekten Rede entsprechen, und schreiben sie als Zitate auf. Sie markieren die Verben in beiden Sätzen wie im Beispiel und vergleichen diesbezüglich die direkte Rede mit der indirekten Rede. Sie schließen daraus, wie sich die Zeiten bei der indirekten Rede in der Vergangenheit verändern. (▶ Resumen, S. 116/2)

Lösung 1. Daniel Brühl: «**Me siento** en casa en los dos países.» (l. 8–9) → Daniel Brühl <u>dijo que</u> **se sentía** en casa en España y Alemania.
2. Daniel Brühl: «No **me costó** mucho aprender catalán.» (l. 14) → Daniel también <u>comentó que</u> no le **había costado** mucho aprender catalán.
3. Daniel Brühl: «Ya la **he visitado**.» (l. 26) → Daniel <u>dijo que</u> ya **había visitado** su página no oficial.

Hinweis Vor der Einführung der indirekten Rede in der Vergangenheit ist es ggf. sinnvoll, die indirekte Rede in der Gegenwart zu wiederholen, damit S die Unterschiede bzw. die Veränderung in den Verbzeiten erkennen. Dazu bietet sich Übung 1 im Repaso (SB, S. 118) an.

S. 109/6b S stellen mit Hilfe ihrer Vorkenntnisse aus anderen Sprachen (z. B. Französisch) Hypothesen auf, welche Zeiten sich nicht verändern und überprüfen diese anhand des Resumen. (▶ Resumen, S. 116/2)

Lösung Das *pretérito imperfecto* und das *pretérito pluscuamperfecto* ändern sich in der indirekten Rede in der Vergangenheit nicht.

Hinweis Je nach den Vorkenntnissen der S aus anderen Fremdsprachen, sollte auch die Anpassung von Pronomen, Begleitern, Zeit- und Ortsangaben thematisiert werden:
– Zeitangaben: *hoy → ese día; ayer → el día anterior; anteayer → dos días antes; esta semana → esa semana; la semana pasada → la semana anterior*
– Ortsangaben: *aquí/ahí/allí → allí*
Zur Wiederholung der direkten und indirekten Objektpronomen eignet sich Übung 4 im Cuaderno (S. 79).

Cuaderno, S. 80/5 Wie schon in der vorigen Übung schließen S aus der indirekten Rede in der Vergangenheit auf den tatsächlichen Wortlaut in der direkten Rede. Zur Vorbereitung unterstreichen sie zunächst die Verben und Pronomen in der indirekten Rede, die angepasst werden müssen. Dadurch

machen sie sich noch einmal die Veränderungen bewusst und führen sie schließlich durch.
(▶ Resumen, S. 116/2)

S. 109/7a S wandeln die abgedruckten Sprechblasen in indirekte Rede in der Vergangenheit um und festigen dabei die Veränderung der Verbzeiten. Ggf. ziehen sie dazu das Resumen heran (▶ Resumen, S. 116/2). Die Übung kann mündlich in PA oder schriftlich, z. B. als HA, bearbeitet werden.

Lösungsvorschlag *Mercé me contó que el día anterior había llegado tardísimo al cine y que se había perdido los primeros minutos de la peli. Dijo que ya había leído el libro pero que no había visto a peli. Además comentó que a ella le había encantado la peli, pero que a Maribel no le había gustado nada.*
Ella contó que de niña había vivido cerca de la casa del director de cine y que él era un señor muy majo: solía ir en bicicleta y sabía el nombre de todos los vecinos. Mercé dijo que sus pelis siempre eran muy interesantes, contaban historias muy divertidas, pero que no pasaban todas sus pelis en España. También me comentó que aquel actor iba a hacer la segunda parte de la serie.

S. 110/7b Sollten S noch mehr Übungsbedarf haben, setzen sie – ggf. als HA – die Fragen der Fans an
fakultativ Daniel Brühl in die indirekte Rede in der Vergangenheit. (▶ Resumen, S. 116/3)

Lösungsvorschlag
1. *Me preguntaron qué echaba de menos en Alemania de España y viceversa.*
2. *Querían saber cuál era el título de mi primera peli.*
3. *Me preguntaron si tenía novia.*
4. *Además querían saber cuándo iba a hacer la próxima película alemana.*
5. *Otra pregunta era si tenía hermanos.*
6. *Me preguntaron si había estado alguna vez en Hollywood.*
7. *Querían saber si estaba muy nervioso en mi primera película.*
8. *Además algunos me preguntaron por qué tenía tantos nombres.*
9. *Algunos querían saber si había trabajado ya antes en España.*
10. *Y me preguntaron dónde pasaba las vacaciones de niño, en España o Alemania.*

Cuaderno, S. 80/6 S geben die Aussagen vom Vortag wieder und nutzen dabei die Redemittel für die Satzeinleitungen, um sich so wenig wie möglich zu wiederholen. Sie achten auf die Anpassung der Zeiten, Pronomen und Begleiter an die Sprecherperspektive. Diese Übung eignet sich gut als HA.
(▶ Resumen, S. 116/2)

Cuaderno, S. 81/7 S festigen die indirekte Frage in der Vergangenheit – die Anpassungsregeln stimmen mit der indirekten Rede in der Vergangenheit überein – und verwenden dafür die angegebenen Redemittel. (▶ Resumen, S. 117/3)

Cuaderno, S. 82/8 S bereiten anhand einer Partnerkarte ein Rollenspiel in PA vor: Sie erzählen sich gegenseitig von Problemen mit ihren Freunden und geben deren Aussagen in der Vergangenheit wieder. S können bei Bedarf zunächst in EA ihre Rollen vorbereiten. Es sollten aber höchstens Stichworte notiert werden, da das Sprechen geschult werden soll.

VOCABULARIO

Cuaderno, S. 78/3 Im ersten Teil der Übung festigen S den neuen Wortschatz, indem sie aus den angegebenen Wortstämmen und Suffixen Substantive bilden. Sie können ihre Lösungen selbst anhand der Texte auf S. 104–105 und 107 kontrollieren.
Ihre Sprachbewusstheit bzgl. Wortbildung wird geschult, indem sie anschließend die Liste mit weiteren bekannten Wörtern mit den gleichen Suffixen ergänzen. Auf S. 153 (SB) findet sich eine Liste mit Suffixen und wie man daraus Wortart und Genus ableiten kann.
Im dritten Teil der Übung auf der folgenden Seite wenden S das Themenvokabular an, indem sie mit den Wörtern aus ihrer Liste Slogans formulieren, wie Europa ihrer Meinung nach sein sollte.

ESPAÑA EN DIRECTO

Cuaderno, S. 83/10a, b S schulen ihre Methodenkompetenzen zum Erschließen von unbekanntem Vokabular mit Hilfe des Kontextes und durch andere Sprachen: Sie schauen sich die Liste mit den unbekannten Wörtern an und erschließen sich die Bedeutung derjenigen, die ohne Textlektüre verständlich sind. Dadurch wird der folgende kurze Text lexikalisch vorentlastet. Anschließend lesen sie den Text und ergänzen ggf. die Bedeutung der restlichen Wörter aus der Liste, indem sie sie aus dem Textzusammenhang erschließen.

Cuaderno, S. 83/10c S erklären im Rahmen einer Mediation auf Deutsch, was der Artikel über die Zukunft von 3D-Filmen sagt. Dazu verstehen sie ihn selektiv.

¿TE ACUERDAS?

Cuaderno, S. 79/4 Bei der indirekten Rede ist es erforderlich, u. a. die Objektpronomen der Sprecherperspektive anzugleichen. Diese Übung eignet sich zur Wiederholung der Formen, Gebrauch und Stellung der direkten und indirekten Objektpronomen: Im ersten Teil ergänzen S die Tabelle mit den fehlenden Objektpronomen. Im zweiten Teil verbinden sie die zusammengehörigen Sätze und markieren, auf welches Objekt im ersten Satz sich die unterstrichenen Pronomen im zweiten Satz beziehen.

MEDIACIÓN

Cuaderno, S. 82/9 S dolmetschen zwischen einem spanischen Jugendlichen und einem Hundebesitzer, der jemanden zum Hundeausführen sucht. S verwenden dabei die indirekte Rede im Präsens. Diese Übung ist relativ leicht und kann gut als Vorbereitung auf die Mediationsübung im SB (S. 110/8) dienen.

S. 110/8
F 20
S erläutern auf Spanisch Zeitungsanzeigen für Schülerjobs und geben Empfehlungen. Sie wiederholen dabei die Redemittel zum Äußern von Vorschlägen, Ratschlägen und Empfehlungen. Zur weiteren Übung dessen kann die Folie eingesetzt werden.

Lösungsvorschlag
1. *Buscan a un alumno a partir de 14 años para pasear al perro tres veces por semana entre las 19 y 21.30 horas.*
2. *Buscan a un alumno para repartir periódicos dos veces por semana. Lo buscan para los miércoles y viernes por la mañana.*
3. *Dicen que pagan diez euros a la hora para tareas fáciles cerca de Brandenburg, Potsdam, Berlín. No es necesario hablar alemán y no tienen horarios fijos. Lo que tienes que hacer es entregar regalos al público en grandes espectáculos.*
4. *El último trabajo es también para alumnos, pero sólo durante la temporada del invierno. Tienes que ayudar en un restaurante. No es necesario que tengas experiencia.*

El primero y el cuarto trabajo no los puedes hacer, porque el primero es por la tarde y el cuarto es sólo para el invierno. Pero creo que el tercero sería bueno para ti: pagan muy bien y el tiempo de trabajo es flexible. Además no es necesario que hables alemán. El segundo también me parece bien, porque es sólo dos veces por semana. Podrías trabajar por la mañana y estudiar por la tarde.

YA LO SÉ

S. 110/9
62
Diese Übung verbindet den methodischen mit dem grammatischen Schwerpunkt der Lektion. Zuerst hören S ein Interview mit dem spanischen Jugendlichen Mario, der nach einem sechswöchigen Berlin-Aufenthalt von seinen Eindrücken berichtet. S notieren sich stichpunktartig die Antworten von Mario auf die vier Fragen und schulen dabei ihr selektives Hörverstehen.
Im zweiten Teil der Übung geben S mit Hilfe ihrer Notizen wieder, was Mario gesagt hat. (▶ Resumen, S. 116/2)

6

Hörtext

Entrevistadora: *Hola Mario. ¿Qué tal la vida en Berlín?*

Mario: *La verdad es que me siento aquí como en casa... La ciudad, la gente, la comida, la internacionalidad – Berlín me encanta... me encanta porque, pues, antes de llegar aquí no sabía que en esta ciudad vivía tanta gente de otros países europeos. Y pues claro, también tenía un poco de miedo, no quería venir muchas semanas porque mi alemán no era muy bueno y mi inglés pues es así así... Me daba un poco de corte hablar inglés o alemán... Pero aquí he aprendido que cuando la gente quiere comunicarse, entonces siempre encuentra una forma y los demás te entienden. Ahora te digo, me lo estoy pasando muy bien. Nunca he quedado ni hablado con tanta gente maja de tantos países diferentes en sólo una semana. Quedé con gente de Francia, Noruega, Suiza...*

Entrevistadora: *¿Ya habías estado en Alemania o en Berlín?*

Mario: *No, no, un primo mío que se llama Adrián sí, por él, por Adrián, yo estudio alemán, él me contó muchas cosas de Alemania, pero esta es mi primera vez en Berlín. Aquí tomo un curso de alemán. Llegué hace seis semanas para mejorar mi alemán, pero ya en mi instituto había tomado clases antes.*

Entrevistadora: *¿Qué hacen tus compañeros de curso? ¿Qué hacen aquí en Berlín?*

Mario: *Se dedican a muchas cosas diferentes. Algunos estudian en la universidad Humboldt, otros trabajan en oficinas o trabajan en restaurantes. También conozco a dos chicas de Madrid, ellas vinieron hace seis meses y se van a quedar otros seis meses, son au pair. Ah, y también conozco a un chico que hace prácticas en una biblioteca. Y yo, pues trabajo un poco por las mañanas y estudio por las tardes...*

Por cierto, la comida en Berlín me encanta. Por todas partes hay mogollón de restaurantes diferentes. Te digo que voy a volver cuadrado a España. Me comí mi mejor «Döner» en un pequeño restaurante cerca de la Friedrichstraße. Pero también fui a un restaurante mexicano y ayer fuimos a un restaurante ruso.

Entrevistadora: *¿Un restaurante ruso? ¡Suena interesante!*

Mario: *Sí. La comida estaba super rica.*

Entrevistadora: *¿Qué vas a hacer antes de volver a España?*

Mario: *Pues quiero ir a una exposición sobre la historia de la Unión Europa. Voy a ir con unos amigos. Después, por la noche vamos a salir. Hay un bar del actor Daniel Brühl que me gustaría conocer. En ese bar siempre hay gente de Alemania, España y otros países europeos. A veces está incluso Daniel – un chico muy simpático.*

Entrevistadora: *Bueno, pues suerte y buen viaje.*

Mario: *¡Gracias!*

Lösungsvorschlag

1. Mario contó que no había estado en Berlín o en Alemania antes, pero que su primo Adrián ya había estado en Alemania y le había contado muchas cosas, y que él estudiaba alemán por eso.
2. Dijo que en Berlín hacía un curso de alemán y quedaba con gente.
3. Dijo que antes de volver a España quería ir a una exposición sobre la Unión Europea y que además le gustaría conocer el bar de Daniel Brühl. Comentó que ahí siempre había gente de Alemania, España y de otros países y que a veces estaba incluso el actor.
4. Mario habló sobre sus compañeros de curso y contó que se dedicaban a cosas diferentes, que algunos estudiaban en la universidad o trabajaban en oficinas o restaurantes.

Cuaderno, S. 83/11 In Anlehnung an den Lektionstext stellen S kurz ihre/n Lieblingsschauspieler/in vor und formulieren fünf Fragen, die sie ihr/ihm gerne stellen würden. Sie können sich dabei an dem Interview im Lektionstext (SB, S. 107) orientieren.

S. 111–115 6B ENCONTRAR SU VOCACIÓN (FAKULTATIV)

Anhand der Berichte zweier junger Spanier lernen S das spanische Bildungssystem (Schule, Ausbildung, Universität) sowie Berufe kennen, stellen Bewerbungsunterlagen für Praktika oder Jobs in Spanien zusammen und üben sich in Bewerbungsgesprächen.

Redemittel	Über Schule, Berufe und Ausbildung sprechen
Wortschatz (fak.)	la vocación, el jardinero / la jardinera, por vocación, la jardinería, El Paisajismo, el bachillerato, la salida laboral, diseñar, el jardín / los jardines, la educación ambiental, cultivar, conseguir, enseguida, la empresa, el abogado / la abogada, matricularse en, elegir, Administración y Dirección de Empresas, la beca, (ser) inolvidable, tomarse algo en serio, tener algo a su cargo, el empleado / la empleada **transparent:** la decisión, la carrera, el Derecho, cambiar de idea, (ser) práctico/-a, la formación profesional (FP), la florería, decorar, el interior, el título, Técnico, al aire libre, el/la cliente, reconocer, el médico / la médica, profesional, el jefe / la jefa, el director / la directora, los conocimientos, la economía, inscribirse en, el Máster de Economía, las prácticas

Lösungen, Hörtexte und Vorschläge für den Unterricht

VORSCHLAG FÜR DIE TEXTERARBEITUNG

ACTIVIDAD DE PRELECTURA

S. 111/1   **1. Einstimmung auf das Thema**
F 21A+B   S überlegen sich in EA, welche Pläne sie für die Zeit nach dem Schulabschluss haben. Sie können die Folie nutzen und/oder mit dem Wörterbuch arbeiten, um unbekanntes Vokabular (Berufe usw.) nachzuschlagen. Anschließend erzählen sie sich in PA von ihren Plänen.

2. Landeskunde: Schule und Ausbildung in Spanien

S schauen sich das Schema zum Schulsystem in Spanien an (SB, S. 112). L fragt, was *Bachillerato* und *Formación Profesional* auf Deutsch sein könnten (Oberstufe und Berufsausbildung). Dies ist gut aus dem Schema ablesbar. Erkennen S die Bedeutung dennoch nicht ist, semantisiert L (z. B. *En Alemania, si queréis estudiar en la universidad, tenéis que hacer el bachillerato. Si queréis estudiar medicina, por ejemplo, tenéis que sacar muy buenas notas en los exámenes del bachillerato. Si queréis aprender una profesión sin estudiar en la universidad, podéis hacer una formación profesional*). Nun formulieren S im Plenum, welche Gemeinsamkeiten und Unterschiede zum deutschen Schulsystem ihnen auffallen. Die Ergebnisse kann L an der Tafel festhalten.

Mögliches Tafelbild

En España y en Alemania...
- hay una escuela primaria y una escuela secundaria.
- después de ir a la escuela diez años, los alumnos pueden decidir si quieren seguir yendo a la escuela para hacer el bachillerato o no.
- hay que ir doce años a la escuela para hacer el bachillerato.
- los alumnos que hacen el bachillerato pueden estudiar en la universidad

En España...
- la Educación Primaria dura seis años (en algunas regiones en Alemania son sólo cuatro años).
- sólo hay una escuela secundaria para todos.
- después de la formación profesional puedes ir a la universidad (no es necesario hacer el bachillerato).

	Hinweis	Die Ergebnisse dieses Vergleichs können S im Rahmen der Übung 11 im SB (S. 115) wiederverwenden. Sie sollten daher mitschreiben.

📄 19b **3. Leseverstehen**

Zuerst lesen S die beiden Texte über den Berufseinstieg von Alberto und Vanesa kursorisch und notieren die Etappen, die sie in ihrer Ausbildung durchlaufen haben (Cuaderno, S. 84/1). Zur Differenzierung für langsamere S kann die Kopiervorlage eingesetzt werden, bei der die Etappen bereits vorgegeben sind und von S zugeordnet und in die richtige Reihenfolge gebracht werden. Anschließend bearbeiten sie Übung 2 (SB, S. 112) und finden die Informationen zu den Aussagen im Text. Dabei konzentrieren sie sich nun auf die Details des Textes und beantworten dann mit Hilfe des Textes die Fragen im zweiten Teil der Übung. Dies eignet sich als HA.

COMPRENDER EL TEXTO

S. 112/2 Siehe Vorschlag für die Texterarbeitung, Punkt 3.

Hinweis Einige der Aussagen im Übungsteil 2a sind nicht im Text enthalten, andere widersprechen dem Text. Schnellere S können also angeben, ob die Aussagen korrekt (mit Zeilenangabe), nicht im Text enthalten oder falsch sind. Die falschen Aussagen können dann im Plenum korrigiert werden.

Lösungsvorschlag a) 1. *l. 17–18*; 2. *no está en el texto*; 3. *l. 26*; 4. *falso*; 5. *falso*; 6. *l. 40–41*; 7. *falso*; 8. *no está en el texto*; 9. *l. 83–84*; 10. *no está en el texto*

b) *A los padres de Alberto su idea de estudiar Jardinería y Paisajismo no les gustó nada. Preferían una carrera como Medicina o Derecho. Hoy están contentos porque ven que su hijo tiene éxito profesional.*

Cuaderno, S. 84/1 Siehe Vorschlag für die Texterarbeitung, Punkt 3.

19b

ESCRIBIR

S. 112/3a Zur Vorbereitung auf die folgende Schreibaufgabe sammeln S die Redemittel aus dem Text, die nützlich sind, um über die Schule oder über die Arbeit und den Beruf zu sprechen.

Lösungsvorschlag

... de la escuela	... del trabajo o de una profesión	
–acabar el bachillerato –los temas de las clases –querer hacer algo más práctico –terminar la ESO –sacar buenas/malas notas	–encontrar trabajo –hacer una FP –aprender a hacer algo en la formación –conseguir el título de… –abrir su propia empresa –trabajar al aire libre –tener muchos clientes –tener éxito (profesional)	–las salidas laborales –personas con conocimientos de (economía) –conseguir trabajo –hacer unas prácticas –dar trabajo a alguien –tener empleados a su cargo

S. 112/3b S wählen eine der drei Personen aus und verfassen eine erfundene Biographie über sie. Sie können die Redemittel aus Übung 3a verwenden und den Lektionstext als sprachliches Modell nutzen.

Lösung individuell

BÚSQUEDA DE INFORMACIÓN

S. 113/4 S informieren sich anhand authentischer Materialien darüber, was der *europass* ist, was er beinhaltet, wozu er dient und wo man sich weitergehend darüber informieren kann. Anschließend laden sie sich das Formular von der Internetseite der EU herunter und füllen es aus. Sie können ihn für zukünftige Bewerbungen, z. B. für Praktika oder Freiwilligendienste, in Spanien nutzen. Der ausgefüllte *europass* wird im Punto final 6 wieder benötigt.

Lösungsvorschlag a) 1. *El europass es como un pasaporte o un CV internacional. Con el europass puedes buscar más fácilmente trabajo en los países de la UE o estudiar en alguna universidad, centro de formación profesional etc. de los países de la UE. Con el europass muestras tus conocimientos. Los europass son iguales en todos los países.*

    2. *Cinco documentos forman parte del europass:*
      –el CV
      –tu Pasaporte de Lenguas Europeas (que describe tus conocimientos de idioma)
      –el Suplemento Europass al Título de Técnico o Certificado de Profesionalidad (que explica lo que has aprendido durante tu formación profesional)
      –el Suplemento Europass al Título Superior (que explica qué conocimientos has aprendido en la universidad, cuál es tu especialidad etc.)
      –el Documento de Movilidad Europass (que muestra los cursos que has hecho en el extranjero)

    3. *El objetivo del europass es ayudar a la gente a encontrar trabajo o a estudiar en otro país de la UE.*

    4. *Cada país de la UE tiene un Centro Nacional Europass dónde puedes recibir más información.*

b) Lösung individuell

APRENDER MEJOR

S. 113/5 S erweitern am Beispiel eines Bewerbungsschreibens ihre Schreibkompetenzen um einen wichtigen Aspekt: das Verfassen formeller Briefe.
Dazu erarbeiten sie sich anhand des Beispielbriefs (SB, S. 167) zunächst induktiv die Bestandteile und die formalen und sprachlichen Besonderheiten eines Bewerbungsschreibens. Sie beantworten die Fragen auf Deutsch. Anschließend wählen sie aus den vier abgedruckten Stellenanzeigen aus und tauschen sich mündlich in PA darüber aus, warum sie die Stelle interessiert. Die Begründung für ihr Interesse legen sie auch im Bewerbungsschreiben dar, das sie anschließend für die ausgewählte Stelle verfassen. Dabei können sie die Redemittel aus Übung 3a (SB, S. 112) verwenden und sich formal und sprachlich an dem Musteranschreiben auf S. 167 orientieren und die Methodenhinweise auf S. 166 heranziehen. Das Bewerbungsschreiben wird für den Punto final benötigt.

Lösungsvorschlag a) 1. Es ist ein Bewerungsschreiben: Alejandro García Gallardo bewirbt sich bei Cristina López um eine ausgeschriebene Stelle in der Firma Sandea S.A.

    2. Absender, Anschrift der Firma, Datum, Betreffzeile, Begrüßung, Erläuterung der Bewerbung und der Qualifikationen, Abschiedsformel, Unterschrift, Anhang (Lebenslauf)

    3. Begrüßungsformel: *Estimado señor … / Estimada señora …*; Abschiedsformel: *En espera de sus noticias, le saluda muy atentamente …*

    4. *a la atención*: zu Händen; *asunto*: Betreff; *adjunto*: im Anhang

b) Lösung individuell
c) Lösung individuell

6

ESCUCHAR

S. 114/6 S hören ein Bewerbungsgespräch für ein Praktikum in einem Kindergarten. Beim ersten Hören konzentrieren sie sich auf die Begründung der Bewerberin, warum sie das Praktikum machen möchte. Beim zweiten Hören listen sie die Fragen auf, die die Direktorin der Bewerberin stellt. Anschließend vergleichen und ergänzen sie ihre Liste der Fragen in PA. Dadurch schulen S ihr selektives und detailliertes Hörverstehen und bereiten sich auf den Punto final vor, bei dem sie selbst ein Bewerbungsgespräch mit Fragen und Antworten inszenieren werden und die Liste wiederverwenden können.

Hörtext
Directora: *Mucho gusto, yo soy Inés Arredondo. Pasa por favor. Siéntate.*
Maribel: *Hola, mucho gusto, yo soy Maribel Gómez.*
Directora: *Pues, en tu solicitud de trabajo escribes que quieres hacer unas prácticas en nuestra guardería.*
Maribel: *Sí, sí. Me gustaría mucho.*
Directora: *¿Has trabajado ya en una guardería?*
Maribel: *Pues, la verdad es que no. Pero me encanta estar con niños. Tengo dos sobrinas con las que paso mucho tiempo jugando, leyendo libros, cantando.*
Directora: *¿Por qué te gustaría hacer prácticas con nosotros?*
Maribel: *¿Por qué? Después del bachillerato me gustaría hacer una formación profesional en pedagogía, me gustaría ser profesora de niños pequeños. Y por eso creo que hacer prácticas ahora en una guardería es una buena idea…*
Directora: *Qué bien, ¿qué crees que tienes que hacer aquí todos los días?*
Maribel: *Me imagino que casi lo mismo: jugar con los niños, cantar, bailar, hacer excursiones…*
Directora: *Muy bien. Tienes ya ideas muy concretas. Y dime, ¿qué más te gusta hacer en tu tiempo libre?*
Maribel: *Me encanta bailar, quedar con mis amigos y hacer deporte.*
Directora: *¿Es la primera vez que quieres hacer unas prácticas?*
Maribel: *No, hace un año hice unas prácticas en un hotel en Salamanca. También fue muy interesante.*
Directora: *¿Y cuántas semanas te gustaría hacer prácticas con nosotros?*
Maribel: *Entre cuatro y seis semanas.*
Directora: *Perfecto, bueno, ahora te voy a contar un poco sobre lo que hacemos aquí en la guardería, quiénes trabajan aquí, qué hacemos y otras cosas. Si tienes preguntas o algo no te queda claro, me puedes interrumpir en cualquier momento, ¿vale? Después, al final, me gustaría preguntarte si todavía tienes interés y qué esperamos de ti. Mira, nosotros somos…*

Lösungsvorschlag
a) *Maribel quiere hacer las prácticas en la guardería porque le encantan los niños. Además, después del bachillerato quiere hacer una formación profesional en pedagogía para ser profesora de niños pequeños.*

b) –*¿Has trabajado ya en una guardería?*
   –*¿Por qué te gustaría hacer prácticas con nosotros?*
   –*¿Qué crees que tienes que hacer aquí todos los días?*
   –*¿Qué más te gusta hacer en tu tiempo libre?*
   –*¿Es la primera vez que quieres hacer unas prácticas?*
   –*¿Cuántas semanas te gustaría hacer prácticas con nosotros?*

S. 114/7a S tragen die Fragen, die sie in der Übung 6b (SB, S. 114) aufgelistet haben, im Plenum zusammen und sie werden an der Tafel festgehalten. S versetzen sich in die Lage eines Bewerbers / einer Bewerberin um den Praktikumsplatz und notieren sich stichpunktartig Antworten auf die einzelnen Fragen. Dann können sie das Bewerbungsgespräch in PA üben. Der Partner / die Partnerin kann äußern, ob er/sie die Antworten für gelungen hält oder was daran verbessert werden könnte.

Lösung individuell

S. 114/7b S simulieren nun ein Bewerbungsgespräch, indem sie die Fragen der Direktorin über CD hören
🎧 66 und darauf antworten. Dabei murmeln im ersten Durchgang alle S gleichzeitig ihre Antworten. Anschließend können mehrere S einzeln ihre Antwortmöglichkeiten vorstellen.

Alternative Wenn mehrere CDs und Abspielgeräte zur Verfügung stehen, können S zuerst in Kleingruppen üben. Anschließend werden die Fragen im Plenum gehört und einzelne S stellen ihre Antwortmöglichkeiten vor.

Hinweis Die Fragen in diesem Hörtext unterscheiden sich zum Teil leicht von den Fragen im vorigen Hörtext, auch in der Reihenfolge. L kann S daher ggf. darauf hinweisen, ihre Antworten nicht auswendig zu lernen oder abzulesen, sondern sie spontan der Frage, die sie hören werden, anzupassen.

Hörtext *Directora: Pues gracias por tu interés en nuestra guardería. Por cierto, ¿ya has trabajado en una guardería?*
(S: …)
Directora: Y, ¿te gusta trabajar con niños?
(S: …)
Directora: ¿Es la primera vez que quieres hacer prácticas en España?
(S: …)
Directora: ¿Cuánto tiempo te gustaría trabajar con nosotros? ¿Cuántas semanas o meses?
(S: …)
Directora: ¿Por qué quieres hacer unas prácticas aquí en la guardería?
(S: …)
Directora: ¿Y qué te gustaría hacer en tu tiempo libre aquí en España?
(S: …)

Lösung individuell

Cuaderno, S. 84/2 Beim ersten Durchgang verstehen S den Hörtext global, indem sie die Situation, den Ort des
🎧 24 Geschehens und die Zahl der Sprecher erkennen. Beim zweiten Hören verstehen sie den Text selektiv und machen sich beim Hören Notizen zu den Fragen.

VOCABULARIO

S. 114/8a S schulen ihre Methodenkompetenzen, indem sie sich ohne Wörterbuch die Berufsbezeichnungen in der spanischen Statistik erschließen. Dazu abstrahieren sie von anderen Fremdsprachen. Sie finden die Berufe, die in beiden Statistiken vertreten sind. L kann als Hilfestellung die Anzahl (fünf) nennen.

Lösung *En ambas estadísticas están: veterinario/-a* (Tierarzt/-ärztin), *futbolista* (Fußballprofi), *profesor/a* (Lehrer/in), *ingeniero/-a* (Ingenieur/in), *peluquero/-a* (Friseur/in)

S. 114/8b S machen anschließend eine Umfrage und ermitteln die Studien- und Berufswünsche der MS und
📄 20 notieren die Ergebnisse auf der Kopiervorlage. Bei der Äußerung ihrer Berufswünsche hilft ihnen
F 21A+B die Folie, die während der Umfrage aufgelegt bleiben sollte. In 4er-Gruppen werten sie dann ihre Ergebnisse aus und stellen sie auf einem DIN-A3-Bogen in einer Statistik dar. Anschließend stellen die einzelnen Gruppen ihre Statistiken vor und versprachlichen die Resultate. Dazu nutzen sie die Redemittel zum Sprechen über statistische Daten auf S. 224.

Lösung individuell

S. 114/9 S vertiefen ihren Wortschatz mit Hilfe des einsprachigen Wörterbuches.

Lösungsvorschlag 1. *dos sinónimos de «trabajo», «profesión» y «ayudar»:*
   trabajo: ocupación, obra – profesión: empleo, oficio – ayudar: auxiliar, socorrer
2. *dos antónimos de «saber» y «curioso»:*
   saber: ignorar, desconocer – curioso: desinteresado/-a, indiferente
3. *tres contextos en las que puedes usar el verbo «sacar»:*
   sacar buenas/malas notas, sacar a bailar a alguien, sacar el perro a pasear
4. *tres palabras de la misma familia de «trabajo» y «profesión»:*
   trabajo: trabajoso, trabajador/a, trabajar – profesión: profesional, profesionalidad, profesionalizar

Cuaderno, S. 85/5 S festigen neues Vokabular und neue Redemittel der Lektion, indem sie die Verben in der Buchstabensuppe identifizieren. Alle sechs Verben kommen im Lektionstext 6B vor. Anschließend fügen sie die Verben in die passenden Kontexte ein und verdeutlichen sich dadurch ihren Gebrauch. Zum Abschluss wenden sie die Redemittel frei an, indem sie ihre Studien- oder Berufspläne beschreiben. Sie können sich dabei an den Sprechblasen aus 5b orientieren.

PRACTICAR

Cuaderno, S. 84/3 Mit dem Tandembogen wiederholen S verschiedene Themen aus dem zweiten Lernjahr. Gleichzeitig dient der Tandembogen als Vorbereitung für Bewerbungsgespräche und bietet sich somit auch als Vorbereitung für den Punto final an.

Cuaderno, S. 84/4 S bereiten die Partnerkarten auf S. 91 in EA vor, wobei sie sich Stichpunkte aufschreiben, spielen sie dann in PA durch und sprechen dabei möglichst frei. Sie wenden dabei die Redemittel der Lektion frei an.

COMPRENSIÓN AUDIOVISUAL

S. 114/10 Mit Hilfe der Kopiervorlage für die DVD verstehen S den Hör-Sehtext selektiv.
⊚ KV DVD8

TALLER DE ESCRITURA

Cuaderno, S. 86/6 S schulen ihre Methodenkompetenzen zum Überarbeiten von (eigenen) Texten: Sie korrigieren einen Text, der zehn grammatische und orthographische Fehler enthält. Diese sind in der Tabelle aufgelistet, sodass der Suchprozess der S gelenkt wird. Nachdem sie die Fehler erkannt und berichtigt haben, überlegen sie, wie man den Text auch formal besser gestalten könnte. Dabei greifen sie auch auf bereits bekannte Möglichkeiten, um Texte zu verbessern, zurück. Schließlich setzen sie die Verbesserungsvorschläge um, indem sie einen korrigierten und überarbeiteten Text in ihr Heft schreiben.

YA LO SÉ

S. 115/11 S erklären in einer E-Mail das deutsche Schulsystem. Dafür nutzen sie u. a. die Redemittel aus Übung 3a (SB, S. 112), die Ergebnisse des Vergleichs zwischen spanischem und deutschem Bildungssystem (siehe Vorschläge für die Texterarbeitung, Punkt 2) und wenden das Themenvokabular zu Schule und Ausbildung frei an. Bei Bedarf können sie im Themenwortschatzkasten (SB, S. 224) nachschlagen. Zum Schluss überarbeiten sie ihren eigenen Text oder den Text einer/eines MS, wie sie es in Übung 6 (Cuaderno, S. 86) geübt haben.

Lösung individuell

MI RINCÓN DE LECTURA

Cuaderno, S. 87/1 S schulen ihr selektives Leseverstehen anhand eines Textes über die Entstehung des Fußballs.

PUNTO FINAL 6

In Übung 5c (SB, S. 113) haben S sich mit einem Anschreiben auf eine ausgeschriebene Stelle beworben. Nun sind sie zu einem Vorstellungsgespräch eingeladen worden, welches sie in diesem Punto final in PA vorbereiten und die Szene zum Abschluss vorspielen.
Sie benötigen dafür ihren ausgefüllten Europass (SB, S. 113/4b), ihr Bewerbungsschreiben (SB, S. 113/5c), die Liste der Fragen im Bewerbungsgespräch (SB, S. 114/6) und ihre Antwortmöglichkeiten (SB, S. 114/7a).

S. 115/a S finden sich zu zweit zusammen: Ein/e S wird den Bewerber / die Bewerberin spielen, der/die andere den Personalleiter / die Personalleiterin. Sie bereiten mit Hilfe der Rollenkarten in EA das Bewerbungsgespräch vor.
Die Rolle des Bewerbers / der Bewerberin ist etwas schwieriger, da er/sie ggf. spontan auf die Fragen reagieren muss, falls die vorbereiteten Fragen nicht mit den tatsächlichen Fragen übereinstimmen.

Lösung individuell

S. 115/b S üben das Gespräch ausführlich, bis sie es relativ frei beherrschen. Wie bei einem tatsächlichen Bewerbungsgespräch auch, sollte es eine Begrüßung und eine Verabschiedung beinhalten.

Lösung individuell

S. 115/c Jedes Paar stellt sein Bewerbungsgespräch vor. Die MS evaluieren das Gespräch und das Verhalten der beiden Gesprächspartner und geben mit Hilfe der Kopiervorlage ein konstruktives Feedback.

Lösung individuell

S. 118–119 REPASO 6 (FAKULTATIV)

Lösungen und Hörtexte

¿TE ACUERDAS?

S. 118/1 S wiederholen die indirekte Rede in der Gegenwart.

Lösung *Tobias quiere saber / pregunta…*
  –cuándo los vamos a ver a Alemania.
  –si alguno de nosotros conoce Alemania.
  –cuánto tiempo nos queremos quedar.
  –si nuestros padres están de acuerdo.
  –qué pasa con Carmen y si va a ir también.
  –quién no tiene «familia de intercambio».
  –si necesitamos más información de su ciudad.
  –si ya lo tenemos todo para el viaje.
  –por qué no hablamos con el profe de alemán.
  –qué opina mi hermano de mi viaje.
  –cuántas horas estudiamos alemán.

S. 118/2 S wiederholen die Bildung des *pretérito perfecto* und die Objektpronomen mündlich in PA.

Lösungsvorschlag
–¿Ya has visitado a Jan? –Sí, ya lo he visitado.
–¿Ya has llamado a tus padres? –No, todavía no los he llamado.
–¿Ya has visto las pelis que te recomendé? –Sí, ya las he visto.
–¿Ya has contestado los mensajes de Maribel? –No, todavía no los he contestado.
–¿Ya has sacado fotos de mi instituto? –Sí, ya las he sacado.
–¿Ya has probado el pan alemán que traje? –No, todavía no lo he probado.
–¿Ya has abierto la carta que te escribió Sonja? –Sí, ya la he abierto.
–¿Ya has comido platos alemanes? –No, todavía no los he comido.
–¿Ya has conseguido los cedés de Tokio Hotel que querías? –Sí, ya los he conseguido.
–¿Ya has descubierto lugares interesantes en la ciudad? –No, todavía los he descubierto.
–¿Ya has escrito esas postales para tus abuelos? –Sí, ya las he escrito.

PRACTICAR

S. 118/3 S festigen die indirekte Aufforderung. (▶Resumen, S. 116/2)

Lösung
–Pili, la profe dice que informes a la clase 3B.
–Juan, la profe dice que busques sillas en la sala de profesores.
–Lisa, la profe dice que traigas cedés y un MP3.
–Miguel, la profe dice que limpies un poco las mesas.
–Raquel, Julia y Monse, la profe dice que decoréis la sala.
–Lito, la profe dice que pongas las mochilas en un buen lugar.

VOCABULARIO

S. 119/4 S wälzen das Wortfeld zum Thema Berufe um. Zur Anregung kann die Folie aufgelegt werden.

F 21A+B

Lösung individuell

ESCRIBIR

S. 119/5a S formulieren in EA Fragen, die dem Text von Alberto oder Vanesa (SB, S. 111–112) zugrunde liegen könnten.

Hinweis Da S mit den Fragen anschließend den Text in ein Interview umwandeln werden, formulieren sie die Fragen schon hier in der 2. Pers. Sg.

Lösungsvorschlag 1. Alberto:
–¿Qué te dijeron tus padres cuando les dijiste que querías hacer una FP de Jardinería y Paisajismo?
–Para hacer la FP no necesitabas el bachillerato. Sin embargo, lo hiciste. ¿Por qué?
–¿Por qué no te gustaba el insitituto?
–¿Qué aprendiste en la FP?
–¿Qué hiciste después de la FP?
–¿Te gusta tener tu propia empresa?
–¿Qué opinan tus padres ahora?
–¿Qué les recomiendas a los jóvenes que tienen que decidir si van a hacer el bachillerato o no?

2. Vanesa:
–¿Cómo te iba en el instituto? ¿Siempre eras una buena alumna?
–¿Qué decidiste hacer después del bachillerato? ¿Por qué?
–¿Por qué te decidiste al final por la carrera de Administración y Dirección de Empresas?

–¿Te pareció fácil el curso?
–¿Sólo estudiaste en España?
–¿Te gustó estudiar en Berlín?
–¿Cómo ha sido tu vida laboral después de terminar el máster?

S. 119/5b Mit Hilfe der Fragen aus dem vorigen Übungsteil wandeln S in PA den Lektionstext in ein Interview um.

Lösung individuell

S. 119/6 S festigen das Wortfeld und die Redemittel zum Thema Arbeit/Berufe mündlich und schriftlich.

Lösung individuell

MEDIACIÓN / ESPAÑA EN DIRECTO

S. 119/7 S verstehen den Informationsflyer zu EU-Programmen selektiv und erklären auf Deutsch, an welche Zielgruppe sich der Flyer richtet, welche Projekte und Programme es gibt und welches Alter die Teilnehmer haben müssen.

Lösungsvorschlag Der Prospekt richtet sich an Jugendliche, die aus verschiedenen Gründen ins europäische Ausland wollen (z. B. zum Studieren, Arbeiten, Jobben, als Tourist) und sich mit anderen Jugendlichen austauschen wollen. Wenn man zwischen 13 und 25 Jahre alt ist, kann man an einem Austauschprogramm teilnehmen und 6 bis 21 Tage mit anderen Jugendlichen in einem beliebigen europäischen Land zusammenleben und Erfahrungen austauschen.
Außerdem erläutert die Broschüre, welche Bedingungen es für eine Freiwilligenarbeit gibt. Dafür muss man zwischen 18 und 30 Jahre alt sein und Lust haben an künstlerischen, kulturellen Projekten oder an Projekten in den Bereichen Sport oder Umwelt teilzunehmen.

S. 120–121 ¡ANÍMATE! 6 (FAKULTATIV)

Lösungen, Hörtexte und Vorschläge für den Unterricht

S. 121/1 S lernen spanische Feste und Feiertage kennen und erweitern dadurch ihr landeskundliches Wissen. Sie schauen sich die Fotos zu den verschiedenen Festen und Bräuchen an und lesen die Informationstexte. Zu einem ausgewählten Fest suchen sie eigenständig weitere Informationen im Internet. S können sich dann in arbeitsgleiche Gruppen zusammentun und ein Plakat zu dem ausgewählten Fest vorbereiten und dieses anschließend vorstellen.

Lösung individuell

S. 121/2 S wählen in Gruppen ein bis zwei deutsche oder regionale Feste (z. B. Karneval, Osterfeuer, Oktoberfest etc.) aus, die sie einem Spanier vorstellen würden. Sie präsentieren das Fest / die Feste möglichst mit Fotos, Videos oder Liedern.

Lösung individuell

BALANCE 2 (FAKULTATIV) S. 122–123

Lösungen und Hörtexte

COMPRENSIÓN AUDITIVA

S. 122/1 S verstehen den Hörtext selektiv und detailliert.

🎧 67

Hörtext und Lösungsvorschlag

Crítico: *Hola amigos, hola amigas. Soy yo, Toño Salas y vosotros estáis escuchando «Cine latinoamericano». Vamos a ver qué hay de nuevo... Pues, este mes tenemos muchísimas películas, no he parado de ver pelis. ¿Qué suerte tengo, no? Me pagan por hacer lo que me gusta... Bueno, primero os quiero hablar de <u>dos pelis que vi ayer: «Luna llena» de México, y la otra «Sigue el ritmo» de Venezuela</u>. Pues os quiero decir que la primera, <u>«Luna llena» es una peli... ¿Cómo os lo digo? Os la recomiendo mucho porque es una peli llena de suspense. Por ahí hay también un poco de leyendas mayas, de mitología... La historia es bastante interesante, la dirección es muy buena, los actores son excelentes. La música, la fotografía...</u> Bueno, todo les ha salido muy bien en esta peli. La historia vale la pena. No quiero contaros de qué se trata porque es decir mucho.*

La otra, «Sigue el ritmo» trata sobre una escuela donde muchos niños aprenden a tocar un instrumento. Tiene una historia bonita y el final es un poco triste... La historia por desgracia tiene diálogos un poco aburridos... Y si vosotros no sabéis nada de nada de Venezuela creo que os va a parecer un poco difícil esta peli, que además tiene un ritmo un poco lento... ¿Y qué hay de nuevo en el cine? <u>Pues el próximo viernes voy a ver una película de Costa Rica, «El camino mágico».</u> Parece que es una película muy buena, yo ya había visto películas del director de «El camino mágico» y me gustaron mucho y según las reseñas esta es hasta ahora su mejor película. Bueno, ya os contaré qué tal. Pues, eso es todo por hoy, os dejo, hasta la próxima.

COMPRENSIÓN LECTORA

S. 122/2 S verstehen den Lesetext detailliert.

Lösung 1. b – 2. c – 3. c

MEDIACIÓN

S. 123/3 S entwickeln ihre Sprachmittlungskompetenzen weiter, indem sie zwischen spanischen Touristen und einem deutschen Rezeptionisten in einer Jugendherberge dolmetschen. Sie wiederholen dabei die indirekte Rede sowie die Redemittel zum Thema öffentliche Verkehrsmittel.

Lösungsvorschlag
1. – Er sagt, dass die Zimmertür nicht funktioniert. Sie schließt nicht.
   – *Dice que ya lo va a mirar. Pero tienes que esperar un momento.*
2. – Er sagt, dass es in seiner Dusche kein warmes Wasser gibt und außerdem kein Toilettenpapier da ist.
   – *Quiere saber en qué habitación estáis.*
   – Sie sind in Zimmer 304.
   – *Dice que enseguida va a ir alguien.*
3. – Sie sagt, dass sie gestern ein Buch im Speisesaal vergessen hat.
   – *Dice que ayer alguien encontró un libro. ¿Es este?*
4. – Er fragt, ob von hier aus auch sonntags Busse zum Flughafen fahren. Er muss sehr früh los.
   – *Dice que hay un autobús cada 30 minutos. Explica que con el X9 llegarás en 30 minutos al aeropuerto, y el 109 tarda más o menos 40 minutos. Dice que puedes comprar los billetes en el autobús.*

EXPRESIÓN ESCRITA

S. 123/4 S geben einem Jugendlichen schriftlich Ratschläge, wie er mit seinem Problem umgehen kann.

Lösungsvorschlag *Hola Juan:*

Leí tu comentario en la última revista y puedo comprenderte. Piensas en tu futuro y sabes que un año de intercambio en Irlanda luego te ayudará a encontrar un buen trabajo. Pero tu novia está muy triste y piensa que vas a olvidarla. Pues, me gusta que te preocupes y que comprendas el miedo de tu novia porque normalmente los chicos son muy egoístas. La distancia entre España e Irlanda es muy grande y por eso tu novia tiene miedo porque sabe que no es fácil verse a menudo. ¿Quizás puedes comprarle un billete de avión a Irlanda para que sepa que hay una fecha fija en la que volveréis a veros. Es caro, lo sé. Pero pregunta a tus padres; a lo mejor te ayudan. O cómprale una tarjeta para el móvil con la que puede llamarte gratis cuando quiera. No sé, si he podido ayudarte, pero te deseo mucha suerte.
Carmen

EXPRESIÓN ORAL

S. 123/5 S bereiten in PA eine Diskussion zwischen einer/einem Jugendlichen und ihrer/ihrem Vater oder Mutter über die nächsten Schulferien vor. Dabei verwenden sie die Redemittel zur Meinungsäußerung und zum Diskutieren. Eine Übersicht über die Redemittel findet sich auf S. 201.

Lösungsvorschlag Chica: *Papá, tengo que hablar contigo sobre las vacaciones.*
Padre: *¿Qué pasa con las vacaciones? Todo ya está claro, vamos a visitar a los abuelos como siempre.*
Chica: *Como siempre. ¡Qué aburridísimo! Aquí es mucho más interesante. En casa de los abuelos no pasa nada y no sé qué hacer.*
Padre: *Juana, ¡no hables así sobre tus abuelos, por favor! Quiero que pasemos las vacaciones todos juntos. Y los abuelos quieren verte. Y además: ¿qué haremos aquí?*
Chica: *No me has entendido. Vosotros podéis pasar las vacaciones allí. Pero yo me quedo aquí sola. Ya tengo 17 años.*
Padre: *¿Qué estás diciendo? ¿Tú aquí sola? ¡NO! No quiero que te quedes sola tanto tiempo. Y ¿qué quieres hacer? Ah, ya me lo puedo imaginar: ver la tele todo el tiempo.*
Chica: *No, papá. Te prometo que no veré mucho la tele. Tengo otra idea: quiero trabajar por las tardes y por las mañanas quiero hacer un curso de inglés.*
Padre: *Pero, ¿por qué? Ya aprendes inglés en el instituto.*
Chica: *Sí, pero en el instituto no aprendemos mucho. Y el próximo año quiero hacer unas prácticas en Inglaterra. Por eso tengo que aprender mejor el inglés.*
Padre: *¿Por qué no sé nada de tus planes? Y ¿quién lo va a pagar?*
Chica: *Pues, estoy hablando de mis planes. Y como acabo de decir: quiero trabajar en las vacaciones. Así puedo ganar dinero.*
Padre: *Hm. En realidad no es una mala idea. Pero te lo repito: no quiero que te quedes tanto tiempo sola en casa.*
Chica: *Papá, por favor. Puedo llamar todos los días a los abuelos si quieres.*
Padre: *No es lo mismo y lo sabes. Quiero que pases al menos tres semanas con tus abuelos.*
Chica: *¿Tres semanas? Vale, pero el resto de las vacaciones puedo quedarme en casa sola.*
Padre: *Vale. De acuerdo, pero sólo si encuentras un trabajo. Y vamos a buscar juntos una escuela de idiomas.*
Chica: *¡Gracias, papá!*

EL EXAMEN DE DELE (FAK.) S. 124–125

Lösungen und Hörtexte

GRAMÁTICA Y VOCABULARIO

S. 124/1 S wählen die richtige Option für den jeweiligen Satz aus und weisen damit ihre Grammatikkenntnisse nach.

Lösung 1. *es* – 2. *por* – 3. *No creo que* – 4. *hable* – 5. *hago* – 6. *conocimos* – 7. *Pase* – 8. *digas* – 9. *gustaría* – 10. *Póntelos* – 11. *Lo que*

EXPRESIÓN ESCRITA

S. 124/2 S weisen ihre Redemittel- und Vokabelkenntnisse zum Sprechen über die eigene Lebenswelt nach, indem sie einen Brief oder eine E-Mail schreiben, in dem/der sie sich und die eigene Familie vorstellen und ihr Leben bzw. ihren Tagesablauf und ihr Zuhause beschreiben.

Lösung individuell

COMPRENSIÓN AUDITIVA

S. 124/3 S verstehen den Hörtext selektiv und detailliert.

🎧 2 68

Hörtext Laura: *Buenas a todos. Seguro que conocéis gente que se pasa la vida hablando mal de los jóvenes de hoy en día. Que si somos unos pasotas, que si sólo pensamos en tonterías, que si estamos desorientados, que si somos maleducados, que si la educación que tenemos es malísima… Y permitidme que os diga: ¡pero eso no es la realidad! ¡No es la realidad! Estoy harta de que nos digan que los jóvenes somos todos unos pasotas. ¿Vale? Me parece idiota decir: los jóvenes somos esto, los jóvenes somos lo uno y los jóvenes somos lo otro. No me metan a mí en el saco de los jóvenes que no se interesan por nada, que pasan de todo… . No me mola. ¡No me mola nada! Sabéis … ¿qué hace esta gente que dice que los jóvenes somos unos maleducados? Os lo digo: conocen a unos pocos chicos de su barrio que son así y luego creen que muchos somos como ellos, pero no solamente eso, sino que creen que todos somos así. De unos pocos hacen todos, y dicen que todos son iguales. No me gusta generalizar. No sólo por mí, sino porque sé que hay muchos jóvenes que no son así. ¡Muchos, muchos, muchos! Ayudan a otras personas, trabajan como voluntarios, tienen ideas preciosas para cambiar algo en la sociedad… Bueno, no tengo nada más que decir en defensa de los jóvenes. Dadle un par de vueltas al tema, ¿vale? Y me comentáis lo que pensáis.*

Lösung 1 a – 2 c – 3 b

EXPRESIÓN ORAL

S. 125/4 S halten einen fünfminütigen Vortrag über das Thema Freizeitbeschäftigungen. Sie bereiten den Vortrag innerhalb von zehn Minuten anhand der aufgelisteten Fragen vor.

Lösung individuell

COMPRENSIÓN LECTORA

S. 125/5 S verstehen den Lesetext selektiv und detailliert.

Lösung 1 a – 2 c – 3 b – 4 a – 5 c

EL PLACER DE LEER S. 126–141

Am Ende des Lehrwerks finden sich sieben Lektüreangebote zur Arbeit mit authentischen Texten bzw. Textausschnitten. Ziel dessen ist es, die Schüler/innen für das Lesen in der Fremdsprache zu motivieren und ihnen die Angst vor der Lektüre von Originaltexten zu nehmen. Daher zielen viele der anschließenden Übungen auf den kreativen bzw. produktiven Umgang mit literarischen Texten ab, sodass die Schüler/innen einen eher affektiven bzw. spielerischen Zugang zu Literatur bekommen. Daneben finden sich auch leichtere analytische Aufgaben, welche die Funktion haben, die Schüler/innen auf die Textarbeit in der Oberstufe vorzubereiten. Dabei lernen sie für das Thema Literatur/Texte relevante Redemittel kennen und schulen Methoden zur Texterschließung.

Das unbekannte Vokabular, das für das Textverständnis wichtig und nicht transparent ist, ist direkt unter den einzelnen Texten annotiert. Es dient hier dem Leseverstehen und handelt sich nicht um Lernwortschatz, weshalb die Wörter weder in der chronologischen noch in der alphabetischen Wortliste am Ende des Buches aufgeführt sind.

S. 126–127 CAMBIO DE AMIGOS

Einsatzmöglichkeit	Nach *Unidad 1* oder *Unidad 4*
Textsorte	Jugendroman (Auszug)
Autor	Pedro Sorela (Kolumbien)
Erscheinungsjahr	2005
Kurzinhalt	Als Juans Vater nach vier Jahren in Barcelona seine Arbeit verliert, beschließt die Familie nach Madrid zurückzukehren, wo Juan sich einleben und neue Freunde finden muss. Er freundet sich mit seiner Nachbarin Paloma und mit seinen Klassenkameraden Javier, Einwanderer aus Kolumbien, Luke aus Bosnien und der Französin Valerie an, die ebenfalls schwierige Situationen durchlebt haben. Zwischen Juan und Valerie entwickelt sich schließlich eine Liebesgeschichte. Zu Hause dagegen wird die Situation für Juan immer unerträglicher, da sein Vater weiterhin keine Arbeit findet und sich gehen lässt. Bis eines Tages doch eine neue Beschäftigung in Aussicht steht.
Zum Textauszug	Der vorliegende Textauszug lässt sich zu Beginn des Romans situieren. Juan schildert seine ersten Eindrücke bei der Ankunft in Madrid. Nach vier Jahren in Barcelona ist er von seiner Geburtsstadt, die sich inzwischen verändert hat und nichts mehr mit seinen Kindheitserinnerungen zu tun hat, enttäuscht. Er sehnt sich bereits nach Barcelona und nach seinen dortigen Freunden zurück. Auch die erste Begegnung mit seiner neuen Nachbarin verläuft eher unglücklich. Das einzige, worauf er sich freuen kann, ist das Wiedersehen mit seinen alten Klassenkameraden.

Lösungen und Vorschläge für den Unterricht

VORSCHLAG FÜR DIE TEXTERARBEITUNG

ACTIVIDAD DE PRELECTURA

S. 126/1 **1. Vorentlastung des Textauszuges**
- Einsatz nach *Unidad 1*: Um den S den Ort der Handlung näher zu bringen, suchen sie im Internet oder in anderen Informationsquellen (Reiseführer usw.) in arbeitsteiligen Gruppen Informationen zu den Orten in Madrid, die im Text genannt werden: *Paseo del Prado*, *Parque del Retiro*, *Casa de Campo* und *Gran Vía*. In Kurzreferaten können die einzelnen Gruppen die gefundenen Informationen und Fotos (in einer Power-Point-Präsentation) vorstellen und dabei das monologische Sprechen – Methodenschwerpunkt in den Lektionen 1 und 4 – schulen. Steht wenig Zeit zur Verfügung, können anstelle von Kurzreferaten Fotoshows mit minimaler Information zusammengestellt werden, damit S einen Eindruck von den im Text genannten Orten bekommen.
- Einsatz nach *Unidad 4*: Wurden die genannten Orte bereits im Rahmen der *Unidad 4* thematisiert, bietet sich vor der Informationsrecherche ein Brainstorming an, um das Vorwissen der S zu aktivieren. Anschließend suchen sie im Internet oder in anderen Informationsquellen (Reiseführer usw.) in arbeitsteiligen Gruppen Informationen zu den Orten in Madrid, die im Text genannt werden: *Paseo del Prado*, *Parque del Retiro*, *Casa de Campo* und *Gran Vía*. Sie stellen in Kurzreferaten die gefundenen Informationen und Fotos (in einer Power-Point-Präsentation) vor und schulen dabei das monologische Sprechen, das Methodenschwerpunkt in den Lektionen 1 und 4 ist. L kann S darauf hinweisen, in den Präsentationen auch auf historische Daten bzgl. der einzelnen Orte einzugehen. Steht wenig Zeit zur Verfügung, können S anstelle von Kurzreferaten Diashows mit den schönsten gefundenen Bildern und Fotos der einzelnen Orte zusammenstellen, um einen bildlichen Eindruck davon zu bekommen.

Alternative Steht viel Zeit zur Verfügung, kann die Vorentlastung ausgebaut werden: Während sich einige Gruppen mit der Informationsrecherche zu den Orten in Madrid befassen, könnten sich andere über Orte in Barcelona (z. B. *Puerto Olímpico*, *Barrio gótico*, *Parque Güell*, *Las Ramblas*) informieren und dazu ebenfalls eine Präsentation mit Fotos und Informationen vorbereiten. Durch diese Vorgehensweise werden den S beide Städte, die im Text erwähnt werden, nähergebracht. Anschließend äußern S sich im Plenum in einer Meldekette (s. Methodenpool, S. 191), welche Stadt sie aufgrund der gewonnenen Eindrücke schöner/interessanter finden oder welche sie lieber besuchen würden und begründen dies anhand der präsentierten Informationen und Bilder. Dafür sollten S sich während der einzelnen Vorträge Stichpunkte zu den Orten, die ihnen gefallen, machen.

2. Globales und detailliertes Leseverstehen
1. Schritt (globales Leseverstehen): S überfliegen den Textauszug und bringen dabei die Überschriften für die Absätze in die richtige Reihenfolge (SB, S. 127/2a). Die Reihenfolge wird anschließend in PA besprochen; bei Abweichungen sehen S sich den Text gemeinsam genauer an und diskutieren die richtige Reihenfolge.
2. Schritt (detailliertes Leseverstehen): Das zweite Lesen sollte idealerweise als HA geschehen, sodass jede/r S sein/ihr eigenes Lesetempo bestimmen kann. Ist dies organisatorisch nicht möglich, lesen S in Stillarbeit im Unterricht. Dabei notieren sie sich stichpunktartig Informationen zu den einzelnen Figuren (SB, S. 127/1a), die anschließend an der Tafel gesammelt werden. Nun bearbeiten S Übung 1b (SB, S. 127) mündlich in PA: Sie geben wieder, wie sich der Protagonist fühlt und belegen dies anhand des Textes und mit Hilfe der gesammelten Informationen.
Zum Abschluss des analytischen Teils der Texterarbeitung notieren S mindestens drei Schlüsselwörter aus dem Text (SB, S. 127/2b). Da jeder Leser einen anderen Zugang zu einem Text hat,

können diese sehr unterschiedlich sein. Es können Vokabeln sein, die für das individuelle Textverständnis wichtig waren sowie Schlagwörter, die den Inhalt des Textauszugs am besten repräsentieren, oder auch solche, die S bzgl. des Fortgangs der Handlung für wichtig halten.

Hinweis L sollte keine Wörterbücher zur Verfügung stellen, da S sonst möglicherweise jedes unbekannte Wort nachschlagen. Dies ist nicht notwendig, da der Text mit Hilfe der Annotationen und der bekannten Worterschließungsstrategien (vor allem aus dem Kontext) verstanden werden kann.

3. Kreativer Umgang mit dem Text

Nachdem der Text nun global und z. T. im Detail verstanden ist, folgt der kreativere bzw. produktivere Part der Texterarbeitung. Um die Begegnung zwischen Juan und seiner neuen Nachbarin darstellen zu können, erschließen S sich in PA oder Kleingruppen den Absatz (Z. 35–45) im Detail. Unbekannt und nicht annotiert, jedoch mit den bekannten Methoden erschließbar sind die Wörter *la prueba* (Z. 35), *pasar* (Z. 38), *insistir* (Z. 39) und *ni* (Z. 43). Jeweils zwei S spielen die Szene vor (SB, S. 127/3) und die MS beurteilen, ob die Darstellung der Schilderung im Text entspricht.

Im Anschluss bilden S Kleingruppen und sammeln Ideen zu der Frage, wie eine weitere Begegnung zwischen den beiden aussehen könnte. L kann ihnen dazu Leitfragen an die Hand geben, um den Prozess zu steuern, z. B. *¿Dónde se encuentran? ¿Cómo es la situación? ¿Están solos o están con otra persona, por ejemplo con un amigo o con los padres? ¿De dónde vienen y adónde van?* Nachdem S sich in den Gruppen auf den Rahmen der Begegnung geeinigt haben, schreiben sie die Szene und spielen sie vor (SB, S. 127/4). Es können auch mehrere S beteiligt sein, z. B. als Eltern oder Freunde der beiden. Damit die Resultate der Gruppenarbeiten stärker variieren, können alternativ dazu auch einige Kleingruppen die Wiedersehensszene zwischen Juan und seinen Freunden Ramón und Fernando am ersten Schultag erarbeiten.

HABLAR DE UN TEXTO

S. 127/1 Siehe Vorschlag für die Texterarbeitung, Punkt 2.

Lösungsvorschlag a) Juan:
–Los últimos cuatro años los pasó en Barcelona.
–Vuelve con su familia a Madrid, donde nació.
–Tiene una perra que se llama Llama.
–Cuando llega a Madrid, no reconoce su calle porque ha cambiado mucho.
–Echa de menos Barcelona, la comida, a sus amigos y a Águeda.
–Es aficionado del Espanyol.

Sus padres:
–No hay mucha información sobre ellos. Parece que el padre no comprende por qué su hijo no reconoce Madrid como la ciudad de su infancia.

Águeda:
–Es una amiga (o la novia) de Juan que vive en Barcelona.
–Se puso triste cuando Juan le dijo que se iba a Madrid.

La chica que Juan encuentra en la puerta:
–Tiene el pelo negro y una mirada oscura.
–Lleva vaqueros verdes y zapatillas viejas.
–Parece que es una chica moderna: cuando Juan la deja pasar, ella quiere que él pase primero.
–Es impaciente.

Ramón y Fernando:
–Son los antiguos amigos de Juan del instituto en Madrid.
–Juan tiene ganas de verlos.

b) *Creo que Juan está triste porque se tuvo que ir de Barcelona, donde están sus amigos. En el texto dice que los echa de menos.*

–Pienso que Juan no está contento de estar en Madrid porque ya no le gusta su barrio porque allí han cambiado muchas cosas. Tampoco le gusta que su calle huela a pizza.

–Pienso que tiene un poco de miedo porque no sabe qué va a pasar en Madrid y si va a encontrar nuevos amigos. Además, él es aficionado del Espanyol y piensa que todos en Madrid son del Real Madrid.

S. 127/2 Siehe Vorschlag für die Texterarbeitung, Punkt 2.

Lösung a) *El barrio (l. 1–11) – La primera cena en Madrid (l. 12–27) – Recuerdos de Barcelona (l. 28–34) – El encuentro en la puerta (l. 35–46) – Los amigos de antes (l. 47–50)*

b) Lösung individuell

S. 127/3 Siehe Vorschlag für die Texterarbeitung, Punkt 3.

Lösung individuell

S. 127/4 Siehe Vorschlag für die Texterarbeitung, Punkt 3.

Lösung individuell

S. 128–129 QUERIDO RONALDINHO

Einsatzmöglichkeit	Nach *Unidad 2* oder *Unidad 5* Nach *Unidad 5* wäre es möglich, ein kleines Lese-Projekt durchzuführen: S wählen zwischen den drei Jugendromanauszügen „Querido Ronaldinho", „Cambio de amigos" und „El Mal de Gutenberg" einen aus, erarbeiten sich die Textausschnitte und bereiten anschließend in Gruppen eine Buchpräsentation vor. Zur Unterstützung sollten zuvor die minimalen Bestandteile der Buchpräsentationen festgelegt werden (z. B. kurze Vorstellung des Autors, Zusammenfassung des Textausschnitts, empfundener Schwierigkeitsgrad der Lektüre, Meinungsäußerung).
Textsorte	Jugendroman (Auszug)
Autor	Jordi Sierra i Fabra (Spanien)
Erscheinungsjahr	2005
Kurzinhalt	Der Roman erzählt die Geschichte des brasilianischen Fußballers Ronaldinho, seiner Kindheit in Brasilien in ärmlichen Verhältnissen und wie er es als Jugendlicher geschafft hat, sich seinen größten Traum zu erfüllen und internationaler Fußballstar zu werden (s. auch SB, S. 93).
Zum Textauszug	– Textauszug 1: Der Textauszug ist ein Telefongespräch zwischen Ronaldinhos Mutter und dem Brasilianischen Fußballverband. Die Mutter erfährt, dass der zu diesem Zeitpunkt erst 14 Jahre alte Ronaldinho in die Jugendnationalmannschaft berufen wurde und in England für Brasilien spielen soll. – Textauszug 2: In diesem auch überwiegend dialogischen Ausschnitt erfährt Ronaldinho, der gerade in den Ferien ist und mit seinem Freund Tiago Fußball auf der Konsole spielt, durch einen Anruf seiner Mutter, dass er in die Nationalmannschaft seiner Altersgruppe berufen wurde und Turniere in Europa spielen soll.

Lösungen und Vorschläge für den Unterricht

VORSCHLAG FÜR DIE TEXTERARBEITUNG

ACTIVIDAD DE PRELECTURA

S. 128/1 **1. Vorentlastung des Textauszuges**
Zur inhaltlichen Vorentlastung des Textes informieren S sich im Pequeño Diccionario (SB, S. 179) und im Internet über den Protagonisten Ronaldinho.

Alternative L kann stattdessen einigen S zur Verbesserung der Note vorschlagen, gemeinsam einen Kurzvortrag über Ronaldinho vorzubereiten und ihn der Klasse vorzustellen.

2. Globales Leseverstehen
L teilt die Lerngruppe in zwei Gruppen ein, die sich jeweils mit einem der beiden Textfragmente beschäftigen (SB, S. 129/1a). L sollte dabei die schnelleren S den ersten Auszug lesen lassen, da er länger und sprachlich etwas komplexer ist als der zweite. S erarbeiten sich den entsprechenden Ausschnitt mit Hilfe der Annotationen. Anschließend machen sie sich stichpunktartig Notizen zum Inhalt, mit Hilfe derer sie den Text zusammenfassen können. Nun setzen sich je zwei S aus der gleichen Gruppe zusammen, fassen den Text mit Hilfe ihrer Stichpunkte nacheinander mündlich zusammen und korrigieren und ergänzen sich ggf. gegenseitig. Anschließend finden sich je zwei S aus den unterschiedlichen Gruppen zusammen und fassen sich gegenseitig den Inhalt der Textausschnitte zusammen und stellen ggf. Fragen zu dem jeweils anderen Auszug. Zum Abschluss bilden sich innerhalb der zwei Großgruppen mehrere Kleingruppen und diskutieren geeignete Kapitelüberschriften für ihren Textauszug (SB, S. 129/1b). Diese werden im Plenum vorgestellt, an der Tafel festgehalten und per Abstimmung die treffendsten Titel für beide Textauszüge gewählt.

3. Kreativer Umgang mit dem Text
S wälzen den Textinhalt und ihr Vorwissen über Ronaldinho in einer kreativen Schreibaufgabe um und üben das dialogische Sprechen: Je nach Interessenlage finden sie sich mit einem/einer MS zusammen und schreiben ein Interview eines Sportreporters mit Ronaldinho, wobei sie neben den Texten auch die Informationen über Ronaldinho aus der Rechercheaufgabe (SB, S. 128/1) mit einbeziehen, oder ein an Textauszug 2 anknüpfendes Telefongespräch zwischen Ronaldinho und seinem älteren Bruder, der ebenfalls internationaler Fußballspieler ist (SB, S. 129/2a). Für das Interview können S ggf. einige Fragen aus dem Interview mit ihrem Lieblingsschauspieler / ihrer Lieblingsschauspielerin (C, S. 83/11) übernehmen. Bevor sie mit der Aufgabe anfangen, wird im Plenum ein Kriterienkatalog zur späteren Bewertung der Dialoge zusammengestellt, an dem S sich schon beim Schreiben orientieren können. Anschließend üben S – evtl. mit Hilfe von Karteikarten –, die Dialoge deutlich und möglichst frei zu sprechen (SB, S. 129/2b) und stellen sie schließlich ihren MS vor, welche sie mit Hilfe des Evaluationsbogens bewerten (SB, S. 129/2c).

Hinweis Mögliche Kriterien für die Bewertung wären folgende:
- Die Gesprächspartner sprechen frei.
- Sie sprechen laut genug.
- Die Aussprache ist verständlich.
- Sie unterstützen ihre Worte sinnvoll mit Mimik und Gestik.
- Sie bringen Informationen aus dem Text und aus der Informationsrecherche über Ronaldinho sinnvoll ein.

HABLAR DE UN TEXTO

S. 129/1 Siehe Vorschlag für die Texterarbeitung, Punkt 2.

Lösungsvorschlag a) –*Texto 1*: *En el texto, la Federación Brasileña de Fútbol lo llama a Ronaldinho para decirle que quieren que él juegue para Brasil. Pero Ronaldinho no está en casa porque está de vacaciones. Por eso hablan con su madre y le dicen que Ronaldinho tiene que ir a Río y que los partidos van a ser en Europa. La madre está muy feliz porque sabe que el gran sueño de su hijo es jugar con Brasil.*
–*Texto 2*: *Ronaldinho está con su amigo Tiago cuando lo llaman por teléfono. Es su madre. Le dice que lo han convocado y que tiene que irse a Río y después a Europa a jugar para Brasil. Ronaldinho se pone muy contento.*

b) –*Texto 1*: *Una gran sorpresa / Mi hijo se hace famoso*
–*Texto 2*: *¡Soy internacional! / Una estrella nace*

S. 129/2 Siehe Vorschlag für die Texterarbeitung, Punkt 3.

Lösung individuell

S. 130–131 EL MAL DE GUTENBERG

Einsatzmöglichkeit	Nach *Unidad 5*
Textsorte	Jugendroman (Auszug)
Autor	Jesús Carazo (Spanien)
Erscheinungsjahr	2003
Kurzinhalt	Die Schüler einer Oberschule sind in Streik getreten. Ihre Forderungen: Schluss mit den Schulbüchern, den syntaktischen Analysen und den geschichtlichen Vorträgen. „Schon die Römer haben so gelehrt", beschweren sie sich über einen unzeitgemäßen Unterricht. Wie aber soll ein zeitgemäßer Unterricht aussehen? Für die Schüler ist die Antwort ganz einfach: weniger langweilige Erklärungen und mehr Bildmaterial und Filme. Aber die Lehrer sind nicht ohne Weiteres davon zu überzeugen.
Zum Textauszug	Im vorliegenden Textauszug diskutieren die Schüler mit ihrem Lehrer Don Ramón über die Wertigkeit von Büchern und dem geschriebenen Wort. Während der Lehrer versucht, die Bücher zu verteidigen, erkennen die Schüler die Wichtigkeit derselben nicht an und fordern einen Wandel im Unterricht, in dem anstelle von geschriebener Sprache Bilder und Filme im Mittelpunkt stehen sollen.
Kopiervorlagen	KV 22: *El mal de Gutenberg*

Lösungen und Vorschläge für den Unterricht

VORSCHLAG FÜR DIE TEXTERARBEITUNG

1. Vorentlastung des Textauszugs
Indem S über Argumente für Bücher und Filme nachdenken, wird die Problematik des Textes vorentlastet: Sie diskutieren in einer kurzen Think-Pair-Share-Phase (s. Methodenpool, S. 191) die folgenden Fragen: *¿Qué prefieres: leer un libro o ver una película? ¿En qué situaciones prefieres el libro y cuándo la película?*

2. Globales Leseverstehen
S lesen den Text in EA, ggf. als HA, und erschließen sich den globalen Inhalt mit Hilfe der Fußnoten. Anschließend weisen sie ihr globales Leseverstehen nach, indem sie die Textsorte benennen

(SB, S. 131/1a) – dazu greifen sie auf die Auflistung der Textsorten auf S. 171 zurück – und die Handlung schriftlich in drei Sätzen zusammenfassen (SB, S. 131/1b). Sie tauschen ihre Zusammenfassungen untereinander aus und korrigieren sie gegenseitig inhaltlich, stilistisch und sprachlich. Im Anschluss sollten sie einige Minuten Zeit bekommen, um die Korrekturen zu besprechen. Alternativ kann L alle Texte einsammeln und einen gut korrigierten Text auf Folie kopieren und ihn exemplarisch im Plenum besprechen, um insbesondere noch einmal auf die Redemittel zur Zusammenfassung von literarischen Texten einzugehen.

Alternative Vor der eigentlichen Textlektüre schauen S sich den Auszug samt Abbildung eine Minute lang an und erkennen anhand der äußeren Merkmale (Abbildung des Buchcovers, Quellenverzeichnis, Layout des Textes) und durch Überfliegen des Textes, dass es sich um einen Auszug aus einem Roman handelt (SB, S. 131/1a). Anschließend lesen sie den Text und bearbeiten Übung 1b (SB, S. 131) wie oben beschrieben.

Hinweis Das Wort *novela* gehört nicht zum Lernwortschatz und ist daher ggf. noch unbekannt. Die Einführung ist entweder mit dem Wörterbuch oder durch die Besprechung der Textsortenübersicht auf S. 171 vor oder während der Bearbeitung von Übung 1a (SB, S. 131) möglich.

3. Detailliertes Leseverstehen: Teil 1

S lesen die drei Aussagen zum Text und benennen diejenige, die auf den Textinhalt zutrifft (SB, S. 131/2). Sollten sie dies nach dem ersten globalen Lesedurchgang noch nicht beurteilen können, lesen sie den Text erneut in Hinblick auf diese Fragestellung und notieren dabei die Zeilennummern, die die einzelnen Aussagen ihrer Meinung nach belegen. Schnellere S können gleichzeitig Stellen im Text suchen, die die nicht zutreffenden Aussagen widerlegen. Nach dem Lesen benennen sie im Plenum die ihrer Meinung nach zutreffende Aussage und begründen ihre Auswahl mit Hilfe der Notizen durch konkrete Textverweise. Bei unterschiedlichen Ansichten wird anhand des Textes diskutiert.

4. Detailliertes Leseverstehen: Teil 2

In Anlehnung an die vorgeschlagene Aktivität zur Vorentlastung suchen S nun im Text Argumente für das Unterrichten anhand von Büchern einerseits und für das Unterrichten anhand von Fernsehen und Filmen andererseits (SB, S. 131/3a). Im Sinne der Binnendifferenzierung können langsamere S die Kopiervorlage nutzen, statt erneut den Text zu lesen. Darauf sind diverse Argumente angegeben und S markieren diejenigen, die im Text genannt werden und tragen sie in die entsprechende Tabellenspalte ein. Anschließend ergänzen sie die Tabelle mit ihren eigenen Argumenten. Dazu können sie sich für ein Brainstorming in Kleingruppen zusammenfinden. Alle Argumente werden dann im Plenum zusammengetragen und bei Meinungsunterschieden zwischen den Gruppen ggf. diskutiert.

Zum Abschluss entwerfen S auf Basis der gesammelten Argumente in Kleingruppen Slogans aus Schüler- und Lehrersicht (SB, S. 131/3b). L kann den Kurs auch teilen, sodass sich einige Kleingruppen nur Slogans aus Schülerperspektive und andere nur Slogans aus Lehrerperspektive ausdenken. Jede Kleingruppe entwirft mindestens zwei Slogans. Wenn möglich bringt L Pappen/Plakate mit, auf denen S die Slogans auch kreativ gestalten können. Sie werden nachher im Klassenraum ausgehängt.

Alternative Statt Argumente für das Unterrichten mit Büchern und Filmen aus dem Text zu suchen (SB, S. 131/3a), können S auch jeweils Pro- und Kontra-Argumente dafür herausfiltern. Dies ist etwas umfangreicher.

5. Diskussion

S diskutieren nun ihrerseits über das Thema des Textes, also darüber, ob eine Schule ohne Bücher funktionieren kann (SB, S. 131/4). Dafür notieren sie zunächst in EA Argumente für ihre Position. Anschließend setzen sich alle mit ihren Notizen in einen großen Kreis. L nennt eine/n S (s.

Auswahlverfahren, Methodenpool, S. 192), die/der seinen Standpunkt äußert. Die anderen S können darauf reagieren. Gibt es keine spontane Reaktion, wählt L erneut eine/n S aus, die/der auf das erstgenannte Argument reagiert oder L kontert selbst mit einer provokanten Äußerung, um die S zur Teilnahme an der Diskussion anzuregen. Möglich ist auch, dass der/die erste S durch das Zuwerfen eines Balls den Nachredner / die Nachrednerin bestimmt.

Hinweis Bei Bedarf kann L den S zur Unterstützung an der Tafel oder auf Folie Redemittel zur Diskussion zur Verfügung stellen (s. SB, S. 161 und S. 201), mit Hilfe derer S ihre Argumente einleiten oder Pausen überbrücken können.

HABLAR DE UN TEXTO

S. 131/1 Siehe Vorschlag für die Texterarbeitung, Punkt 2.

Lösungsvorschlag a) *Se trata de una novela.*

b) *En el fragmento del texto, los alumnos Silvia, Rodrigo, Verónica, Mario y Sara discuten con su profesor don Ramón sobre los libros y las películas. Los chicos prefieren aprender con películas en vez de libros, pero don Ramón no está de acuerdo: para él, las palabras son más importantes que las imágenes. Los protagonistas principales son don Ramón y Mario.*

S. 131/2 Siehe Vorschlag für die Texterarbeitung, Punkt 3.

Lösung *El segundo resumen es el correcto.*

S. 131/3 Siehe Vorschlag für die Texterarbeitung, Punkt 4.

📄 22

Lösungsvorschlag a)

Enseñar con palabras (libros)	Enseñar con imágenes (televisión, películas)
+	+
–La palabra es importante porque nos hace personas. –Con palabras podemos decir todo lo que pensamos o sentimos. –Hay muchas obras bonitas que están escritas con palabras.	–Los alumnos se interesan más por la televisión y las películas que por los libros. –Existen buenos programas de televisión con imágenes bonitas. –Hay buenas películas. –«Una imagen vale más que mil palabras» (l. 41).
–	–
–Los alumnos están cansados de los libros y de las palabras, les parece que están pasados de moda.	–«La televisión es un invento para tontos» (l. 6). –Algunos programas de televisión son superficiales.

b) Lösung individuell

S. 131/4 Siehe Vorschlag für die Texterarbeitung, Punkt 5.

Lösung individuell

S. 132–133 LA LEYENDA DE LOS GATOS

Einsatzmöglichkeit	Nach *Unidad 4*
Textsorte	Legende
Herausgeber	Patronato de Turismo, Madrid
Erscheinungsjahr	1998
Zum Text	Die Legende erzählt von der Rückeroberung Madrids durch die Truppen von Alfonso VI de Castilla. Die Mauren hatten einen Großteil des heutigen Spaniens und auch Madrid besetzt und eine Mauer um die Stadt errichtet. Nach vielen misslungenen Versuchen der Eroberung gelang es einem Soldaten aus Alfonsos Truppen schließlich, an der Mauer hinaufzuklettern, woraufhin die Stadt nach ca. 200 Jahren zurückgewonnen werden konnte. Aufgrund der behänden Art, wie der junge Soldat die Mauer erklommen hatte, erhielten er und seine Familie und später alle Madrilenen den Spitznamen *gatos*.

Lösungen und Vorschläge für den Unterricht

VORSCHLAG FÜR DIE TEXTERARBEITUNG

ACTIVIDAD DE PRELECTURA

S. 132/1 **1. Vorentlastung des Textauszuges**
Zur Vorentlastung des historischen Kontextes der Legende informieren S sich anhand des Pequeño Diccionario (SB, S. 177) über die *moros*.

Alternative L kann einigen interessierten S, ggf. zur Verbesserung der Note, anbieten, gemeinsam einen Kurzvortrag (ggf. auf Deutsch) über die maurische Besetzung auszuarbeiten. Inhalte könnten sein: Was versteht man unter dem Begriff *moros*?, Jahreszahlen und geschichtliche Fakten zur maurischen Besetzung, die Rückeroberung (span. *reconquista*), maurische Spuren im heutigen Spanien (z. B. in der Architektur, Sprache, Lebensmittel).

2. Globales Leseverstehen
S lesen die Legende ohne die Verwendung eines Wörterbuches. Mit Hilfe der Vorentlastung und der annotierten Vokabeln ist ein globales Verstehen möglich. Dieses weisen sie nach, indem sie in eigenen Worten das Thema in ein bis zwei Sätzen wiedergeben (SB, S. 133/2a).

3. Methodenkompetenzen: Texterschließung
Eine Möglichkeit zur Texterschließung ist das Herausfiltern von Schlüsselbegriffen, die für die Aussage des Textes repräsentativ sind. S lesen den Text erneut und schreiben die Schlüsselwörter und Schlüsselsätze heraus (SB, S. 133/2b). Sie begründen, warum sie die ausgewählten Wörter/Sätze für wichtig für die Gesamtaussage des Textes halten. Anschließend geben sie mit Hilfe der Schlüsselbegriffe mündlich in PA den Textinhalt detaillierter wieder.
Eine weitere Möglichkeit der Texterschließung liegt darin, den Text zu gliedern und die einzelnen Abschnitte grob zusammenzufassen bzw. zu betiteln. S machen sich den Aufbau des Textes bewusst, indem sie die drei Textabschnitte betrachten und angeben, welche Informationen über Madrid jeder Abschnitt liefert (SB, S. 133/2c). Dies kann geschehen, indem sie den einzelnen Abschnitten Überschriften geben.

Hinweis Es wäre praktisch, den S eine Kopie des Textes zur Verfügung zu stellen, damit sie die Schlüsselwörter direkt im Text markieren und die Überschriften neben die Absätze schreiben können.

4. Selektives Leseverstehen

S schauen sich die drei Zeichnungen an und begründen mit Hilfe ihres Wissens über den Text, welche der drei am besten den Inhalt der Legende wiedergibt (SB, S. 133/3a). Sollten sie die Frage noch nicht beantworten können, lesen sie erneut den zweiten Textabschnitt. Dann benennen sie – ggf. durch erneutes Überfliegen des Textes – den Abschnitt, in dem der Spitzname *gatos* für die Madrilenen erklärt wird (S. 133/3b). Im gleichen Textabschnitt finden sie Informationen dazu, wen die Madrilenen noch heutzutage selbst als *gatos* bezeichnen. Indem sie diese Information auf Deutsch wiedergeben (SB, S. 133/3b), weisen sie ihr selektives Leseverstehen nach.

5. Kreatives Schreiben

S verfassen für eine spanische Schülerzeitung selbst eine (bereits existierende oder eine selbst erfundene) Legende (SB, S. 133/4). In Gruppenarbeit organisieren sie ihren Schreibprozess mit Hilfe der Anweisungen. Die fertigen Produkte sollten am Schluss vorgestellt und das gelungenste per Abstimmung (s. Klebepunkte, Methodenpool, S. 192) ausgewählt und prämiert werden.

HABLAR DE UN TEXTO

S. 133/2a Siehe Vorschlag für die Texterarbeitung, Punkt 2.

Lösungsvorschlag El texto habla del tiempo cuando los moros estaban en España y controlaban muchas ciudades, y también Madrid. El texto también explica por qué les dicen «gatos» a los madrileños.

S. 133/2b, c Siehe Vorschlag für die Texterarbeitung, Punkt 3.

Lösungsvorschlag b) –Madrid (l. 2): porque ahí tiene lugar todo lo que cuenta el texto.
  –«los moros controlaban gran parte del territorio» (l. 3): la información es importante para entender por qué ellos estaban en Madrid.
  –«una muralla enorme que era casi imposible de pasar» (l. 12): esto explica por qué fue algo especial cuando el soldado español la pudo escalar.
  –«Parece un gato» (l. 20): porque explica por qué llaman de «gatos» a los madrileños.
  c) –Primer párrafo: Madrid bajo los moros.
  –Segundo párrafo: los españoles conquistan Madrid.
  –Tercer párrafo: a los madrileños los llaman «gatos».

S. 133/3 Siehe Vorschlag für die Texterarbeitung, Punkt 4.

Lösungsvorschlag a) El segundo dibujo ilustra mejor la leyenda, porque fue un soldado que logró escalar la muralla.
  b) En el último párrafo.
   Zuerst wurden nur die Angehörigen des Soldaten *gatos* genannt, dann weitete sich die Bezeichnung auf alle Einwohner Madrids aus. Die Madrilenen selbst bezeichnen aber nur diejenigen als *gatos*, die auch in Madrid geboren sind und außerdem madrilenische Eltern und Großeltern haben.

S. 133/4 Siehe Vorschlag für die Texterarbeitung, Punkt 5.

Lösung individuell

S. 134–137 DON QUIJOTE

Einsatzmöglichkeit	Nach *Unidad 4* oder im Rahmen von ¡Anímate! 4 (SB, S. 85/4)
Textsorte	Comic (Auszug)
Text	J. Radomski
Illustrationen	D. Prudhomme
Erscheinungsjahr	1999
Kurzbeschreibung	Die Reihe „*El saber en cómic*" vermittelt u. a. Literaturklassiker im Comic-Format und macht sie so auch für junge und weniger literaturbegeisterte Leser/innen zugänglich. Hierbei handelt es sich um eine Comic-Adaption von Cervantes' Roman „*El ingenioso hidalgo don Quijote de la Mancha*": Don Quijote, verarmter Adliger, ist durch das Lesen zu vieler Ritterromane wahnsinnig geworden und hält sich nun selbst für einen Ritter. Zusammen mit einem Bauern namens Sancho Panza, den er zu seinem Knappen macht, zieht er aus, um das Übel in der Welt zu bekämpfen.
Zum Comicauszug	Der Auszug ist zu Beginn des Werkes einzuordnen. Don Quijote reitet mit Sancho Panza durch La Mancha und entdeckt von weitem Windmühlen, die er für Riesen mit langen Armen hält. Auch als Sancho Panza ihn auf den Irrtum aufmerksam macht, lässt er sich nicht von seinem Glauben abbringen und greift die Windmühlen an, wobei er vom Pferd stürzt. Aber auch danach bleibt er bei seiner Meinung, dass es sich um Riesen handele, die lediglich von einem Zauberer in Windmühlen verwandelt worden seien.
Kopiervorlagen	KV 23: *Se busca…*

Lösungen und Vorschläge für den Unterricht

VORSCHLAG FÜR DIE ERARBEITUNG DES COMICS

ACTIVIDAD DE PRELECTURA

S. 134/1 1. Vorentlastung der Lektüre
Wird der Comic unmittelbar im Anschluss an die Arbeit mit ¡Anímate! 4 gelesen, entfällt diese Übung.
Wurde ¡Anímate! 4 nicht oder schon vor längerer Zeit behandelt, sammeln/reaktivieren S zur Vorbereitung der Lektüre im Plenum, was sie bereits über das Werk wissen (v. a. Autor, Textsorte, Thema/Inhalt, Bedeutung in der Weltliteratur) und schlagen ggf. im Pequeño Diccionario (SB, S. 176) nach und lesen die Informationen in ¡Anímate! 4 (SB, S. 85) nach.

S. 134/2 „*Don Quijote*" dürfte als Roman/Prosatext bekannt sein. Hier werden S jedoch damit konfrontiert, dass es sich bei der anstehenden Lektüre um einen Comic handelt (SB, S. 134/2a). L kann sie darauf hinweisen, dass es sich um eine Comic-Adaption des Originaltextes handelt, oder er/sie lässt diese Information anhand des Aufdrucks *Novela en cómic* erschließen. Dann wird der Textanteil mit Hilfe der Bilder vorentlastet, indem S anhand derselben (ggf. auf Deutsch) über den Inhalt spekulieren (SB, S. 134/2b). Sie werden erkennen, dass Don Quijote eine Windmühle angreift, stürzt und am Ende etwas lädiert auf seinem Pferd sitzt. Evtl. können sie daraus schon den Schluss ziehen, dass er etwas verrückt sein muss.

2. Globalverstehen

S lesen den Comic in EA und überprüfen ihr Globalverstehen, indem sie aus den drei dargebotenen Zusammenfassungen die korrekte auswählen (SB, S. 137/3). Ggf. betrachten sie die Windmühlen-Szene dazu noch einmal genauer.

3. Selektives Leseversehen

Nachdem der globale Inhalt verstanden ist, konzentrieren sie sich bei einer erneuten Lektüre auf einen Teilaspekt des Comics: Sie finden heraus, wofür Don Quijote und Sancho Panza die Windmühlen jeweils halten (SB, S. 137/4). Die Informationen hierzu finden sich in den Sprechblasen auf der ersten Doppelseite des Comics. Sie beantworten die Frage kurz mündlich im Plenum und ergänzen sich dabei gegenseitig.

4. Wiederholung: Personenbeschreibung

S beschreiben anhand der Bilder und der Textinformationen (Sprechblasen) die beiden Protagonisten (SB, S. 137/5). Dazu machen sie sich stichpunktartig Notizen. Diese Aufgabe kann arbeitsteilig erfolgen, so dass ein Teil der Klasse Don Quijote, der andere Teil Sancho Panza stichpunktartig beschreibt. Vokabular zur Personenbeschreibung ist bereits aus Band 1 (Lektionen 3B und 5 ¡Acércate!) bekannt; zusätzlich können S diesbezügliche Redemittel auf S. 171 f. nachschlagen. Ggf. können die Gruppen auch mit dem zweisprachigen Wörterbuch arbeiten, um eine möglichst ausführliche Beschreibung zu erstellen.

Anschließend werden die Beschreibungen mündlich im Plenum zusammengetragen und auf einer Folie festgehalten. L fordert dabei jedoch die S der Quijote-Gruppe auf, spontan Sancho zu beschreiben und umgekehrt. Die jeweils andere Gruppe, die sich genauer mit der Figur auseinandergesetzt hat, kommentiert oder ergänzt die Beschreibungen. Dadurch aktivieren S mehr Vokabular und äußern sich spontaner als wenn sie sich auf eine Figur beschränken und das Vokabular zuvor vorbereitet haben. S sollten möglichst nicht nur das Äußere der beiden Figuren beschreiben, sondern anhand ihrer Verhaltensweise und Äußerungen auch Rückschlüsse auf ihren Charakter ziehen.

Alternative 23 Stattdessen können S auch in EA oder PA jeweils einen Steckbrief zu Don Quijote und/oder Sancho Panza anlegen, in dem die Figuren beschrieben werden.

5. Kreatives Schreiben

In den nächsten Aufgaben wälzen S die Inhalte des Comics kreativ um und schulen ihre Schreibkompetenz: Sie übernehmen die Rolle von Sancho Panza und schreiben aus seiner Perspektive einen Brief über seine Abenteuer mit Don Quijote (SB, S. 137/6). Darin verarbeiten sie die im Comicauszug genannten Aspekte (u. a. das Windmühlen-Abenteuer) und die zuvor angefertigte Personenbeschreibung (s. Punkt 4). Diese Aufgabe bietet sich als HA an, zumal S wahrscheinlich ein Wörterbuch werden heranziehen wollen.

Im Anschluss oder – bei Zeitmangel – als Alternative zu Aufgabe 6 denken sich S eine neue Episode zu Don Quijote aus, die sie bei Interesse auch als Comic gestalten können (SB, S. 137/7): Don Quijote taucht in unserer Zeit auf und trifft auf einen der abgebildeten Gegenstände (Auto, Fahrrad, Computer, Aufzug, Fernseher). S beschreiben, was Don Quijote und Sancho Panza von dem entsprechenden Gegenstand halten und was geschehen könnte. Diese Aufgabe ist wesentlich komplexer als die vorherige Schreibaufgabe, da sie weniger gelenkt ist. Daher bietet sich – auch aus Zeitgründen – eine Bearbeitung in Kleingruppen an, v. a. wenn die Episode auch als Comic gezeichnet werden soll: S wählen einen der abgebildeten Gegenstände aus und machen zur Ideenfindung ein Brainstorming, wie die Situation ablaufen und wofür Don Quijote und Sancho Panza den Gegenstand jeweils halten könnten und was sie damit anstellen. Dann wählen sie gemeinsam aus den verschiedenen Ideen eine aus und formulieren sie als Text aus (am ehesten bietet sich eine Dialog-Szene an) bzw. gestalten den Comic mitsamt Sprechblasen. Nach einem Korrekturgang (durch L oder durch Austausch der Produkte mit anderen Gruppen) sollten alle Gruppen die Gelegenheit erhalten, ihr Produkt vorzulesen bzw. ihre Szene vorzuspielen oder den Comic vorzustellen.

Hinweis Zur Unterstützung für die Bearbeitung von Übung 6 (SB, S. 137) kann die Folie mit den stichpunktartigen Beschreibungen von Don Quijote und Sancho Panza (s. Punkt 4) wieder aufgelegt werden. Wenn die Übung in HA bearbeitet werden soll, kann L die Folie für alle S kopieren. Dies erübrigt sich, wenn mit der Kopiervorlage (Steckbrief) gearbeitet wurde.

HABLAR DE UN TEXTO

S. 137/3 Siehe Vorschlag für die Erarbeitung des Comics, Punkt 2.

Lösung *El tercer resumen es correcto. Él lucha contra los molinos de viento porque piensa que son gigantes, pero en realidad son molinos.*

S. 137/4 Siehe Vorschlag für die Erarbeitung des Comics, Punkt 3.

Lösungsvorschlag *Para Don Quijote los molinos son gigantes con muchos brazos largos (primera página, imágenes 1, 2 y 7) y él quiere luchar contra ellos. Sancho Panza sabe que no son gigantes, sino molinos de viento (primera página, imágenes 3 y 4; segunda página, imagen 6), pero Don Quijote no le cree.*

S. 137/5 Siehe Vorschlag für die Erarbeitung des Comics, Punkt 4.
📄 23

Lösungsvorschlag *Don Quijote:*
–parece bastante viejo, tal vez de 60 años
–es alto y delgado
–tiene el pelo un poco largo
–lleva barba (unbekannt)
–lleva una armadura (unb.) y una lanza (unb.) para luchar
–monta (unb.) un caballo (unb.) blanco, alto y delgado
–(piensa que) es un caballero andante
–el personaje parece un poco tonto o loco (unb.), pero también simpático porque nos hace reír
Sancho Panza:
–es bajo y gordo
–lleva ropa simple (unb.) y un sombrero (unb.)
–le gusta comer
–monta (unb.) un burro (unb.) gordo
–es el «escudero» de Don Quijote
–parece un personaje tranquilo, tal vez un poco perezoso, pero simpático

S. 137/6 Siehe Vorschlag für die Erarbeitung des Comics, Punkt 5.

Lösungsvorschlag *Querido amigo:*
No me has visto desde hace tiempo y seguro que te preguntas qué me ha pasado y dónde estoy. Pues, no me lo vas a creer: Me he convertido en el escudero del famoso caballero andante Don Quijote. No sé si lo has visto alguna vez en el pueblo: Es un hombre alto y muy delgado, de unos 60 años. Tiene el pelo largo y lleva barba. En realidad se llama Alonso Quijano. ¿Lo conoces? Bueno, pues cruzamos la Mancha para ayudar a otras personas y vivir aventuras. Él es un gran hombre y es muy simpático. Yo estoy contento de ser el escudero de una persona tan importante. También es muy agradable pasar el tiempo con él porque nunca se queja (dice que los caballeros andantes no deben quejarse). Pero a veces, él es un poco raro también: Se imagina cosas. El otro día pasamos por unos molinos de viento y de repente quiso luchar contra ellos. Imagínate: ¡Para él los molinos eran

gigantes y las aspas eran sus brazos! Yo le dije: «Son molinos», pero no me creyó y los acometió. Y claro, se cayó del caballo...

La verdad es que nunca me aburro, la vida con él es muy divertida. Sólo hay una cosa que no me gusta mucho: Don Quijote nunca quiere comer. ¡Y tú sabes cómo me gusta comer! Bueno, así que siempre tengo que decirle que es hora de comer. Pero tampoco está tan mal, porque cuando él no tiene hambre, yo como solo (mejor, porque así queda más para mí).

Pronto te voy a contar más sobre mi nueva vida.

Saludos y abrazos,

tu amigo Sancho

S. 137/7   Siehe Vorschlag für die Erarbeitung des Comics, Punkt 5.

Lösung   individuell

S. 138–139 OTRAS FORMAS DE COMUNICACIÓN

Einsatzmöglichkeit	Nach *Unidad 3* oder *Unidad 5*
Textsorte	Sachtext (Artikel aus einer Enzyklopädie)
Quelle	Miguel Gutiérrez, *Pequeña enciclopedia del saber*
Erscheinungsjahr	2002
Zum Text	Der Sachtext stellt drei historische Kommunikationsformen unterschiedlicher Kulturen vor: 1. Quipus (Inkareich): Die Inkas nutzten Fäden, um mit Hilfe verschiedener Farben und einem Knotensystem verwaltungstechnisch relevante Daten zu erfassen, z. B. Mengenangaben von Nahrungsmitteln oder die Einwohnerzahl in den einzelnen Regionen des Inkareichs. Das Erlernen dieser schriftlichen Kommunikationsform erforderte langjährige Studien. 2. Pfeifsprache (La Gomera): Die Pfeifsprache datiert aus dem 15. Jahrhundert und wurde damals auf der Kanareninsel vor allem von Bauern verwendet, die sich über weite Distanzen hinweg verständigen mussten. Sie konnte in allen Bereichen des täglichen Lebens verwendet werden. Auch heute wird diese historische Kommunikationsform auf La Gomera z. T. noch in der Schule gelernt. 3. Codices (Maya- und Aztekenreich): Die Mayas und Azteken hielten ihr Wissen z. B. über Astronomie, Landwirtschaft, Mathematik usw. auf großen Papierbögen fest, die wie ein Akkordeon gefaltet wurden. Ihre Schrift bestand aus hieroglyphenartigen Zeichnungen.

Lösungen und Vorschläge für den Unterricht

VORSCHLAG FÜR DIE TEXTERARBEITUNG

ACTIVIDAD DE PRELECTURA

S. 138/1   1. Vorentlastung des Textauszugs

Ein schülernaher Einstieg in das Thema der alternativen Kommunikationsformen wird ermöglicht, indem S überlegen, welche Kommunikationsmedien ihre Großeltern benutzen bzw. auch, wo die Unterschiede und Gemeinsamkeiten zwischen ihrem eigenen Gebrauch von Kommunikationsmedien und dem ihrer Großeltern liegen. Die Medien können in einer Tabelle an der Tafel festgehalten werden (z. B. in drei Spalten: 1. *Mis abuelos usan…*, 2. *Mis abuelos y yo usamos…*, 3. *Yo uso…*). Zusätzlich sammeln S im Plenum Kommunikationsmedien oder -formen aus früheren Epochen (z. B. Brieftauben, Rauchzeichen, Schriftrollen, mündliche/berittene Boten, Hieroglyphen, Flaschenpost, Morsezeichen, Telegramm usw.). Dies kann aus Mangel an Fachvokabular auf Deutsch geschehen.

S. 138/2 Bisher haben S in dem Lektüre-Teil vor allem literarische Textsorten kennen gelernt. Hierbei handelt es sich nun um einen Sachtext (span. *texto informativo*). Dies können S schon vor dem ersten Lesen durch die Aufmachung des Textes erschließen: Sie werden erkennen, dass es – wie in Informationstexten typisch – Zwischenüberschriften gibt und Bilder bzw. Fotos, die den Inhalt illustrieren. Ebenso liefert die Quellenangabe (*enciclopedia*) einen Hinweis auf die Textsorte.

2. Detailliertes Leseverstehen: Teil 1

Da S durch die Vorentlastung bereits auf Thema und Textsorte eingestimmt sind und die Texte zudem recht kurz sind, kann der Text gleich bei der ersten Lektüre im Detail erschlossen werden. Dazu lesen S zunächst in Stillarbeit – alternativ liest ein/e S vor – den Abschnitt über die *quipus* und beurteilen die ersten beiden Aussagen (SB, S. 139/3a) bzgl. ihrer Richtigkeit und korrigieren sie ggf. Ebenso wird bei den nächsten beiden Abschnitten vorgegangen (Aussage 3 und 4 sowie 5 und 6 in Übung 3a). S notieren sich dabei zunächst in EA ihre Lösungen. Nachdem alle drei Abschnitte gelesen und Übung 3a komplett bearbeitet wurde, vergleichen S ihre Lösungen in PA. Bei Unstimmigkeiten lesen sie die entsprechende Stelle im Text erneut. Sollten dennoch Uneinigkeiten bestehen bleiben, werden die fraglichen Aussagen anschließend im Plenum diskutiert. Im Anschluss denken S sich für ihre MS jeweils drei weitere Sätze wie in Übung 3a aus (SB, S. 139/3b). Indem sie solche Sätze formulieren, weisen sie auch das Textverständnis nach. Entweder tauschen S ihre Sätze dann in PA aus und bearbeiten sie oder sie stellen sie in einer Art Kettenübung (s. Meldekette, Methodenpool, S. 191) im Plenum vor: ein/e S liest einen seiner/ihrer Sätze vor und diejenige/derjenige, die/der den Satz versteht und richtig korrigiert, liest den nächsten Satz vor.

> **Tipp: Arbeitsblätter von Schülerhand**
> Übungen, bei denen S selbst Fragen zum Text formulieren, eigenen sich besonders gut als HA: S haben die Möglichkeit, in ihrer individuellen Lesegeschwindigkeit den Text noch einmal durchzugehen und bei Bedarf einzelne Wörter nachzuschlagen. L kann sich die Fragen von allen S per E-Mail zusenden lassen und daraus ein Arbeitsblatt für die ganze Klasse zusammenstellen.

3. Detailliertes Leseverstehen: Teil 2

In EA notieren S sich sichtpunktartig zu jeder der drei Kommunikationsformen zwei bis drei wichtige Merkmale (SB, S. 139/4a). Nun setzen sie sich in 3er-Gruppen zusammen und jede/r S gibt mit Hilfe der Notizen die Informationen zu einer Kommunikationsform wieder (SB, S. 139/4b). So schulen sie die Kompetenz, Textinformationen strukturiert und in eigenen Worten wiederzugeben. Diese Vorgehensweise bietet sich vor allem in methodischer Anlehnung an die *Unidad* 5 an.

Alternative In EA notieren S sich sichtpunktartig zu jeder der drei Kommunikationsformen zwei bis drei wichtige Merkmale (SB, S. 139/4a). Sie wählen eine Kommunikationsform aus und beschreiben sie in wenigen Sätzen schriftlich (SB, S. 139/4b), ohne sie zu benennen. Sie tauschen ihre Beschreibungen mit dem Sitznachbarn / der Sitznachbarin aus und er/sie benennt die Kommunikationsform (*los quipus, el lenguaje de silbidos oder los códices*). Dies kann auch schon vor Übung 3a durchgeführt werden.

4. Meinungsäußerung/Diskussion

S verfassen eine kurze begründete Meinungsäußerung zu der Frage, welche der drei Kommunikationsformen sie am interessantesten finden (SB, S. 139/4c). Diese können sie gegenseitig austauschen und korrigieren und/oder L sammelt sie anschließend ein.

Alternative Finden S das Thema interessant, kann diese Übung ausgebaut werden: S überlegen, welche der vorgestellten Kommunikationsformen sie am interessantesten finden und schreiben stichpunktartig die Gründe dafür auf (SB, S. 139/4c). Zusätzlich notieren sie Vor- und Nachteile zu der Kommunikationsform. Dann setzen sie sich mit einem/einer MS zusammen, der/die eine andere Kommunikationsform am interessantesten findet. Sie tauschen sich über ihre Meinungen und Argumente aus und ergänzen gemeinsam ihre Liste der Vor- und Nachteile der beiden Kommunikationsformen. Dann diskutieren sie mit Hilfe ihrer notierten Argumente im Plenum, welche Kommunikationsform am sinnvollsten/effektivsten ist.

Hinweis Zuvor können die Redemittel zur Meinungsäußerung – ggf. auch zum Diskutieren – aus Lektion 2B reaktiviert oder zur lexikalischen Unterstützung auf Folie angeboten werden.

5. Interkultureller Vergleich

S erweitern ihre interkulturelle Kompetenz, indem sie die Äußerungen den dargestellten in Spanien üblichen Gesten – eine weitere Form der Kommunikation – zuordnen und sich dadurch ihre Bedeutung erschließen (SB, S. 139/5). Anschließend tragen sie im Plenum zusammen, welche der Gesten mit der gleichen Bedeutung auch in Deutschland (oder im Herkunftsland der S) existieren und welche fremd sind oder eine andere Bedeutung haben.

HABLAR DE UN TEXTO

S. 139/3 Siehe Vorschlag für die Texterarbeitung, Punkt 2.

Lösung a) 1. *Falso: Los quipus eran hilos de colores con nudos.*
2. *Falso: Había pocas personas que sabían leerlos.*
3. *Falso: No silban de una manera diferente; la diferencia es que en la Gomera usan silbidos para hablar.*
4. *verdadero*
5. *verdadero*
6. *Falso: Los profesores daban un entrenamiento especial a los chicos que eran buenos dibujantes.*
b) Lösung individuell

S. 139/4a, b Siehe Vorschlag für die Texterarbeitung, Punkt 3.

Lösungsvorschlag a) –*los quipus: en el imperio inca, hilos y nudos, contar*
–*los silbidos: en la Gomera, siglo XV, para comunicación en el día a día, colegio*
–*los códices: mayas y aztecas, libros en forma de acordeón con dibujos; difícil de aprender*
b) –*Los quipus: Son hilos de colores diferentes con nudos. Los incas los usaban para contar (p. ej. cuántas personas vivían en una región).*
–*los silbidos: En el siglo XV los habitantes de la isla la Gomera se comunicaban con silbidos. Con ellos daban órdenes, llamaban a los niños, enviaban noticias etc. Todavía hoy los alumnos pueden aprender este lenguaje en el colegio.*
–*los códices: Eran los libros de los aztecas y mayas que tenían la forma de un acordeón. Los aztecas y mayas escribían con dibujos, así contaban historias y escribían sobre matemáticas, religión etc. Pero no todos podían aprender a escribir códices.*

S. 139/4c Siehe Vorschlag für die Texterarbeitung, Punkt 4.

Lösung individuell

S. 139/5 Siehe Vorschlag für die Texterarbeitung, Punkt 5.

Lösung 1. ¡Te llamo por teléfono! – 2. Había mucha gente. – 3. ¡Ven! – 4. ¡Estás loco! – 5. ¡Silencio! – 6. ¡Qué calor hace! – 7. ¡Ojo! – 8. ¡No lo sé!

S. 140–141 POEMAS

Einsatzmöglichkeit	Nach Unidad 2
Textsorte	Gedichte
1. Gedicht	El conformista
Autor	Ángel González (Spanien)
Sammelband/Quelle	Antología de poesía para jóvenes
Erscheinungsjahr	2008
2. Gedicht	Quiero
Autor	Jorge Bucay (Argentinien)
Sammelband/Quelle	Déjame que te cuente
Erscheinungsjahr	2008

Hinweis S reagieren in der Regel nicht mit Freuden, wenn sie hören, dass es um Gedichte gehen soll. Deswegen ist es vor allem bei dieser literarischen Gattung wichtig, einen allzu analytisch Umgang damit zu vermeiden. Vielmehr bietet sich ein kreativ-spielerischer Zugang an, um die S für die Arbeit mit bzw. die Lektüre von weiteren lyrischen Texten zu motivieren.

Lösungen und Vorschläge für den Unterricht

VORSCHLAG FÜR DIE ERARBEITUNG DER GEDICHTE

1. Kreativer Einstieg in die Arbeit mit Gedichten (zu „Quiero")
Als vorbereitende HA kann L die S dazu auffordern, ein Gedicht mit mindestens vier Versen mit dem Titel „Quiero" zu schreiben. Ggf. gibt L zusätzlich den Hinweis, dass die Struktur (Strophen, Reimschema usw.) jedem/jeder S freigestellt ist und es durchaus ein modernes Gedicht ohne Reime etc. sein kann. S müssen dabei nicht aus ihrer eigenen Perspektive schreiben, sondern können sich ein lyrisches Ich und eine entsprechende Situation zu ihrem Gedicht ausdenken. Auf diese Art und Weise erfolgt der Einstieg in die Arbeit mit Gedichten kreativ und affektiv. In der darauffolgenden Stunde tragen mehrere S ihre Gedichte vor oder es werden alle Gedichte im Klassenraum aufgehängt und S bekommen ca. zehn Minuten Zeit, um sie zu lesen und ggf. dasjenige auszuwählen, was ihnen am besten gefällt (s. Klebepunkte, Methodenpool, S. 192). Anschließend kann im Plenum besprochen werden, welche Gemeinsamkeiten und Unterschiede ihnen bei den Gedichten aufgefallen sind.

2. Leseverstehen (zu „Quiero")
Nun lesen S ohne Zuhilfenahme eines Wörterbuches das Gedicht „Quiero" von Jorge Bucay. Die Lektüre ist durch den Einstieg schon thematisch vorentlastet. Sie geben an, welche Verse sie verstehen bzw. sich eigenständig erschließen können (v. a. Erschließung unbekannter Wörter mit Hilfe anderer Sprachen) (SB, S. 141/1a). Dadurch erhalten sie schon einen Überblick über den

Inhalt bzw. die Aussage des Gedichts. Zum Detailverstehen erarbeiten sie sich anschließend mit Hilfe eines zweisprachigen Wörterbuches das restliche Vokabular (SB, S. 141/1b).

Hinweis Es bietet sich an, das Gedicht für S auf ein Blatt zu kopieren, damit sie den Text markieren können. Bevor S anfangen mit dem Wörterbuch zu arbeiten, sollte L daran erinnern, dass einige Verben im *subjuntivo* orthographische Besonderheiten aufweisen (z. B. bei *oigas, abraces, protejas*) und man sich vor der Suche im Wörterbuch überlegen muss, wie der entsprechende Infinitiv lautet.

3. Heranführung an die Gedichtanalyse (zu „Quiero")

Nach der lexikalischen Sicherung weisen S ihr Textverständnis nach, indem sie aus den vorgegebenen Sprechsituationen diejenige auswählen, die ihnen am plausibelsten erscheint (SB, S. 141/2). Sie belegen ihre Aussagen anhand von Textzitaten. Dadurch werden S auch implizit an den Aspekt des lyrischen Ichs bei der Gedichtanalyse herangeführt.

L sollte darauf hinweisen, dass es bei lyrischen und allgemein bei literarischen Texten keine allgemeingültige Interpretation gibt und es somit immer auf eine textbasierte Begründung ankommt.

Anschließend arbeiten S in Partnerarbeit: Sie machen zunächst auf Deutsch ein Brainstorming zu der Frage, welche typischen Merkmale eines Gedichtes der Text ihrer Meinung nach aufweist (SB, S. 141/3). Dadurch machen sie sich typische Merkmale von Lyrik allgemein bewusst bzw. reaktivieren ihre Vorkenntnisse. Die entsprechenden Redemittel schlagen sie dann im Methodenanhang auf S. 171–173 nach und formulieren gemeinsam einige Sätze dazu schriftlich. Dann machen S sich in EA Stichpunkte zu der Frage, warum ihnen das Gedicht gefällt oder nicht. Dazu können sie ebenfalls die Redemittel auf S. 173 heranziehen. Anschließend werden die unterschiedlichen Meinungen zu typischen Merkmalen des Gedichts wie auch die persönlichen Einschätzungen im Plenum zusammengetragen.

Alternative Stattdessen kann L auch die Frage stellen, ob es sich bei dem Gedicht nach Meinung der S um ein typisches oder untypisches Gedicht handelt und warum. Auch dabei schlagen sie die Redemittel zur Begründung im Methodenanhang auf S. 171–173 nach. Diese Frage ist etwas komplexer, da S ggf. Argumente einander gegenüberstellen und gegeneinander abwägen müssen. Im Anschluss an diese Übung bietet sich daher eine Diskussion im Plenum zu der Frage an. Dabei können S erneut die Redemittel zum Diskutieren aus *Unidad 2* zur Anwendung bringen.

4. Kreativer Umgang mit dem Gedicht (zu „Quiero")

Zum Abschluss der Arbeit mit dem Gedicht schreiben S selbst ein Gedicht nach der vorgegebenen Struktur (SB, S. 141/4). Da diese die letzten Verse von „Quiero" aufgreift, kann das Gedicht der S eine Art Antwort darauf sein. Zusätzlich oder alternativ zu der Schreibaufgabe suchen S als HA ein Foto oder malen ein Bild, das das Gedicht ihrer Meinung nach repräsentiert und begründen ihre Auswahl (SB, S. 141/5).

Auch bei dieser kreativen Abschlussaufgabe sollten S die Möglichkeit erhalten, ihre Gedichte und die ausgewählten/angefertigten Bilder vorzustellen und ggf. ihren Favoriten auszuwählen (s. Klebepunkte, Methodenpool, S. 192).

Hinweis Das *futuro simple* wird erst in der *Unidad* 5 eingeführt. Sollte das Gedicht schon vorher behandelt werden, können S stattdessen das *futuro inmediato* verwenden.

5. Detailliertes Leseverstehen (zu „El conformista")

S lesen nun das zweite, wesentlich kürzere und sprachlich einfachere Gedicht. Auf Grundlage des Textes stellen S erneut Hypothesen darüber auf, wer spricht und in welcher Situation sich das lyrische Ich befindet (SB, S. 141/6). Ein Austausch darüber kann zunächst in PA erfolgen, dann werden die Meinungen im Plenum zusammengetragen und ggf. diskutiert, wobei S textnah argumentieren.

Anschließend schreiben sie entsprechend dem Modell ein eigenes Gedicht, das sich inhaltlich an ihrer persönlichen Lebenssituation orientieren soll (SB, S. 141/7). Indem S sich der Strukturen des Ausgangsgedichts für ihr eigenes Gedicht bedienen, machen sie sich diese implizit bewusst, ohne dass sie explizit verbalisiert werden müssen.

HABLAR DE UN TEXTO

S. 141/1 Siehe Vorschlag für die Erarbeitung der Gedichte, Punkt 2.

Lösung individuell

S. 141/2 Siehe Vorschlag für die Erarbeitung der Gedichte, Punkt 3.

Lösungsvorschlag *Pienso que es un chico que habla con su novia, porque en el verso 7 dice «Quiero que me abraces sin asfixiarme». Normalmente son los novios los que se abrazan. Además, es los versos 13 y 14, esa persona dice que quiere que la otra persona acepte también las cosas que no le gustan, y en una relación es importante que los novios acepten las cosas de cada uno. Por esto me parece que es el poema de un chico para su novia.*

S. 141/3 Siehe Vorschlag für die Erarbeitung der Gedichte, Punkt 3.

Lösung individuell

S. 141/4 Siehe Vorschlag für die Erarbeitung der Gedichte, Punkt 4.

Lösung individuell

S. 141/5 Siehe Vorschlag für die Erarbeitung der Gedichte, Punkt 4.

Lösung individuell

S. 141/6 Siehe Vorschlag für die Erarbeitung der Gedichte, Punkt 5.

Lösungsvorschlag *Creo que la persona que habla es bastante vieja, porque usa el imperfecto para hablar de cuando era joven. Además, en el segundo verso dice que perdió su juventud. En el último verso habla de su situación actual: dice que sólo le importa vivir. Por eso parece que ya es viejo: ya no le importa si vive en una ciudad grande o pequeña porque lo más importante es vivir.*

S. 141/7 Siehe Vorschlag für die Erarbeitung der Gedichte, Punkt 5.

Lösung individuell

ANHANG

METHODENPOOL

METHODEN ZUR ÜBUNG UND FESTIGUNG VON WORTSCHATZ

1. Ich packe meinen Koffer
Spielerische Übung zur Festigung eines Wortfeldes. Der/Die erste Spieler/in beginnt folgendermaßen: *En mi mochila hay…* (Begriff passend zum vorgegebenen Wortfeld, z. B. Schule). Der/Die nächste Spieler/in wiederholt den Satz und fügt einen weiteren Begriff hinzu. Wer einen Begriff beim Aufzählen vergisst, scheidet aus. Gewonnen hat, wer als letztes alle Begriffe in der richtigen Reihenfolge aufgezählt hat.

2. Ball
Spielerische Übung zur Festigung eines Wortfeldes oder von Wortschatz allgemein. L bringt einen Ball mit, nennt einen Begriff aus dem vorgegebenen Wortfeld und wirft den Ball an eine/n S weiter, die/der einen weiteren Begriff sagt. S werfen sich gegenseitig den Ball weiter zu, bis das Wortfeld vollständig ist.

3. Blitzlicht
Methode zur Kontextualisierung von Wortschatz und zur Automatisierung von Redemitteln und *chunks*: S bilden nacheinander Sätze zu einem vorgegebenen Kontext (z. B. *Lo que (no) me gusta de mi ciudad es/son…*). Dabei sind S sind der Reihe nach dran, ohne dass L sich einschaltet. Dies bietet sich vor allem bei stark automatisierenden Übungen an. L notiert sich die wichtigsten Fehler bzw. Schwierigkeiten; die Fehlerkorrektur erfolgt am Ende gebündelt.
Variante: Alle S stellen sich hin, ein/e S beginnt und setzt sich. Der/Die nächste S, dem/der etwas einfällt, darf etwas sagen und setzt sich ebenfalls usw. Die Blitzlicht-Runde endet, wenn alle sitzen.

METHODEN ZUR ÜBUNG UND FESTIGUNG VON GRAMMATIK (VERBEN)

1. Kettenkonjugieren
Methode zum Einschleifen und Wiederholen von Verbformen in den verschiedenen Zeiten und Modi. L gibt den Infinitiv und Tempus/Modus vor und S nennen nacheinander jeweils eine Form.

2. Verbtraining
Methode zum Einschleifen und Üben von Verbformen. L kopiert das Konjugationsschema einiger ausgewählter Verben (z. B. einer bestimmten Konjugationsklasse, unregelmäßige Verben, bestimmte Zeiten/Modi) auf Folie oder auf die Tafel. S fragen sich zunächst in PA ab, wobei ein/e S mit dem Rücken zur Folie sitzt. Der/Die andere S gibt das Verb und ggf. eine Zeitform oder einen Modus vor und kontrolliert mit Hilfe der Folie/Tafel den/die MS, der/die das Verb in der entsprechenden Form durchkonjugiert. Alternativ können auch nur einzelne Formen (z. B. 1. Pers. Sg.) abgefragt werden. Nach einer bestimmten Zeit gibt L ein Zeichen zum Wechseln. Nach der PA-Phase kann L die Folie entfernen bzw. die Tafel zuklappen und eine/n S nach einer Form fragen, die er/sie nun aus dem Kopf nennt. Diese/r S fragt dann den/die nächste S nach einer weiteren Form usw. (vgl. Meldekette/Fragekette/Redekette).

3. Sudoko
Spielerische Übung zur Verbkonjugation. Ein Verbsudoku besteht aus sechs Zeilen und sechs Spalten. In jeder Zeile und Spalte sind einige Verbformen desselben Verbs in einem einheitlichen Tempus/Modus vorgegeben (je mehr, desto einfacher wird es). S müssen die leeren Felder so vervollständigen, dass in jeder Zeile und in jeder Spalte alle sechs Formen des Verbs vorkommen.

4. Verbenwürfeln

Spielerische Übung zur Verbkonjugation. S üben in Gruppen von zwei bis vier MS. L gibt jeder Gruppe einen Würfel und einen Stapel mit Kärtchen, auf denen die Infinitive verschiedener Verben stehen. S ziehen jeweils eine Karte und würfeln. Die Zahl gibt dann die Person vor, in der sie die Form des entsprechenden Verbs bilden (1= *yo*, 2 = *tú* usw.).
Hat der/die S die Form richtig gebildet, darf er die Karte behalten. Ansonsten kommt sie zurück unter den Stapel. Wer am Ende die meisten Karten hat, hat gewonnen.

5. Tandembogen

Das Cuaderno enthält pro Lektion mindestens einen Tandembogen (S. 93–99). Diese werden folgendermaßen eingesetzt: S arbeiten zu zweit mit einem Bogen und sitzen sich frontal gegenüber. Der Bogen wird in der Mitte gefaltet, so dass jede/r S nur eine Spalte sehen kann. S1 beginnt, liest seinen/ihren Satz und vervollständigt ihn mit der entsprechenden grammatischen Form. S2 kann mit Hilfe seiner/ihrer Seite kontrollieren, ob die Lösung stimmt und korrigiert S1 ggf. Nun ist S2 an der Reihe und S1 kontrolliert mit Hilfe seiner/ihrer Seite des Bogens usw. Wichtig ist, dass es sich um eine mündliche Übung handelt, weshalb die Tandembögen als Dialoge konzipiert sind. Am Ende des Durchgangs tauschen S die Seiten.

METHODEN ZUR ÜBUNG UND FESTIGUNG DER ZAHLEN

1. Malen nach Zahlen

S üben die Zahlen auf Spanisch produktiv und rezeptiv, indem sie für ihre MS ein Malen-nach-Zahlen-Spiel erstellen. Dafür fertigen sie einfache Strich-Zeichnungen an und markieren die wichtigsten Verbindungspunkte mit Zahlen in ungeordneter Reihenfolge. Anschließend übertragen sie auf ein neues Blatt nur die Zahlen. S geben einem/einer MS dieses Blatt und diktieren die Zahlen in der Reihenfolge, wie sie zu verbinden sind, damit die angelegte Zeichnung entsteht. Der/Die MS zeichnet die Linie laut Diktat mit und erhält, wenn die Zahlen richtig genannt und verstanden werden, das ursprüngliche Motiv.

2. Bingo

Rezeptive Übung: S erhalten ein Spielblatt mit einem Raster für 16 (oder 25) Zahlen. S tragen in die 16 bzw. 25 Felder Zahlen einer bestimmten, von L vorgegebenen Größenordnung (z. B. von null bis 100) ein. Ein/e S ist Spielleiter/in und zieht aus einem Sack, in dem sich Zettelchen mit den entsprechenden Ziffern befinden, Nummern und nennt sie laut. S streichen die genannte Zahl ggf. auf ihrem Spielblatt durch. Der-/Diejenige, der/die als erstes alle Nummern einer waagerechten oder senkrechten Reihe durchgestrichen hat, ruft „Bingo!" und bekommt einen Punkt.

3. *Un poco de matemáticas*

Produktive und rezeptive Übung: Jede/r S schreibt eine einfache, im Kopf berechenbare Rechenaufgabe mit Lösung auf einen Zettel und gibt diesen bei L ab. Die Klasse wird in zwei Gruppen aufgeteilt. L liest eine Aufgabe vor. Gruppe A hat drei bis fünf Sekunden Zeit, um die Lösung zu nennen. Ist die Antwort richtig, wird auch die nächste Aufgabe an die Gruppe A gerichtet, bis sie eine falsche Lösung nennt oder die Zeit überschritten wird. In diesem Falle wird mit Gruppe B fortgefahren. L notiert die Punkte an der Tafel. Alternativ bekommt diejenige Gruppe den Punkt, die schneller die richtige Lösung nennt. Wird eine falsche Lösung genannt, verliert sie einen Punkt.

4. *La culebra de números*

Produktive und rezeptive Übung: S arbeiten in GA und stellen sich im Kreis auf. Die Gruppen sollten möglichst aus genau gleich vielen S bestehen. Ein/e S in jeder Gruppe nennt die erste Zahl. Der/Die nächste S im Kreis muss nun eine Zahl nennen, die mit der letzten Ziffer der erstgenannten Zahl beginnt (z. B. 15 – 52 – 23) usw. Jedes Mal, wenn der/die erste S wieder dran ist, notiert die Gruppe einen Strich. Das Spiel geht immer weiter, bis L unterbricht. S lesen anhand der Striche ab, wie viele Runden sie gespielt haben. Die Gruppe mit den meisten Runden gewinnt.

5. ¡Olé!

Produktive Übung: Es wird im Plenum gespielt. Eine Zahl wird festgelegt. Nun zählen S der Reihe nach durch, wobei weder die festgelegte Zahl noch diejenigen Zahlen, in der sie enthalten ist (z. B. 2, 12, 20, 21 usw.), genannt werden dürfen. Anstelle dieser Zahl sagen S ¡Olé!. Wer die Zahl versehentlich nennt, scheidet aus.

Das Spiel kann auch in kleineren Gruppen gespielt werden, wobei S sich gegenseitig kontrollieren.

METHODEN ZUR ÜBUNG DER AUSSPRACHE

1. Shadowing-Methode

Der Lesetext läuft sehr laut über CD und S lesen gleichzeitig laut mit. So können sie die Aussprache einerseits im Schutz der Gruppe üben, andererseits werden sie dazu animiert, dem Sprechtempo des Sprechers zu folgen.

2. Fehlerlesen

L teilt die Lerngruppe in zwei Gruppen, die gegeneinander spielen. Beide Gruppen haben den gleichen Lesetext vorliegen. Ein/e S der Gruppe A beginnt zu lesen. Macht er/sie einen Aussprachefehler, sagt der Lehrer „Gracias." und der/die nächste S – diesmal aus Gruppe B – ist an der Reihe. Er/Sie beginnt den Satz, in dem der Fehler gemacht wurde, von vorne und liest solange vor, bis er/sie auch einen Fehler macht usw. Gewonnen hat die Gruppe, die die längsten Textpassagen fehlerfrei gelesen hat. In fortgeschrittenen Lerngruppen kann die jeweils gegnerische Gruppe anstelle von L die Aussprache kontrollieren.

3. Chorlesen

Diese Methode bietet sich vor allem im Anfangsunterricht mit jüngeren S an. Der Text läuft über CD. L stoppt nach jedem Satz bzw. Sinnabschnitt und S wiederholen den gehörten Teil im Chor, wobei sie sich an der Aussprache des Sprechers orientieren.

METHODEN ZUR FÖRDERUNG DER MÜNDLICHKEIT

1. Tandembogen

Diese Methode eignet sich nicht nur für grammatische Übungen, sondern v. a. auch zur Übung von Dialogen oder bestimmten kommunikativen Situationen. Das Cuaderno enthält pro Lektion mindestens einen Tandembogen (S. 93–99). Diese werden folgendermaßen eingesetzt: S arbeiten zu zweit mit einem Bogen und sitzen sich frontal gegenüber. Der Bogen wird in der Mitte gefaltet, so dass jede/r S nur eine Spalte sehen kann. S1 beginnt, liest seinen/ihren Satz und vervollständigt ihn mit dem fehlenden Element. S2 kann mit Hilfe seiner/ihrer Seite kontrollieren, ob die Lösung stimmt und korrigiert S1 ggf. Nun ist S2 an der Reihe und S1 kontrolliert mit Hilfe seiner/ihrer Seite des Bogens usw. Wichtig ist, dass es sich um eine mündliche Übung handelt, weshalb die Tandembögen als Dialoge konzipiert sind. Am Ende des Durchgangs tauschen S die Seiten. Mit den Tandembögen im Cuaderno sollen hauptsächlich grammatische Phänomene mündlich geübt werden. L kann nach dem Prinzip im Cuaderno eigene Tandembögen entwerfen, um beispielsweise Wortschatz zu üben oder bestimmte kommunikative Situationen (diskutieren, sich verabreden, telefonieren usw.) durchzuspielen.

2. Blitzlicht

Diese Methode eignet sich immer dann, wenn kurze Meinungsäußerungen oder Aussagen im Plenum gemacht werden sollen. Jede/r S äußert sich dabei – i. d. R. in ein bis zwei Sätzen – zur Ausgangsfrage. Die Reihenfolge geht entweder reihum oder es sagt immer der/die schnellste S etwas. Wichtig ist, dass alle S zu Wort kommen.

3. *Think – Pair – Share (¡Piensa, discute y comparte!)*

Form des kooperativen Lernens in drei Schritten. Sie bietet sich vor allem dann an, wenn das Ziel die Vorstellung der Ergebnisse von Gruppenarbeiten oder eine umfangreichere Äußerung im Plenum (z. B. im Rahmen einer Diskussion) ist. Außerdem bietet sie unsicheren S die Möglichkeit, sich in mehreren Schritten auf eine Äußerung vorzubereiten.

- Schritt 1 (*Piensa*): S machen sich zunächst in EA Gedanken über die Fragestellung bzw. bearbeiten die Aufgabe allein und machen sich ggf. Notizen.
- Schritt 2 (*Discute*): S tauschen die Ergebnisse ihrer EA mit einem/einer MS aus und machen sich ggf. Notizen zu dem Standpunkt des/der MS, sodass sie diesen wiedergeben könnten. Wenn nötig, korrigieren sie sich auch sprachlich und diskutieren unterschiedliche Sichtweisen.
- Schritt 3 (*Comparte*): S äußern sich im Plenum zu der Fragestellung oder finden sich zunächst in größeren Gruppen zusammen, wo die wichtigsten Ergebnisse der Partnerarbeiten festgehalten werden, um schließlich im Plenum präsentiert werden zu können.

4. Kugellager

Methode zum Üben von Dialogen oder zum Austausch über ein bestimmtes Thema. S stehen im Kreis. Jede/r zweite tritt nach innen und stellt sich einem/einer MS gegenüber, so dass es einen Innen- und einen Außenkreis gibt. S, die sich gegenüber stehen beginnen ihren Dialog bzw. ihr Gespräch nach der vorgegebenen Fragestellung. Auf ein Signal von L hin rückt der Außenkreis eine bestimmte Anzahl von Plätzen nach links oder rechts weiter. Diese Methode gewährleistet, dass S mit vielen verschiedenen MS sprechen.

5. Omniumkontakt

Interaktive Methode zur Erhöhung des Sprachumsatzes und zur Förderung der Sprechfähigkeit: Diese Methode bietet sich vor allem an, wenn dialogisches Sprechen mit mehreren MS geübt werden soll. L gibt ein Thema oder eine konkrete Fragestellung vor. S gehen im Raum herum und bleiben auf ein Zeichen von L stehen und tauschen sich bzgl. der Fragestellung oder des Themas mit dem/der nächststehenden MS aus. Auf ein erneutes Zeichen von L gehen S weiter, bis L erneut das Zeichen zum Stehenbleiben gibt usw.

Variante: Statt eines akustischen Zeichens kann L auch Musik laufen lassen. Wenn L die Musik stoppt, bleiben S stehen und beginnen mit dem Dialog.

6. Meldekette/Fragekette/Redekette

Die Methode kann bei kurzen Meinungsäußerungen, landeskundlichen Quiz und auch bei grammatischen Übungen oder automatisierenden Übungen zur Syntax eingesetzt werden. S äußern sich im Plenum, wobei sie sich nach der eigenen Äußerung gegenseitig drannehmen und L etwas in den Hintergrund treten kann.

7. Klausurbogenmethode

Methode zur Förderung des monologischen Sprechens, z. B. zur Vorbereitung von Referaten oder Präsentationen: S knicken ein Blatt längs in der Mitte und schreiben den Text, den sie mündlich wiedergeben wollen, in die eine Spalte. Anschließend schreiben sie in die Nebenspalte wichtige Schlagworte und Stichpunkte zu dem Text. Mit Hilfe dieser Stichpunkte üben S in PA, ihren zuvor ausformulierten Text zu präsentieren. In einem ersten Schritt können sie bei Schwierigkeiten noch auf die Seite mit dem ausformulierten Text zurückgreifen. Nach mehrmaligem Durchsprechen sollten S in der Lage sein, den Text frei bzw. nur mit Hilfe der Stichwörter zu präsentieren.

METHODEN ZUR ERARBEITUNG VON TEXTEN UND THEMEN

Expertenpuzzle

Diese Methode bietet sich vor allem bei längeren oder komplexen Texten an, die sich in möglichst gleich lange Sinnabschnitte einteilen lassen, oder wenn mehrere kurze Texte zu einem Oberthema vorliegen. L teilt S zunächst in arbeitsgleiche Gruppen ein, deren Anzahl der Zahl der Textabschnitte entsprechen sollte. Jede Gruppe bekommt einen Textabschnitt/Themenbereich zugewiesen. In diesen Gruppen erarbeiten S sich den Textabschnitt gemeinsam und klären Fragen untereinander, bis der Inhalt allen S der Gruppe deutlich ist. Anschließend werden die Gruppen gemischt und arbeitsteilige Gruppen gebildet, so dass in jeder Gruppe ein „Experte" eines jeden Textabschnittes vorhanden ist. In diesen Gruppen stellt jede/r S „seinen" Text bzw. Themenbereich vor und die anderen machen sich Notizen. So haben am Ende alle S einen Überblick über alle Texte oder Textabschnitte. Zur Überprüfung könnte L einzelne S jeweils einen Textabschnitt vorstellen lassen, für den sie nicht „Experte" sind.

Diese Methode bietet sich auch bei Informationsrecherchen an, um Ergebnisse auszutauschen.

METHODEN ZUR EVALUIERUNG

1. Klebepunkte

S bewerten Produkte (Texte, Poster, Prospekte, Plakate usw.) ihrer MS mit Hilfe von Klebepunkten. L verteilt ein bis zwei solcher Punkte an jede/n S und diese kleben sie auf das Produkt, das ihnen am besten gefällt. So ist eine schnelle, aber einigermaßen anonyme Abstimmung möglich.

2. Überarbeitung/Korrektur von Schülertexten

Um häufige Fehler einer Lerngruppe bewusst zu machen und auf längere Sicht zu reduzieren, kann L sich bei umfangreicheren Schreibaufgaben die Texte per E-Mail zuschicken oder direkt auf Folie schreiben lassen. Einzelne Texte werden für alle S kopiert und von ihnen korrigiert. Anschließend werden die Texte an die Wand projiziert und im Plenum besprochen, korrigiert und als Ganzes evaluiert. Wichtig ist dabei, dass der Name des Verfassers / der Verfasserin anonym bleibt und dass es nicht nur um die Benennung der Rechtschreib- und Grammatikfehler geht, sondern v. a. um die Bewertung des Textes als Ganzes (Inhalt, Aufbau usw.) und dass ein positives Feedback nicht ausbleibt.

Zur gegenseitigen Bewertung von Schülertexten dient auch die Kopiervorlage 10.

METHODEN ZUR AKTIVIERUNG ALLER SCHÜLER/INNEN

Auswahlverfahren

Auf dieses Verfahren kann zurückgegriffen werden, wenn sich keine oder immer nur die gleichen S melden, um ihre Arbeitsergebnisse oder Hausaufgaben vorzustellen. Man bereitet ein Säcken mit Karteikarten vor, auf denen alle Namen der Lerngruppe stehen und lässt in den entsprechenden Situationen eine/n S ein Kärtchen ziehen. Der/Die ausgeloste S stellt nun seine/ihre Arbeitsergebnisse bzw. Hausaufgaben vor. Statt Namen kann man auch Nummern auf die Kärtchen schreiben, was den Vorteil hat, dass man die Kärtchen in allen Lerngruppen einsetzen kann und nicht für jede Klasse neue Kärtchen machen muss. Auf der Klassenliste wird dann nachgeschaut, welche/r S die entsprechende Nummer hat.

METHODEN ZUR GRUPPENEINTEILUNG

1. S finden sich selbst zusammen

L gibt vor, wie viele S in einer Gruppe zusammenarbeiten sollen. S finden sich dann selbstständig zusammen. Dies kann problematisch werden, wenn einzelne S von ihren MS ausgeschlossen werden oder sich sehr homogene Gruppen bilden.

2. L bestimmt die Gruppen

Manchmal bietet es sich an, dass L die Gruppen zusammensetzt. So kann einerseits verhindert werden, dass immer die gleichen S zusammenarbeiten und andere S ausgeschlossen werden. Zum anderen können bestimmte Kriterien berücksichtigt werden, beispielsweise können leistungsheterogene (z. B. bei kreativen Aufgaben) oder leistungshomogene Gruppen (z. B. bei binnendifferenzierenden Aufgabenstellungen) gebildet werden.

3. Auslosung

L schreibt die Namen von S auf Karteikärtchen und lost die Gruppenzusammensetzung aus.

4. Interessensgruppen

Dies bietet sich vor allem bei Gruppenarbeiten zu verschiedenen Themen an. S schließen sich entsprechend ihrer thematischen Präferenzen zusammen. L sollte aber eine Höchst- und Mindestgrenze von Gruppenmitgliedern festlegen.

5. Memory

Dieses Verfahren bietet sich vor allem bei Partnerarbeiten an. L verteilt die Kartenpaare eines Memory-Spiels willkürlich an S, welche sich dann ihren Partner / ihre Partnerin suchen.

6. Symbolkarten

L bereitet Kärtchen mit Symbolen vor. Es gibt jeweils so viele gleiche Symbolkärtchen wie es Gruppenmitglieder geben soll. L teilt die Kärtchen willkürlich an S aus, die sich entsprechend ihrer Symbole zusammenfinden.

7. Kartenspiel

L verteilt die Karten eines normalen Kartenspiels und S finden sich dann in Gruppen zusammen, welche L vorgibt (z. B. alle Asse, alle Könige, alle Herzen usw.).

TRANSKRIPT DER HÖRTEXTE IM CUADERNO DE EJERCICIOS

🎧 1 Impressum

1 MALLORCA – ANTES Y HOY

🎧 2 **S. 5/2b**
550 601 – 2 984 000 – 77 241 – 31 444 – 1 399 009 – 15 555

🎧 3 **S. 6/2a, b**
Yo vivo en Salamanca, pero nací en Palma. Este año estoy de visita, paso las vacaciones con mi abuelo. Ayer me llevó a Sóller. Yo no me acuerdo muy bien de todo, pero me acuerdo de mi casa de Palma, era una casa muy grande y muy bonita… Ahora vive allí una familia grande y la casa ya es muy vieja. Recuerdo el patio porque allí yo jugaba mucho al fútbol, a mi madre eso no le gustaba nada porque ella no podía poner flores en el patio. Teníamos tres naranjos allí.
Cuando era la hora de la comida, mi abuelo ponía la mesa, mi padre llegaba después y nos hablaba de su trabajo. Siempre había una naranja de postre. Por las tardes mi padre iba a mi habitación porque mi habitación era muy grande y no hacía mucho calor allí. Mi habitación era un caos casi siempre porque mi padre leía por las tardes en mi habitación. Y siempre dejaba allí sus libros. Es que él es profesor de universidad y tiene que leer mucho en casa, por eso ahora vivimos en Salamanca, ahora tiene trabajo allí, es profesor en la Universidad de Salamanca. Pero dice mi padre que quiere cambiar de universidad, él quiere ser profesor de la universidad de Madrid… Claro que vivir en una ciudad como Madrid es interesante… pero mis amigos están en Salamanca…

🎧 4 **S. 7/4**
Cuando yo tenía cinco años, vivía en Palma. A esa edad ya iba a la escuela. Mis hermanos y yo éramos unos niños bastante curiosos. Todas las tardes jugábamos en la calle o en la playa. Nuestro juego favorito era «policías y ladrones». Nosotros, los policías, buscábamos a los ladrones y estos se escondían muy bien. A veces íbamos a Alcudia para ver a nuestras primas, ellas vivían allí. Pero otras veces yo iba con mi madre a S´Albufera. Allí veíamos pájaros muchas horas. Ella me decía los nombres de todos ellos y yo intentaba aprendérmelos…

🎧 5 **S. 13/9**
¿Sabías que Rafael Nadal es de Mallorca? Sí, Rafael es una de las personas más famosas de las Islas Baleares. Este chico nació en Manacor, Mallorca. Para las chicas, Rafael Nadal es el chico más guapo de Manacor. Y para la gente de su pueblo, «Rafa», como lo llaman sus vecinos, es el chico más tranquilo del barrio. Y para sus amigos, Rafa es el chico más tímido de las Baleares. Eso no lo sabemos, pero seguro que es el tenista más famoso de España y uno de los más importantes del mundo. En general, este chico es un deportista tranquilo y no se enfada cuando pierde… Claro, porque Rafa no siempre gana. Por cierto, en 2009 pasó por su peor momento, pues fue cuando perdió el Roland Garros de 2009. Rafa juega en casi todos los torneos más importantes de España y del mundo. Y podemos decir que en este momento es el jugador más joven que está en el primer lugar de la lista de los mejores.

🎧 6 **S. 13/10**
Recepcionista: *Hola, mucho gusto. ¿En qué os puedo ayudar?*
Turista: *Hola, qué tal. ¿Me puedes dar información sobre el parque S´Albufera?*
Recepcionista: *Sí, claro. Mira, la entrada siempre es gratis, pero para entrar tienes que ir primero a un centro de recepción. Ahora es verano, cierran más tarde. En el centro de recepción te pueden dar más información. Mira, coge este folleto, aquí tienes que ir. Yo te puedo contar un poco.*
Te digo algunas cosas para tu visita: no puedes pasar con perros, está prohibido jugar deportes en el parque y claro, tienes que dejar en paz a los animales…

Turista: *Vale, gracias. ¿Y este parque es nuevo?*
Recepcionista: *Bueno, desde hace unos años es famoso, pero este es un parque protegido desde 1988. Si vas, ya en el parque te cuentan qué puedes ver, qué proyectos hay. Yo sólo te puedo decir que en el parque no sólo hay pájaros, también hay otros animales... hay otras especies. Además, en el parque tienen otros proyectos, por ejemplo, proyectos para cuidar el agua.*
Turista: *Interesante... ¿y en invierno se quedan aquí los pájaros?*
Recepcionista: *Sí, algunos sí, 10000 pájaros pasan el invierno en S'Albufera. Como aquí el clima es bueno, prefieren pasar el invierno aquí en esta zona...*

2 ENTRE JÓVENES

7 S. 18/1

1. Marta: *Pero... sólo era broma. ¡No lo tomes así, no te vayas!*
   Javi: *Dejadme en paz. Ya no quiero saber más de vosotros.*
2. Ana: *¿Diga?*
   Marta: *Hola, soy yo. Oye, tengo que contarte algo...*
   Ana: *Marta, no me llames ahora, por favor, estoy en el instituto.*
3. Madre: *No vuelvas muy tarde, mañana tienes clase a las ocho.*
   Adrián: *No te preocupes, sólo voy a casa de Luis para ver una peli.*
4. Adrián: *¿Qué tienes ahí?*
   Javi: *Un regalo para Úrsula. Mañana es su cumpleaños y voy a organizar una fiesta para ella. ¡Pero no le digas nada!*
   Adrián: *Hombre, claro que no.*

8 S. 21/5d

1. *Espero que saques una buena nota en el examen de mañana.*
2. *Quiero ver la peli esta noche. No me importa que empiece tarde.*
3. *Ya son las ocho. ¿No te importa que lleguemos tarde otra vez?*
4. *No me gusta que tus primos siempre jueguen al fútbol con nosotros.*
5. *Mi amiga quiere que organice una fiesta de cumpleaños para ella.*
6. *¿Quieres que yo pague el café? Tú lo pagaste ayer.*
7. *No me gusta este parque. Prefiero que busquemos un lugar más bonito.*

9 S. 23/10a, b

Javi: *Me gusta que tengamos un profe de Educación Física tan activo como Juan. Con él no solamente jugamos al fútbol sino que también jugamos al baloncesto y a veces al voleibol. Y vosotras, ¿qué tipos de deporte hacéis?*
Ana: *Pues con nuestra profe María es lo mismo. A ella le encanta que hagamos cosas diferentes. En la clase de mi amiga Sara siempre juegan al voleibol, no hacen otra cosa. ¡Qué aburrido! ¿No? Pero nuestra profe es diferente. Por ejemplo, prefiere que aprendamos a patinar, y en verano vamos a pasar una semana en un parque natural donde hacemos piragüismo. ¡Imagínate, todos vamos a bajar un río en piragua!*
Javi: *¡Guay! ¡Qué suerte! Este año, nosotros también vamos a hacer algo especial: vamos a esquiar con Juan a los Pirineos, fíjate.*
Ana: *¿Y tú sabes esquiar?*
Javi: *¡Qué va! Pero Juan dice que no es tan difícil aprender.*
Ana: *Bueno, Javi, te dejo, ya me tengo que ir. Mañana tenemos un examen y tengo que estudiar mucho todavía. ¿Nos vemos el finde?*
Javi: *Claro que sí. El domingo no puedo pero tengo tiempo el sábado por la tarde y por la noche.*
Ana: *Entonces podemos ir al cine, ¿qué te parece?*
Javi: *Perfecto. Te llamo el sábado.*
Ana: *Vale. Hasta entonces.*

A

🎧 10 **S. 24/2a**

Buenas tardes y bienvenidos a nuestro programa «Ser joven en el siglo XXI». ¿Y vosotros ya sabéis cómo les gusta pasar su tiempo libre a los jóvenes españoles? ¿No? Pues ese es nuestro tema de hoy. Hoy vamos a hablar de una encuesta que se publicó el pasado lunes en el informe «Jóvenes españoles». La pregunta era: ¿cómo os gusta pasar vuestro tiempo libre? Pues, seguro que ya lo esperabais, no hay muchas sorpresas en la encuesta: El 96 % de los jóvenes dicen que les gusta salir o quedar con amigos. Se puede decir que son prácticamente todos, ¿no? Casi igual de importante, según la encuesta, es escuchar música y ver la tele. Al menos, el 95 % dicen que les gusta eso, ver la tele y escuchar música. Los próximos resultados son un poco más... son un poco más curiosos: Al 82 % de los jóvenes les gusta estar con su novio o su novia –pues claro, a quién no le gusta, ¿no?– pero sólo el 58 % lo hacen. Y al 78 % les gusta hacer viajes, pero el 42 % lo hacen. Pues yo me pregunto ¿cómo puede haber diferencias tan grandes? Posiblemente los padres todavía no les dejan ir de vacaciones solos. O simplemente a los jóvenes les falta el dinero. Y bueno, una noticia que a mí me gustó, me parece muy interesante, escuchad: al 60 % les gusta leer libros, y el 54 % lo hacen. Es bastante, ¿no? Incluso, son un poco más los jóvenes que leen libros que los que juegan en el ordenador: Sólo el 53 % hacen eso, aunque el 63 % dicen que les gusta. Parece que el libro todavía no está muerto para nada...

🎧 11 **S. 26/5a**

¿Qué voy a hacer con este acordeón? Ya no puedo tocarlo como antes... Tantos años de hacer música con este instrumento, tantas canciones, fiestas y bailes con él... ¿Pero quién quiere aprender el acordeón hoy en día? Todos quieren tocar la guitarra o el bajo. Igual... A mí me importa que alguien de la familia siga con mi instrumento. A Miguel le encanta la música. Quiero que él tenga un instrumento especial. Quiero que él aprenda a tocar el acordeón. Sé que le encanta la música y no le importa quién cante o quién toque. Espero que le guste la idea pero si no quiere aprender el acordeón prefiero que él me diga la verdad. Creo que es necesario que yo hable con él para que me entienda bien. A ver qué me dice...

3 ¡SIENTE MÉXICO!

🎧 12 **S. 33/3a, b**

1. Miguel: *Sí, ¿cómo lo ves? En dos meses voy a México con mi familia. La verdad es que no sé muy bien qué puedo hacer allí. Sólo vamos a visitar Ciudad de México. Y allí nos quedamos dos semanas. Me gustaría, ... no sé... ver pirámides, pero sólo hay pirámides en Yucatán, ¿no? ¿Sabes si hay pirámides interesantes cerca del D. F.?*

2. Sara: *Es que... México debe de ser inmenso, ¿no? Voy con mi hermana mayor a México y no me imagino viajar por ahí... Bueno, lo primero es la playa porque a mi hermana le fascina el surf, así que ella decidió ir a Oaxaca y después vamos a ir a Chiapas... La playa está bien, pero después de una semana, creo que es un poco aburrida, ¿no? Digo, México es un país con una cultura muy interesante y creo que es importante conocer esta cultura y no sólo sus playas. ¿Qué piensas? A mí me gustaría ir a la selva. Dicen que en la selva hay pirámides, ¿te imaginas? ¿Adónde podría ir?*

3. Luisa: *Mira, yo ya conozco México porque fui con mi clase el año pasado. Estuvimos en Palenque y en Chichen Itzá, vimos muchas pirámides. Este año voy con mi familia. A mí me gustaría ir a Oaxaca, pero mis padres quieren conocer Ciudad de México, así que vamos a pasar las vacaciones este año sin playa, pero eso sí, con mucha cultura porque a mis padres les gusta mucho la música mexicana, mi padre tiene en casa muchos cedés de mariachis, de muchos cantantes mexicanos. Mi madre también está feliz por el viaje. A ella le gusta mucho la artesanía y quiere comprar muchas cosas. Y yo, pues, hace poco vi una película sobre la vida de Frida Kahlo y su vida me pareció impresionante... ¿Sabes algo de Ciudad de México? ¿Qué lugares me recomiendas?*

🎧 13 **S. 38/10**

Vendedora mexicana: *Señora, ¿se interesa usted por la camisa? ¡La hizo mi hija a mano! Es muy linda, ¿no? ¿Es para usted?*
Turista española: *No, es para mi hijo. ¿Cuánto vale? ¿Me la puedo llevar por 120 pesos?*
Vendedora: *¿120 pesos? Pero mire, señora, mire los colores. ¡Mire qué lindas son! ¡Los colores son lindísimos! Le vendo la camisa por 140. Seguro que le quedará muy bien a su hijo.*
Turista española: *Si dice 130 la tomo.*
Vendedora mexicana: *Bueno, está bien, 130 pesos.*
Turista española: *¡Qué bien! Aquí tiene, señora. Gracias por la camisa.*

🎧 14 **S. 43/10**

1. Vendedor: *Señor, señora, traigo para vender dos litros de agua por 15 pesos, sí, usted oyó bien: dos litros por 15 pesos. Traigo dos litros por 15 pesos. ¡Para la niña, el niño! Aquí, no en la tienda, no en el súper, sí, aquí, frente a su puerta. Sí señora, sí señor: dos botellas de agua. ¿Y cuánto por esta oferta? ¿30 pesos? ¿20 pesos? No. No por 30, no por 20, lleve dos botellas de agua por 15 pesos. No pierda el tiempo en el súper, cómprelas aquí, conmigo.*

2. Vendedora: *Tamales. Tamales. Mmmmh, qué ricos. Tamales calientitos, ricos y baratos. Cinco pesos le vale, cinco pesos le cuesta un tamal. Pase, pase. Tamales de chile, de pollo y de mole. Venga por su tamal, porque aquí quien llegó, llegó, y quien no, con las ganas se quedó.*

4 UN PASEO POR MADRID

🎧 15 **S. 47/2a, b**

Profesor: *Bueno chicos, aquí termina ya nuestra visita al museo. Ahora vamos a hacer pequeños grupos. Ahora son las cinco y media y las próximas tres horas, las vais a pasar solos. Nos vemos otra vez a las ocho y media en el teatro «Nuevos Encuentros». No os preocupéis, os voy a explicar todo: Estamos ahora en la Plaza Nueva. Como ya es un poco tarde, seguro que queréis comer algo. Aquí cerca hay una cafetería que es muy barata y bastante buena también, una cafetería típica del barrio, donde podéis tomar algo y comer un bocadillo. No está lejos y los bocadillos cuestan sólo entre 1,60 y 2,80 €.*
Alumna: *¿Y dónde está?*
Profesor: *Escuchad: primero seguid esta calle, se llama Calle de López García, hasta que paséis por una farmacia. Ahí, girad a la derecha. Luego vais todo recto y cogéis la segunda calle a la izquierda. Después de unos metros vais a encontrar la cafetería a la derecha. Se llama «Cafetería Pepe».*
Alumno: *¿Y un supermercado no hay?*
Profesor: *Sí, también hay. Vais también de aquí en dirección a la cafetería, pasáis la farmacia y giráis a la derecha. Después... de ahí ya es la primera calle a la izquierda, ... y ahí vais a encontrar un supermercado. Más tarde, podéis dar un paseo por el barrio o descansar en el Parque de San Juan. El parque está a sólo cinco minutos a pie de la cafetería: Volvéis hasta la farmacia y cruzáis esa calle. Seguid todo recto y al final de la calle está la entrada al parque.*
Luego, para ir al teatro, tenéis que coger el metro. La estación de metro está enfrente del parque. Tenéis que coger la línea 4 y bajar en «Colón». El viaje tarda unos 15 minutos aproximadamente. Cuando salgáis de la estación, ya vais a ver el teatro.
Por favor llegad a las ocho y media o antes porque el teatro empieza ya a las nueve menos cuarto, ¿vale? Entonces que os divirtáis y hasta un rato.

🎧 16 **S. 52/7**

Mira, a los alemanes también les gustan los clubs de fútbol españoles, no lo sabía... Mi intercambio es una chica alemana y ella es una aficionada del Real Madrid. Conoce a todo el equipo y se sabe de memoria todos los partidos del Real en la Liga de los Campeones. Contra quién jugaron, quién metió los goles, todo. Es impresionante. Hoy en toda la mañana no ha hablado de otra cosa. Ha querido ver el estadio que conoce de la televisión... y por eso, hemos ido en metro al Santiago Bernabéu. Estaba abierto y hemos entrado, a Sonja le ha gustado mucho. Después hemos vuelto al centro y he querido enseñarle el barrio de Malasaña. Para mí, es el lugar más interesante de la ciudad, pero ella sólo quería hablar de fútbol. Y eso que a mí el fútbol me da igual, lo encuentro tan aburrido… Bueno, al final, a la hora de la cena alemana –¡que es a las seis, tío, ¿te lo imaginas?!– hemos tomado algo en una cafetería del barrio y luego hemos vuelto a casa. Como ya he dicho: estoy aprendiendo mogollón de cosas de Madrid, por ejemplo, cómo es el Santiago Bernabéu. Nunca había estado allí antes. Y ahora sólo lo he visto gracias a un chica alemana. ¡Qué raro! ¿No?

🎧 17 S. 55/6

1. El barrio de Malasaña:

   El barrio de Malasaña es uno de los barrios más marchosos de Madrid. Las calles están llenas de casas de colores, con balcones con flores. Hay muchos cafés, restaurantes pequeños, tiendas y plazas bonitas como la Plaza del Dos de Mayo. Mucha gente joven que viene a Madrid vive en este barrio porque los precios son todavía más bajos que en otros barrios y claro, siempre hay mucha gente joven por aquí. Sin embargo, la mayoría de los turistas que visitan Madrid no visitan este barrio.

2. La plaza de Oriente:

   Para muchos madrileños la Plaza de Oriente es uno de los lugares más bonitos de Madrid. Está en el centro histórico de la ciudad. En esta plaza hay dos de los edificios más importantes de la capital: el Palacio Real y el Teatro Real.

3. El Rastro:

   El Rastro es un mercado de objetos de segunda mano. Los domingos son días de mercado. Todo empezó en el año 1740 aproximadamente, y a lo largo de los siglos, se ha convertido en el mercado más popular de toda España, así que ahora en todas las guías de viaje sobre Madrid viene un poco de información sobre el Rastro. Ya pueden ver que es un mercado muy grande: hay aproximadamente 3500 puestos y va por varias calles.

5 ¡COMUNÍCATE!

🎧 18 S. 60/2a, b

Hola, buenas tardes, amigos. Aquí los resultados de la última jornada de la liga.

El sábado jugaron el Sevilla contra el Valladolid y el Athletic de Bilbao contra el Barça. Hoy domingo ha jugado Coruña contra Espanyol de Barcelona. Y el Real Madrid contra Valencia. Este sí que fue un gran partido. Pues vayamos entonces a los resultados. Sevilla jugó contra el Valladolid, en un juego un poco aburrido y sin goles. El partido terminó cero a cero. Y hubo dos tarjetas rojas. Y Bilbao vaya que tuvo un mal sábado, el Barcelona está jugando muy bien y además está haciendo lo que se espera del equipo: meter goles, y este sábado ha metido tres. Tres golazos de Messi. Bilbao cero, Barça tres. ¡Olé!

Y hoy domingo nuestros amigos de Coruña de verdad han jugado como nunca, han tenido muchas oportunidades pero bueno, no ha sido su día. Por su parte el Espanyol de Barcelona ha jugado con mucha paciencia, ha esperado. Coruña ha controlado 89 minutos el partido, sin embargo el Espanyol ha tenido un minuto de suerte y ha metido un gol unos segundos antes de terminar el partido. Sí, con un gol de cabeza el Espanyol gana uno a cero.

Y ya para terminar, el Real Madrid le ha ganado al Valencia dos a cero. Cristiano Ronaldo no ha jugado, pero no lo hemos echado de menos, los alemanes Özil y Khedira han jugado bastante bien. Özil ha jugado muy libre y ha metido dos goles espectaculares. Hoy el Valencia vuelve a casa sin ganar. Real Madrid dos, Valencia cero. Y eso es todo por hoy en el reporte deportivo, os deseo un feliz domingo. Y os dejo con el parte meteorológico.

🎧 19 S. 60/3

1. Liberación, liberación, 90.1

   La más completa, la más completa, la más completa

La más linda de todas
La radio del pueblo

2. *Una sola radio: soberana estéreo, 100.8 fm*
3. *Bolivariana estéreo, el 96.7 fm*
   ¡Venezolanísima!
4. *Ecos de la costa, 96.1 fm*
   Desde el lago Merín, Cerro Largo, Uruguay
   Ecos de la costa, 96.1 fm
5. *Un año más contigo.*
   No es casualidad. ¿Verdad que no?
   Tú eres la inspiración perfecta para estar un año más, a tu lado.
   2011, 2011
   Año de Popular 1230, amplitud modulada

🎧 20 **S.65/9**

Ana: *¡Qué bien! Al final, la presentación nos ha salido bastante bien, Adrián, ¿no lo crees? Ayer yo estaba muy nerviosa… Antes de la presentación pensé: creo que me pongo como un flan. Pero nada…*

Adrián: *Ah, lo dices tú porque no eres nada tímida. Pero yo no soy así. Me he puesto rojo como un tomate… Odio estar al frente de la clase y hablar… Me da corte…*

Ana: *Pero, ¿cómo? ¿Es broma, no? Lo has hecho muy bien. Todo lo has explicado bastante bien…*

Adrián: *Además, tú ya te acostumbraste a tener público, ¿no? Cuando bailas con tu club de flamenco, te miran muchas personas…*

Ana: *Sí, sí… pero no es lo mismo… A mí me gusta mucho bailar, pero hablar en público no es tan fácil. ¡Todos te están mirando!*

Adrián: *Eso es lo bueno de Internet, cuando charlas con la gente por el chat, no ven tu cara, no ven qué vaqueros o qué blusa te pones. Por eso, a mí me gusta más conocer gente por el chat que tener amigos «reales». Creo que para la gente tímida como yo, es mejor el chat para hacer amigos. Cuando charlo por el chat no me pongo nervioso, me parece más fácil hablar con la gente cuando uso el ordenador… Además, he conocido a gente muy muy interesante.*

Ana: *¿De verdad? … Sí, seguro que hay gente interesante… pero a veces sólo hay gente que juega y no dice la verdad. Mira, a mí no me gusta conocer gente por Internet. En el chat la mayoría escribe y cuenta que es muy guapa, maja, pero seguro que muchas cosas no son verdad… Yo prefiero ver a mis amigos y no quedar con ellos en el chat. En Internet sólo he conocido a una persona muy especial. Hace algunos meses charlé con una chica. También baila flamenco y es de Argentina… Parece que baila muy bien… Nos conocemos porque… ¡hay Internet! Pero es un poco triste que vivamos tan lejos… Navegar en la red una hora está bien, pero a mí no me gusta quedarme en casa por la tarde, frente al ordenador, prefiero salir y pasear.*

Adrián: *Pues, sí, es verdad. Pero, mira, Maribel sigue siendo mi mejor amiga porque hay Internet, ¿no? Imagínate, hoy voy a quedar en el chat con ella o le voy a escribir un correo electrónico… Antes eso no era posible: tenías que esperar cartas… Todo era muy diferente. Además, como hay redes sociales, sé qué hace Maribel, cómo le va…*

Ana: *Bueno sí, las redes sociales tienen un lado bueno, pero no siempre… Lo que no me gusta de Internet es que con las redes sociales, cada vez vemos menos a nuestros amigos, ¿no te parece?… Mira, te voy a contar lo que me pasó ayer. Mi vecino de arriba va a hacer una fiesta este fin de semana en su casa. Ayer me mandó dos mensajes… él quiere que vaya a su fiesta. ¡Yo no contesté porque no leo mis mensajes cada diez minutos! Una hora después del primer mensaje me volvió a preguntar lo mismo por el tuenti y quería mi respuesta rápido. ¡Qué tío! ¿Por qué no bajó a mi piso y me lo preguntó él? Eso no me gusta nada…*

Adrián: *Sí, es verdad… Oye, ¿tú cómo crees que serán los amigos del futuro?*

A

🎧 21 **S. 76/6**

Soy locutora del programa «Palabra de mujer». Aquí en Nicaragua las mujeres pasan trabajando todo el día en el campo. Después siguen trabajando en casa: o hacen la comida o cuidan a los niños. Y aunque el hombre esté todo el día fuera y no trabaje nada, el dinero lo recibe él. Con nuestra radio queremos cambiar eso: llevamos hablando sobre los derechos de las mujeres ya más de diez años. Empezamos en 2001, y seguimos porque las mujeres del pueblo siguen escuchándonos. Sabemos que mucha gente pasa la mañana escuchando el programa y eso a mí me gusta mucho porque así yo sigo pensando que mi trabajo es importante. Somos una radio pequeña, pero seguimos siendo la voz de las mujeres aquí en Bocana de Paiwas. En la radio también hablamos de muchos otros temas, yo a veces me paso las noches leyendo los periódicos o las noticias. Esto me ayuda mucho a que nuestros programas sigan siendo interesantes para la gente.

6 EUROPA Y ESPAÑA

🎧 22 **S. 77/2a, b**

1. *Este país limita al norte con los Países Bajos, al este con Alemania y Luxemburgo, y al sur con Francia. Cerca de la frontera con Alemania hay un pequeño grupo de gente que habla alemán.*
2. *Este país inventó la democracia hace muchos años. Sus ciudades y pueblos están llenos de monumentos muy antiguos, por ejemplo, en la ciudad de Atenas podemos ver muchos. Limita al norte con Bulgaria.*
3. *Es uno de los países más al norte de la Unión Europea. Limita al oeste con Suecia. En el norte de este país, hay días en invierno en los que no hay luz del sol. Pero, por otro lado, en el verano los días son muy largos. Es un país con muchos bosques.*
4. *Este país no tiene mar pero sí tiene muchas montañas, y muchos europeos pasan sus vacaciones de invierno allí para esquiar. Está en el centro de Europa. Allí se habla alemán. Al norte limita con la República Checa, al este con Hungría, al sur con Eslovenia e Italia y al oeste con Alemania.*

🎧 23 **S. 78/2**

Chico: *Sí, sí. Pues la verdad es que me he divertido muchísimo aquí en Berlín… La gente es majísima. Bueno, ahora vuelvo, voy a pedir un bocadillo. Como hay tanta gente, el camarero no me ve y yo me muero de hambre.*
Chica: *Sí, vale, pide uno de queso para mí.*
Chica: *¿Qué te pasa? ¿Dónde estabas? ¡Has tardado mucho!*
Chico: *¿Cómo se llama este actor que salió en esa película catalana…? … Ah, no recuerdo su nombre… Es un tío que hace pelis en toda Europa… es… es… Manuel… Mario, … no, no… es…*
Chica: *No, pues, no sé… ¿qué pelis hizo por ejemplo?*
Chico: *Pues hizo «Salvador» y la de «Good bye, Lenin!».*
Chica: *¡Ah! Es Daniel Brühl.*
Chico: *¡Ese!*
Chica: *Pues, cuenta, ¿qué pasa con él?*
Chico: *Pues… no te vas a creer qué ha pasado. Yo estaba pidiendo nuestros bocadillos, entonces el tío se sienta a mi lado y me habla en castellano: «No pidas el bocadillo de queso, mejor pide de jamón serrano. Están muy buenos.» Y yo me quedo mirándolo. La cara me parecía muy conocida. «¿Y de dónde eres?», me pregunta. «Soy de Aragón», contesto. «¿Y tú?», le pregunté. Y él contestó: «Soy de todas partes». Entonces pues yo ya tenía los bocadillos en la mano y le digo: «Bueno, pues que te lo pases bien aquí en Berlín. La ciudad mola mucho». Y me dice: «Sí, sí. Lo sé, vivo aquí…». Entonces yo pido la cuenta y Daniel me dice: «Deja, deja. La casa invita.» Ya ves, estos bocadillos nos los ha regalado Daniel Brühl.*
Chica: *¡Qué! ¡Vamos por su autógrafo, mira, aquí tengo mi móvil, aunque sea nos sacamos una foto con él!*

Chico: *Olvídalo. Después de pagar los bocadillos se ha ido... Mira, que si le cuento esto a mi hermana, me mata porque no le he pedido ni una foto a este actor...*
Chica: *No sólo ella, yo también.*

🎧 24 **S. 84/2a, b**
Profesora: *Hola chicos, bienvenidos al curso intensivo de alemán. ¿Os conocéis?*
Adrián: *No. No vamos al mismo instituto.*
Profesora: *Ah, vale. Pues entonces haremos lo siguiente. Os presentáis y decís: vuestro nombre, cuáles son vuestros pasatiempos, si sabéis un poco de alemán, en qué ciudad os quedaréis y por qué os gusta aprender alemán. ¿Por qué no empiezas tú?*
Adrián: *Hola, qué tal. Soy Adrián, voy al Instituto Miguel de Cervantes. Mis pasatiempos son leer cómics, jugar al voleibol y al fútbol. Y yo llevo estudiando alemán ya un año pero creo que no hablo nada, me da corte. Me faltan muchas palabras. Por eso con este curso quiero practicar mucho. En tres meses me voy a Hamburgo, allí tengo algunos amigos de intercambio. ¿Por qué me gusta aprender alemán? Pues porque es difícil, y a mí me gusta lo difícil.*
Profesora: *Gracias Adrián. Ahora tú, la chica del jersey verde.*
Chica: *Bueno, pues yo me llamo Teresa, y ya en medio año termino la ESO. Mis pasatiempos son: escuchar música, bailar, leer, escribir, pintar, sacar fotografías, pero eso sí, no me gusta nada hacer deporte. ¿Por qué aprendo alemán? Bueno, porque mi padre encontró trabajo en Frankfurt y nos vamos en unos seis o siete meses todos para allá. Él ya está allí, yo me voy con mi madre y mis hermanas. La verdad es que no sé si me gusta o no la lengua porque... pues no sé ni una sola palabra en alemán, eso me da un poco de miedo porque no sé si haré amigos rápidamente. Y yo sin amigos no puedo vivir. Tampoco sé si puedo vivir en un país tan frío, pero por otro lado, mis pintores favoritos son todos alemanes. Y claro, los libros que más me gustan son de alemanes... Pienso que leer los originales para mí será todavía mejor... Ya veremos... La gente dice que la lengua alemana es muy difícil, no sé.*

LÖSUNGEN DER OFFENEN AUFGABEN IM CUADERNO DE EJERCICIOS

S. 10/4
Ayer hice muchas cosas. Era sábado y, claro, no tenía clases en el instituto. Me levanté a las 9:30. Desayuné e hice los deberes de Español. Después fui al parque con mis amigos. Jugamos un partido de baloncesto. Al principio mi equipo no jugó muy bien, pero al final ganamos. A mediodía volví a casa y comí con mis padres. Por la tarde quedé con David y Laura. Primero comimos un helado y luego fuimos al centro para comprar ropa. Cuando estábamos en la tienda de repente nos encontramos con María, la chica que me gusta. Me puse rojo como un tomate. ¡Que corte! Nos propuso ir a su casa para ver una peli. A nosotros nos gustó mucho la idea. Entonces decidimos ir. Vimos la peli, comimos algo y charlamos sobre nuestras cosas. ¡Fue un día genial!

S. 12/7b
Hola Luna:
¿Cómo estás? ¿Al final, cómo terminó la historia con Florian?
Yo también conocí a un chico en las vacaciones, ¡qué casualidad! Te cuento: en la última semana de las vacaciones fui a un campamento con unos amigos. Nos quedamos cinco días y lo pasamos muy bien. Hicimos mucho deporte y todos los días hicimos piragüismo. Para mí, fue la primera vez y me gustó mucho. La gente del campamento era muy maja. Pero había un chico, Toni, que no me gustaba. No era nada simpático conmigo y por eso me llevaba mal con él. Un día mientras estábamos practicando piragüismo él casi se cayó de la piragua. Yo lo vi y sin pensar dos veces fui a ayudarlo. Desde entonces todo cambió. Empezamos a hablar y vi que era un chico muy simpático. Pasamos todo el tiempo juntos y nos hicimos amigos inseparables. Desde que volví del campamento hablo con él casi todos los días por teléfono y charlamos de nuestras cosas.
Bueno, te dejo porque tengo que ayudar a mis padres.
Besos
Marilú

S. 15/1
1. *Una familia está en una oficina de policía porque quiere viajar a otro país. Hay una cola larga y tienen que esperar por sus documentos de viaje.*
2. *La familia está esperando en la cola en el aeropuerto.*
3. *Toda la familia está en el avión. La hija está mal y quiere ir al cuarto de baño, pero hay una cola y tiene que esperar para poder entrar.*
4. *La familia ya está en el aeropuerto del país de vacaciones. Ahora tienen que esperar para poder entrar en el país. La hija empieza a estar harta.*
5. *La familia tiene que ir a buscar sus cosas. En el aeropuerto hay mucha gente.*
6. *Todos están contentos porque están de vacaciones.*
7. *La familia llega al hotel. Deciden ir a dejar sus cosas en las habitaciones y encontrarse después para comer.*
8. *La familia está en el comedor. Delante del bufé hay una cola. Ahora todos están hartos porque siempre hay cola y tienen que esperar.*

S. 21/6b
–Quiero que mis amigos organicen una fiesta para mi cumpleaños.
–Me encanta que yo no tenga que organizar nada para la fiesta.
–Espero que mis padres me regalen una guitarra.
–No me gusta que mis padres estén en casa cuando vienen mis amigos.
–Prefiero que ellos no estén en casa el día de mi fiesta.
–Me gusta que me dejen solo con mis amigos.

–Espero que ellos salgan ese día.
–Prefiero que mis amigos y yo podamos estar solos en casa.
–No me gusta que mis padres escuchen las cosas que hablo con mis amigos.
–No me importa que mis hermanos se queden en casa.

S. 30/2

¿Me puedes decir cómo se llama el colegio en Quito? Voy a proponer hacer algo así en mi escuela ☺

S. 37/8

–Este regalo es para ti.
–Gracias por ayudarme.
–¿Te interesas por México?
–¡Gracias por las flores!
– Este e-mail es para todos mis amigos.
–¿Esto es un problema para ti?
–¡He hecho todo esto por ti!
–¿Cuánto pagaste por este móvil?

S. 42/9b

Hola, chicos:

Hace una semana conocí a una chica muy especial. Desde entonces pienso mucho en mi vida y cómo la vivo…Os tengo que contar que el día a día de muchos chicos y chicas de aquí es muy duro. La chica que conocí, Aixa, se levanta cada día a las seis de la mañana. Para ir a la escuela tiene que caminar 40 minutos. Además, después de la escuela va al mercado para ayudar a su madre a vender ropa. Cuando pienso en mi vida: me levanto a las siete y media, voy en bus a la escuela, por las tardes tengo tiempo para hacer deporte, tocar el piano, quedar con mis amigos… ¡Qué diferencia!
El otro día fui a su casa porque ella quería presentarme a su familia. La casa me gustó muchísimo. Es pequeña pero superbonita y tienen muchos animales. Su abuela, que también vive con ellos, tiene muchas plantas. ¡Las usan como medicina!
Espero volver a quedar con Aixa y poder contaros más cosas.
Besos para todos
Marina

S. 56/7b

¿Quién?	¿Qué?	¿Cuándo?	¿Dónde?	¿Por qué?	¿Cómo?
–chicos españoles y alemanes –alumnos de un colegio de Colonia	–fiesta de despedida –fue un día feliz y triste –chicos alemanes ganaron el partido	–15 de mayo –por la tarde	–patio del colegio –cafetería del instituto	–españoles vuelven a su país	–partido de fútbol –platos típicos españoles y alemanes –música electrónica

S. 56/7c

El pasado 15 de mayo por la tarde los alumnos de un instituto de Colonia organizaron una fiesta de despedida para unos alumnos españoles que volvieron a España después de un mes de intercambio en el instituto alemán.
Primero, los chicos alemanes jugaron un partido de fútbol contra los chicos españoles en el patio del colegio. El equipo alemán ganó, pero el resultado no era lo importante. Después, en la cafetería del

instituto, todos juntos prepararon una pequeña comida con platos típicos españoles y alemanes. Al final pusieron música electrónica y todos bailaron. Para todos fue un día triste pero también feliz.

S.66/2c
–En la orquesta de Berlín tocan muchos músicos internacionales.
–Juan tuvo que empezar a trabajar con 15 años. Por eso su infancia fue muy complicada.
–Mi amigo me ha recomendado esta película. Dice que es muy buena.
–Para muchos inmigrantes es muy difícil dejar su país porque tienen que dejar a su familia y a sus amigos.
–Este autor es muy famoso, por eso mucha gente compra sus libros.

S.68/5b
–Ayer, antes de cenar, mi hermana ya había hecho sus deberes.
–Ayer, antes de cenar, yo ya había comido en la escuela.
–Ayer, antes de cenar, mis abuelos ya habían pasado por mi casa.

S.86/6d
David Bisbal nació en Almería, el 5 de junio de 1979. Tiene dos hermanos mayores pero es el único de su familia que ha elegido una carrera como músico.
A David no le gustaba mucho el instituto, y a los 17 años encontró su vocación: quiso ser cantante. En 2002 grabó su primer álbum, «Corazón Latino», que fue un éxito. Hasta hoy, David ha grabado seis álbumes y no piensa parar. También da muchísimos conciertos y tiene aficionados en todo el mundo, especialmente en España y en América Latina.
A David le encanta hacer deporte. Es ciclista y juega a menudo al fútbol con sus amigos. Además es aficionado a la comida china y se interesa mucho por la historia.

Autoevaluación 1

hier | knicken

In dieser Unidad hast du gelernt:	Klappt es? Überprüfe deinen Kenntnisstand.	Lösungen	Noch Schwierigkeiten? Dann versuche Folgendes:
über Besonderheiten einer Region zu sprechen	Vervollständige den Text über Katalonien (ggf. mit Hilfe einer Karte). Cataluña está situada en el ⬜1 de España. La ⬜2 es Barcelona. El ⬜3 más alto es «la Pica d'Estats»: tiene una altura de 3.134 metros. Cataluña tiene 7,5 millones de ⬜4. El español y el catalán son las ⬜5.	1 = noreste 2 = capital 3 = pico 4 = habitantes 5 = lenguas oficiales	▶ Para comunicarse, S. 197 ▶ Para hablar de…, S. 197
zu erzählen, wie früher etwas war	Beschreibe, wie das Leben auf Mallorca früher war. 1. Casi no (*haber*) turistas. 2. La vida (*ser*) más tranquila. 3. Los niños (*jugar*) en la calle. 4. La gente no (*tener*) coche.	1. Casi no **había** turistas. 2. La vida **era** más tranquila. 3. Los niños **jugaban** en la calle. 4. La gente no **tenía** coche.	Autocontrol 1/2[1] Tándem, S. 93 TdG[2], S. 25/1 ▶ GH[3], S. 5/1
Dinge miteinander zu vergleichen	Vergleiche Eva, Ana und Tim. |	Eva	Ana	Tim | |---|---|---|---| | Edad | 12 | 13 | 12 | | Altura (cm) | 160 | 152 | 152 | 1. Eva es ____ alta ____ Ana. 2. Eva es ____ joven ____ Tim. 3. Tim es ____ bajo ____ Eva. 4. Ana no es ____ alta ____ Eva. 5. Tim y Ana son más __ que Eva.	1. Eva es **más** alta **que** Ana. 2. Eva es **tan** joven **como** Tim. 3. Tim es **más** bajo **que** Eva. 4. Ana no es **tan** alta **como** Eva. 5. Tim y Ana son más **bajos que** Eva.	Autocontrol 1/4 TdG, S. 25/2 ▶ GH, S. 5–6/2
über Erlebnisse und Situationen in der Vergangenheit zu berichten	Wähle die richtige Form aus. Ayer fui/iba a la playa con Ana. Al principio no hubo/había mucha gente. Primero nos bañamos/nos bañábamos. El agua estuvo/estaba muy fría. Después tomamos/tomábamos el sol. A mediodía comimos/comíamos unos bocadillos y por la tarde compramos/comprábamos unos helados.	Ayer **fui** a la playa con Ana. Al principio no **había** mucha gente. Primero nos **bañamos**. El agua **estaba** muy fría. Después **tomamos** el sol. A mediodía **comimos** unos bocadillos y por la tarde **compramos** unos helados.	Autocontrol 1/1, 3 TdG, S. 25/3 ▶ GH, S. 8–9/5
besondere Eigenschaften auszudrücken	Sage, welches Mädchen und welcher Junge am sportlichsten, am unsympathischsten, am nettesten und am hübschesten ist. |	Eva	Ana	Tim | |---|---|---|---| | majo/-a | ++ | +++ | + | | deportista | +++ | + | ++ | | guapo/-a | +++ | ++ | ++ |	–Eva es **la chica más deportista**. –Tim es **el chico menos majo**. –Ana es **la chica más maja**. –Eva es **la chica más guapa**.	Autocontrol 1/4 ▶ GH, S. 7/4

hier | knicken

1 1/2: *Unidad* 1 / *Übung* 2   2 TdG: Teste deine Grammatikkenntnisse   3 GH: Grammatikheft

© 2012 Cornelsen Verlag, Berlin – Alle Rechte vorbehalten

Autoevaluación 2

hier · knicken

In dieser Unidad hast du gelernt:	Klappt es? Überprüfe deinen Kenntnisstand.	Lösungen	Noch Schwierigkeiten? Dann versuche Folgendes:
jdn aufzufordern, etwas nicht zu tun	Formuliere die Verbote im Imperativ (tú und vosotros/-as): En el museo está prohibido…		
	a) hacer fotos.	a) ¡No hagas/hagáis fotos!	▶ Resumen, S. 42/1 ▶ GH[1], S. 10/6
	b) comer.	b) ¡No comas/comáis!	
	c) hablar alto.	c) ¡No hables/habléis alto!	
jdn zu beruhigen	Wie beruhigst du jemanden in diesen Situationen auf Spanisch?		
	a) Dein Freund macht ein trauriges Gesicht.	a) ¡No pongas esa cara!	▶ Para comunicarse, S. 201 ▶ GH, S. 10/6
	b) Deine Gastmutter ist besorgt.	b) ¡No te preocupes!	
Erwartungen und Wünsche auszudrücken	Morgen willst du in den Park gehen. Formuliere Wünsche. Espero que mañana…	Espero que mañana…	Autocontrol 2/2–4[2] TdG[3], S. 43/1
	a) (hacer) sol.	a) **haga** sol.	
	b) Ina y Lena también (poder) ir.	b) Ina y Lena también **puedan** ir.	▶ Para comunicarse, S. 201 ▶ Resumen, S. 42/4 ▶ GH, S. 11–13/7.1–7.3
	c) (ser) un día divertido.	c) **sea** un día divertido.	
Gefühle und Vorlieben zu äußern und zu begründen	Sage, dass …		Autocontrol 2/2–5 TdG, S. 43/1
	a) du Sport sehr magst.	a) **Me encanta** el deporte.	
	b) du es nicht gut findest, dass Ana keine Zeit für dich hat.	b) **No me gusta que** Ana no tenga tiempo para mí.	▶ Para comunicarse, S. 201 ▶ Resumen, S. 42/4 ▶ GH, S. 11–13/7.1–7.3
deine Meinung zu äußern	Du hast eine andere Meinung als deine Freundin. Verneine ihre Aussagen.		Autocontrol 2/2, 3, 5 Tándem, S. 94 TdG, S. 43/2
	a) Creo que Eva está enferma.	a) **No creo que** Eva **esté** enferma.	
	b) Me parece que ellos son aburridos.	b) **No me parece que** ellos **sean** aburridos.	▶ Para comunicarse, S. 201 ▶ GH, S. 11–12/7.1, 7.2; S. 15/10
	c) Pienso que Juan tiene novia.	c) **No pienso que** Juan **tenga** novia.	
auf Diskussionsbeiträge zu reagieren	Du diskutierst mit jemandem. Was sagst du, wenn…		
	a) du dein Gegenüber unterbrichst?	a) Perdona que te interrumpa.	▶ Para comunicarse, S. 201
	b) du nicht mit der Meinung deines Gegenübers einverstanden bist?	b) No estoy de acuerdo (contigo).	

hier · knicken

1 GH: Grammatikheft   2 2/2–4: *Unidad 2* / Übungen 2–4   3 TdG: Teste deine Grammatikkenntnisse

Autoevaluación 3

In dieser Unidad hast du gelernt:	Klappt es? Überprüfe deinen Kenntnisstand.	Lösungen	Noch Schwierigkeiten? Dann versuche Folgendes:
Ratschläge zu geben und Vorschläge zu machen	Mache folgende Vorschläge auf Spanisch:		TdG[1], S. 61/1
	a) Wenn du Lust hast, können wir ins Kino gehen.	a) **Si tienes** ganas podemos ir al cine.	
	b) Wir könnten auch ein Eis essen gehen.	b) También **podríamos** ir a comer un helado.	▶ Para comunicarse, S. 207 ▶ Resumen, S. 60/1 ▶ GH[2], S. 17/12
	c) Ihr müsst unbedingt den Film von Almodóvar sehen, den dürft ihr nicht verpassen!	c) **Tenéis que ver** la película de Almodóvar, ¡**no os** la **perdáis**!	
zu sagen, was du gern unternehmen würdest	a) Wie fragst du jemanden, was er/sie am Wochenende gerne machen würde?	a) **¿Qué te gustaría hacer el fin de semana?**	
	b) Sage, dass du Lust hast, mit deinen Freunden ins Kino zu gehen.	b) **Tengo ganas de** ir al cine con mis amigos.	▶ Para comunicarse, S. 207
Reiseeindrücke zu schildern (Erlebnisse, Sehenswürdigkeiten, Menschen, Essen, kulturelle Unterschiede, …)	Formuliere folgende Reiseeindrücke auf Spanisch:		Autocontrol 3/5[3]
	a) Mexiko ist ein total interessantes Land!	a) ¡México es un país **interesantísimo**!	
	b) Diese Tacos sind super lecker!	b) ¡Estos tacos están **riquísimos**!	▶ Resumen, S. 60/2, 3 ▶ GH, S. 17/13; S. 18/14
	c) Die Reise hat mir wahnsinnig gut gefallen!	c) ¡El viaje me gustó **muchísimo**!	
deinen Alltag zu beschreiben (Gewohnheiten, Aufgaben, Tätigkeiten)	Sage, zu welcher Tageszeit/Uhrzeit du normalerweise Folgendes machst: 1. levantarse 2. ir al instituto 3. volver a casa 4. hacer los deberes 5. cenar con… 6. acostarse	Por la mañana/tarde/noche; Al mediodía; A las siete… 1. me levanto 2. voy al instituto 3. vuelvo a casa 4. hago los deberes 5. ceno con… 6. me acuesto	▶ Para comunicarse, S. 207 ▶ Para hablar de…, S. 208 ▶ Los verbos, S. 185–191
Wortwiederholungen zu vermeiden	Ersetze die unterstrichenen Satzteile in den Antworten durch Pronomen.		Autocontrol, S. 46/7 TdG, S. 61/3
	a) Explícame <u>los deberes</u>, por favor. –Ya _____	a) Ya **te los** explico.	
	b) ¿Le diste <u>tu número</u> a <u>Juan</u>? –Sí, _____	b) Sí, **se lo** di.	▶ Resumen, S. 60/5 ▶ GH, S. 19–20/17
	c) ¿Nos das <u>las mochilas</u>, por favor? –Ahora mismo _____	c) Ahora mismo **os las** doy.	
	d) ¿Cuándo te compraste <u>esta falda</u>? – _____ ayer.	d) **Me la** compré ayer.	

1 TdG: Teste deine Grammatikkenntnisse 2 GH: Grammatikheft 3 3/5: *Unidad* 3 / Übung 5

Autoevaluación 4

hier | knicken

In dieser Unidad hast du gelernt:	Klappt es? Überprüfe deinen Kenntnisstand.	Lösungen	Noch Schwierigkeiten? Dann versuche Folgendes:
Wege mit öffentlichen Verkehrsmitteln zu beschreiben	Beschreibe den Weg mit der U-Bahn.		
	a) Nimm die Linie 3 in Richtung Moncloa.	a) **Coge** la línea 3 **en dirección** a Moncloa.	▶ Para comunicarse, S. 212
	b) Steig in Plaza de España in die Linie 10 um.	b) En Plaza de España **cambia a la línea** 10.	
	c) Steig in Casa de Campo aus.	c) **Baja** en Casa de Campo	
Erwachsenen höflich Auskunft zu geben	Wie würdest du Folgendes höflicher zu Erwachsenen sagen?		Autocontrol 4/1, 3[1] Tándem, S. 97 TdG[2], S. 81/1
	a) ¡Mejor ve en metro!	a) ¡Mejor **vaya** en metro!	
	b) ¡Sigue esta calle!	b) ¡**Siga** esta calle!	
	c) ¡Gira a la derecha!	c) ¡**Gire** a la derecha!	
	d) ¡Bajad en Sol!	d) ¡**Bajen** en Sol!	▶ GH[3], S. 25/19
zu erzählen, was du erlebt hast	a) Frage einen Mitschüler / eine Mitschülerin, was er/sie heute und gestern gemacht hat.	a) ¿Qué **has hecho hoy** y qué **hiciste ayer**?	Autocontrol 4/4, 5 TdG, S. 81/2, 3
	b) Erzähle ihm/ihr, dass du noch nie in Madrid warst.	b) **Nunca he estado** en Madrid.	▶ GH, S. 27–28/20, 21
etwas in einer Cafeteria zu bestellen	In einer spanischen Cafeteria …		
	a) Bestelle ein belegtes Brötchen mit Schinken und ein Wasser.	a) **Me pone un bocadillo de jamón y un agua**, por favor.	▶ Para comunicarse, S. 212
	b) Sag, dass du zahlen möchtest.	b) **La cuenta**, por favor.	
historische Daten vorzustellen	Ergänze folgende historische Daten von Madrid. Benutze das *pretérito indefinido*. La historia de Madrid (*empezar*) en el siglo IX. En 1561 (*convertirse*) en la capital de España. En 1615 Felipe III (*construir*) la Plaza Mayor, símbolo de la ciudad. En 1819 (*abrir*) el Museo del Prado.	La historia de Madrid **empezó** en el siglo IX. En 1561 **se convirtió** en la capital de España. En 1615 Felipe III **construyó** la Plaza Mayor, símbolo de la ciudad. En 1819 **abrió** el Museo del Prado.	▶ Para comunicarse, S. 212
Erstaunen auszudrücken	Reagiere auf die Aussagen.		
	a) Ayer, mi equipo ganó 10 a 0. –¡_____!	a) ¡**Qué fuerte!** / ¡**No lo puedo creer!**	▶ Para comunicarse, S. 212
	b) Siempre te pones muy rojo delante del profesor de Inglés. –¿_____? ¡_____!	b) ¿**De verdad**? ¡**Qué corte**!	
	c) Hoy me he despertado tarde y tuve que correr todo el camino al instituto. – ¡_____!	c) ¡**Qué rollo**!	

hier | knicken

1 4/1, 3: *Unidad* 4 / Übungen 1 und 3   2 TdG: Teste deine Grammatikkenntnisse   3 GH: Grammatikheft

Autoevaluación 5

hier knicken

In dieser Unidad hast du gelernt:	Klappt es? Überprüfe deinen Kenntnisstand.	Lösungen	Noch Schwierigkeiten? Dann versuche Folgendes:
über Medien zu sprechen und zu sagen, wie und wann du die einzelnen Medien nutzt	Sage, dass du … a) … morgens normalerweise Radio hörst. b) jeden Abend deine Lieblingsserie im Fernsehen siehst.	a) **Suelo** escuchar la **radio por la mañana**. b) **Todas las noches** veo mi **serie** favorita en la **tele**.	▶ Para comunicarse, S. 218 ▶ Para hablar de…, S. 219
Vermutungen aufzustellen	Ein neuer Schüler soll in deine Klasse kommen. Stelle Vermutungen über ihn auf. a) ¿Cómo _____ (llamarse)? b) ¿Cuántos años _____ (tener)? c) ¿_____ (ser) simpático?	a) ¿Como **se llamará**? b) ¿Cuántos años **tendrá**? c) ¿**Será** simpático?	Autocontrol 5/3[1] ▶ GH[2], S. 29/22
dich differenziert zu äußern	Bilde Sätze, um andauernde Handlungen auszudrücken. a) inglés / horas / estudiando / tres / llevo b) el / país / lloviendo / todo / en / sigue c) fútbol / las / en / pasamos / verano / nos / tardes / jugando / al / todas	a) **Llevo** tres horas **estudiando** inglés. b) **Sigue lloviendo** en todo el país. c) En verano **nos pasamos** todas las tardes **jugando** al fútbol.	Autocontrol 5/6 ▶ Resumen, S. 98/4 ▶ GH, S. 31/24
Inhalte zusammenzufassen und eine Rezension zu schreiben	Setze folgende Wörter ein: protagonista, autor, narrar, libro, tratar de. «Querido Ronaldinho» del [1] catalán Jordi Sierra i Fabra [2] la historia de Ronaldinho y [3] la vida del [4] desde su infancia hasta su gran éxito internacional. El [5] puede ser interesante sobre todo para aficionados al fútbol.	[1] autor [2] trata de [3] narra [4] protagonista [5] libro	▶ Para comunicarse, S. 218
etwas zu präsentieren	Kündige deine Präsentation auf Spanisch an: 1. Heute spreche ich über den Film „Maroa". 2. Zuerst möchte ich euch die Protagonisten vorstellen. 3. Danach erzähle ich, worum es in dem Film geht.	1. Hoy voy a hablar sobre la película «Maroa». 2. Primero os quiero presentar a los protagonistas. 3. Después os voy a contar de qué trata la película.	▶ Para comunicarse, S. 218 ▶ Para hablar de…, S. 219
etwas zu empfehlen / zu bewerten	a) Sage, dass der Film nicht schlecht ist. b) Empfiehl jemandem den Film.	a) La película **no está mal**. b) **Te recomiendo** esta película.	▶ Para comunicarse, S. 218 ▶ Para hablar de…, S. 219

hier knicken

1 5/3: *Unidad 5 / Übung 3*   2 GH: *Grammatikheft*

Autoevaluación 6

hier | knicken

In dieser Unidad hast du gelernt:	Klappt es? Überprüfe deinen Kenntnisstand.	Lösungen	Noch Schwierigkeiten? Dann versuche Folgendes:
die Aufforderung eines anderen wiederzugeben	Gib wieder, was deine Eltern dir sagen.	**Mis padres me dicen que**…	Autocontrol 6/1[1] TdG[2], S. 117/1
	a) «Llama a tu abuela.»	a) **llame** a **mi** abuela.	
	b) «Haz los deberes.»	b) **haga** los deberes.	
	c) «No mires tanto la tele.»	c) no **mire** tanto la tele.	▶ Para comunicarse, S. 223
	d) «Escúchanos.»	d) **los escuche**.	▶ GH[3], S. 33/26
	e) «No discutas con tu hermana.»	e) no **discuta** con **mi** hermana.	
Aussagen aus der Vergangenheit wiederzugeben	Ana fragt dich auf ihrer Party, wo dein Freund ist. Erzähle ihr, was er dir vor ein paar Tagen geschrieben hat. Fange so an: Él no pudo venir. Me mandó un e-mail hace unos días y… e-mail ¡Hola! ¿Vas a ir a la fiesta de Ana? Yo no puedo ir porque tengo que estudiar para el examen de Inglés. Es que ayer fui al cine y no hice nada para el instituto. ¿Podemos quedar un día con Ana? Porque ella me pareció muy maja… Chao, hasta luego.	… **me preguntó si** yo **iba a venir** a tu fiesta. **Me dijo que** él no **podía** venir porque **tenía** que estudiar para el examen de Inglés. Es que **el día anterior había ido** al cine y no había hecho nada para el instituto. **Me preguntó si** un día **podíamos** quedar contigo porque tú le **habías parecido** muy maja.	Autocontrol 6/2 TdG, S. 117/2, 3 ▶ Para comunicarse, S. 223 ▶ GH, S. 34–35/27
	Schreibe deinem Freund, was Ana zu dem Vorschlag gesagt hat: «Sí, claro que quiero quedar un día con vosotros. Podemos ir al parque o ver una película. Pero tu amigo sabe que tengo novio, ¿verdad? Es que él me parece simpático, pero sólo como amigo. ¿Vosotros vais a tener tiempo el sábado?	Ana **me dijo que** quería quedar un día con **nosotros** y que **podíamos** ir al parque o ver una película. **Me preguntó si** tú **sabías** que ella tiene novio y dijo que **tú** le **parecías** simpático pero sólo como amigo. **Me preguntó si íbamos** a tener tiempo el sábado.	
über Schule, Berufe und Ausbildung zu sprechen	Sage auf Spanisch, dass …		
	a) deine Berufung Tiere sind und du deswegen Tierarzt/-ärztin (veterinario/-a) werden möchtest.	a) Mi **vocación** son los animales. Por eso **quiero ser** veterinario/-a.	▶ Para comunicarse, S. 223
	b) dein Lieblingsfach Englisch ist.	b) Mi **asignatura favorita** es Inglés.	
	c) du dich nach dem Abitur an der Uni immatrikulieren möchtest.	c) Después del **bachillerato** quiero **matricularme en la universidad**.	

hier | knicken

1 6/1: *Unidad* 6 / Übung 1   2 TdG: Teste deine Grammatikkenntnisse   3 GH: Grammatikheft

Ficha de trabajo 1

1a UNA ENTREVISTA SOBRE LAS VACACIONES

1. Escucha las entrevistas y apunta la información en la tabla.

el nombre	la edad	¿Cuántos hermanos tienen?	¿Dónde viven?	¿Dónde pasaron las vacaciones?	¿Qué les gustó?

2. Escucha otra vez y apunta más información sobre los chicos.

_____

_____

✂--

1b SALUDOS DESDE…

¿Dónde pasaste tus últimas vacaciones? ¿En casa o en otro lugar? Escribe una postal a un amigo / una amiga en España. No olvides la dirección.

MALLORCA EN CIFRAS

1. Mira los dibujos y marca en el texto la palabra correspondiente.

2. Escucha y completa el texto con las cifras que faltan.

Más de _____ de turistas visitan cada año Mallorca, la isla más grande de las Islas Baleares. Las Baleares están situadas al este de España, en el Mar Mediterráneo. Son una Comunidad Autónoma de España.

Mallorca tiene _____ kilómetros de costa y _____ puertos.

El Puig Major, el pico más alto, está en la Sierra de Tramontana en el noroeste de Mallorca. Tiene una altura de _____ metros. La Sierra de Tramontana es un lugar perfecto para hacer senderismo.

¿Sabías que los mallorquines hablan _____ lenguas? El español y el catalán son las lenguas oficiales.

Mallorca tiene unos _____ habitantes. Casi la mitad de ellos vive en Palma, la capital. ¿Sabías que aproximadamente _____ habitantes son extranjeros? ¡Y unos _____ son alemanes!

¿Sabías que en Mallorca hay _____ molinos de viento? Ya no trabajan, pero todavía forman parte del paisaje.

En casi la mitad de la isla hay zonas protegidas. En el norte, en el parque natural de S'Albufera viven muchos pájaros, ¡más de _____ especies!

En la zona de Alcudia tienes que tener cuidado: ¡por las calles pasan más bicicletas que coches! Este lugar es un paraíso para los ciclistas. Aquí también entrenan los profesionales.

Los reyes de España pasan todas sus vacaciones de verano en el Palacio de Marivent, cerca de Palma.

Ficha de trabajo 3

3a ¿QUIÉN LO SABE?

Inventa dos preguntas sobre Mallorca y escribe tres respuestas falsas y una correcta para cada pregunta. Con las preguntas de cada uno haced un concurso en clase.

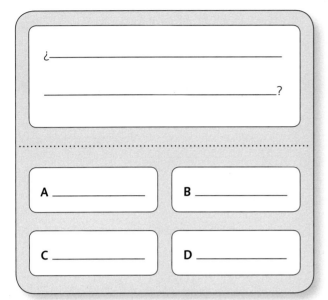
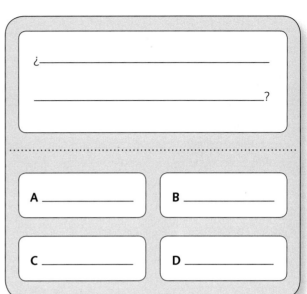

3b LAS VACACIONES DE LUNA

8 ¿Cómo pasaba Luna las vacaciones? Escucha y toma apuntes.

¿dónde?	¿con quién?	¿qué hacía(n)?

Ficha de trabajo 4

MIS VACACIONES PERFECTAS

1. ¿Qué tipo de turista eres? Marca tus respuestas.

1. ¿Qué prefieres hacer en tus vacaciones?
   - ☐ Quedarme en casa para dormir, ver la tele y jugar con videojuegos tranquilamente.
   - ☐ Viajar o hacer excursiones[1].
   - ☐ Pasar el tiempo libre con mis amigos.
   - ☐ Visitar a mis abuelos (o a otros familiares).
   - ☐ Otra opción: _____

2. ¿Adónde quieres viajar en las próximas vacaciones?
   - ☐ A un país del sur de Europa (España, Italia, Portugal…).
   - ☐ A un país del norte de Europa (Noruega, Dinamarca…).
   - ☐ A otra ciudad alemana (Berlín, Hamburgo, Múnich…).
   - ☐ A un lugar exótico.
   - ☐ A los Estados Unidos.
   - ☐ Me quiero quedar en mi ciudad/pueblo.
   - ☐ Otra opción: _____

   la piscina

3. ¿Qué quieres hacer allí?
   - ☐ Ir a la playa para tomar el sol, nadar y descansar.
   - ☐ Esquiar / hacer senderismo por la montaña.
   - ☐ Salir de fiesta todas las noches.
   - ☐ Pasar el tiempo con mi familia y mis amigos.
   - ☐ Visitar los museos y otros lugares interesantes.
   - ☐ Conocer a gente simpática y hacer nuevos amigos.
   - ☐ Viajar por el país y conocer la cultura.
   - ☐ Otra opción: _____

   la tienda de campaña

4. ¿Qué tipo de alojamiento[2] prefieres?
   - ☐ Un hotel confortable con piscina.
   - ☐ Una pensión.
   - ☐ Un chalé.
   - ☐ Una tienda de campaña o una caravana.
   - ☐ Basta con[3] una hamaca.
   - ☐ Me da igual.[4]
   - ☐ ¿Alojamiento? ¿Para qué? No voy a dormir.

   la caravana

5. ¿Con quién prefieres viajar?
   - ☐ Con mi familia.
   - ☐ Con mis amigos/-as.
   - ☐ Solo/-a.
   - ☐ Con un grupo de jóvenes.

   la hamaca

2. Comparad vuestras respuestas: ¿quién es el compañero o la compañera de viaje ideal para ti? ¿Por qué? Planead vuestro viaje y presentadlo en clase: ¿adónde queréis viajar y por qué? ¿Qué vais a hacer allí? ¿En qué tipo de alojamiento os vais a quedar?

1 la excursión *der Ausflug*
2 el alojamiento *die Unterkunft*
3 Basta con… *Mir reicht…*
4 Me da igual. *Ist mir egal.*

Ficha de trabajo 5

¿QUIÉN DICE QUÉ?

1. Relaciona los bocadillos[1] con las personas en las fotos: ¿quién dice qué?

Adrián

¿Todavía estás hablando por teléfono? – ¿Por qué no me puedo quedar? – Chicos, no pongáis esa cara. No me voy al otro lado del mundo. Ah, por cierto, no le contéis nada a Maribel… Lo hago yo. – Oye, no te metas en mis cosas, por favor. – Adrián, te vamos a echar de menos. – Adrián, por favor, no empieces. Ya hablamos de eso.

2. ¿Qué sabes ahora sobre la vida de Adrián? Lee otra vez lo que dicen las personas en las fotos y marca la/s respuesta/s correcta/s.

a) Adrián quiere…
 ☐ irse al otro lado del mundo.
 ☐ hablar con Maribel.
 ☐ quedarse en su ciudad.

b) Los amigos de Adrián…
 ☐ quieren hacer un viaje por el mundo con él.
 ☐ no quieren que él hable con Maribel.
 ☐ están tristes porque él se tiene que ir.

c) A Adrián no le gusta…
 ☐ que su hermano se meta en sus cosas.
 ☐ hablar por teléfono.
 ☐ el zumo de naranja.

[1] el bocadillo *die Sprechblase*

Ficha de trabajo 6

PARA MÍ NO ES SÓLO UN OBJETO

1. Escribe la palabra correspondiente debajo de cada dibujo.

> la cámara de vídeo – el balón de fútbol – el abanico – la cadena – el móvil – el acordeón –
> el micrófono – el diario – el (ordenador) portátil – la pulsera – la colección de DVD –
> la gorra – la guitarra – el televisor – la bufanda

2. Escucha cuáles son los objetos favoritos de Maribel, Miguel, Carlos y Ana y completa la tabla. Después escucha otra vez: ¿por qué estos objetos son especiales para ellos?

	Maribel	Miguel	Carlos	Ana
¿Cuál es su objeto especial?				
¿Por qué?				

Ficha de trabajo 7

MI OBJETO FAVORITO

1. ¿Cuáles son vuestros objetos favoritos y por qué? Haced una encuesta en clase y preguntad al menos a cuatro compañeros/-as. Después haced una lista con los TOP 5 de vuestro curso.
2. Busca a tres compañeros/-as que tengan el mismo objeto favorito que tú. Explicad por qué os gusta.

Nombre	Objeto favorito	¿Por qué?
El mío:		

Los objetos favoritos de nuestro curso son:

1. _____
2. _____
3. _____
4. _____
5. _____

El mismo objeto favorito que yo tienen:

1. _____
2. _____
3. _____

_____ es muy importante para mí, porque… – Casi siempre lo/la llevo. – Yo colecciono _____. – Soy un/a fanático/-a de _____. – Lo/La uso todos los días. – Creo que me da/n buena suerte. – Me encanta/n _____. – Estoy loco/-a por _____.

Ficha de trabajo 8

Y TÚ, ¿PASAS?

Formad grupos pequeños y encontrad un orden lógico para la discusión. Podéis cortar el texto o simplemente escribir los números en las casillas.

☐ **Moderadora:** Bienvenidos a nuestro programa «¿Qué opinas?». Nuestro tema de hoy: «¿Son nuestros jóvenes unos pasotas?» Queremos saber qué opinan los chicos. Por eso, nuestros invitados de hoy son cuatro jóvenes. ¡Gracias por venir! A ver… Para muchos adultos, los jóvenes son consumistas y no son solidarios. Mucha gente opina que los jóvenes pasan de[1] los problemas de su barrio. Vosotros, ¿estáis de acuerdo? Ana, tú ¿cómo lo ves?

☐ **Moderadora:** Y tú, María, ¿crees que es posible cambiar algo?

☐ **Moderadora:** Y ¿por qué lo haces? No creo que sea por el dinero, pues no recibís nada, ¿no?

☐ **Moderadora:** Sí, es verdad. Según una encuesta actual, el 65% de los colaboradores en proyectos son jóvenes. La mayoría de ellos ayuda porque se siente útil[2].

☐ **Moderadora:** Te entiendo, Javi, lo que quieres decir es que «ser solidario y no pasar» no siempre significa participar en un proyecto. También significa ayudar a nuestras familias, ¿no? Y tú, ¿participas en proyectos?

☐ **Moderadora:** Ah, me parece muy interesante. Oye, ¿y cuándo hacéis esa actividad?

☐ **Moderadora:** No te entiendo muy bien. ¿Qué quieres decir con eso?

☐ **Moderadora:** Eso es lo que le vamos a preguntar a nuestro público…

☐ **Adrián:** Yo no creo que sean muchos chicos porque la mayoría pasa de temas «importantes». Además, para que cambie[3] algo, es importante que todos participen ¡y no sólo nosotros los jóvenes! Yo paso porque sé que solos no vamos a cambiar NADA.

☐ **Javi:** Perdona que te interrumpa, María, pero para ayudar no es necesario que busques un proyecto… Por ejemplo, tú ayudas a tus padres, ¿no? Pues no eres la única. El día a día de un montón de chicos es así.

☐ **Javi:** Pues, los fines de semana o antes de Navidad también.

☐ **Javi:** Bueno, lo hago porque me siento útil. Es… mi granito de arena[4]. Y claro, es mejor que pasar, ¿no?

☐ **Javi:** Sí, estoy en un proyecto de mi instituto, se llama «Desayuno solidario». Nos vamos por las calles del barrio, y a las personas sin hogar[5] les damos un desayuno caliente y charlamos un poco con ellas…

☐ **Ana:** Hola, bueno, pues yo no estoy de acuerdo. No creo que todos pasen. Mira, a mucha gente no le importa que haya injusticias sociales, pero pienso que a muchos jóvenes sí nos importa. Y seguro que hay muchos chicos que participan en proyectos.

☐ **María:** A ver si me explico: yo voy al instituto, ayudo en casa, y los sábados trabajo en la tienda de mi padre. Por eso, en mi tiempo libre prefiero salir con mis amigos, divertirme, y, ¿por qué no?, a veces me gusta comprar un montón de cosas… No me gusta pensar «en los problemas del mundo». A mí me parece que está todo como muy «lejos». Y por eso…

☐ **María:** Yo creo que sí podemos cambiar las cosas, a lo mejor no en un día o en un año… Pero también pienso un poco como Adrián, muy pocos jóvenes participan en proyectos. Yo, por ejemplo, no participo, pero no soy pasota. Es que simplemente no puedo estar en todos lados.

1 pasar de algo *jdm etw. egal sein*
2 útil *nützlich*
3 cambiar *(sich) ändern*
4 el granito de arena *hier: kleiner Beitrag*
5 la persona sin hogar *der/die Obdachlose*

Ficha de trabajo 9

Y TÚ, ¿QUÉ SABES AHORA SOBRE MÉXICO?

Jugad en grupos de tres o cuatro. Uno/-a hace de «árbitro» y revisa[1] las respuestas. Echad el dado[2] y contestad las preguntas de las casillas[3]. Si la respuesta es correcta, podéis echar el dado otra vez. Si no sabéis la respuesta tenéis 30 segundos para buscarla en el libro. El «árbitro» toma el tiempo[4]. Si no encontráis la respuesta o si decís una respuesta incorrecta, sigue vuestro/-a compañero/-a.

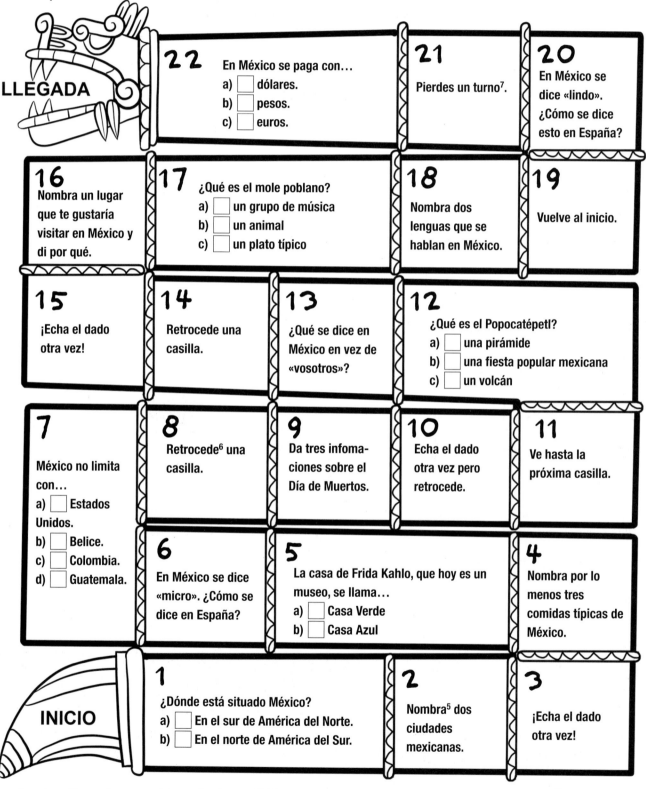

LLEGADA

22 En México se paga con…
a) ☐ dólares.
b) ☐ pesos.
c) ☐ euros.

21 Pierdes un turno[7].

20 En México se dice «lindo». ¿Cómo se dice esto en España?

16 Nombra un lugar que te gustaría visitar en México y di por qué.

17 ¿Qué es el mole poblano?
a) ☐ un grupo de música
b) ☐ un animal
c) ☐ un plato típico

18 Nombra dos lenguas que se hablan en México.

19 Vuelve al inicio.

15 ¡Echa el dado otra vez!

14 Retrocede una casilla.

13 ¿Qué se dice en México en vez de «vosotros»?

12 ¿Qué es el Popocatépetl?
a) ☐ una pirámide
b) ☐ una fiesta popular mexicana
c) ☐ un volcán

7 México no limita con…
a) ☐ Estados Unidos.
b) ☐ Belice.
c) ☐ Colombia.
d) ☐ Guatemala.

8 Retrocede[6] una casilla.

9 Da tres infomaciones sobre el Día de Muertos.

10 Echa el dado otra vez pero retrocede.

11 Ve hasta la próxima casilla.

6 En México se dice «micro». ¿Cómo se dice en España?

5 La casa de Frida Kahlo, que hoy es un museo, se llama…
a) ☐ Casa Verde
b) ☐ Casa Azul

4 Nombra por lo menos tres comidas típicas de México.

INICIO

1 ¿Dónde está situado México?
a) ☐ En el sur de América del Norte.
b) ☐ En el norte de América del Sur.

2 Nombra[5] dos ciudades mexicanas.

3 ¡Echa el dado otra vez!

---

1 revisar *überprüfen*
2 echar el dado *würfeln*
3 la casilla *das Spielfeld*
4 tomar el tiempo *die Zeit stoppen*
5 nombrar *nennen*
6 retroceder *zurückgehen*
7 perder un turno *eine Runde aussetzen*

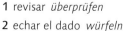

Ficha de trabajo 10

PARA MEJORAR TUS TEXTOS

Evalúa el texto de tu compañero/-a según los siguientes criterios. Tu evaluación va a ayudar a tu compañero/-a a mejorar sus textos.

1. El contenido:

	sí	no	más o menos
• El tema del texto corresponde a la tarea[1].	☐	☐	☐
• La información más importante sobre el tema está en el texto.	☐	☐	☐
• El texto es interesante para el público (p. ej. para Aixa).	☐	☐	☐
• _____	☐	☐	☐

Da consejos concretos a tu compañero/-a de cómo puede mejorar su texto. ¿Qué información falta? ¿Qué sobra[2]?

_____
_____

2. La estructura

	sí	no	más o menos
• El tipo de texto (p. ej. resumen[3], escena, e-mail) corresponde a la tarea.	☐	☐	☐
• El texto tiene una estructura clara.	☐	☐	☐
• _____	☐	☐	☐

Da consejos concretos a tu compañero/-a de cómo puede mejorar la estructura de su texto.

_____

3. La lengua / el estilo

	sí	no	más o menos
• El texto se puede entender bien.	☐	☐	☐
• Hay suficientes adjetivos y adverbios para hacer el texto más interesante.	☐	☐	☐
• Las frases no son muy cortas y tampoco demasiado largas.	☐	☐	☐
• Hay enlaces adecuados[4].	☐	☐	☐
• El vocabulario es variado[5].	☐	☐	☐
• (Casi) no hay errores (de vocabulario y gramática).	☐	☐	☐
• _____			

Da consejos a tu compañero/-a de cómo puede mejorar el estilo de su texto.

_____
_____

¿Qué errores se repiten en el texto de tu compañero/-a? ¿Qué tiene que practicar?

_____
_____

---

1 la tarea *hier: die Aufgabenstellung*
2 sobrar *zu viel sein, überflüssig sein*
3 el resumen *die Zusammenfassung*
4 adecuado/-a *angemessen*
5 variado/-a *abwechslungsreich*

Ficha de trabajo 11

EL TRANSPORTE

Completa el asociograma con más palabras y expresiones sobre los medios de transporte.

Los asociogramas te ayudan a aprender mejor el vocabulario temático[1].

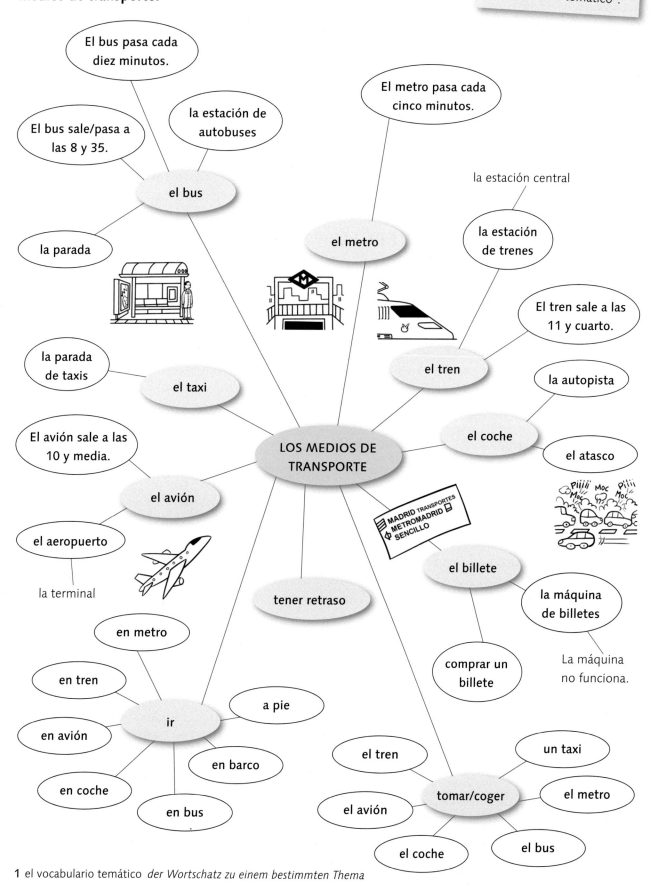

[1] el vocabulario temático *der Wortschatz zu einem bestimmten Thema*

Ficha de trabajo 12

12a EN EL METRO

38 Escucha los diálogos: ¿Adónde van las personas? Marca la opción correcta.

1. La señora quiere ir al…
   a) ☐ Banco de España.   b) ☐ Museo del Prado.   c) ☐ Paseo del Prado.

2. El señor quiere ir…
   a) ☐ al Estadio Santiago Bernabéu.   b) ☐ a Plaza de Castilla.   c) ☐ Puerta del Sur.

3. Los chicos quieren ir…
   a) ☐ al Parque del Retiro.   b) ☐ a la estación central.   c) ☐ a Puerta del Sol.

4. El señor quiere ir…
   a) ☐ del aeropuerto al centro de Madrid.   b) ☐ a la próxima estación de metro.   c) ☐ al aeropuerto.

12b EL PRETÉRITO PERFECTO

Busca en el texto en la página 71 las formas del pretérito perfecto. Completa la tabla y la regla.

	-ar	-er/-ir	irregulares
[yo]			
[tú]			
[él/ella/usted]			
[nosotros/nosotras]			
[vosotros/vosotras]			
[ellos/ellas/ustedes]			

Das Partizip der regelmäßigen Verben wird folgendermaßen gebildet:

– bei Verben auf _____ : Verbstamm + _____

– bei Verben auf _____ und _____ : Verbstamm + _____

Ficha de trabajo 13

VOCABULARIO EN ACCIÓN: LOS MEDIOS DE COMUNICACIÓN

	Definición	Lo que hacemos	Los medios de comunicación	¡Dilo en español!
1	Un programa en la tele. Cada día o una vez por semana hay un capítulo nuevo. la s_____	la tele_____		Gestern habe ich mit Ana gechattet.
2	Existen muchas sobre diferentes temas, por ejemplo sobre informática o sobre deportes o moda. la r_____	_____ en _____	la p_____	Wie meldest du dich auf Spanisch am Telefon? ¿_____?
3	Un programa en la tele y en la radio que informa todos los días sobre las cosas que han pasado en el día. las n_____	un _____		Am Telefon: Jemand will mit deinem Bruder sprechen. Frage, wer denn dran ist. ¿_____?
4	Mensajes que mandas y recibes por Internet	música _____		Dein Bruder ist nicht zu Hause. Frage, ob der Anrufer ihm eine Nachricht hinterlassen will. ¿_____?
5	Con este aparato puedes escuchar noticias y música.	_____ a la red		Mach mal bitte das Radio an, ich will die Nachrichten hören.
6	Un «lugar» en Internet para hablar con otras personas. Ahí, las personas suelen usar otro nombre.	la _____		Gehen wir ins Kino und sehen den neuen Film von Almodóvar?
7	Lo usas para hablar con alguien que está muy lejos.	_____ a alguien _____ teléfono	la t_____	Kannst du bitte den Fernseher leiser machen?

¿QUÉ FUE AYER Y QUÉ SERÁ MAÑANA?

En grupos de tres o cuatro, jugad con el dado. Cada uno/-a pone un objeto en la casilla «inicio». Cuando llegáis a una casilla tenéis que decir lo que hacíais o lo que vais a hacer a esa edad o en ese momento. Las imágenes os pueden ayudar. Si en una casilla aparece sólo una imagen, tenéis que formar una frase con ella. Por ejemplo: *Cuando tenía 9 años, iba al colegio.* O: *Cuando tenga dinero me voy a comprar un coche.* O: *El año pasado fui a Madrid.* ¡Cuidado con los tiempos!

INICIO	15	Hoy…	13	La semana pasada…	3	Mañana…	21
terminar la escuela	6	En las últimas vacaciones…	Esta mañana…	19	ser un bebé	16	El próximo fin de semana…
9	1	Pierdes un turno.	23	8	Echa el dado otra vez.	60	
El año pasado…	20	ser más joven	67	En tres años…	25	Pronto…	99
Ya…	14	EXAMEN	12	ser viejo-/a	11	4	Hace unos años…
50	Vuelve al inicio.	Todavía no…	Este año…	¡Echa el dado otra vez!	30	Ayer…	17
5	Desde hace mucho tiempo…	7	El fin de semana pasado…	18	22	En las vacaciones de invierno…	
FINAL	El verano pasado…		tener dinero	Pierdes un turno.	ser pequeño/-a	2	10

Ficha de trabajo 15

CUANDO, MIENTRAS, AUNQUE

Completa las frases con los verbos en subjuntivo o indicativo.

hablar – querer – estar – poder – saber – hacer los deberes – ver – ser – decir – estudiar

1. ¡200 euros! Es mucho… Pero también es un buen móvil… Vale, me lo voy a comprar, aunque realmente _____ muy caro.

¿Cuánto costará? No importa, me lo voy a comprar aunque _____ caro. Todavía tengo el dinero de mi cumpleaños…

2. ¿Por qué siempre me pongo rojo cuando _____ con ella? ¡Qué corte!

¿Le pregunto si quiere ir al cine conmigo? ¿Tendrá ganas?

3. Oye, ¿tienes ganas de ir al cine?

¡Claro que sí! ¿Cuándo quieres ir?

No sé, cuando tú _____. ¿Tal vez el viernes?

4. Todos los días, mientras Gustavo _____, su hermana ve la tele.

5. ¡Como siempre! Tiene que ver la tele, aunque _____ perfectamente que yo estoy estudiando.

¿Será que el volumen está muy alto? Bueno, mientras no me _____ nada, lo dejo así…

6. Chao, espero que nos veamos pronto otra vez. Y dale recuerdos a Ana de mi parte.

Vale, cuando la _____ le digo. Chao.

Ficha de trabajo 16

PARA ESCRIBIR UN RESUMEN

1. Lee el resumen de la película «El sistema».

> El documental «El sistema» de los directores Paul Smaczny y Maria Stodtmeier trata de un proyecto social en Venezuela que, como la película, se llama «El sistema». Se trata de una red de orquestas sinfónicas que dan clases de música a niños y jóvenes que vienen, muchas veces, de barrios muy pobres. Estos niños y jóvenes tienen la posibilidad de aprender a tocar un instrumento y de tocar en orquestas infantiles o
> 5 juveniles que en los últimos años se han hecho muy famosas en todo el mundo. En la película vemos por ejemplo a Gustavo Dudamel que hoy en día es un director de orquesta[1] muy famoso internacionalmente y que también empezó de niño en «El sistema». En las orquestas, ellos aprenden, a través de la música, a ser responsables, a trabajar en equipo y a respetarse. La meta[2] de «El sistema» es darles mejores expectativas para su futuro para que puedan salir del ámbito[3] de pobreza y violencia en sus barrios. Para esto, los niños
> 10 y jóvenes ensayan varias veces por semana por las tardes. ¡Me pareció muy divertido ver cómo esos jóvenes con sus pantalones anchos o rotos y sus gorras tocaban el violín[4]!
> En la película, alumnos, profesores de música y padres hablan sobre sus experiencias con «El sistema» y de cómo ese proyecto ha cambiado su vida. Además hay una entrevista con José Antonio Abreu que es un hombre bastante viejo ya y que fundó el proyecto en 1975. Claro que también vemos partes de concier-
> 15 tos. Pero la película no muestra solamente la vida de los niños y jóvenes en las orquestas sino también da una impresión general de la vida cotidiana en los barrios pobres de Venezuela y cómo la música influye[5] en esa realidad. Pero lo que más me impresionó fue un concierto de niños sordos[6]. Os recomiendo que veáis la película en el cine «Central» porque es muy barato.

2. Ahora lee el resumen de nuevo y tacha[7] las cinco frases/informaciones que no son adecuadas[8] para un resumen. Apunta para cada frase por qué la tachaste (p. ej. información irrelevante[9], estilo no adecuado, opinión[10] subjetiva[11]).

1. (línea _____): _____

2. (línea _____): _____

3. (línea _____): _____

4. (línea _____): _____

5. (línea _____): _____

---

1 el/la director/a de orquesta *der/die Dirigent/in*
2 la meta *das Ziel*
3 el ámbito *das Umfeld*
4 el violín *die Geige*

5 influir *beeinflussen*
6 sordo/-a *gehörlos*
7 tachar *durchstreichen*
8 adecuado/-a *angemessen*

9 irrelevante *unwichtig*
10 la opinión *die Meinung*
11 subjetivo/-a *subjektiv*

Ficha de trabajo 17

EUROPA ES...

1. Relaciona los nombres de estos países europeos con los adjetivos y los idiomas correspondientes.

adjetivo	país	idioma
español/a	☐1 Bélgica	inglés
francés/esa	☐2 Dinamarca	sueco
inglés/-esa	☐3 Irlanda	checo
portugués/-esa	☐4 Austria	español
sueco/-a	☐5 Inglaterra	portugués
irlandés/-esa	☐6 Francia	francés
alemán/-ana	☐7 Suecia	alemán
danés/-esa	☐8 España	italiano
italiano/-a	☐9 Polonia	danés
checo/-a	☐10 Portugal	polaco
austríaco/-a	☐11 República Checa	
belga	☐12 Alemania	
polaco/-a	☐13 Italia	

2. Escribe el número de cada país en la casilla correspondiente en el mapa.

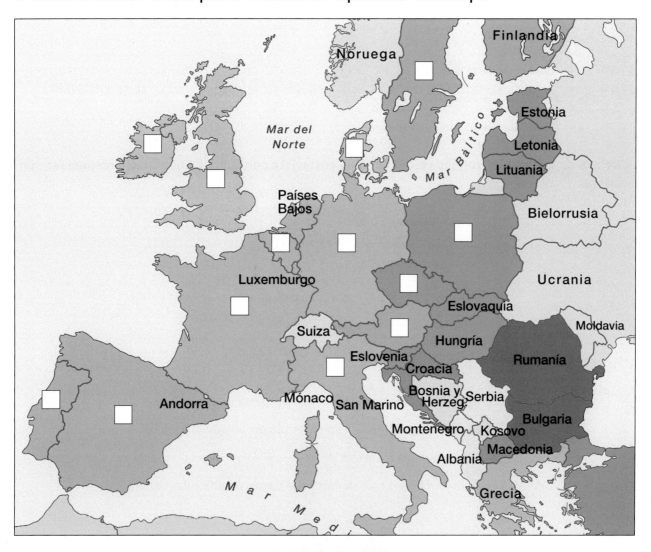

UN ACTOR EUROPEO

🎧 59–60 1. Escucha la entrevista con Daniel Brühl y marca la(s) respuesta(s) correcta(s):

a) ¿Cómo es el nombre completo de Daniel Brühl?
   ☐ Daniel César Martín Brühl Rodríguez Domingo.
   ☐ Daniel César Joaquín Brühl González Domingo.
   ☐ Daniel César Martín Brühl González Domingo.

b) ¿Dónde se siente en casa?
   ☐ En Alemania.   ☐ En España.   ☐ En Alemania y en España.   ☐ En toda Europa.

c) ¿Qué lenguas habla Daniel?
   ☐ francés   ☐ inglés   ☐ alemán   ☐ español   ☐ italiano   ☐ catalán

d) ¿Cómo empezó Daniel su carrera como actor?
   ☐ Hizo teatro desde pequeño.
   ☐ Siempre ayudaba a su padre que era director de cine.
   ☐ Hizo su primera película cuando era pequeño.

e) ¿Qué dice Daniel sobre su página de Internet no oficial?
   ☐ Dice que entra mucho en la página para dejar mensajes.
   ☐ Dice que no sabía nada de esa página.
   ☐ No tiene tiempo, por eso no entra mucho en la página.

2. Lee los comentarios de los fans de Daniel (p. 108) y relaciona los temas con los nombres:

David ●   ● ser europeo

Lucía ●   ● el sueño de Daniel

Vero ●   ● la página de Internet no oficial

Ana ●   ● aprender lenguas

3. Relaciona qué escribieron los chicos sobre la entrevista con Daniel. Ojo: Cuatro respuestas son falsas.

1. Vero dijo que…
2. David explicó que…
3. Ana comentó que…
4. Lucía preguntó si…

a) no era posible tener dos nacionalidades al mismo tiempo.
b) aprender catalán era muy fácil.
c) Daniel podía ser un buen guionista.
d) hablar idiomas era importante para encontrar un buen trabajo.
e) realmente había una página no oficial.
f) le parecía interesante lo que Daniel había dicho sobre el tema de las nacionalidades.
g) los otros creían que Daniel de verdad había visitado la página no oficial.
h) para él había sido fácil aprender catalán porque ya hablaba otros idiomas.
i) ser guionista o director de cine era el sueño de muchos actores.
j) hoy en día era muy normal tener padres de diferentes nacionalidades.

Ficha de trabajo 19

19a ESPAÑOLES EN EUROPA

61 Escucha lo que dicen Francisco, Andrés y Mariela y completa la tabla.

	Francisco	Andrés	Mariela
¿De dónde es?			
¿Dónde vive?			
¿Qué echa de menos?			

19b ENCONTRAR SU VOCACIÓN

Lee rápidamente los textos sobre Alberto y Vanesa (p. 111–112). Escribe en la tabla las etapas en sus carreras y ordénalas cronológicamente[1].

Hizo un intercambio Erasmus en Berlín.

Hizo el bachillerato.

Consiguió el título de «Técnico».

Trabajó en una empresa de jardinería.

Ahora es directora de una sección de la Consultora.

Empezó a estudiar Mates.

Hizo un Máster de Economía en Barcelona.

Abrió una empresa con dos amigos.

Estudió «Administración y Dirección de Empresas».

Hizo prácticas en la Consultora SMG.

Hizo una FP de Jardinería y Paisajismo.

Alberto	Vanesa
1. _____	1. _____
2. _____	2. _____
3. _____	3. _____
4. _____	4. _____
5. _____	5. _____
	6. _____
	7. _____

[1] ordenar algo cronológicamente *in die richtige Reihenfolge bringen*

¿QUÉ HACER DESPUÉS DEL INSTITUTO?

1. Haz una encuesta con dos chicos y dos chicas de tu clase y averigua[1] qué quieren hacer después del instituto.

	Nombre: _____	Nombre: _____	Nombre: _____	Nombre: _____
1. ¿Qué quieres hacer después del instituto?	☐ estudiar ☐ hacer una formación profesional (→ sigue con pregunta 3) ☐ trabajar (→sigue con pregunta 3)	☐ estudiar ☐ hacer una formación profesional (→ sigue con pregunta 3) ☐ trabajar (→ sigue con pregunta 3)	☐ estudiar ☐ hacer una formación profesional (→ sigue con pregunta 3) ☐ trabajar (→ sigue con pregunta 3)	☐ estudiar ☐ hacer una formación profesional (→ sigue con pregunta 3) ☐ trabajar (→ sigue con pregunta 3)
2. ¿Qué carrera universitaria te interesa? ¿Por qué?				
3. ¿De qué quieres trabajar (después de la universidad) o qué formación te gustaría hacer? ¿Por qué?				
4. Si no puedes hacer lo que te gustaría hacer, ¿cuál es tu alternativa?				
5. ¿Qué te gustaría hacer antes de empezar a estudiar/trabajar/hacer la formación?	☐ un servicio voluntario[2] ☐ viajar ☐ otros:	☐ un servicio voluntario[2] ☐ viajar ☐ otros:	☐ un servicio voluntario[2] ☐ viajar ☐ otros:	☐ un servicio voluntario[2] ☐ viajar ☐ otros:

1 averiguar *herausfinden* 2 el servicio voluntario *der Freiwilligendienst*

2. Ahora formad grupos de cuatro y comparad los resultados de vuestras encuestas. En una hoja grande haced dos estadísticas/diagramas con los datos de chicos y chicas y presentadlos.

3. Comparad todas las estadísticas. ¿Cuáles son las profesiones favoritas de vuestra clase? ¿Hay una diferencia entre chicos y chicas?

Ficha de trabajo 21

UNA ENTREVISTA DE TRABAJO – HOJA DE EVALUACIÓN

Mira la escena de tus compañeros/-as (p. 115) y evalúala según los siguientes criterios.

A El candidato / la candidata

1. El contenido:	sí	no	más o menos
• **A** saluda y se despide[1] de manera adecuada[2].	☐	☐	☐
• **A** menciona[3] todos los aspectos importantes de su europass.	☐	☐	☐
• **A** contesta todas las preguntas.	☐	☐	☐
• **A** parece seguro/-a de sí mismo/-a[4].	☐	☐	☐
• **A** es convincente[5].	☐	☐	☐

2. La lengua y la manera de hablar:	sí	no	más o menos
• **A** habla de forma clara y alta.	☐	☐	☐
• Se entiende[6] lo que **A** quiere decir.	☐	☐	☐
• **A** usa enlaces para unir las frases.	☐	☐	☐
• (Casi) no hay errores.	☐	☐	☐
• Cuando no entiende algo, reacciona[7] de manera adecuada.	☐	☐	☐

Consejos: _____

B El entrevistador / la entrevistadora

1. El contenido:	sí	no	más o menos
• **B** saluda y se despide de manera adecuada.	☐	☐	☐
• **B** hace preguntas para descubrir si **A** es un buen candidato para el puesto.	☐	☐	☐
• **B** da información importante sobre el puesto.	☐	☐	☐
• La entrevista tiene una estructura lógica.	☐	☐	☐

2. La lengua y la manera de hablar:	sí	no	más o menos
• **B** habla de forma clara y alta.	☐	☐	☐
• Se entiende lo que **B** quiere decir.	☐	☐	☐
• **B** usa enlaces para unir las frases.	☐	☐	☐
• (Casi) no hay errores.	☐	☐	☐
• Cuando no entiende algo, reacciona de manera adecuada.	☐	☐	☐

Consejos: _____

1 despedirse *sich verabschieden*
2 adecuado/-a *angemessen*
3 mencionar *erwähnen*
4 estar seguro/-a de sí mismo *selbstsicher sein*
5 ser convincente *überzeugend sein*
6 se entiende *man versteht*
7 reaccionar *reagieren*

Ficha de trabajo 22

EL MAL DE GUTENBERG

1. Lee el texto (p. 130) y marca los doce argumentos que están en el texto. Luego escríbelos en la columna[1] correspondiente[2].

- ☐ Las palabras hacen la diferencia entre personas y animales.
- ☐ Hay buenas películas.
- ☐ En las películas hay mucha violencia.
- ☐ Los programas en la televisión son superficiales.
- ☐ Los libros son bonitos.
- ☐ En la televisión hay buenos programas con imágenes bonitas.
- ☐ Hay muchas obras bonitas que están escritas con palabras.
- ☐ La televisión es para tontos.
- ☐ Los alumnos se interesan más por la televisión y las películas que por los libros.
- ☐ Enseñar con imágenes es más moderno que con libros.
- ☐ Los libros están pasados de moda.
- ☐ Si lees mucho, te van a doler los ojos.
- ☐ Los libros no son interesantes para los alumnos.
- ☐ Con palabras podemos decir todo lo que pensamos o sentimos.

Enseñar con palabras (libros)	Enseñar con imágenes (televisión, películas)
+	+
–	–

2. Formad grupos pequeños y completad la tabla con vuestros propios argumentos.

1 la columna *die Tabellenspalte*   2 correspondiente *entsprechend*

Ficha de trabajo 23 L

SE BUSCA...

La sobrina[1] de Don Quijote y la mujer de Sancho están preocupadas porque ellos no han vuelto a casa. Para encontrarlos han preparado un cartel de buscado. Mira el cómic (p. 134–136) y ¡Anímate! 4 (p. 85) y llena el cartel con los datos de uno de los dos.

SE BUSCA

DATOS PERSONALES

Nombre: _____

Apellido: _____

Apodo[2]: _____

Edad: aproximadamente _____ años

ASPECTO FÍSICO[3]

Altura: aproximadamente _____ metros

Color de pelo: _____

Peso: aproximadamente _____ kilos

Aspecto físico en general: _____
_____

OTROS

Ropa: _____

Características[4] especiales: _____
_____

Si lo ha visto – vivo o muerto – por favor comuníquese con Antonia o Teresa, en La Mancha.

---

1 la sobrina *die Nichte*
2 el apodo *der Spitzname*
3 el aspecto físico *das Aussehen*
4 la característica *das Merkmal*

LÖSUNGEN DER KOPIERVORLAGEN FÜR DAS SCHÜLERBUCH

¡HOLA!

KV1a Siehe Lösung auf S. 14.

KV1b Lösung individuell

1 MALLORCA – ANTES Y HOY

KV2 1. *la isla – el puerto – el pico más alto – molinos de viento – pájaros – ciclistas – los reyes*
2. *doce millones* – 623 – 43 – 1445 – *dos* – 800 000 – 120 000 – 30 000 – 3 300 – 200

KV3a Lösung individuell

KV3b Siehe Lösung auf S. 28.

KV4 Lösung individuell

2 ENTRE JÓVENES

KV5 1. Lösung siehe Lektionstext (SB, S. 30)
2. a) *Adrián quiere quedarse en su ciudad.*
   b) *Los amigos de Adrián están tristes porque él se tiene que ir.*
   c) *A Adrián no le gusta que su hermano se meta en sus cosas.*

KV6 1. *la pulsera – el (ordenador) portátil – la gorra – el acordeón – el diario – el móvil – la colección de DVD – la bufanda – el balón de fútbol – la guitarra – el micrófono – la cadena – el televisor – la cámara de vídeo – el abanico*
2. Siehe Lösung auf S. 51.

KV7 Lösung individuell

KV8 1 – 5 – 14 – 3 – 10 – 12 – 7 – 16 – 4 – 9 – 13 – 15 – 11 – 2 – 8 – 6 (kann ggf. variieren)

3 ¡SIENTE MÉXICO!

KV9 1. a) – 2. *p. ej. México D.F., Oaxaca, San Cristóbal de las Casas* – 4. *p. ej. tortillas, tacos, tamales, guacamole, mole poblano, quesadillas* – 5. b) – 6. *el bus* – 7. c) – 9. *p. ej. es una fiesta popular, los mexicanos la celebran la noche del primero al 2 de noviembre, preparan un pan especial (el pan de muerto), las familias van al cementerio y cantan o bailan para los muertos* – 12. c) – 13. *ustedes* – 16. Lösung individuell – 17. c) – 18. *p. ej. tzotzil, náhuatl, español* – 20. *bonito* – 22. b)

KV10 Lösung individuell

A

4 UN PASEO POR MADRID

KV11 Lösung individuell; siehe auch Tafelbild auf S. 98.

KV12a 1. b) – 2. a) – 3. a) – 4. c)

KV12b Siehe Lösung auf S. 106.

5 ¡COMUNÍCATE!

KV13 – *Definición:* 1. *la serie* – 2. *la revista* – 3. *las noticias* – 4. *el e-mail, el correo* – 5. *el/la radio* – 6. *el chat* – 7. *el teléfono, el móvil*
– *Lo que hacemos:* 1. *encender la tele* – 2. *navegar en Internet* – 3. *mandar un mensaje/sms* – 4. *escuchar música* – 5. *conectarse a la red* – 6. *ver la tele* – 7. *llamar a alguien por teléfono*
– *Los medios de comunicación:* 1. *el periódico* – 2. *la película* – 3. *el/la radio* – 4. *el ordenador* – 5. *el móvil* – 6. *la revista* – 7. *la televisión*
– *¡Dilo en español!:* 1. *Ayer hablé con Ana por el chat.* – 2. *¿Diga?* – 3. *¿De parte de quién?* – 4. *¿Le quieres dejar un recado?* – 5. *Enciende la radio, por favor. Quiero escuchar las noticias.* – 6. *¿Vamos al cine a ver la nueva película de Almodóvar?* – 7. *¿Puedes bajar el volumen de la tele, por favor?*

KV14 Lösung individuell

KV15 Bild 1: *sea, es* – Bild 2: *hablo/estoy* – Bild 3: *quieras/puedas* – Bild 4: *hace los deberes / estudia* – Bild 5: *sabe, diga* – Bild 6: *vea*

KV16 Información irrelevante:
– *Os recomiendo que veáis la película en el cine «Central» porque es muy barato. (l. 17–18)*
– *… es un hombre bastante viejo ya… (l. 13–14)*
Opinión subjetiva:
– *¡Me pareció muy divertido ver cómo esos jóvenes con sus pantalones anchos o rotos y sus gorras tocaban el violín! (l. 10–11)*
– *Pero lo que más me impresionó fue un concierto de niños sordos. (l. 17)*
Estilo no adecuado:
– *Claro que también… (l. 14)*

6 EUROPA Y ESPAÑA

KV17 1. *español, España, español – francés/-esa, Francia, francés – inglés/-esa, Inglaterra, inglés – portugués/-esa, Portugal, portugués – sueco/-a, Suecia, sueco – irlandés/-esa, Irlanda, inglés – alemán/-ana, Alemania, alemán – danés/-esa, Dinamarca, danés – italiano/-a, Italia, italiano – checo/-a, República Checa, checo – austríaco/-a, Austria, alemán – belga, Bélgica, francés, alemán – polaco/-a, Polonia, polaco*
2. Lösung siehe Cuaderno, S. 77.

KV18 1. a) *Daniel César Martín Brühl González Domingo.* – b) *En Alemania y en España.* – c) *inglés, alemán, español, catalán* – d) *Hizo teatro desde pequeño.* – e) *No tiene tiempo, por eso no entra mucho en la página.*
2. David: *aprender lenguas* – Lucía: *la página de Internet no oficial* – Vero: *ser europeo* – Ana: *el sueño de Daniel*
3. 1 f), j) – 2 d), h) – 3 c) – 4 g)

KV19a Siehe Lösung auf S. 153.

KV19b – Alberto: 1. *Hizo el bachillerato.* – 2. *Hizo una FP de Jardinería y Paisajismo.* – 3. *Consiguió el título de «Técnico».* – 4. *Trabajó en una empresa de jardinería.* – 5. *Abrió una empresa con dos amigos.*
– Vanesa: 1. *Hizo el bachillerato.* – 2. *Empezó a estudiar Mates.* – 3. *Estudió «Administración y Dirección de Empresas».* – 4. *Hizo un intercambio Erasmus en Berlín.* – 5. *Hizo un Máster de Economía en Barcelona.* – 6. *Hizo prácticas en la Consultora SMG.* – 7. *Ahora es directora de una sección de la Consultora.*

KV20 Lösung individuell

KV21 Lösung individuell

EL PLACER DE LEER / LECTURA

KV22 Enseñar con palabras (libros): Argumentos a favor
–*Las palabras hacen la diferencia entre personas y animales.*
–*Con palabras podemos decir todo lo que pensamos o sentimos.*
–*Hay muchas obras bonitas que están escritas con palabras.*
Enseñar con palabras (libros): Argumentos en contra
–*Los libros no son interesantes para los alumnos.*
–*Los libros están pasados de moda.*
Enseñar con imágenes (televisión, películas): Argumentos a favor
–*En la televisión hay buenos programas con imágenes bonitas.*
–*Hay buenas películas.*
–*Enseñar con imágenes es más moderno que con libros.*
–*Los alumnos se interesan más por la televisión y por las películas que por los libros.*
Enseñar con imágenes (televisión, películas): Argumentos en contra
–*Los programas en la televisión son superficiales.*
–*La televisión es para tontos.*

KV23 Don Quijote:
– *Datos personales: Nombre: Alonso – Apellido: Quijano – Apodo: Don Quijote – Edad:* individuelle Lösung
– *Aspecto físico: Altura:* individuelle Lösung – *Color de pelo: gris/blanco – Peso:* individuelle Lösung – *Aspecto físico en general: bastante alto y delgado, tiene el pelo largo, lleva barba.*
– *Otros: Ropa: ropa de caballero – Características especiales: está un poco loco, piensa que es un caballero, va a caballo, anda con su amigo Sancho Panza que es bajo y gordo.*
Sancho Panza:
– *Datos personales: Nombre: Sancho – Apellido: Panza – Apodo: ninguno – Edad:* individuelle Lösung
– *Aspecto físico: Altura:* individuelle Lösung – *Color de pelo: negro/oscuro – Peso:* individuelle Lösung – *Aspecto físico en general: bajo y bastante gordo, lleva una pequeña barba.*
– *Otros: Ropa: pantalones y un jersey marrones, debajo una camisa blanca, una gorra marrón – Características especiales: siempre tiene hambre, anda con su amigo Don Quijote que es alto y delgado y que usa ropa de caballero.*

Ficha de trabajo DVD 1

ESCENA 1: HOY NO ME PUEDO LEVANTAR

1. a) Mira la escena y marca si la información es correcta (c), falsa (f) o no está en el texto (¿?).

	c	f	¿?
Las chicas están en casa de Mar y quieren salir.	X		
Vicky encuentra una foto de Mar.			
Es una foto nueva.			
Mar se lleva bien con su madre.			
Mar cree que cuando su madre era joven la vida era más difícil.			
La abuela de Mar no era nada estricta.			
Los padres de Mar se conocieron en un concierto.			
Mar piensa que hoy hay más control que antes.			
Vicky piensa que antes las historias de amor eran más divertidas.			
A la madre no le gusta la ropa de las chicas.			

b) Corrige las frases falsas.

_____
_____
_____
_____
_____

2. Vuelve a ver la escena. ¿Qué llegas a saber[1] sobre la juventud[2] de la madre de Mar? Toma apuntes. Después compara tus apuntes con los de tu compañero/-a y completadlos.

_____
_____
_____

3. Compara cómo era la madre de Mar antes y cómo es ahora. ¿Cuál es tu impresión[3]?

Ahora	Antes

1 llegar a saber *erfahren*   2 la juventud *die Jugend*   3 la impresión *der Eindruck*

Ficha de trabajo DVD 2

ESCENA 2: ¡MI SKATE Y YO!

1. Mira la escena hasta el minuto 02:18 sin sonido. Describe lo que pasa. Qué piensas: ¿Cómo se siente Alejandro, el hijo menor[1]?

_____
_____

2. a) Mira la escena otra vez, ahora con sonido. ¿De qué hablan?

_____
_____

b) ¿Por qué Alejandro parece molesto[2]? ¿Qué crees que está pensando? Completa el bocadillo de pensamiento[3].

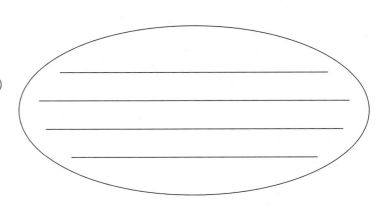

3. Mira la escena hasta el minuto 04:04: ¿Cómo son Alejandro y su hermano Luis? ¿Qué hacen? ¿Qué (no) les gusta? Apunta la información que tienes ahora sobre ellos.

4. Piensa en el mensaje de los padres. Qué crees: ¿qué le van a querer decir? Con un/a compañero/-a inventad el diálogo entre los padres y Alejandro. Escribe en tu cuaderno.

5. Termina de ver la escena: ¿Qué quieren los padres en realidad?

_____
_____

1 el hijo menor *der jüngere Sohn*   2 estar molesto *genervt sein, sauer sein*   3 el bocadillo de pensamiento *die Denkblase*

Ficha de trabajo DVD 3

«LLEVAMOS MAGIA»

1. Mira el vídeo de «Llevamos magia».

a) ¿Qué tipo de vídeo crees que es?

☐ una publicidad[1]
☐ un documental
☐ una comedia
☐ las noticias[2]
☐ un reportaje

b) ¿Por qué lo crees?
_____
_____

2. a) ¿Qué es «Llevamos magia»?

☐ una escuela de magia
☐ una ONG
☐ una agencia[3] de magos[4]

b) ¿Qué hacen los magos de «Llevamos magia»? ¿Por qué lo hacen? Mira el vídeo de nuevo y toma apuntes.
_____
_____
_____
_____

3. ¿Qué opinas sobre el trabajo de «Llevamos magia»?
_____
_____
_____

4. Mediación: Un/a amigo/-a tuyo/-a quiere hacer unas prácticas en un proyecto social en España para hacer algo útil y aprender un poco de español, pero todavía no ha encontrado nada interesante. Escríbele un e-mail en alemán y cuéntale sobre el trabajo de «Llevamos magia».
_____
_____
_____
_____
_____
_____

---

1 la publicidad *die Werbung*   2 las noticias *die Nachrichten*   3 la agencia *die Agentur*   4 el mago / la maga *der/die Zauberer/in*

Ficha de trabajo DVD 4

ESCENA 3: UN DÍA... ¿NORMAL?

1. a) Mira la escena hasta el minuto 01:43. ¿Cómo era la vida de Pablo antes? ¿Cómo es ahora? Completa la tabla con frases completas.

antes	ahora

b) Completa las frases con la información que tienes sobre Pablo.

1. Pablo llegó a _____ hace _____.

2. Su familia se mudó a España porque _____.

3. Desde entonces han cambiado muchas cosas. Por ejemplo, ya Pablo no va al instituto en skate porque _____.

4. Además, en Alicante _____ amigos.

5. Algo que no ha cambiado es _____: comen quesadillas todos los días.

2. Mira la escena hasta el minuto 02:42. ¿En qué piensan los chicos mientras[1] están esperando el bus? Completa los bocadillos de pensamiento[2] con la información que te parezca más importante.

3. Mira la escena hasta el final. Por fin, a Pablo le pasa algo bueno. Al día siguiente, le escribe un e-mail a su primo Julio en México y le cuenta de su vida en Alicante hasta ahora y sobre lo que le pasó ayer. Escribe el e-mail en tu cuaderno.

1 mientras *während* 2 el bocadillo de pensamiento *die Denkblase*

Ficha de trabajo DVD 5

ESCENA 4: POR LA CALLE

1. Mira la escena y marca para cada situación la opción correcta.

1.
- [ ] El señor quiere saber la hora.
- [ ] Las chicas quieren saber la hora.
- [ ] El señor está buscando un banco[1].

2.
- [ ] Las chicas quieren quedar con Pablo y Nacho.
- [ ] Los chicos se han olvidado del encuentro con ellas.
- [ ] Las chicas han llegado tarde a la plaza.

3.
- [ ] Las chicas se han perdido y no saben dónde están.
- [ ] Vicky se enfada porque Mar no deja de hablar.
- [ ] Mar no quiere ir al castillo de Santa Bárbara.

4.
- [ ] Las chicas van a coger el bus para ir al castillo.
- [ ] Las chicas van a coger el bus para ir a casa.
- [ ] Las chicas van a ir en bus a casa de Bárbara.

2. Explica de qué trata[2] la escena: ¿Qué quieren hacer las chicas? ¿Cuál es su problema? ¿Qué deciden hacer? ¿Cómo termina la escena?

_____
_____
_____
_____
_____
_____

3. ¿Al final las chicas cogieron el bus correcto? Inventa un final para la escena y escríbelo en tu cuaderno.

1 el banco *die Bank*   2 tratar de *handeln von*

«MADRID EN TRES MINUTOS»

1. a) Antes de mirar el vídeo: Ya conoces estos lugares de Madrid, ¿cómo se llaman?

b) Mira el vídeo y marca en las fotos de arriba las atracciones que están en el vídeo.

2. a) ¿A quién se dirige[1] este vídeo? Marca la opción que te parezca correcta.

☐ jóvenes ☐ estudiantes ☐ adultos ☐ niños ☐ familias

b) ¿Por qué lo crees? Busca argumentos en el vídeo.

_____
_____

3. ¿Por qué Madrid es una ciudad interesante para turistas, según el vídeo? Apunta por lo menos cuatro actividades que los turistas pueden hacer.

_____
_____

4. En el vídeo no hay texto. Trabajad en grupos e inventad eslóganes[2] para el vídeo. Apuntad para cada eslogan para qué escena es. Después mirad el vídeo de nuevo y leed en voz alta vuestros eslóganes en el momento correspondiente[3].

1 dirigirse a *sich richten an*   2 el eslogan *der (Werbe-)Slogan*   3 correspondiente *entsprechend, passend*

Ficha de trabajo DVD 7

«MAROA»

1. **Acuérdate de lo que ya has leído sobre la película «Maroa». Si no te acuerdas, revisa la página 93 del libro y contesta las siguientes preguntas:**

   a) ¿Qué significa el título «Maroa»? _____

   b) ¿Dónde vive Maroa? ¿Por qué? _____

   c) ¿Por qué cosa Maroa siente pasión? _____

2. **Mira los primeros treinta segundos de la escena.**

   a) **Describe la situación.**
   _____
   _____

   b) **¿Por qué crees que Maroa no quiere leer en voz alta?**
   _____

3. **Mira la escena hasta el minuto 04:00. Qué opinas: ¿Cómo es Maroa? ¿Por qué lo crees?**

   alegre   triste   divertido/-a   simpático/-a   aburrido/-a   musical
   problemático/-a   difícil   raro/-a   gracioso/-a   rebelde   feliz   tranquilo/-a

   Maroa parece ser una chica _____
   _____

   Maroa parece tener un carácter _____
   _____

4. **Mira la escena hasta el final y contesta las siguientes preguntas:**

   a) ¿Sobre qué discuten los profesores en la reunión? _____
   _____

   b) ¿Qué quiere el profesor de Música y qué opinan los otros profesores? _____
   _____

5. **Acuérdate de la situación en la clase, al principio de la escena. ¿Cómo explica el profesor de música que Maroa no quiere leer en clase?**
   _____

6. **¿Te gustaría ver toda la película? ¿Por qué (no)? ¿Qué (no) te gustó de las escenas que has visto?**
   _____
   _____

ESCENA 6: MI FAMILIA

1. a) **Todos quieren algo de Mar. Mira la escena y escribe en las casillas qué cosas le piden el padre (p), la hermana (h) y la madre (m). A veces hay dos opciones correctas.**

   ☐ *poner* la ropa en el armario

   ☐ *explicar* Mates

   ☐ *decirle* a Nacho que vas a llegar más tarde

   ☐ *tener* la casa limpia

   ☐ *estudiar* un par de horas por la tarde

   ☐ *ayudar* a tu hermana

   ☐ *estudiar* para el examen de la próxima semana

   b) **Ahora formula órdenes[1] con las frases de a) y escríbelas en los bocadillos correspondientes[2]. Usa el imperativo.**

2. a) **¿Por qué Mar va a llegar tarde al encuentro con Nacho?**

   _____

   b) **¿Qué es lo que le gusta a Mar de su familia?**

   _____

3. **Prepara uno de los siguientes productos:**
   a) **Una escena:** trabajad en grupos de dos a cinco chicos/-as. Inventad una escena parecida y presentadla.
   b) **Una carta:** ¿a ti también te molesta que siempre te digan qué tienes que hacer? Escribe una carta a una revista juvenil, explica tus problemas y pregunta qué puedes hacer para cambiar la situación. Después intercambiad vuestras cartas y contestadlas.

   1 la orden *hier: die Aufforderung*   2 correspondiente *passend, entsprechend*

LÖSUNGEN DER KOPIERVORLAGEN FÜR DIE DVD

1 MALLORCA – ANTES Y HOY

KV DVD 1 1. a), b)
–Vicky encuentra una foto de Mar. – Falso: Vicky encuentra una foto de la madre de Mar.
–Es una foto nueva. – Falso: Es una foto vieja de cuando la madre era joven.
–Mar se lleva bien con su madre. – No está en el texto.
–Mar cree que cuando su madre era joven la vida era más difícil. – Correcto.
–La abuela de Mar no era nada estricta. – Falso: La abuela era muy estricta.
–Los padres de Mar se conocieron en un concierto. – Correcto.
–Mar piensa que hoy hay más control que antes. – Falso: Mar piensa que antes había muchísimo control.
–Vicky piensa que antes las historias de amor eran más divertidas. – Falso: Ella piensa que las historias de amor eran más románticas.
–A la madre no le gusta la ropa de las chicas. – Correcto.

2. –Le gustaba el grupo Mecano.
–Siempre tenía bronca con sus padres.
–Una vez tuvo una bronca muy grande porque fue a un concierto.
–Conoció al padre de Mar en un concierto de Mecano.
–En la juventud de la madre no existían los móviles y tampoco había Internet.
–Después de conocer al padre de Mar hablaban por teléfono todos los días durante semanas. Después el padre fue a visitarla por primera vez.
–La madre vivía con mucho control.

3. Lösungsvorschlag:
Antes: parecía más divertida, tenía el pelo moreno, vivía con mucho control, parecía más feliz y no tan estricta como ahora…
Ahora: parece menos divertida que antes, también parece un poco estricta, ahora tiene el pelo rubio…

2 ENTRE JÓVENES

KV DVD 2 1. La familia está comiendo. Los padres hablan poco con Alejandro y mucho con su hermano. Tampoco le dan ensalada a Alejandro. Por eso, él parece un poco triste.

2. a) Hablan del proyecto solidario del hermano de Alejandro. A los padres les parece muy bien que él participe ahí. Después hablan con Alejandro del skate, pero no se acuerdan de su campeonato.
b) Lösung individuell

3. Alejandro:
–Es deportista: Le gusta el skate y está entrenando para un campeonato.
–También es solidario: Ayuda a su madre y a su abuela.
–No le gusta que sus padres quieran que él sea como su hermano.
Luis:
–Es solidario: Participa en un proyecto solidario. Mandan ropa y juguetes a una escuela en Ecuador.

4. Lösung individuell

5. Quieren que Alejandro haga una demostración de skate en la fiesta solidaria del hermano. También le quieren comprar las cosas que él necesita para el campeonato.

KV DVD 3 1. a) Lösungsvorschlag: *una publicidad*
b) Lösungsvorschlag: *Parece ser una publicidad porque en el vídeo nos dan información sobre el trabajo de «Llevamos magia» y piden que los ayudemos a hacer la magia posible.*

2. a) *una ONG*
b) Lösungsvorschlag: *Los magos visitan a personas enfermas, a niños y a mayores para que se sientan un poco mejor.*

3. Lösung individuell

4. Lösungsvorschlag:
Hallo Lisa:
Du hast mir doch erzählt, dass du ein Praktikum in einem sozialen Projekt in Spanien machen willst. Ich habe vor kurzem einen Werbefilm über ein Projekt gesehen, das ich total interessant fand: Es ist eine Organisation, für die Zauberer arbeiten. Sie besuchen alte und kranke Menschen und gehen zum Beispiel auch in Krankenhäuser auf die Kinderstation, um sie etwas aufzumuntern. Ich glaube, das wäre etwas für dich. Ich kann mir schon vorstellen, wie du Zaubertricks lernst und damit Kinder zum Lachen bringst. ☺
Die Organisation heißt „Llevamos magia". Wenn es dich interessiert, kannst du ja im Internet dazu recherchieren.
Viel Glück weiterhin bei der Praktikumssuche!
Liebe Grüße
Sarah

3 ¡SIENTE MÉXICO!

KV DVD 4 1. a) *Antes:*
   –Vivía en México.
   –Desayunaban quesadillas cada día.
   –Iba al instituto en skate con su primo.
   Ahora:
   –Vive en Alicante, España.
   –También desayunan quesadillas cada día.
   –Todavía no tiene amigos en Alicante.
   –Ya no usa el skate para ir al instituto.
b) 1. *Alicante/España; tres meses* – 2. *los padres encontraron un trabajo mejor allí* – 3. *ningún chico en el instituto lo usa.* – 4. *todavía no tiene* – 5. *el desayuno*

2. Nacho: *¡Qué rollo! ¡Qué sueño más raro tuve ayer! Mar y yo estábamos en el castillo de Santa Bárbara... Pero ella ni me habla...*
Mar: *El otro día en la fiesta casi no habló conmigo. Pero bueno, estaba con sus amigos. Podría preguntarle si quiere hacer algo el finde, pero... no, ¡ojalá me pregunte él!*
Vicky: *Huy, ya es viernes. Mar no tiene tiempo para salir... Hoy podría ir al cine... ¿Pero sola? No, qué aburrido...*
Pablo: *Otro fin de semana en casa frente a la tele... Seguro que todos ya tienen planes...*

3. Lösungsvorschlag: *Hola, primo:*
¿Cómo estás? Ya hace tres meses que estoy en Alicante, y te cuento que hasta ayer no me gustaba mucho vivir aquí. Sabes, mi vida era muy aburrida: no tenía amigos, no conocía a nadie y ya no usaba el skate porque pensaba que aquí sólo lo usan los niños. Pero ayer por fin pasó algo bueno: Estaba en la calle y encontré a una chica del instituto. Empezamos a hablar y me invitó a un espectáculo de skate. Ella y otro compañero van a participar y también va a venir otra amiga de ellos. ¡Por fin voy a salir de casa y hacer algo con otros chicos! Estoy muy contento.
Espero que estés bien. Escríbeme pronto.

Un abrazo, Pablo

4 UN PASEO POR MADRID

KV DVD 5 1. *El señor está buscando un banco. – 2. Las chicas han llegado tarde a la plaza. – 3. Vicky se enfada porque Mar no deja de hablar. – 4. Las chicas van a coger el bus para ir al castillo.*

2. Lösungsvorschlag: *Mar y Vicky han quedado con Pablo y Nacho. Ellas van a la plaza para encontrarse con los chicos, pero los chicos no están. Después Pablo llama por teléfono y dice que el encuentro era a las doce y no a las dos, como creían las chicas. Los chicos ya están en el castillo de Santa Bárbara y las chicas deciden ir allí, pero no saben muy bien cómo llegar. Al final encuentran una parada y corren detrás de un autobús que pasa. Cogen ese bus, pero no es la línea correcta.*

3. Lösung individuell

KV DVD 6 1. a) 1. *el Museo del Prado* – 2. *el Estadio Santiago Bernabéu* – 3. *el Parque del Retiro* – 4. *(la Puerta del) Sol* – 5. *el aeropuerto de Barajas* – 6. *el (Centro de Arte) Reina Sofía* – 7. *la Plaza Mayor* – 8. *el Rastro*
b) *el Parque del Retiro – el aeropuerto de Barajas – la Plaza Mayor – el (Centro de Arte) Reina Sofía*

2. a) Lösungsvorschlag: *adultos*
b) Lösungsvorschlag: *el vídeo muestra hoteles y restaurantes caros, bebidas para adultos, tiendas con ropa para adultos etc.*

3. Lösungsvorschlag: *visitar museos y parques, salir por la noche, ir de compras, hacer deporte*

4. Lösung individuell

5 ¡COMUNÍCATE!

KV DVD 7 1. a) *Maroa es el nombre de la protagonista de la película.*
b) *Vive en Caracas, en un albergue para menores porque no tiene padres.*
c) *Siente pasión por la música.*

2. a) *Maroa está en la escuela. Está delante de la clase y la profesora quiere que ella lea un texto de un libro. Los otros alumnos están hablando y riendo. Al final, Maroa le da el libro a la profesora.*
b) Lösung individuell

3. Lösungsvorschlag: *Maroa parece ser una chica rebelde porque no hace lo que los profesores dicen. También parece un poco rara porque nunca está con los otros chicos. Ella nunca se ríe, por eso parece triste. Maroa parece tener un carácter difícil porque no se lleva bien con nadie.*

4. a) *Los profesores discuten sobre Maroa y su comportamiento en la escuela.*
b) *El profesor de Música quiere que Maroa participe en la orquesta de la escuela. Los otros profesores no quieren eso por el comportamiento de Maroa.*

5. *El profesor de Música piensa que Maroa no sabe leer, pero que no lo dice porque le da corte.*

6. Lösung individuell

6 EUROPA Y ESPAÑA

KV DVD 8 1. a) *–poner la ropa en el armario: padre*
–explicar Mates: padre/hermana
–decirle a Nacho que vas a llegar más tarde: padre
–tener la casa limpia: padre/madre

A

    –estudiar un par de horas por la tarde: padre/madre
    –ayudar a tu hermana: padre
    –estudiar para el examen de la próxima semana: madre

b) *Padre: Pon la ropa en el armario. – Explícale Mates a tu hermana. – Dile a Nacho que vas a llegar más tarde. – Ten/Tened la casa limpia. – Estudia/Estudiad un par de horas por la tarde. – Ayuda a tu hermana.*
Madre: Ten/Tened la casa limpia. – Estudia/Estudiad un par de horas por la tarde. – Estudia para el examen de la próxima semana.
Hermana: Explícame Mates.

2. a) *Mar va a llegar tarde al encuentro con Nacho porque tiene que ayudar a su hermana primero.*
   b) *A Mar le gusta salir de vacaciones con su familia.*

3. a) Lösung individuell
   b) Lösung individuell

TRANSKRIPT DER DVD-SEQUENZEN

1 MALLORCA – ANTES Y HOY

Escena 1: Hoy no me puedo levantar

Mar:	¡Hola, chica!
Vicky:	¡Hola, guapa!
Mar:	Por fin llegas. ¡Tarde…, como siempre!
Vicky:	Ay, ¡qué exagerada! Bueno… ¿lista?
Mar:	Ya casi. Sólo me falta el bolso. ¡Espera un momento, ya vuelvo!
Vicky:	Ah, ya… Entonces voy a sentarme, porque esto va a tardar.
Mar:	¡Dame un segundo!
	…
Vicky:	Oye, tía, esta es tu madre, ¿verdad?
Mar:	¿De qué hablas?
Vicky:	Pues de esta foto…
Mar:	Sí, sí. Es una foto viejísima.
Vicky:	No me lo puedo creer. Yo la conozco a tu madre y es una tía muy elegante.
Mar:	Sí, vale, pero eso es ahora. Antes, mi madre era diferente. Cuando tenía 15 ¡era una chica Mecano!
Vicky:	¿Mecano?
Mar:	Sí, tía. El grupo más famoso de los ochenta. Con Ana Torroja y Nacho Cano… «Hoy no me puedo levantar»…
Vicky:	… «El fin de semana me dejó fatal»…
Ambas:	… «Toda la noche sin dormir»
Vicky:	¡Imagínate!
Mar:	Yo la primera vez que vi las fotos, también flipé.
	…
Vicky:	Oye, ¿crees que en aquellos años la vida era más divertida que ahora?
Mar:	Pero, ¿qué dices? Creo que no lo pasaban tan bien. Por ejemplo, mi madre, tenía unas broncas con sus padres. Y es que para mi abuela era superdifícil entender a mi madre. Ya ves, mi abuela vivió en el franquismo y claro, las cosas eran muy distintas: ¡nada de fiestas, conciertos, ropa de moda! Imagínate…
Vicky:	Bueno, sí, qué control…
	…
Mar:	Una vez mi madre tuvo una bronca supergrande con mi abuela porque fue a un concierto de…
Vicky:	… ¡Mecano! ¡No me digas!
Mar:	Y allí conoció a mi padre. Por aquí hay una foto.
Vicky:	Oye, a tu madre le gustaban los mismos chicos que a ti, ¿no?
Mar:	Jolín, Vicky, ¡qué cosas dices! Bueno, total, se conocieron ese día, pero claro, ella no le pudo dar su teléfono móvil, ni su correo electrónico porque…
Vicky:	… porque no había móviles ni existía Internet.
Mar:	¡Exacto! Pero menos mal que mi madre le dio su teléfono de casa. Y hablaban por teléfono cada día. Después de unas semanas mi padre fue a visitarla por primera vez…
Vicky:	Yo creo que antes todo era mejor…
Mar:	¿Qué? Para nada, vivir sin móvil, sin Internet… no es para mí. Además, imagínate vivir con tanto control… Por ejemplo, a ti te gusta mucho hacer skate, ¿no? ¿Te imaginas vivir tan controlada y sin hacer deporte?
Vicky:	Es verdad, pero las historias de amor sí que eran más románticas. Ahora con el móvil, los poemas de amor son de tres letras: TQM.
	…

A

Madre:	¡Hola, chicas!
Mar y Vicky:	Hola.
Madre:	¿Qué hacéis?
Mar:	Nada. Íbamos a salir, pero estábamos…
Madre:	¿A salir? ¿Con esa ropa?
Mar:	¿Y así sí se podía salir?
Madre:	Chicas, esos eran otros tiempos…

2 ENTRE JÓVENES

Escena 2: ¡Mi skate y yo!

Luis:	¡Hola, familia!
Madre y Alejandro:	Hola.
Padre:	Hola, hijo.
Luis:	¡Mmh! ¡Qué rico! Yo como y en media hora me tengo que ir otra vez. Vamos a decidir la ropa que vamos a enviar a Ecuador.
Padre:	Muy bien hijo. ¿Te pongo ensalada?
Luis:	Sí, por favor. Pero no me pongas tanta. Así está bien.
Padre:	Perfecto.
Madre:	¿Entonces planeáis mandar juguetes y ropa este mes? De verdad qué buenos que sois.
Luis:	No exageres, tampoco vamos a «cambiar el mundo». Somos un grupo muy pequeño. Vale, vale. Así está bien. No me pongas más arroz.
Madre:	Vale.
Luis:	Gracias.
Madre:	Ay, cariño, perdona.
Luis:	Y bueno, vamos a ayudar a unos niños de una escuela.
Padre:	Muy bien, hijo. Muy buena idea.
Madre:	Pues a mí me parece que es muy importante lo que estáis haciendo. No importa que sólo sea un grano de arena.
Padre:	Yo opino de la misma manera. Y quiero que sepas que te apoyamos en todo lo que hagas.
Luis:	Muchas gracias, papá.
Padre:	Me parece un muy buen proyecto. Muy bien. Alejandro, ¿adónde vas? ¿Ya te vas a practicar tu… tu «escape» ese?
Alejandro:	Skate. Se llama skate. Me voy porque estamos practicando para el campeonato. Y, por cierto… Necesito un casco y unas protecciones nuevas…
Padre:	¿Qué campeonato?
Alejandro:	¡Papá! Siempre lo olvidas…
Padre:	Ay lo siento, hijo mío. Yo no sé nada del «escape» ese. Ve a practicar y luego hablamos…
	…
Vicky:	Hey, tío, tranquilo. ¿Qué te pasa?
Alejandro:	Estoy harto. Mis padres quieren hablar conmigo. Seguro que quieren que ayude a mi hermano con su proyecto solidario. Adiós al campeonato… Dime, ¿cuándo voy a entrenar? Por las tardes ayudo a mi madre en el piso, una vez a la semana le hago la compra a mi abuela, y claro, están el instituto y los deberes… y ahora esto del proyecto…
Vicky:	Bueno, no te preocupes. Seguro que no es nada.
Alejandro:	A mí me importa mucho el campeonato, pero a ellos no les interesa nada.

Vicky:	Mira, a mi madre tampoco le gusta mucho que me pase aquí las tardes, pero a veces prefiere que haga deporte…
Alejandro:	Mis padres no son así. Esperan que sea como mi hermano.
Vicky:	Ánimo.
	…
Madre:	Hola. ¿Qué pasa, hijo?
Padre:	¿Qué tal, hijo? ¿Cómo estás? ¿Qué tal tus entrenamientos?
Alejandro:	Mejor.
Madre:	¿Ya estás listo para el campeonato?
Alejandro:	Pues… sí.
Padre:	Mira hijo, escucha: tu hermano no te dijo nada porque te fuiste pero está organizando una fiesta para este sábado para recaudar dinero para el proyecto de Ecuador… y…
Madre:	… quiere que tú y los chicos hagáis…
Padre:	… una demostración de «escape».
Madre:	Skate.
Padre:	Pues eso.
Alejandro:	Pero ¿por qué no me lo dijo él?
Padre:	Bueno, piensa que su proyecto no es tan guay como el… el skate.
Alejandro:	¿El sábado? Bueno, vale. Pero recuerda que necesito un casco y unos protectores nuevos…
Padre:	Sí, sí, claro. Para el campeonato. Tu madre y yo los íbamos a comprar, pero no sabíamos cuáles. Pero mira, ¿quieres que los compremos ahora?
Alejandro:	Vale.
Padre:	¿Sí?
Madre:	Oye, por cierto, últimamente estás un poco raro. Es por lo del campeonato, ¿verdad?
Alejandro:	Sí… campeonato.

«Llevamos magia»

Daniel Blanco:	Hola a todos. Espero que estéis disfrutando del espectáculo. Vosotros habéis venido a disfrutar de un espectáculo de magia pero desafortunadamente no todo el mundo tiene la oportunidad de poder hacerlo. Es por eso que desde mis comienzos en el mundo de la magia en 1994 ya dedicaba parte de mi tiempo a regalar magia a niños y mayores que se encontraban en una situación especial, ya fuese en casas de acogida, residencias, hospitales, entre otros muchos. En algunas ocasiones los magos nos encontramos con ciertas dificultades a la hora de realizar algunos de estos eventos debido a la complicada burocracia que existe en ciertas instituciones. Y es por este motivo por el que creamos «Llevamos magia».
	…
Locutora:	Una ONG de magos solidarios que se dedican a llevar magia a aquellos que más la necesitan por muchos rincones de España. Algunos son estudiantes, otros profesionales pero todos comprometidos con un único propósito: esforzarnos cada día en hacer este mundo un poco mejor. Nuestros magos acompañan por unas horas a nuestros mayores en residencias irrumpiendo en su rutina diaria para hacerles disfrutar como niños, a ellos y a sus familiares que se acercan a los centros para disfrutar juntos del evento. También visitan a niños hospitalizados a los que regalan su magia en un espectáculo grupal en la ludoteca. Y también visitan uno a uno a todos aquellos que por diversas circunstancias no pueden dejar sus habitaciones.

> *Orfanatos o centros de acogida no son lugares extraños para nuestros magos que asiduamente visitan para llenar de magia y fantasía la vida de estos niños que tanto lo necesitan.*
>
> *No nos olvidamos tampoco de colectivos como los enfermos de Alzheimer, personas con parálisis cerebral o síndrome de Down ofreciéndoles espectáculos totalmente adaptados para que también ellos disfruten de unos momentos inolvidables.*
>
> ...

Daniel Blanco: *Y no os olvidéis de conocernos un poco mejor siguiéndonos en nuestras redes sociales porque juntos hacemos la magia posible.*

3 ¡SIENTE MÉXICO!

Escena 3: Un día... ¿normal?

Pablo: *Mi familia y yo vivimos en Alicante, desde hace unos meses. Antes vivíamos en México, pero mis padres encontraron un trabajo mejor aquí, así que por eso vinimos a vivir aquí. España está bien, pero a mí me gustaba más vivir en México.*

...

Pablo: *Todas las mañanas mis padres preparan el desayuno. Siempre comemos quesadillas, pero no importa, cada mañana mi padre dice: «Marta, hoy las quesadillas están riquísimas». Y todas las mañanas es siempre lo mismo. También en México era así, pero algo sí cambió. Antes mi primo Julio pasaba por mí, nos íbamos primero en skate y luego en microbús a la escuela y nos lo pasábamos muy bien. Pero ahora ya no. Aquí todavía no tengo amigos, y eso que llegué hace ya tres meses...*

...

Madre: *Oye Pablo, ¿por qué ya no usas el skate? Antes lo usabas a diario...*
Pablo: *Por favor, mamá. Eso es de niños. Y además, ningún chico en el instituto lo usa.*
Madre: *Pues, no lo sabía. Por cierto, ¿puedes pasar al súper esta tarde? Es que ayer olvidé comprar unas cosas para tu padre y quiero que se las compres, por favor. ¿O vas a salir con tus amigos?*
Pablo: *¿Amigos? ¿Qué amigos? Dame la lista. Adiós.*
Padre: *Adiós.*
Madre: *Buen día.*

...

Nacho: *¡Qué rollo! ...¡Qué sueño más raro tuve ayer! Mar y yo estábamos en el castillo de Santa Bárbara. Pero ella ni me habla...*
Mar: *El otro día en la fiesta casi no habló conmigo. Pero bueno, estaba con sus amigos. Podría preguntarle si quiere hacer algo el finde, pero... no, ¡ojalá me pregunte él!*
Vicky: *Ah, ya es viernes. Mar no tiene tiempo para salir... Hoy podría ir al cine, ¿pero sola? No, qué aburrido...*
Pablo: *Otro fin de semana en casa frente a la tele... Seguro que todos ya tienen planes...*

...

Vicky: *¡Hey, Pablo! ¿Dónde tienes la cabeza?*
Pablo: *Perdona, Vicky, estaba...*
Vicky: *En las nubes... estabas en las nubes. El pan, dámelo. Oye, ¿haces algo este finde?*
Pablo: *No, ¿y tú?*
Vicky: *Pues Alejandro y yo participamos en una fiesta para un proyecto solidario en un espectáculo de skate. Mar también viene, ¿por qué no vienes tú también?*
Pablo: *Es que yo no conozco a nadie.*
Vicky: *Pero qué dices, nos conoces a nosotros...*
Pablo: *Pues, voy a ir. Yo en México solía ir mucho en el skate.*
Vicky: *Vale, genial.*

Pablo: Venga, adiós.
Vicky: Adiós.
    ...
Madre: Hola, hijo. ¿Qué tal? Gracias, no olvidaste las compras.
Pablo: Oye, mamá, ¿y mi skate? Estaba por aquí...
Madre: Se lo di al hijo del vecino... como es para niños. Tú me dijiste eso, ¿no?

«Triquis – La vida en mi huipil»

Jessica: Hola, me llamo Jessica Medino Mendoza. Y vivo aquí en Chicahuaxtla y soy triqui. Este es mi pueblo. Lo rojo que ves son las mujeres vestidas con su huipil triqui. Todas tenemos el nuestro. En día de plaza todo el pueblo se pinta de rojo, lindo se ve: señoras, muchachas, niñas grandes y niñas chiquitas como mi hermanita.
   Así vamos a la escuela, siempre vestidas con el huipil. Las mamás nos hacen nuestro huipil hasta que aprendemos a tejer para poder de grandes hacernos el nuestro. Mi mamá ya me está enseñando cómo se teje. Yo ya quiero aprender. Vamos a su casa de mi prima Sonia. Su mamá le está enseñando a tejer un huipil.

Sonia: Estamos aquí con mi mamá para que nos enseñe a tejer un huipil en el telar de cintura.

Jessica: Todas las tejedoras tienen que ser unas buenas sumadoras. Un buen huipil es como un diez en la clase de Matemáticas. ¿Sabes por qué? Porque para hacer cada figurita hay que contar los hilos que se amarran y los que se dejan en cada vuelta. Bien difícil. Sumas y restas.

Jessica: El huipil está lleno de vida por eso se ve tan bonito. Además es calientito.
   Y de todo lo que tengo, mi huipil es lo que más quiero.

4 UN PASEO POR MADRID

Escena 4: Por la calle

Vicky: Oiga, disculpe.
Señor: ¿Sí?
Vicky: ¿Está esperando el bus?
Señor: Sí, pero todavía no pasa. Son las... ¡Son las dos menos cuarto! Mejor me voy a pie... Eh, ¿hay un banco cerca de aquí?
Mar: ¿Un banco? Mmmh, ... sí. Mmh, ya. Coja esta calle y siga todo recto, en la quinta calle gire a la derecha y allí hay un centro comercial. Creo que allí hay bancos.
Señor: Vale. Gracias.
Mar: Hasta luego.
Vicky: Adiós.
    ...
Mar: Vicky, por cierto, ¿has estado alguna vez en ese centro comercial?
Vicky: No.
Mar: Abrieron una tienda de música genial. Tienes que verla.
Vicky: Ah, ¿sí? ... Mira, por ahí viene el bus.
    ...
Vicky: ¿Dónde están Nacho y Pablo? ¿No te han mandado un mensaje?
Mar: ¿A mí? No. Nacho perdió su móvil hace unos días y Pablo no me ha dado su número.
Vicky: Espera, que escribo a Pablo.
Mar: Oye, y Pablo, ¿desde hace cuánto tiempo está en Alicante?
Vicky: Pues, no sé. Cuatro o cinco meses...
Mar: ¿Y por qué casi no ha visto nada de la ciudad?
Vicky: Dice que le da corte salir solo.
Mar: Claro, es que solo es un poco difícil. Oye, y tú tampoco has estado mucho tiempo en otro país, ¿verdad?

Vicky: No, sólo de vacaciones...
¿Sí? Pablo, os estamos esperando... Ah, ¿dijiste a las doce? Creíamos que era a las dos... Y ¿dónde estáis ahora? Ajá... pues vamos para allá... Mmh, no sé. Media hora o así... Sí, sí, vamos para allá.
Tenemos que ir al castillo de Santa Bárbara.

Mar: Vale... Ay, Vicky, ¡qué tontas somos! Ahora que recuerdo, sí. ¡Pablo dijo a las doce! Vale, vale, no pasa nada. Además, ¿por qué no han llamado ellos, eh? Oye, ¿sabes cómo ir?

Vicky: Eh... sí... Tenemos que coger la línea dos pero no sé si para ahora el bus... Creo que el bus nos deja muy cerca del castillo de Santa Bárbara, pero no sé dónde nos tenemos que bajar. Vamos a tener que preguntar.

Mar: Yo soy de aquí pero nunca he entrado en el castillo. Bueno, siempre he querido ir pero... ya ves... nunca he estado allí... ¿Lo puedes creer? ¿Se lo tengo que contar a los chicos?

Vicky: No sé... mejor ayúdame a buscar la parada.

Mar: Sabes qué, mejor no les digas que nunca he estado en el castillo. Es que me da corte que lo sepan. Como soy de aquí... Van a pensar que...

Vicky: Mar, ya por favor. Nos hemos equivocado en la hora, no sabemos muy bien cómo llegar y no dejas de hablar. ¡Ayúdame por favor!

Mar: Oye, tranquila. Ya, vale. Mira, que no digo nada, guapa.

Vicky: Mar, ¡el bus! ¡Corre!

Mar: ¿Pero sabes qué línea es? Es que por aquí pasan muchas diferentes...

Vicky: Que sí... Que sí que es la línea dos, vamos.

5 ¡COMUNÍCATE!

«Maroa»

Profesora: Comienza Maroa. Acuérdate del énfasis en los acentos y la respiración en los signos de puntuación.

Chica: La nueva sí es rara, ¿verdad?

Chica: Ay sí.

Profesora: Lee, Maroa.

Chico: ¿Qué le pasará a esta?

Profesora: ¿Cuál es el chiste? ¡Silencio, por favor!

...

Mileidi: ¡Dame acá, nueva!

Chicos: ¡Dale, Mileidi!

Maroa: ¡Me vuelves a tocar y te mato!

Celadora: Éramos pocos y parió la abuela. Dame acá. Te la das de fierita, ¿no?

Profesora: ¿Que pasó? ¿Que pasó aquí?

Mileidi: Me ahorcó, mire Seño, me ahorcó.

Chica: La nueva empezó, Seño.

Celadora: Llegando y dando problemas.

...

Joaquín: Es un la sostenido, no es un la natural. Aprendan a distinguirlo. Ninguno sabe darlo. La. A ver, Wilmer, dame un la sostenido. La. Cántalo conmigo.

Maroa: La.

Joaquín: La.

Maroa: La.

Joaquín: Oye tú, ¿cómo te llamas?

...

Joaquín: ¿Esto es tuyo?

Maroa: Sí, ¿por qué?

Joaquín: *Conseguí que te devolvieran tu discman.*
Maroa: *¿Por qué?, yo a ti no te conozco y tú a mí menos.*
Joaquín: *Joder. ¡Qué carácter tienes!, ¿eh? Claro que te conozco. Tu estabas husmeando en mi clase, ¿mh? Quiero que entres a mis clases de música.*
Maroa: *¿Yo? Estás loco, ¿vale?*
Joaquín: *¿No te gusta la música?*
Maroa: *No. Lo que me gusta es mi discman.*
Joaquín: *Ah, ¿sí? Pues me lo llevo otra vez.*
Maroa: *Espera, no te vayas.*
...
Directora: *Ustedes saben por experiencia que cada niño es un caso particular. Y los niños más difíciles suelen ser los mas inteligentes. Si le gusta la música, eso tal vez la ayude en su socialización.*
Profesora: *Yo me niego. Mire, mire lo que hace en la clase de dictado. Mire. Desde que esa niña ha llegado aquí ha traído una cantidad de problemas... No, y lo peor es su actitud en clase. Me desafía. Hasta parece muda. Y ahora no quiere leer tampoco. Mire.*
Celadora: *Ese es el cuchillo que mató al diablo y lo dejó vivo. Es agresiva y difícil de domar.*
Directora: *¿Por qué piensa usted, Profesor Esparza, que debemos premiarla integrándola en la orquesta?*
Joaquín: *Porque tiene talento, ¡coño!*
Directora: *¡Hasta cuándo las palabrotas, profesor!*
Joaquín: *¿Cuál? ¿Talento? ¿Desde cuándo la orquesta es un premio? ¡Es una salvación! Un instrumento terapéutico de primer orden. En cuanto a esto: ¿a nadie se le ocurre pensar que la chica es analfabeta y le da vergüenza reconocerlo?*

6 EUROPA Y ESPAÑA

Escena 5: Mi familia

Padre: *Mar, la ropa por favor.*
Mar: *Vale, ya la pongo en el armario... Ahora estoy terminando los deberes...*
Padre: *Y cuando termines, por favor ayuda a tu hermana. Tiene examen de Mates.*
Mar: *Pero ya había quedado con Nacho...*
Padre: *Sí, sí. Ya sé, pero primero ayuda a tu hermana. Dile a Nacho que ya lo ves después...*
Mar: *Vale, vale...*
Mar: *En días como este me gustaría vivir sola... O al menos, en un piso compartido... con estudiantes. Eso sí que me gustaría porque en mi casa nunca estoy a mi aire.*
...
Mar: *Antes, cuando mi madre estaba en casa, no había tantas reglas... Pero desde que ella decidió volver a trabajar, todo cambió. Y ahora, no sólo mi padre, sino también ella, cuando están en casa, quieren todo perfecto. Siempre nos dicen a mi hermana y a mí que tengamos la casa limpia y quieren que por las tardes estudiemos un par de horas. ¿El problema? ¡Pues quieren que estudiemos a diario! Por supuesto que a mi hermana y a mí eso de empollar a diario no nos gusta nada de nada. Por fortuna, yo nunca saco malas notas.*
...
Madre: *Mar, ¿tu proyecto de Ciencias?*
Mar: *Lo entregué ayer.*
Madre: *¿Y los libros de la biblioteca?*
Mar: *Pasé por ellos el lunes.*
Madre: *¿Y ya estás...?*
Mar: *... ¿estudiando para el examen de la próxima semana? Claro, ahora estoy repasando.*

Madre:	*Ajá.*
Mar:	*Sí… Es un poco estricta. Qué bueno que la conozco bien. Ya sé que sólo basta con que ponga un libro en mi escritorio cuando ella pasa cerca de la habitación para que ya no me eche la bronca. Claro, debajo del libro escondo una revista.*
	…
Mar:	*Voy a llegar tarde, hace unos minutos mi padre entró en mi habitación y me dijo que tenía que ayudar a mi hermana… Yo le dije que había quedado contigo, pero ya ves, tú lo conoces… Así que…*
	¿Sí?
Padre:	*No olvides ayudar a tu hermana antes de irte.*
	…
Mar:	*Mi hermana, vaya, ella siempre quiere que le explique alguna cosa. Claro, piensa que estudiar sólo significa que yo lea sus libros mientras ella juega con la wii o chatea con sus amigos.*
	…
Mar:	*Entonces, ¿ya lo has entendido?*
Hermana:	*No. Explícamelo otra vez.*
Mar:	*Oye, ¡pero al menos mira el libro!*
	…
Mar:	*Debe de ser guay vivir sola… pero en verano seguro que no es tan divertido como salir de vacaciones con mi familia, porque entonces, sí, todos hablamos la misma lengua: a todos nos encanta salir de vacaciones.*